Mein ist der Schmerz

Martin Dolfen & Thomas Strehl

D1721621

neobooks

Impressum

Texte:	© Copyright by Martin Dolfen & Thomas Strehl
Umschlag:	© Copyright by Martin Dolfen & Thomas Strehl
Verlag:	Martin Dolfen & Thomas Strehl
	dolfenmartin@gmail.com
Druck:	epubli, ein Service der neopubli GmbH, Berlin

Printed in Germany

Für Neil Perry, Knox Overstreet, Elvis, den Gugelhupf, den dicksten Flip der Filmgeschichte und Inri Backstein.

Prolog

Der Spielplatz lag versteckt hinter einer Fabrik, aus deren Schornstein schwarzer Rauch quoll. Mitten auf dem dunklen Sand stand eine alte Schaukel. Abgeplatzter Lack an einem baufälligen Gerüst, das schwer an den rostigen Ketten zu tragen hatte, deutete darauf hin, dass an diesem Ort ewig schon nichts mehr Instand gehalten wurde. Man hatte dieses Fleckchen Erde, auf dem irgendwann einmal Kinder gespielt hatten, schlichtweg vergessen. Ein Feldweg endete genau hier, vor Gestrüpp und morschen Bäumen. Geschützt vor den Augen der Gesellschaft, zwischen dem alten Fabrikgelände und dem Dickicht hatten Jugendliche einen kleinen Trampelpfad zu diesem Platz angelegt, um ungestört sein zu können. Doch an diesem Tag, einem außergewöhnlich milden Oktobertag, war alles anders.

Robert schaute vor sich auf den Boden. Die Steine, die vor seinen Füßen lagen, hatten eine seltsam runde und glatte Form. Sie schimmerten, angestrahlt von der Sonne, die sich hinter den rauchenden Türmen vom Tag verabschiedete, leicht rötlich.

»Ich will euch noch kurz mit den Spielregeln vertraut machen.«

Robert blickte auf und schaute wieder in dieses unheimliche Gesicht. Er kannte den Mann nicht, der gerade mit ihm und den anderen Jungen sprach, die sich in einem Kreis verteilt hatten. Dieser Kerl hatte etwas Unheimliches. Sein langer Mantel wirbelte mit jedem Schritt, den er tat, ein wenig Sand auf. Der Bart in seinem Gesicht sah völlig zerrupft und deplatziert aus, so als hätte er ihn angeklebt. Er war angsteinflößend groß und seine Augen funkelten kalt. Und doch hatte Robert ihm Folge geleistet, als dieser Typ ihn aufgefordert hatte, an einem Spiel teilzunehmen. Nun stand Robert Wenger mit seinen gerade einmal zehn Jahren hier und starrte auf den Unbekannten, der ihm erklärte, was nun zu tun war.

»Ihr seht vor euch zehn Steine. Eure Aufgabe besteht darin, die Konstruktion in der Mitte des Kreises zu treffen.« Der Bärtige schlenderte gelassen an den Jungen vorbei, schaute jedem prüfend ins Gesicht und deutete auf einen Jutesack, der sich ständig hin und her bewegte.

»Eure Belohnung für jeden Treffer ist eine Dose Cola und fünf Euro.« Bedeutungsschwanger hielt er ein Bündel Geldscheine in die Höhe und ließ es mit der rechten Hand über seinem Kopf kreisen. Die Jungen nickten sich zu. Einige grinsten, wegen der verlockenden Preise, die ihnen bevorstanden. Andere rieben sich die Hände, ungeduldig, endlich den ersten Stein in Richtung Sack schmeißen zu können.

»Ich gebe vor, wer wann wirft. Nehmt jetzt einen Stein in die Hand!«

Robert bückte sich und schnappte sich einen Stein von dem Haufen, der vor ihm lag. Er wog ihn in der Hand, um die Schwere genau abschätzen zu können. Dann legte er sein Gewicht auf den Vorderfuß, den er in den Sand eingrub, um einen besseren Stand zu haben.

Als der Mann »LOS!« schrie, holte der Junge mit der rechten Hand aus und ließ den Stein mit aller Wucht, die ihm zur Verfügung stand, in Richtung Jutesack sausen. Das Geschoss verfehlte sein Ziel nur knapp. Andere Jungen verpassten die Konstruktion ebenfalls, lediglich einer hatte es geschafft das Ziel zu streifen und wurde von dem Riesen mit fünf Euro und einer Dose belohnt, die er aus dem langen Mantel holte.

»Ihr seht, es ist nicht so einfach, also strengt euch an.«

Die Stimme des Mannes hatte einen bedrohlichen Tonfall angenommen. Robert war nicht mehr sicher, ob es eine gute Entscheidung war, an diesen Ort zu kommen. Seine Mutter hatte es ihm sowieso ausdrücklich verboten, doch da er sich immer wieder hier mit vielen Freunden traf, hatte er eingewilligt. Zweifelnd schaute er diesen seltsamen Menschen vor sich an. Es ist falsch, was ich hier mache, schoss es ihm durch den Kopf, doch er wollte sich vor den anderen nicht blamieren. Er hob den nächsten Stein vom Boden auf und konzentrierte sich. »LOS!«, zischte die Stimme des Mannes erneut und Robert legte all seine Kraft in den Wurf. Krachend knallte sein Stein gegen dieses zappelnde Etwas. Sofort lief irgendeine rotbraune Brühe aus dem Sack, während andere Kinder ihr Ziel abermals verfehlten.

Robert wunderte sich. Die Flüssigkeit sah aus wie ... Nein, das konnte nicht sein. Er verwarf den Gedanken und nahm den nächsten Stein in die Hand, während der Kerl ihm lächelnd fünf Euro in seine Westentasche steckte. Dann fingerte er aus seinem Mantel eine Dose Cola und stellte sie vor Roberts Füßen ab.

»LOS!«, hallte seine Stimme durch die Luft.

Dieses Mal trafen mehrere Kinder. Die dunkle Suppe floss nun in Strömen aus dem Sack. Das Zappeln hatte aufgehört. Die Jungen schwiegen.

»LOS!«, ertönte erneut diese Stimme. Robert kam sie nur noch grausam und durchdringend vor. Trotzdem warf er wie ferngesteuert weiter auf das Ziel und landete einen Treffer nach dem anderen. Der Zehnjährige blickte in die umstehenden Gesichter. Einige von ihnen waren Freunde, andere Fremde, die er noch nie gesehen hatte. Alle waren in Roberts Alter. Und jeder schien das Gleiche zu denken: Irgendetwas läuft hier gerade völlig falsch.

»Herrje, nun ist das verdammte Ding tatsächlich kaputtgegangen«, seufzte der Mann.

»Das tut mir leid. Ich bitte euch zu gehen. Ich werde die Maschine wieder abbauen. Und wehe irgendjemand von euch erzählt etwas von dem, was hier heute stattgefunden hat! Habt ihr verstanden?«

Eingeschüchtert nickte jedes der Kinder. Alle liefen, so schnell es ihre Beine hergaben, nach Hause. Keines drehte sich wieder um. Keiner der Jungen wollte dem Mann noch einmal in die Augen schauen. In diese eiskalten blauen Augen.

Die Sonne warf ihre letzten Strahlen über das Fabrikgelände, so als würde sie sich vor dem Geschehen verstecken. Und als sie endlich ganz verschwunden war, ließ sie einen menschenleeren Platz zu-

rück, auf dessen Boden eine rostige alte Schaukel vor sich hinvege-
tierte. Etwas abseits sickerte eine Lache in den trockenen Sand.
Dunkelrot, stellenweise mit einem leichten Hauch von schwarz.
Und mitten in dieser Flüssigkeit ragte etwas aus dem Boden hervor,
beinahe unkenntlich. Der Wahnsinn hatte begonnen.

Kapitel 1

Sarah griff zitternd zum Telefon. Nur mit Mühe gelang es ihr, die Nummer einzutippen. »Kripo Mönchengladbach.«

»Hallo«, schluchzte sie. »Hier ist Peters. Sarah Peters. Ich hatte schon einmal angerufen.«

Der Mann am anderen Ende der Leitung klang genervt. »Ach ja, die Vermisstenmeldung«, meinte er. »Ich habe Ihnen doch bereits erklärt, dass wir erst nach Ablauf von 24 Stunden eingreifen.«

»Aber er ist gestern nach der Arbeit nicht nach Hause gekommen und hat sich nicht gemeldet, die ganze Nacht nicht.«

»Vielleicht muss er länger arbeiten und hat einfach vergessen, Sie zu informieren.«

»Nein, das ist noch nie passiert. Er ruft immer direkt an. Ich habe Angst, dass ihm etwas zugestoßen ist.«

»Hören Sie, Frau Peters«, sagte der Polizist. »Ihr Mann ist ein erwachsener Mensch. Die Gründe für sein Verschwinden können ganz banal sein. Ich bin sicher, er wird wohlbehalten wieder bei Ihnen auftauchen. Schon morgen werden Sie gemeinsam mit ihm über unser Telefonat lachen.«

Sarah legte auf. Sie merkte genau, wann sie abgewimmelt wurde. Wütend warf sie den Hörer auf die Aufladestation. Tränen liefen ihr über die Wangen. Wie ein Tiger im Käfig begann sie, im Wohnzimmer auf und ab zu laufen. Diese Ungewissheit brachte sie um. Sie wusste, dass Mark sie nicht einfach so warten lassen würde. Wenn er sie nicht anrief, dann konnte er sich nicht melden, weil …

Bilder schossen durch ihren Kopf: Schreckliche Szenen von Verkehrsunfällen, von Raubüberfällen, von Entführung und Mord.

Mach dich nicht verrückt, dachte sie. Obwohl dieser Zug schon lange abgefahren war. Komm ein bisschen runter und versuche klar zu denken!

Sie musste etwas tun. Wenn sie weiter nur abwartete, bis die Polizei etwas unternahm, würde der Nervenzusammenbruch nicht mehr lange auf sich warten lassen. Sie musste am Ball bleiben. Irgendwie auf die Situation reagieren.

Plötzlich sprang sie auf, riss eine Schublade auf und zog einen kleinen Zettel hervor. Dann nahm sie ihre Jacke von der Garderobe, schnappte sich die Autoschlüssel und verließ das Haus.

Obwohl es ihr schwerfiel, sich auf den Verkehr zu konzentrieren, schaffte sie die Strecke in Rekordzeit. Heraus aus dem Villenviertel, in dem ihr Anwesen lag, hinein in die Vorstadt. Die Straßen wurden enger und waren immer schlechter beleuchtet. Die Fassaden wurden grauer, die Häuser machten den Eindruck, als kümmere sich niemand darum. Schließlich erreichte sie einen Hochhauskomplex, steuerte einen Parkplatz an und stieg aus. Vorsichtig sah sie sich um. Niemand war auf der Straße, alles war ruhig.

Wenn du jetzt selbst entführt wirst, ist niemandem gedient, dachte sie und wusste nicht einmal, warum ihr immer Dinge wie Entführung und Mord im Kopf herum spukten. Schließlich befand sie sich im idyllischen Mönchengladbach und nicht in der Bronx.

Bei diesen Gedanken musste sie, trotz der schwierigen Situation, fast schmunzeln. Denn wenn es in dieser Stadt so etwas wie die Bronx gab, dann war es sicherlich hier.

Sie steuerte auf eines der Hochhäuser zu und las die verwaschenen und beschmierten Klingelschilder unter Zuhilfenahme ihrer Handytaschenlampe. Sie hatte Glück. Der Name Peters stand noch dort. Bevor sie der Mut verließ, legte sie schnell einen Finger auf die Klingel und drückte zu. Einmal, zweimal und dreimal.

»Ja?«, eine verschlafene raue Stimme.

»Hier ist Sarah.«

»Sarah?«

»Sarah Peters, die Frau deines Bruders.«

Ein kurzer Moment des Schweigens, dann: »Es ist vier Uhr morgens. Bist du verrückt geworden?«

»Dein Bruder ist verschwunden.« Wieder tat sich eine Zeit lang nichts, dann wurde der Türsummer betätigt und Sarah trat in ein muffiges Treppenhaus, dessen Wände mit Graffiti beschmiert waren. Der Fahrstuhl zur Rechten war defekt, das Treppengeländer klebrig und die blonde Frau verzog angewidert das Gesicht, während sie in den zweiten Stock hinaufstieg. Als sie die letzte Ecke hinter sich ließ, sah sie, dass ihr Schwager sie bereits an der Wohnungstür erwartete.

Er lehnte lässig im Rahmen und trotz der schummrigen Beleuchtung bemerkte Sarah, dass die vier Jahre, in denen sie ihn nicht gesehen hatte, nicht eben freundlich mit ihm umgegangen waren. Er trug eine ausgebeulte kurze Trainingshose und ein ehemals weißes, jetzt grau fleckiges Shirt mit dem obligatorischen Borussia Zeichen darauf. Den Club gab es also noch in seinem Leben. Wenigstens etwas, das anscheinend beim Alten geblieben war.

Die schwarzen Haare, wild und zerzaust, waren noch voll, zeigten aber erste Ansätze von Grau. Die Augen waren rot unterlaufen, Kinn und Wangen hatten wohl gut eine Woche lang keinen Rasierapparat mehr gesehen. Sein Körper jedoch schien immer noch ganz gut in Schuss zu sein.

»Hallo Lieblingsschwägerin«, sagte er und schien nicht wirklich überrascht, sie hier zu sehen. So hatte er sie immer begrüßt, mit diesem leicht ironischen Unterton, denn sie war seine einzige Schwägerin.

»Hallo Mick.« Jetzt, da sie hier war und diesen Typen sah, schien ihr die Idee hierher zu kommen gar nicht mehr so genial.

»Was führt dich nach all den Jahren zu mir?«, fragte er schroff. »Du musst ganz schön verzweifelt sein, wenn du dich hier sehen lässt.« Sie nickte zur Tür. »Müssen wir das hier im Flur besprechen?«, fragte sie.

Er gab augenblicklich die Tür frei und machte eine Armbewegung wie ein Torero. »Immer hinein in die gute Stube.« Er grinste. »Oder sollte ich sagen: In die Höhle des Löwen.« Sie ignorierte den Zynismus und trat ein. Die Wohnung war winzig. Hinter einer offenstehenden Tür bemerkte sie ein höhlenartiges Bad ohne Tageslicht, außerdem gab es eine winzige Küche mit Kochzeile und ein kombiniertes Wohn-Schlafzimmer, in das er sie führte. Er zog einige Klamotten zur Seite, um ihr einen Sessel frei zu räumen, betrachtete den Kleiderstapel, den er nun in den Händen hielt und warf ihn mit einem Achselzucken auf den Boden.

Der Fernseher lief lautlos und er schaltete ihn aus. Dann nahm er auf einer Couch Platz, auf der Bettzeug lag, das schon bessere Tage gesehen hatte.

Sarah strich sich die Haare aus der Stirn und versuchte ihre Nervosität in den Griff zu bekommen. »Mark ist verschwunden!«, sagte sie dann, unfähig auch nur ein wenig Smalltalk zu kreieren.

»Wann?« Zum Glück schien ihr Gegenüber auch nicht an normaler Konversation interessiert zu sein.

»Er hätte gestern um spätestens sechs Uhr zu Hause sein müssen, aber er ist nicht erschienen. Und er hat mir keine Nachricht zukommen lassen. Kein Anruf, keine SMS, nichts …« Sie spürte Tränen aufsteigen, drängte sie aber zurück. Vor ihrem Schwager wollte sie keine Schwäche zeigen.

»Vielleicht gönnt er sich einen Wochenendtrip mit seiner Sekretärin.«

Sarah spürte heiße Wut. »Du bist ein Arschloch, Mick. Ich hätte wissen müssen, dass es ein Fehler war, hierher zu kommen.« Sie wollte aufstehen und gehen, doch er sprang auf und legte ihr eine Hand auf die Schulter.

»Immer langsam«, meinte er. »Ihr habt mich damals auch nicht gerade in Watte gepackt. Ihr habt mir Dinge an den Kopf geworfen, von denen ich mich bis heute nicht ganz erholt habe.«

»Das war etwas völlig anderes.«

»Ach ja? Meine damalige Partnerin bezichtigt mich der Vergewaltigung und meine eigene Familie stellt sich auf ihre Seite, obwohl Aussage gegen Aussage stand?«

10

»Mick«, schluchzte Sarah. »Wir kannten alle dein Verhalten Frauen gegenüber.«

»Und trotzdem bist du heute hier! Alleine! In meiner Wohnung! Erscheint dir das nicht etwas gefährlich?«

Sarah konnte darauf nicht antworten. »Ich brauche Hilfe!«, stotterte sie nur. »Und du warst mal ein guter Polizist.«

»Falsch«, entgegnete der Mann gereizt. »Ich war der Beste. Und genau das hat dieser kleinen, karrieregeilen Schlampe nicht gepasst. Sie wollte hoch hinaus und ich war im Weg. Und jetzt meinst du, du kannst hier einfach nach all den Jahren auftauchen und mich um einen Gefallen bitten, nachdem ihr mich fallen gelassen habt? Nachdem du und mein feiner Bruder in den letzten Jahren in Saus und Braus gelebt habt und ich mich in diesem Rattenloch mit Gelegenheitsjobs über Wasser halten musste?«

Sarah ließ den Wutausbruch über sich ergehen. »Er ist dein Bruder. Finde ihn Mick. Bitte!«

»Geh damit zur Polizei.«

»Glaubst du, dass ich das nicht schon lange getan habe?«, schrie sie ihn an.

»Oh, die 24-Stunden-Regel. Ich vergaß.«

»Hilf mir! Bitte!« Ihr Zorn war verflogen, die Tränen kamen wieder und diesmal war es ihr egal, dass er sie weinen sah. »Du kannst ihn finden.«

Er schien zu überlegen.

»Was fährst du im Moment für ein Auto?«, fragte sie plötzlich zwischen zwei Schluchzern.

»Schau dich um«, meinte er und diesmal lag Resignation in seiner Stimme. Er stand auf, ging kurz in die Küche und kam mit zwei Gläsern und einer Whiskyflasche zurück.

»Ich habe kein Geld für ein Auto. Das Bisschen, das ich bekomme, reicht gerade, um die Miete für diesen Palast zu bezahlen.« Er schüttete sich zwei Finger breit ein. »Auch einen?«

Sarah schüttelte angewidert den Kopf. »Nein danke.« Dann überlegte sie sich genau ihre nächsten Worte. »Draußen steht mein Porsche«, sagte sie. »Wenn du Mark findest, gehört er dir.«

Mick nippte an seinem Getränk und sah sie über das Glas hinweg an. Er antwortete nicht und Sarah wurde nervös. »Ist dir Bargeld lieber?« Mick knallte das Glas so fest auf den Tisch, dass der Whisky überschwappte.

»Kommt dir in deiner maßlosen Arroganz eigentlich keine Sekunde lang der Gedanke, dass mir mein Bruder etwas bedeutet? Dass ich ihn genau so dringend finden will wie du? Dass ich mir Sorgen mache? Dass mir die Familie eben nicht scheißegal ist? Ich weiß, dass ihr Geld habt. Ich habe euch die letzten Jahre nämlich nicht aus den Augen verloren. Aber du kannst dir deine Bezahlung in den Arsch stecken. Wenn ich Mark suche, dann, weil ich es will und nicht wegen deiner Almosen.« Sekundenlang schwiegen sie sich an und in die Stille hinein tönte plötzlich überlaut das Klingeln eines Handys.

Sarah schrak heftig zusammen, zuckte entschuldigend die Achseln, dann klaubte sie mit zitternden Händen das Telefon aus ihrer Handtasche.

»Sarah Peters?« Angestrengt lauschte sie der Stimme am anderen Ende der Leitung. Mit jeder Sekunde wurde sie blasser und atmete schwerer. »Ja, ja. Ich komme. Nein, Sie brauchen keinen Beamten zu schicken. Mein Schwager fährt mich.« Sie beendete den Anruf, das Handy entglitt ihren Händen und fiel in ihren Schoß.

»Das war die Polizei«, erklärte sie. »Sie haben versucht, mich zu Hause zu erreichen, aber da ich nicht dort war, haben sie mich über Handy angerufen.«

Ich weiß, dachte Mick. Ich war dabei.

»Ich soll sofort aufs Revier kommen.« Sie verbarg das Gesicht in ihren Händen. »Er ist tot, Mick«, schluchzte sie.

»Das kannst du nicht wissen.« Es sollte ein Trost sein, half jedoch weder ihr noch ihm selbst.

Mühsam rappelten sie sich auf, nur widerwillig ließ sich Sarah zur Tür schieben.

Als könne sie das Unvermeidliche aufhalten, wenn sie nur hier sitzen blieb und nichts tat.

Die Fahrt ins Revier verlief schweigend. Mick wollte und Sarah konnte nicht reden. Zu viele Dinge schossen ihr durch den Kopf. Sie versuchte, sich auf das Kommende einzustellen, obwohl sie wusste, dass dies nicht möglich war.

Wenn Mark nur einen Rausch ausschliefe oder ein Verkehrsdelikt begangen hätte, dann hätte man sie am Telefon darüber informiert. Allein der Hinweis, dass man ihr einen Beamten schicken wollte, hatte ihr alles gesagt. Mark war tot und nicht nur das, nein, er war Opfer eines Verbrechens geworden.

Selbstmord, schoss es ihr durch den Kopf, doch das war Unsinn. Ihr Leben war perfekt. Es gab keinen Grund für eine solche Tat.

Mick steuert ihren Porsche in eine Parkbucht vor dem Revier. Er stieg aus und half ihr aus dem Wagen. Verwirrt bemerkte sie, dass sie derart zu zittern begonnen hatte, dass ein selbstständiges Laufen kaum möglich war. Er schleppte sie förmlich die Stufen hoch und durch die große Eingangstür. Vor einem Tresen blieb er stehen.

»Sarah und Michael Peters«, sagte er zu dem Beamten. Es war mitten in der Nacht. Normalerweise hätte der Wachhabende müde und gelangweilt sein müssen, doch er war aufgedreht wie nach drei Litern Kaffee. Kein gutes Zeichen.

»Kommen Sie direkt durch«, sagte er, offensichtlich froh, nicht selbst mit den Ankömmlingen reden zu müssen. Micks ohnehin schon schlechtes Gefühl wurde dadurch nicht besser. Der Beamte führte sie in ein kleines Büro, in dem ein stark schwitzender, übergewichtiger Polizist hinter einem mit Papieren übersäten Schreibtisch saß. Als er sie sah, erhob er sich und kam um den Schreibtisch herum auf sie zu.

»Setzen Sie sich bitte«, sagte er.

Dann schwieg er, faltete die Hände vor dem Bauch und tanzte von einem Bein auf das andere, wie ein Bär auf einer Heizplatte.

»Sie sind Sarah Peters, die Ehefrau von Mark Peters?«

Sarah brachte nur ein schwaches Nicken zustande. Sein Blick fiel auf ihren Begleiter. »Michael Peters«, stellte er sich vor.

»Der Bruder des Vermissten.«

Als Mick seinen Namen nannte, schnellte eine Braue des Polizisten nach oben. So als könne er mit dem genannten Namen etwas anfangen.

»Ich ...«, stammelte er. »Also vermisst ist nicht das richtige Wort.« Er schien in Gesprächen mit Angehörigen nicht besonders geübt zu sein. »Außerdem warte ich noch auf den Beamten der Kripo«, sagte er nervös und blickte auf seine Armbanduhr.

»Raus mit der Sprache!«, wies Mick ihn an. Dieses Rumgeeiere brachte niemandem etwas.

»Es tut mir furchtbar leid«, begann der Beamte, doch die wenigen Worte reichten, um einen erneuten Tränenausbruch bei Sarah auszulösen, »...aber Ihr Mann ist tot.«

Jetzt war es raus und obwohl Mick damit gerechnet hatte, zog es ihm für einen Augenblick den Boden unter den Füßen weg. Seit dem Tod seiner Eltern war Mark sein einziger Verwandter und auch wenn sie sich in den letzten Jahren entfremdet hatten, so war es nun doch, als schlüge ihm jemand einen Hammer auf den Kopf.

»Wie ist er gestorben?«, fragte er.

»Er, also er ...« Der Beamte suchte offensichtlich verzweifelt nach angemessenen Worten, obwohl ihm klar war, dass es sie nicht gab. »Er wurde ermordet«, sagte er dann leise und zog den Kopf ein, als rechne er mit persönlichen Konsequenzen. »Ermordet?«, schluchzte Sarah. »Aber ... aber ... wer tut so etwas?«

Der Polizist zuckte die Schultern. »Also, es ist seltsam ...«, begann er, erinnerte sich aber dann daran, dass er es hier mit Zivilisten oder sogar potentiellen Verdächtigen zu tun hatte.

»Hatte ihr Mann Feinde?«

Mick schritt ein. »Sind sie sich überhaupt sicher, dass es sich bei dem Ermordeten um meinen Bruder handelt?«, fragte er.

»Ja, also«, stotterte der Mann erneut und war mit der Situation gehörig überfordert. »Er trug doch seinen Pass bei sich.« Die Tür zum Büro wurde aufgerissen und ein jüngerer Beamter erschien. »Sind das die Angehörigen?«, fragte er und in seiner Stimme lag so etwas wie Autorität. Der Dicke nickte. »Ich bin Kommissar Gotthard, vom Landeskriminalamt. Darf ich Sie bitten, mich zu begleiten? Ich bringe Sie zum LKA nach Düsseldorf. Bitte haben Sie Verständnis dafür, dass wir alles Weitere erst vor Ort besprechen!« Und zum zweiten Mal an diesem Tag stiegen sie gemeinsam in ein Auto. Diesmal allerdings in ein Polizeifahrzeug.

In Düsseldorf angekommen, wurde Sarah von einer jungen Polizistin in ein Büro geführt, wo man ihr einen Kaffee reichte. Mick wollte ihr folgen, doch Gotthard hielt ihn zurück. Mit einer Kopfbewegung auf die weinende Sarah erklärte er: »Jemand muss den Leichnam Ihres Mannes identifizieren. Natürlich verstehe ich, dass das für Sie in der jetzigen Situation sehr schwierig ist. Es besteht auch die Möglichkeit, dass ihr Schwager das für Sie übernimmt. Womöglich kann er mit dieser Situation besser umgehen.« Mick legte seiner Schwägerin die Hände auf die Schulter. »Er ist tot«, flüsterte sie immer wieder.

»Er ist tot.«

Mick wusste nichts darauf zu antworten. Jeder Versuch eines Trostes würde misslingen.

»Ich bin gleich wieder da«, sagte er stattdessen und ließ sich von Gotthard in den Keller des Gebäudes führen.

»Wie kommen Sie darauf, dass ich besser mit der Situation umgehen kann?«, fragte er den jungen Kommissar.

»Sie waren mal einer von uns«, sagte er, als reiche dies als Erklärung. Als würde man mit der Ausübung dieses Berufes automatisch mit den Grausamkeiten der Welt besser umgehen können.

»Woher wissen Sie das?«

»Wir haben unsere Hausaufgaben gemacht. Als wir den Ausweis des Toten fanden, war alles andere, dank moderner Technik, ein Kinderspiel. Dabei kam natürlich auch Ihre Akte zum Vorschein.« Er pfiff leise. »Sie waren ja fast eine Legende«, sagte Gotthard.

»Bis …«

»Wissen Sie was?«, unterbrach ihn Mick. »Vergessen Sie das. Lassen Sie uns die Sache hinter uns bringen, damit ich so schnell wie möglich von hier verschwinden kann.«

Sie erreichten den Kälteraum, in dem die Leichen bis zur Freigabe gelagert wurden. In einem hatte der junge Kommissar recht. Mick kannte sich hier aus. Das, was er hier tat, war für ihn nichts Neues. Wenn man von der unwesentlichen Tatsache absah, dass der Ermordete diesmal sein Bruder war.

Ein Mann im Kittel erschien und heftete sich an ihre Fersen. Vor einem der Fächer blieb er stehen, öffnete es und rollte eine Bahre heraus. Der Körper, der sich darauf befand, war mit einem grünen Tuch abgedeckt.

»Atmen Sie noch einmal tief durch«, meinte Gotthard und tat es selbst. »Das ist kein schöner Anblick.« Dann zog der Kittelträger das Tuch vom Gesicht des Toten.

Mick hatte sich gegen alle Eventualitäten gewappnet, doch was er nun zu sehen bekam, war schwer zu ertragen.

»Wie?«, fragte er nur. Er hatte während seiner Dienstzeit viel gesehen. Kopfschüsse, Menschen, denen man den Schädel eingeschlagen hatte, doch dies …

Der Schädel war völlig deformiert, ein Auge war nicht mehr vorhanden, die Zähne, soweit nicht ausgeschlagen, waren völlig zersplittert.

»Was ist passiert?«, fragte er fassungslos. Eine kalte Wut, nur mühsam zu beherrschen, machte sich in ihm breit.

»Man hatte ihn bis zum Kopf eingegraben, mit einem Sack über dem Kopf. Und dann wurde er offensichtlich… ja, wie soll ich es am besten ausdrücken? Es sieht so aus, als hätte man ihn gesteinigt.«

Der Kittel hatte sich in eine andere Ecke des Raumes verzogen. Gotthard schaute sich trotzdem um, ob fremde Ohren in der Nähe wären. »Das alles darf ich Ihnen eigentlich gar nicht erzählen«, meinte er. »Und das wissen Sie. Schließlich könnten Sie ein Verdächtiger sein.« Er lächelte schief. »Allerdings sind wir uns alle einig, dass dies kein normaler Mord ist. Jemand, der nur seinen Tod wollte, hätte sich etwas Leichteres ausgedacht. Nein, ich fürchte, wir haben es hier mit einem Irren zu tun.«

»Und warum?«

»Unsere Spurensicherung hat rund um den Toten nur Abdrücke von Kinderschuhen gefunden. Als ob ein Rudel Schüler Ihren Bruder erschlagen hätte. Aber so klein wie die Schuhe sind, hätten die ihren Bruder niemals überwältigen, geschweige denn eingraben können.«

Wieder schaute er sich verschwörerisch um. »Aber das haben Sie alles nicht von mir.«

Plötzlich wurde die Tür zum großen Raum aufgerissen, der Kittelträger nahm Haltung an und auch Gotthard schien zu erschrecken. Eine schlanke Frau mit rotem Pagenkopf und einem grauen Hosenanzug kam auf sie zu. Ihr Gesichtsausdruck verriet deutlich ihre Gefühle.

»Habe ich nicht eindeutig angeordnet, dass Sie auf mich warten sollen?«, sagte sie im Näherkommen leise, aber mit drohendem Unterton, zischend wie eine Schlange.

Wenn Mick gedacht hatte, der Tod seines Bruders sei wahrhaftig genug Elend für einen Tag, so wurde er nun eines Besseren belehrt.

»Hallo Daggi«, sagte er, nachdem er seine Stimme wiedergefunden und seine Überraschung überwunden hatte. »Ich freue mich auch dich zu sehen.«

»Für Sie Kriminalhauptkommissar Keller«, sagte sie. »Und eigentlich dürften wir uns nicht einmal im selben Raum befinden.«

»Oh, dass ich nicht in deine Nähe kommen darf, galt nur für zwei Jahre«, sagte Mick. »Die sind mittlerweile längst vorbei.« »Und es kostet mich nur einen Anruf beim Staatsanwalt, um die alte Abmachung wieder geltend zu machen.«

»Du wirst doch nicht so nachtragend sein. Nachdem du mich aus dem Weg geräumt hattest, hast du dich doch weiter hochschlafen können. Da zählen doch so kleine Lichter wie ich gar nicht mehr.«

Gotthard hatte sich während ihres Gesprächs immer weiter aus der Schusslinie geschlichen. In einigem Abstand hielt er dennoch den Atem an und versuchte, sich unsichtbar zu machen.

Es gelang nicht.

»Wir sprechen uns noch, Gotthard«, fuhr seine Chefin ihn an.

Dann wandte sie sich wieder Mick zu. »Ist das Ihr Bruder?«

»Unzweifelhaft.«

»Dann sind Sie hier fertig. Sie können gehen. Aber halten Sie sich für weitere Fragen bereit.«

Sie kam ganz nah an Mick heran. »Im Moment bist du nichts weiter als ein Verdächtiger«, zischte sie. »Auch, wenn ich weiß, dass das wahrscheinlich albern ist. Aber ich sage Dir eins, Mick und das unmissverständlich.« Er lächelte beinahe, als ihre Maske fiel und sie ihn wieder zu duzen begann. »Wenn du dich irgendwie einmischst, wenn du meinen Ermittlungen im Weg stehst, dann mach ich dich platt. Dann buchte ich dich schneller ein, als du »Amen« sagen kannst.« Sie zitterte leicht und das verursachte ihm Genugtuung. »Und jetzt raus. Verschwinde!«

Gotthard nutzte seine Chance, zog ihn mit sich und beide entfernten sich schleunigst aus Kellers Nähe.

Mick hatte sich immer noch nicht beruhigt, als der Polizeiwagen Sarah und ihn bei ihrem Porsche in Mönchengladbach absetzte. Seine Schwägerin war völlig fertig, sie weinte nicht mehr, sondern saß einfach nur da und starrte aus dem fahrenden Wagen. Sie war völlig lethargisch und er musste sich eingestehen, dass ihm die in

Tränen aufgelöste Frau von vorhin beinahe besser gefallen hatte. Jetzt schien sie einem Nervenzusammenbruch näher denn je.

»Kannst du heute Nacht bei mir bleiben?«, fragte Sarah, als sie vor ihrer Villa standen, die nun kalt und leer erschien. Er zuckte nur die Achseln, parkte den Wagen ein, führte seine Schwägerin ins Haus und bettete sie auf die Couch. Seltsamerweise schaffte sie es, irgendwann einzuschlafen und Mick deckte sie zu.

Dann begab er sich auf die Suche nach etwas Alkoholischem, fand eine gut bestückte Bar und genehmigte sich einen Whisky. Lange starrte er durch das riesige Fenster, das einen Ausblick auf den parkähnlichen Garten bot und überdachte die Situation. Sein Bruder war tot, dem Anschein nach von einer Horde kleiner Kinder gesteinigt und die Sonderkommission, die man aufgrund der Schwere des Verbrechens gegründet hatte, wurde von seiner Intimfeindin angeführt.

Dagmar Keller, die Frau, die ihm alles genommen hatte.

»Ich finde deinen Mörder Mark!«, flüsterte er, nicht ahnend, dass es ein Tanz mit dem Teufel werden sollte.

Kapitel 2

Braungelbe Herbstblätter wurden vom Wind aufgewirbelt und flogen Werner Meurers entgegen. Eben erst hatte er das Laub zu einem riesigen Haufen zusammengerecht und jetzt war es schon wieder überall verteilt. Sein Ärger über dieses kleine Missgeschick verflog jedoch schnell. Er nahm den Rechen und begann erneut damit, dem bunten Sammelsurium zu Leibe zu rücken.

Er war Rentner, wohnhaft im südlichsten Stadtteil von Mönchengladbach. Hier hatte er sein ganzes Leben verbracht, ein Haus gebaut und zwei Kinder alleine großgezogen, nachdem seine Frau im Alter von 41 Jahren an Krebs gestorben war. Er hielt inne und umklammerte den Stiel des Rechens. Gedankenverloren ließ er die viel zu kurzen Jahre mit seiner Frau Revue passieren. Ihre gemeinsame Zeit: Eine Geschichte über die nie etwas geschrieben werden würde. Eine Liebe, die mit einem Schwur begonnen und selbst den Tod überdauert hatte. Ja, er war Anna treu geblieben. Und er hatte kämpfen müssen. Werner hatte gelernt, die Einsamkeit zu ertragen, gelernt, wie man ein Kind großzieht, nebenbei arbeiten geht und sich um den Haushalt kümmert.

Das Geld war immer knapp gewesen und nun, da er Rentner war, wurde es noch schwieriger, mit dem wenigen Geld auszukommen, auch wenn sein Kind schon seit einigen Jahren ausgezogen waren. Beherzt begann er wieder, den Rechen zu schwingen und das Laub zu kehren.

»So, da bin ich wieder.«

Ein junger Mann von etwa dreißig Jahren kam auf den Rentner zu und stellte sich vor ihn.

»Herr Meurers, ich muss schon sagen, Sie sind ein fleißiger Mann, so wie Sie die Dinge hier in Schuss halten. Hut ab, Hut ab, mein Freund.«

Anerkennend klopfte er dem mindestens einen Kopf kleineren Meurers auf die Schulter und grinste.

Werner betrachte den Mann. Dessen langen Bart, der wie angeklebt aussah, der muffige alte lange Mantel und die enorme Größe ließen ihn bedrohlich wirken, was allerdings im kompletten Gegensatz zu seinem Verhalten stand.

Dieser Typ war freundlich ohne Wenn und Aber.

»Ich danke Ihnen«, sagte der Rentner.

»Fünfhundert Euro für die Laube und das für nur eine Woche«, fuhr er fort. »Das ist für mich jede Menge Geld, auch wenn ich nicht sicher bin, ob das rechtens ist, was Sie hier vorhaben. Ein wenig Angst habe ich schon, dass ich Ärger bekomme.«

»Wie ich schon sagte, Herr Meurers, ich habe nur nach einem Platz gesucht, an dem ich meine Pflanzen für die Dauer meiner Abwesenheit sozusagen parken kann und wo sich jemand Zuverlässiges darum kümmert. Hier sind die Bedingungen in jeder Hinsicht ideal.«

Gestern hatte sich eben dieser Mann auf ein Inserat gemeldet, das Werner kürzlich in die Zeitung gesetzt hatte: Laube (auch als Gewächshaus verwendbar) mit ausgebautem Dachboden günstig zu vermieten.

Ein kurzer Moment in der Laube und ein Blick auf den Dachboden hatten ihm ausgereicht und er hatte Werner fünfhundert Euro in die Hand gedrückt. Fünfhundert Euro für eine Woche! Werner argwöhnte zwar, dass es sich dabei womöglich um verbotene Produkte handelte, aber das verdammte Geld trieb ihn dazu zuzusagen. Da der Mann absolute Diskretion forderte, ließ Meurers ihn gewähren und händigte ihm einen Zweitschlüssel aus. Stunden später kam der Kerl mit einer ganzen Wagenladung exotischer Pflanzen zurück.

Früher hatte Werner diese Laube selbst als Gewächshaus genutzt. Unten war das Häuschen komplett verglast. Das Giebeldach war mit Reed gedeckt, so dass es den Anschein hatte, als wäre die Laube ein kleines Haus an der Küste. Oben auf dem Giebeldreieck thronte ein Wetterhahn. Innen war das Dach mit einer wasserabweisenden Schutzfolie, mit Glaswolle und dicken Rigipsplatten ausgestattet. Ein großes doppelt verglastes Dachfenster sorgte für ausreichendes Licht

In der Mitte des Dachbodens befand sich eine mit einem Griff versehene Klappe, an der ein Zugseil befestigt war. Durch das Ziehen des Seiles entriegelte sich der Griff, die Klappe öffnete sich und eine Leiter wurde nach unten gelassen. Neben dem Griff gab es ein etwa fünf Zentimeter großes Loch, welches dem Dachboden wenigstens ein geringes Maß an Luftzufuhr gewährleistete. Nun standen im gesamten unteren Bereich Pflanzen und Werner erhielt den Auftrag sie täglich zu gießen. Der Lange hatte scheinbar einen Hang zu sehr ausgefallenen Pflanzen und Behältnissen. Nichts davon kam Werner bekannt vor.

Doch vor allem eine Konstruktion machte den Rentner stutzig. In der Mitte des Raumes stand ein kleiner Motor auf dessen Vorderseite eine Schale mit einem Schlauch befestigt war. Goss man Wasser in die Schale pumpte der Motor das Wasser durch den Schlauch auf den Dachboden. Das Loch in der Klapptür war zugeklebt, so dass man nur noch sehen konnte wie der Schlauch in der Decke verschwand. Den Griff für die Leiter hatte der Mann mit einem Schloss versehen. »Dort oben verwahre ich das seltenste Exemplar meiner Sammlung«, erklärte der junge Mann auf Meurers fragenden Blick hin. »Es ist eine Pflanze, die äußerst empfindlich auf Zugluft reagiert. Deshalb habe ich dafür gesorgt, dass Sie sie von hier aus tränken können ohne sie zu gefährden. Noch einmal, Herr Meurers, fast alle meine exotischen Pflanzen sind äußerst selten und wertvoll. Hier sind, wie schon gesagt, die Bedingungen ideal, deswegen kann ich Ihnen auch verhältnismäßig viel Geld anbieten. Bitte achten sie jedoch darauf, dass Sie die Pflanze auf dem Dachboden immer besonders behandeln und zweimal am Tag gießen.

Und versuchen Sie nie, die Klappe zu öffnen, das würde alles kaputt machen. Entschuldigen Sie das Schloss, aber ich hielt es für sicherer, da ich nicht weiß, ob hier vielleicht Fremde ihr Unwesen treiben.«

»Nein, hier ist noch nie eingebrochen worden. Seit ich hier lebe ist so etwas noch nie vorgekommen.« Werner kramte einen Zettel aus seiner Hosentasche, hielt ihn vor seine Nase und begann, einen Namen zu stottern: »Herr Esgemdan.« Der junge Mann nickte freundlich.

»Ich vertraue Ihnen voll und ganz. Bei Ihnen sind meine Pflanzen bestimmt gut aufgehoben. Den Plan, wann Sie welche Pflanze gießen müssen, haben Sie ja bekommen. Wenn Sie sich genau an meine Anweisungen halten, kann eigentlich gar nichts schiefgehen.« Der Lange streckte Werner Meurers die Hand hin und der Rentner schüttelte sie kräftig.

»Ich bin für fünf Tage auf Geschäftsreise, danach hole ich die Pflanzen wieder ab, vielen Dank noch mal für Ihre Hilfe.«

»Ich habe zu danken«, strahlte Werner den Bartträger an und sah zu wie er durch das Gartentor verschwand.

Wieder kramte er in seiner Hosentasche und holte einen gelben Zettel hervor.

»So, dann machen wir uns doch gleich mal an die Arbeit.«

Laube, Tag 2, Dachboden

Karsten Altgott fror. Er saß nackt auf einem Stuhl, der mit dicken Bolzen am Boden befestigt war. Stricke und Klebebänder machten ihm fast jede Bewegung unmöglich, lediglich den Kopf konnte er ein wenig zur Seite drehen. Voller Panik bemerkte er, dass sogar sein Mund zugeklebt war. Nur eine kleine Öffnung war frei geblieben. Mit der Zunge ertastete er etwas wie einen dünnen Schlauch, aus dem ihm ständig Flüssigkeit in den Mund tropfte.

Verdammt noch mal, dachte er. Was ist passiert? Wie bin ich hierhergekommen und wo zum Teufel bin ich überhaupt? Verzweifelt versuchte er sich zu erinnern, aber alles was ihm einfiel, war, wie er nach einem stressigen Arbeitstag in sein Auto gestiegen war und sich auf eine Dusche, ein kaltes Bier und sein Sofa gefreut hatte. Danach ... Filmriss!

Er hatte nicht einmal eine Ahnung, wie lange er schon hier saß. Nach den Schmerzen in seinen Muskeln und Gelenken zu schließen, musste es aber schon ziemlich lange sein.

Soweit es ihm möglich war, drehte er den Kopf, um einen Blick auf seine Umgebung zu werfen. Zunächst sah er ein Dachfenster und einen, zumindest innerhalb seines Blickwinkels, leeren Raum.

Damit war die Bestandsaufnahme auch schon abgeschlossen und erst jetzt fiel ihm auf, dass sein Hintern schmerzte. Es kam ihm vor, als würde er eine Hämorrhoidenverödung beim Gastroenterologen vornehmen lassen. Eine Erfahrung, die er zu seinem Leidwesen, bereits einmal hinter sich gebracht hatte und die er keinesfalls wiederholen wollte. Da war irgendetwas in seinem After. Es drückte und pochte unaufhörlich, aber er konnte sich keine Vorstellung davon machen, was dieses Gefühl verursachte.

Laube, Tag 2, unten

Werner goss, wie es ihm der Zettel vorgab. Als Letztes schüttete er Wasser in das Schälchen und beobachtete, wie es augenblicklich auf den Dachboden gepumpt wurde. Die Pumpe surrte, bis das ganze Wasser durch den Schlauch seinen Weg nach oben gefunden hatte. Dann stellte der Motor sich von selbst ab.

Interessant, dachte Werner. Er hoffte darauf, die Pflanze auf dem Dachboden sehen zu können, wenn der junge Mann von seiner Geschäftsreise wiederkam. Zufrieden schloss er die Laube ab und ging hinüber ins Haus.

Laube, Tag 3, Dachboden

Schmerzen! Unerträgliche grelle Schmerzen! Karsten Altgott schrie. Doch seine Schreie blieben stumm. Das Klebeband über seinem

Mund hinderte ihn daran, seine Qual laut herauszubrüllen. Vor einigen Stunden hatte er noch überlegt, wie er überhaupt hierhergekommen war, aber diese wahnsinnigen Schmerzen machten jeden klaren Gedanken zunichte. Etwas bahnte sich einen Weg durch seinen Darm. Tränen schossen ihm in die Augen. Verzweifelt versuchte er, wenigstens einen Teil seiner Fesseln zu lösen oder zumindest etwas zu lockern, umsonst. Wut überkam ihn. Auch der Schlauch in seinem Mund machte ihn verrückt, zumal der Nachschub an Flüssigkeit deutlich geringer geworden war. Schon jetzt spürte Karsten ein immer stärker werdendes Hunger- und Durstgefühl. Viel kommt da auch nicht mehr, dachte er kurz. Dann kam der nächste Schmerzschub und ihm quollen beinahe die Augen aus dem Kopf. Noch wünschte er sich zwar nicht den Tod, aber zumindest eine gnädige Ohnmacht, doch beides ließ noch auf sich warten.

Werner schlief schlecht.
Auch der Morgen machte alles nicht besser. Beim Einkaufen traf er die üblichen Verdächtigen. Rentner, die dazu verdammt schienen, sich an jedem Tag ihres restlichen Lebens irgendwo zu treffen und sich gegenseitig ihr Leid zu klagen. Darüber hinaus wurde über dieses und jenes gelästert bis keiner mehr etwas zu sagen hatte und sich jeder auf den Heimweg machte. Diese Eintönigkeit macht mir manchmal schwer zu schaffen, dachte Werner, wohl wissend, dass heute Abend seine Tochter zu Besuch kommen würde, was auch das Einzige war, was diesen Tag noch retten konnte.

Laube, Tag 3, unten (17:00 Uhr)
»Hier ist die Sammlung. Schau mal hier, Jenny.«
Werner hatte seine achtundzwanzigjährige Tochter mit in die Laube genommen und präsentierte ihr die exotischen Pflanzen. Er goss Wasser in das Schälchen und die Pumpe begann augenblicklich ihre Arbeit.

»Was soll denn der Blödsinn?« Jenny war pragmatisch. Sie mochte keine Umwege.

»Das ist doch totaler Müll. Wieso stellt der Typ, von dem du mir erzählt hast, die Pflanze denn nicht hier unten hin?«

»Na, vielleicht braucht sie ganz spezielle Bedingungen«, antwortete Werner. »Zumindest darf sie auf keinen Fall Zugluft bekommen, wurde mir gesagt.«

»Mumpitz!« Jenny begann, an dem Schloss zu rütteln.

Laube Tag 3, Dachboden
Karsten musste kurz eingeschlafen sein oder war er doch schon ohnmächtig geworden?

Plötzlich hörte er ein Geräusch. Etwas rappelte unter ihm. Er nahm alle Kraft, die ihm noch geblieben war, zusammen, drückte verzweifelt mit der Zunge gegen diesen widerlichen Schlauch und schaffte es tatsächlich, ihn herauszuschieben, so dass eine kleine Öffnung im Klebeband entstand. Wie wild begann er zu schreien, getrieben von Wut, Schmerz und Verzweiflung.

Laube Tag 3, unten (17:01 Uhr) »Was soll denn das?«, fragte Jenny.

»Was meinst du?«

»Na, das Schloss da.«

Werner zuckte mit den Schultern.

»Der Mann hat gesagt, dass ich die Luke auf keinen Fall öffnen darf und ich würde das auch nie tun. Fünfhundert Euro…

Wenn die Pflanze kaputtginge, würde er das vielleicht alles wieder zurückhaben wollen. Ich nehme an, er wollte nur sichergehen.«

»Was für ein…« begann Jenny und hielt plötzlich inne. »Komisch«, flüsterte sie, »ich hätte schwören können, da oben irgendetwas gehört zu haben.«

»Jetzt komm aber, ich will hier nicht die Nacht verbringen.«

Werner ging hinaus und mit einem auffordernden Nicken bedeutete er Jenny, es ihm gleich zu tun. Sie ging einen Schritt in Richtung ihres Vaters, dann blickte sie noch einmal zurück auf die Luke. Sie zögerte.

»Das ist irgendwie gruselig. Am besten rufst du die Polizei an.« Werner schaute seine Tochter entgeistert an, so als hätte sie ihm erzählt, dass der Mond gerade vom Himmel gefallen wäre.

»Was soll ich denn deiner Meinung nach der Polizei sagen? Hallo, hier sind gemeine Pflanzen, die mich um den Verstand bringen? Ich wusste nicht, dass du deinen Alten unbedingt in der Psychiatrie besuchen willst.«

Jenny lachte. »Okay, vielleicht hast du ja Recht. Aber du musst zugeben, dass das hier schon eine sehr seltsame Konstruktion ist.«

»Nun komm!« Werner ließ Jenny an sich vorbei ins Haus gehen und schloss die Laubentür, nicht ohne nachdenklich geworden zu sein.

Laube Tag 4, Dachboden

Karsten Altgott wachte wieder auf, weil der Schmerz so unerträglich war. Dann fiel er in Ohnmacht, nur um kurze Zeit später durch die Nadelstiche in seinem Unterleib wieder wach zu werden. Dieses Prozedere wiederholte sich andauernd. Sein Mund wurde immer trockener, da der Schlauch nicht mehr da war. Plötzlich: Ein Messerstich in seinen Eingeweiden. Karsten wurde mit einem Mal übel. Er musste sich übergeben. Ein wenig von seinem Erbrochenen quoll durch das kleine Loch, das durch den abgerissenen Schlauch entstanden war. Der Rest verstopfte ihm den Mund, so dass ihm das Zeug aus der Nase trat. Er rang nach Luft, atmete jedoch nur seine eigene Kotze immer wieder ein. Sein Todeskampf dauerte nur wenige Minuten. Karsten Altgott war erstickt.

Die volle Gießkanne in der Hand betrat Werner wieder die Laube. Es war der sechste Tag, nachdem er den großen jungen Mann zum ersten Mal gesehen hatte. Die Pflanzen gediehen prächtig. Auch der Motor funktionierte weiterhin einwandfrei, doch es hatte sich ein übler Gestank in dem kleinen Haus ausgebreitet, der kaum noch zu ertragen war.

Nur noch mit Widerwillen betrat der Rentner seine zum Gewächshaus umfunktionierte Laube. Er musste an die Worte seiner Tochter denken: »Das ist gruselig.«

Der Geruch kam eindeutig vom Dachboden. Die Neugierde und das Verlangen nach einer Lösung dieses Problems ließen dem Rentner keine Ruhe.

Kurz entschlossen schnitt er das Klebeband durch, welches das Loch in der Türklappe verschloss und durch das der Wasserschlauch nach oben führte. Ein süßlich fauliger Geruch, vermischt mit etwas, das wie Erbrochenes roch, stieg Werner in die Nase. Angewidert schnappte er nach Luft.

Noch konnte er wenig erkennen, weil grelles Licht durch das Loch schien.

»Verdammt!«, schimpfte er.

Er ging zurück ins Haus und kam, bewaffnet mit einem Bolzenschneider, wieder zurück. Damit durchtrennte er das Schloss, griff in das Loch und zog die Leiter zu sich auf den Boden. Der Gestank wurde so bestialisch, dass Werner nicht einmal bis auf die erste Sprosse der Leiter kam.

Wieder ging er ins Haus und kam kurze Zeit später mit einer Wäscheklammer auf der Nase zurück.

Hoffentlich kommt jetzt keiner, dachte er.

Werner erklomm die ersten zwei Sprossen und hielt den Atem an. Er sah Füße, Beine, da saß jemand auf einem Stuhl. Unter dieser Person wuchs eine Pflanze scheinbar in das Holz des Sitzes hinein. Die Pflanze wurde durch den Schlauch, der unten am Motor befestigt war, mit Wasser versorgt.

Werner hielt den Atem an und ging noch eine Sprosse höher, bis er seinen Kopf komplett durch die Luke stecken konnte. Sein Herz setzte aus. Er konnte unmöglich glauben, was er da sah. Zu bizarr war die Vorstellung, dass dies hier Wirklichkeit sein sollte. Ein

Mann, komplett mit Stricken umwickelt und auf einem Stuhl gefesselt, schaute mit weit aufgerissenen Augen ins Nichts. Sein Blick spiegelte das ganze Entsetzen dessen wider, was er in den letzten Tagen hatte durchmachen müssen. Aus einem kleinen Loch in seinem zugeklebten Mund und aus seiner Nase quoll getrocknetes Erbrochenes.

Doch dann kam der eigentliche Wahnsinn. Durch das Klebeband um seinen Bauch stachen kleine, wie Zahnstocher aussehende, Hölzchen. Werner wurde schwindelig als er begriff, was er da sah. Die Pflanze, die er getränkt hatte, war in den Mann eingedrungen und hatte ihn von innen aufgespießt. Die Verästelungen begannen nun damit, sich ihren Weg aus dem Körper zu bahnen.

Die Luft blieb dem Rentner nun völlig weg. Er taumelte. Der Schock hatte ihm übel zugesetzt. Sein Herz begann zu flattern. Alles drehte sich und eine bedrohliche Schwärze umgab ihn, hüllte ihn ein. Er verlor den Halt und fiel die Leiter hinab.

Noch ein kurzes Zucken, dann starb er …

Kapitel 3

Als Sarah Peters erwachte, brauchte sie ein paar Sekunden um sich zu orientieren. Sie befand sich nicht in ihrem Bett, sondern lag auf der Couch im Wohnzimmer.

Schlaftrunken setzte sie sich auf, rieb sich die schmerzenden, verweinten Augen und dann überfielen sie mit einem Schlag die Ereignisse des gestrigen Tages.

Mark war tot, ermordet und Mick, ihr Schwager...

Ihr Blick schweifte durch den Raum und sie sah, dass der Schwarzhaarige auf einem Stuhl saß und durch das Fenster in den Garten starrte. Als er das Rascheln hinter sich hörte, drehte er sich um. Er sah furchtbar aus. Die Falten in seinem Gesicht schienen über Nacht tiefer geworden zu sein, selbst der Ansatz von Grau in seinen Haaren hatte sich verstärkt. Wenn Sarah je einen gebrochenen Mann gesehen hatte, dann jetzt und hier.

Mühsam rappelte sie sich auf, registrierte die Decke, die er wohl gestern über sie gebreitet hatte und ging zu ihm. »Hast du gar nicht geschlafen?« Es war weniger eine Frage als eine Feststellung.

Er starrte wieder geradeaus, sein Blick fiel auf die Vögel, die die kleine Tränke benutzten. Sarah merkte, dass er zwar hinschaute, sie aber nicht sah.

»Ich werde dieses Schwein zu fassen bekommen!«, murmelte er. Kein »Guten Morgen«, kein »Wie geht es dir?«. Aber was hätten diese Fragen auch gebracht? Wie sollte es ihr schon gehen?

Gestern war ihre Welt noch in Ordnung gewesen. Sie und Mark waren gesund, wohlhabend, hatten alles gehabt, was man sich für Geld kaufen konnte und nun das.

So etwas gehörte doch ins Fernsehen oder in ein Boulevardblatt, aber nicht ins reale Leben ganz normaler Leute. Schlagartig wurde ihr bewusst, dass sie ihr Leben ab jetzt ohne Mark würde bewältigen müssen. Dass er nicht auf einer Geschäftsreise war, sondern dass er nie wiederkommen würde. Sie spürte wie sich ein Schluchzen den Weg durch ihre Kehle bahnte, aber Tränen hatte sie keine mehr. Sie war leer. Und der einzige Mensch, der ihr Elend mit ihr teilte, war jemand, den sie in den letzten Jahren verachtet hatte.

»Ich mache uns einen Kaffee«, sagte sie und ging in die Küche, lief vor dem Mann davon, der einen Gesichtsausdruck hatte, der sie das Fürchten lehrte. So sah jemand aus, der zu allem bereit, dem nichts mehr heilig war - der wahrscheinlich sogar bereit wäre zu töten. Sie schüttelte sich und versuchte den nächsten Gedanken zu verdrängen. Vielleicht war das alles nur Schauspielerei. Vielleicht hatte er seinen Bruder auf dem Gewissen. Hatte ihn umgebracht aus Wut oder aus Neid.

Sie schlug sich gegen die Stirn. Wenn sie so anfing, dann würde sie zweifellos bald verrückt werden. Nein, die Polizei schien ihn nicht zu verdächtigen, also warum sollte sie es tun.

Mit zitternden Händen bediente sie den Kaffeeautomaten und schaffte es irgendwie, völlig mechanisch, zwei Tassen zu füllen. Sie brachte sie zurück ins Wohnzimmer und drückte ihrem Schwager eine davon in die Hand.

»Danke«, flüsterte er.

»Ich danke dir«, sagte sie. »Danke, dass du dich gestern um mich gekümmert hast. Danke, dass du mir hilfst, all dies durchzustehen.«

»Danke mir, wenn ich diesen Irren erwischt habe«, sagte er rau. Sie sah ihn an, sein Blick machte ihr immer noch Angst.

»Glaubst du nicht, dass das Sache der Polizei ist?«, fragte sie. Die Wut in seinem Blick nahm weiter zu.

»Hast du nicht mitbekommen, wer die Sonderkommission leitet?«, fragte er scharf. »Dieser Schlampe soll ich zutrauen den Mörder meines Bruders zu finden?« Er schüttelte aufgebracht den Kopf.

»Nein. Ich war immer besser als sie und ich werde es beweisen.«

Sarah wusste nicht, ob ihr die letzten Worte gefielen. Ob es richtig war, die Aufklärung des Mordes an ihrem Mann zu einem Wettbewerb zu erklären. Sie setzte sich wieder auf die Couch und hüllte sich in die Decke. Ihr war kalt, obwohl es trotz des frühen Morgens schon fast zwanzig Grad warm war. Doch die Kälte, die sie spürte, kam von innen. Jemand hatte ihr die Liebe ihres Lebens genommen und dieser Verlust stahl ihr die Wärme aus dem Herz.

»Wenn ich irgendetwas tun kann...«, begann sie. Mick kam zu ihr, stellte die Tasse auf den Tisch, kniete sich vor sie und nahm ihre Hände in seine.

»Du musst jetzt stark sein«, sagte er. »Musst dich hier um alles kümmern. Es gibt jetzt nach Marks Tod...«, er schluckte und es fiel ihm deutlich schwer weiter zu reden. »Es gibt hier jetzt so viel zu tun. Du musst dich um die Beerdigung kümmern, den Nachlass regeln und ...« Er verstummte kurz.

»Hast du Freunde, die dir dabei helfen können?« Sarah überlegte lange und nickte dann schließlich.

»Ich kann dir bei diesen Dingen nicht beistehen«, sagte er. »Ich werde andere Sachen zu tun haben.«

Sie brauchte nicht zu fragen, was er im Einzelnen meinte.

»Brauchst du etwas?«, fragte Sarah dann. Mick sah seine Schwägerin an. Er hatte sie immer für eine Schickimicki-Trulla gehalten. Für Jemanden, dem shoppen, schicke Klamotten, die »richtigen« Leute zu kennen und ähnliche Oberflächlichkeiten das Wichtigste im Leben waren. In diesen Augenblicken belehrte sie ihn eines Besseren. Sie war stark und hielt sich verdammt gut.

»Ich werde etwas Geld brauchen«, sagte er. »Und die Schlüssel zu Marks Büro. Ich weiß, du sagst, er hätte keine Feinde gehabt, doch ich werde mir seine letzten Geschäfte und die Kunden mal ein wenig genauer anschauen.«

Er sah in ihrem Blick, dass es ihr nicht gefiel. »Ich muss irgendwo anfangen«, meinte er. »Irgendwer hatte einen riesigen Hass auf Mark. Einen solchen Groll, dass ihm ein normaler Mord zu gnädig erschien. Und ich werde herausfinden wer.« Sie kramte in ihrer Handtasche und reichte Mick eine Kreditkarte. »Heb so viel ab, wie du brauchst«, sagte sie. »Am Geld soll es nicht liegen.« Nun rollte doch wieder eine Träne über ihr Gesicht. Geld, das ihr immer so wichtig gewesen war, hatte mit einem Mal seine Bedeutung verloren. Das, was ihr wirklich etwas bedeutet hatte, würde all ihr Reichtum ihr nicht mehr zurückbringen können.

»Kann ich dich allein lassen und darf ich mir den Porsche noch einmal ausleihen?«, fragte ihr Schwager und Sarah nickte, obwohl sie im Moment nichts weniger wollte als allein gelassen zu werden. Ohne ein weiteres Wort machte sich Mick auf den Weg. Seiner Rache entgegen ...

»Hallo Kurt. Hier ist Mick.«

»Mick? Mick Peters?« Die Stimme am anderen Ende der Leitung klang echt überrascht. »Ich hab ja Monate nichts mehr von dir gehört.«

»War im Urlaub.«

»Ist klar.« Kurt Schneider zählte eins und eins zusammen. Er war nicht umsonst einer der besten Reporter bei der NGZ, aber jetzt hätte auch ein weniger begabter Mann gewusst was anlag.

»Das mit deinem Bruder tut mir wahnsinnig leid«, meinte er. Die Zeitungen hatten über den Fall berichtet. Sensationsheischend zwar, aber trotzdem sachlich richtig im Rahmen ihrer Möglichkeiten. Es war erwähnt worden, dass der erfolgreiche Immobilienmakler Mark Peters ermordet worden war, einige hatten sogar eine Steinigung angedeutet, doch die Presse hatte die beteiligten Kinder nicht erwähnt. Diesmal schien es so etwas wie Opferschutz zu geben.

»Ich brauche Informationen«, sagte Mick gepresst.

»Warum?«

»Stellst du dich absichtlich blöd?«

Kurt Schneider atmete hörbar aus. »Ich weiß nichts, was die Polizei nicht auch weiß«, sagte der Reporter. »Wende dich an deine Ex-Kollegen.«

»Das kann ich nicht und das weißt du. Also sag mir alles, was in deiner Redaktion über den Fall bekannt ist.«

»Und was ist dabei für mich drin?« Micks Hände wollten unbedingt durch die Leitung diesem Kerl an den Hals. Ging aber nicht. »Ich halte dich auf dem Laufenden mit allem, was ich herausbekomme.«

»Dann ermittelst du auf eigene Faust?« Das Interesse des Reporters war geweckt.

»Ich werde den Mörder meines Bruders finden und du erhältst die Exklusivrechte.« Damit hatte er Kurt am Haken. »Du weißt sicherlich, dass Kinder am Tatort anwesend waren?«, fragte er.

»Ja, ein junger unvorsichtiger Kommissar hat sich verplappert.«

»Die Polizei wollte, dass dies nicht an die Öffentlichkeit kommt. Was nur allzu verständlich ist. Und meine Kollegen und ich haben uns daran gehalten. Trotzdem gibt es Eltern, die mit genau dieser Sache Kohle machen wollen. Eine Mutter hat in der Redaktion angerufen und wollte uns ein Interview mit ihrem Sohnemann verkaufen. Für eine horrende Summe.« Mick wunderte sich, dass kein Zeitungsmensch darauf eingegangen war. Kurt schien seine Gedanken zu erraten. »Der Junge würde seines Lebens nicht mehr froh werden«, sagte er. »Kinder können grausam sein. Er würde sicherlich von anderen als Mörder beschimpft. Selbst Reporter sind Menschen, manche sogar Väter. Nein, mit so einer Story will keiner was zu tun haben.«

»Ich brauche trotzdem den Namen«, sagte Mick. Und nach einer kurzen Verhandlung in der Kurts Kontonummer, die Zusage einer zeitnah erfolgenden Überweisung und das Versprechen sich wieder zu melden eine entscheidende Rolle spielten, bekam er genau das, was er haben wollte. Mick legte auf.

Es war wirklich nicht die beste Wohngegend in die Micks Weg führte. Heruntergekommene Drei- oder Vierfamilienhäuser oder Reihenhäuser mit abplatzender Fassade und vermüllten Gärten prägten das Straßenbild. Er hielt den teuren Porsche, der so gar nicht hierher passen wollte, kurz an und verglich die Hausnummern mit der Adresse auf seinem Zettel. Als er das richtige Haus gefunden hatte, parkte er den Wagen und stieg aus.

Es war gegen Mittag, das Wetter war schön, der Himmel wolkenlos, noch dazu war Wochenende. Die Straße hätte voller spielender Kinder sein müssen, doch über der ganzen Siedlung lag eine beinahe gespenstische Ruhe.

Mick atmete noch einmal durch, dann ging er auf ein schmales, mittleres Reihenhaus zu, bahnte sich den Weg an achtlos hingeworfenen Kinderfahrrädern und Bobby Cars vorbei und klingelte an der Eingangstür, deren ursprüngliche Farbe nicht mehr zu erkennen war.

Sekunden später wurde die Tür aufgerissen und ein etwa sechzehnjähriges, sehr stark geschminktes Mädchen starrte ihn an.

»Ja?«, fragte sie und knatschte mit ihrem Kaugummi.

»Mein Name ist Peters«, stellte Mick sich vor. »Bin ich hier richtig bei Familie…«, er blickte auf seinen Zettel, »… bei Familie Matthies?«

»Sind Sie ein Bulle oder einer vom Amt?«, fragte das Mädchen. Sie trug ein bauchfreies, neonfarbenes Top und Hotpants, die unwesentlich breiter waren als ein Gürtel. »Wenn Sie ein Kuckuckskleber sind, dann ham Sie ein Problem. Hier is schon lange nix mehr zu holen.«

Sie grinste und Mick bemerkte, dass ihre Zähne auch etwas von dem übermäßig aufgetragenen Lippenstift abbekommen hatten.

»Ist deine Mutter zu Hause?« Mick hatte keine Lust mehr auf diese Aushilfslolita.

Die Wasserstoffblonde drehte sich um. »Mum!«, schrie sie so laut, dass die Gläser in den Schränken klirrten. »Is für dich. Irgend so ein Typ.«

Ein Knirschen und Knarzen erklang, übertönt von Babygeschrei, dann erschien Frau Matthies auf der Bildfläche. Sie schien sich mit ihrer Tochter die monatliche Wasserstoffperoxid-Flasche zu teilen und ihr Gesicht war eine ältere verbrauchtere Version von dem ihrer Tochter. Zum Glück hatten die beiden nicht den gleichen Klamottengeschmack. Wobei es allerdings auch schwergefallen wäre, diese Massen in ein Top und Shorts zu zwängen.

»Wat issen?«, fragte die Frau breit und Mick bemerkte beinahe amüsiert, dass auch in diesem grellrot geschminkten Mund ein Kaugummi vorhanden war.

»Mein Name ist Peters«, stellte er sich noch einmal vor.

»Endlich ein Schreiberling, der sich traut, eine ordentliche Story zu bringen?«, fragte die Dicke und Mick sah beinahe die Eurozeichen in den Augen der Frau.

»Der Ermordete war mein Bruder«, sagte er, um seine Gesprächspartnerin direkt einzuordnen.

»Oh!« Frau Matthies musste diese Information erst verarbeiten. »Mein Sohn konnte das nicht wissen«, sagte sie.

»Keiner der Jungs konnte das wissen. Er hat sich nicht strafbar gemacht, das hat die Polizei gesagt. Und verklagen lohnt sich auch nicht, hier is nix zu holen.«

Ja, das hatte Mick gerade schon einmal gehört. Die Frau trat einen Schritt zurück und er befürchtete, dass sie kurz davor war, ihm die Tür vor der Nase zuzuschlagen.

»Ich will Ihnen nichts«, sagte er beschwichtigend. »Und ich bin Ihrem Sohn nicht böse. Ich würde mich nur gerne einmal mit ihm unterhalten.«

»Die Bullen haben das schon getan.«

Mick nickte. »Ich weiß«, sagte er. »Trotzdem…«

»Über diese Sache zu reden, regt ihn fürchterlich auf.« Klar und deshalb wollten Sie Ihrem Sohn auch ein paar Reporter auf den Hals hetzen, dachte Mick. Laut meinte er: »Es soll nicht zu Ihrem Schaden sein« und zog einen Hundert-Euro-Schein aus der Tasche. »Nur für Ihre Mühe. Und vielleicht können Sie Ihrem Sohn davon etwas kaufen, was ihn von dieser schlimmen Geschichte ein wenig ablenkt.«

Sie nickte so schnell, dass ihr Doppelkinn in Wallung geriet. Und Mick wusste im selben Moment, dass der Kleine von der Kohle nichts sehen würde. Das Geld würde todsicher für einen hunderter Pack Kaugummis und einen Eimer Haarfarbe draufgehen.

»Aber nur ganz kurz«, meinte sie und Mick wollte schon eintreten, doch die Dicke versperrte weiter den Weg. »Kevin?«, schrie sie und auch ihre Stimme war ähnlich lieblich wie die ihrer Tochter. »Kevin? Komm ma runter!«

Sie warteten und Mick dachte schon, dass der Kleine nicht erscheinen würde, doch dann kam ein verschüchterter Junge mit gelocktem blondem Haar an die Tür. Im Gegensatz zu seiner weiblichen Sippschaft war bei ihm das Blond allerdings echt.

»Der Mann hat ein paar Fragen an dich«, sagte sie und schob den Jungen durch die Tür.

»Hallo Kevin«, sagte Mick und begann, sich unwohl zu fühlen. Der Umgang mit Kindern war ihm nicht wirklich vertraut und doch musste er es irgendwie schaffen, den Jungen auf seine Seite zu ziehen. Er sollte sich ihm öffnen, sollte möglichst keine Angst vor ihm haben.

Frau Matthies schien jetzt, nachdem sie hundert Euro erhalten hatte, das Interesse an dem Gespräch zu verlieren, denn sie zog sich ins Haus zurück und ließ Mick mit ihrem Sohn allein. Allein mit einem wildfremden Mann und das nach den Geschehnissen der letzten Stunden.

Mick spürte, dass er wütend wurde, doch dieses Gefühl konnte ihm jetzt nicht helfen, stand ihm eher im Weg.

Kevin trat von einem Fuß auf den anderen und traute sich nicht, Mick in die Augen zu sehen.

Seine Hände umklammerten sein T-Shirt auf dem Spiderman zu erkennen war.

»Der Typ ist cool, oder?«, fragte Mick und deutete auf das Bild. Kevin brauchte einen Moment, um zu verstehen. »Sie kennen Spiderman?«, fragte er erstaunt.

»Klar. Als ich in deinem Alter war, habe ich die Comics gefressen und die Filme schaue ich mir heute noch gerne an.«

»Die Filme hab ich auf DVD«, sagte der Junge stolz. »Auch den ganz Neuen schon.«

»Den finde ich auch super. Aber vor der Echse hab ich ein bisschen Angst gehabt.«

»Sie haben Angst?« Kevin bekam große Augen. »Aber Sie sind erwachsen.«

»Auch Erwachsene haben Angst«, sagte Mick und setzte sich auf die Treppe vor dem Haus. »Das hört nie auf. Und böse Dinge passieren immer.« Der Junge setzte sich neben Mick.

»Sie meinen den bösen Mann, der uns die schlimmen Dinge hat tun lassen?«

Mick nickte. »Ihr konntet nichts dafür«, sagte er. Kevin sah stur geradeaus.

»Er hat gesagt, es wäre ein Spiel«, meinte er dann und die Geschehnisse der letzten Stunden schienen in ihm wieder hochzukommen. Mick tat der Junge leid, doch er brauchte Informationen.

»Er hatte Cola-Dosen dabei und Geld... und er hat gesagt, es wäre ein Apparat in diesem Sack, der es uns schwermachen würde, ihn zu treffen. Und so war es dann auch. Der Sack zuckte hin und her. Jedenfalls am Anfang.« Grauen packte Mick als ihm klar wurde, wie die letzten Sekunden seines Bruders ausgesehen hatten.

»Ich hab nicht gut getroffen«, sagte Kevin. »Ich kann nicht so gut werfen.« Ob es stimmte oder ob er seine kleine Seele damit reinwaschen wollte, wusste Mick nicht. Ihm tat der Kleine nur aufrichtig leid.

»Wenn ich Spiderman wäre, dann würde ich diesen bösen Mann jagen«, sagte er plötzlich. »So wie Peter Parker den Mann fangen wollte, der seinen Onkel umgebracht hat.« Mick sah den Jungen an. »Ich bin kein Superheld«, sagte er.

»Aber ich will diesen Mann bekommen.«

Kevin blinzelte. »Sind Sie ein Polizist?«, fragte er.

»Ich war mal einer.«

»Und jetzt? Sind Sie ein Privatdetektiv oder sowas?«

»Ja, so könnte man es ausdrücken. Und deshalb muss ich alles wissen, was dir an dem bösen Mann aufgefallen ist.«

Der Junge überlegte. »Er war riesig groß«, sagte er dann. »Der Freund meiner Schwester ist beinahe einen Meter neunzig, aber der Mann in dem Mantel war noch größer.«

»Und sonst?«

»Er trug so einen langen Mantel, der fast bis zum Boden ging. Mit ganz vielen Taschen und einer Kapuze. Und er hatte einen langen Bart. Wie Gandalf, der Zauberer, nur in schwarz. Aber ich glaube, der war nicht echt.«

»Wie kommst du darauf?«

»Wir haben in der Schule mal ein Weihnachtsstück aufgeführt und ich war einer von den Hirten. Da hab ich auch einen langen Bart gehabt. Der war so ähnlich.«

Mick notierte im Kopf alles, was der Kleine sagte. Auch wenn die offensichtliche Verkleidung des Mannes die Suche nach ihm fast unmöglich machte.

»Wie hat er gesprochen?«, fragte er dann. »Sprach er gutes Deutsch oder könnte es ein Ausländer gewesen sein? Oder sprach er Platt oder Bayrisch oder irgendwie komisch?«

Bei der Erwähnung des Bayrischen musste der Junge lachen.

»Sie mögen keine Bayern oder?«

»Wie kommst du denn da drauf?«

Kevin deutete auf Micks Shirt, auf die Borussia Mönchengladbach Raute, und dem Mann wurde klar, dass er sich dringend umziehen musste. »Okay«, meinte er dann. »Wie ich sehe, bist du nicht nur Spiderman-Fan, sondern kennst dich auch noch im Fußball aus.«

Der Junge schien mit dem Lob ein paar Zentimeter zu wachsen. Dann kam er wieder auf das eigentliche Thema zu sprechen. »Nein, der Mann sprach ganz normal. Wie Sie und ich.«

»Kannst du mir zeigen, wo das passiert ist?«, fragte Mick dann. Kevin rutschte unruhig hin und her. »Du brauchst nicht mit mir dort hinzugehen. Es reicht, wenn du mir ungefähr zeigst, wo es war.«

Der Junge deutete ans Ende der Siedlung. »Da hinten ist ein Spielplatz«, sagte er. »Und etwas weiter dahinter ist ein Grundstück, wo mal ein Haus gebaut werden sollte. Das ist aber nur halb fertig. Schon seit Jahren. Eigentlich dürfen wir da nicht hin, aber...«

Mick wusste, was der Junge meinte. Ihn hatte es in seiner Kindheit auch immer zu den verbotenen Plätzen gezogen. »Kennst du die anderen Jungen?«

Er nickte. »Die meisten«, sagte er. »Mein bester Freund Robert war auch dabei. Der wohnt zwei Straßen weiter.« Und er nannte Mick die Adresse. Dann begann er wieder aufgeregt hin und her zu rutschen. »Gehen Sie auch zu den anderen?«, fragte er dann.

»Kann schon sein.«

»Robert und ich dürfen nicht zusammenspielen«, sagte er dann. »Seine Eltern finden, ich bin kein guter Umgang.«

Der Junge konnte einem leidtun. »Ich werde nicht sagen, dass ich von dir komme«, erwiderte Mick und erhob sich. »Versprochen!«

Er wollte Kevin nicht länger quälen zumal er ohnehin annahm alles erfahren zu haben, was der Junge wusste. »Wenn dir noch irgendetwas einfällt, dann kannst du mich anrufen«, sagte er und reichte ihm einen Zettel mit seiner Handynummer. »Oder, wenn du einfach mal mit jemanden reden willst.« Eigentlich hätte der Junge psychologisch betreut werden müssen, doch Mick war klar, dass das in dieser Familie wohl nicht passieren würde. Hoffentlich würde der Junge mit dem Schock zurechtkommen.

»Vielen Dank, Kevin«, sagte er. »Du hast mir sehr geholfen.«

»Finden Sie den bösen Mann!«, sagte Kevin und jetzt traten Tränen in seine Augen.

»Versprochen!«, sagte er noch einmal und war überzeugt davon. Dann ließ er den Jungen mit seiner ungewissen Zukunft zurück.

Die Besichtigung des Tatorts brachte gar nichts. Das Gelände war nicht mehr abgesperrt, die Spurensicherung sicherlich gründlich gewesen und für Mick gab es nur Fußabdrücke und ein Loch zu sehen. Das Loch, welches das eigentliche Grab seines Bruders war. Zu einem Gespräch mit Kevins Freund, von dem er sich neue Erkenntnisse erhofft hatte, kam es erst gar nicht. Der kleine Robert wurde von einem intakten Elternhaus abgeschottet, er hatte bis jetzt noch nicht einmal erfahren, was sich in dem Sack befunden hatte. Seine Mutter, die Mick an der Eingangstür des Einfamilienhauses empfing, ließ kein Treffen mit ihrem Sohn zu. So unterschiedlich ging man mit den Ereignissen um.

Nur, dass es auch diesen fürsorglichen Eltern nicht gelingen würde, alles Elend von ihrem Filius fernzuhalten. Schließlich wusste Kevin Bescheid und er würde es, trotz aller Verbote, früher oder später seinem Freund erzählen. Und Mick nahm stark an, dass der kleine Kevin, der schon viel früher am wahren Leben schnuppern musste, wahrscheinlich besser damit würde umgehen können als der behütete Robert.

Mick stieg in den Porsche und fuhr zu seiner Wohnung. Er brauchte dringend frische Klamotten und eine Dusche. Und eine zündende Idee, wie es weiter gehen sollte …

Kapitel 4

Jenny Meurers schloss die Tür ihres Friseursalons, schnaufte noch einmal tief durch und ging zu ihrem Wagen, einem fünfzehn Jahre alten Renault Twingo. Das eigene Geschäft war ihr Traum gewesen, ein Traum, der sich langsam zu einem Alptraum entwickelte. Sie hatte sich verschuldet, als sie den Salon vor drei Jahren in dem guten Glauben eingerichtet hatte, alles fix zurückzahlen zu können. Doch die Kunden, die anfänglich in Scharen gekommen waren, blieben nach und nach aus. Es gab mittlerweile in unmittelbarer Nähe Konkurrenz, welche die Preise kaputt machte und das Geld der Kunden saß nicht mehr so locker. Schon vor einem halben Jahr hatte sie ihrer letzten fest angestellten Friseurin kündigen müssen. Nun arbeitete sie nur noch mit zwei Vierhundert-Euro-Kräften und samstags morgens stand sie alleine im Laden. Und doch waren es nicht ihre eigenen Probleme, die sie in den letzten Tagen vordringlich beschäftigten. Vielmehr gingen ihre Gedanken immer wieder zurück zu ihrem letzten Besuch bei ihrem Vater. Diese Geschichte mit dem Blumenzüchter wurde ihr von Tag zu Tag, von Stunde zu Stunde suspekter und sie hatte beschlossen, noch heute ihrem Vater einen weiteren Besuch abzustatten. Natürlich brauchte ihr Vater das Geld, das war ihr klar. Sie selbst wäre, in ihrer jetzigen Lage, bei fünfhundert Euro wohl auch schwach geworden. Trotzdem oder gerade deswegen war an dieser Sache etwas faul. Und sie war fest entschlossen, noch heute herauszubekommen was das war.

Sie steuerte das Vierfamilienhaus an, in dem ihre bescheidene Wohnung lag und tätigte aus dem Auto noch einen Anruf.

Als sie vor ihrer Bleibe einparkte, sah sie, dass Bernd, ihr Freund, schon auf sie wartete. Sie kannten sich nun seit vier Monaten. Es lief gut zwischen ihnen. Jenny hatte die Hoffnung, dass eine dauerhafte Beziehung daraus werden könnte. Und jetzt war die Chance gekommen, Bernd ihrem Vater vorzustellen. »Hallo Bernd«, begrüßte sie den Mann mit der sportlichen Figur, die ihr so gut gefiel.

»Hallo, mein Schatz.« Er nahm sie in den Arm und drückte ihr einen Kuss auf die Lippen.

»Was ist passiert?«, fragte er. »Du klangst so aufgeregt am Telefon. Ärger im Laden gehabt?«

Sie schüttelte den Kopf. »Nicht, dass ich keinen Ärger gehabt hätte«, meinte sie und lächelte schief. »Aber darum geht es mir heute nicht. Ich wollte meinen Vater in Wanlo besuchen und ich hatte gehofft, du würdest mich begleiten.«

Bernd sah an sich herab. Er trug eine ausgebeulte Jeans und ein Polohemd. Dazu ein Paar schwarze Nikes. »Wenn ich gewusst hätte, dass ein Besuch beim Schwiegervater ansteht, dann hätte ich mir einen Anzug angezogen.«

Jenny lachte. »Du im Anzug«, sagte sie. »Aber lass mal. Wenn ich jemanden im Anzug mitbringe, dann fällt mein Vater glatt in Ohnmacht.«

Sie lächelte immer noch. Ihr war nicht entgangen, dass Bernd ihren Vater als »Schwiegervater« bezeichnet hatte. Also war es ihm wohl auch ernst.

»Ihr werdet euch gut verstehen«, sagte sie. »Jedenfalls, wenn du ein paar Bierchen mit ihm trinkst.«

Ihr Freund grinste. »Daran soll es nicht scheitern, aber dann wirst du fahren müssen.« Mit diesen Worten kletterte er in Jennys Wagen.

Keine halbe Stunde später hielten sie vor Jennys Elternhaus.

»Hier bin ich aufgewachsen«, sagte sie. »In dieser Straße und in diesen Gärten habe ich meine ganze Kindheit verbracht.«

Bernd sah sich um. »Jenny Räubertochter.«

»Genau. Wenig Fernsehen, keine Gameboys, keine Handys und keine PCs. Und doch eine glückliche Kindheit. Das kannst du den heutigen Kids gar nicht mehr erklären.«

Sie traten durch die Gartenpforte.

»Hallo, Papa!«, rief sie. »Ich bin es, Jenny. Und ich habe eine Überraschung mitgebracht.« Sie sah sich um. Das unbeschwerte Gefühl, das sie auf dem Weg hierher gehabt hatte, verschwand augenblicklich. Etwas stimmte nicht. Bei diesem Wetter und um diese Zeit musste ihr Vater eigentlich im Garten sein. Er hielt es bei Sonnenschein gar nicht im Haus aus. Entweder pflegte er Rasen und Beete oder er saß auf der Bank unter dem großen Fenster. Doch Garten und Bank waren verwaist.

»Das ist komisch«, bemerkte sie. Bernd spürte die Besorgnis in der Stimme seiner Freundin.

»Vielleicht hat er sich einfach ein bisschen hingelegt«, entschied er, doch Jenny schüttelte den Kopf und eilte auf das Haus zu. Sie brauchte nicht zu klingeln, die Tür stand offen. »Papa?«, rief sie und schaute nacheinander ins Wohnzimmer und in die kleine Küche.

Niemand antwortete. Und plötzlich wusste Jenny, wo sie ihren Vater antreffen würde. Ihr Herz setzte einen Schlag aus. Irgendetwas sagte ihr, dass etwas Schreckliches geschehen war. Sie drängte sich am verblüfften Bernd vorbei und lief durch den Garten auf die Laube zu.

Noch bevor der Mann ihr folgen konnte, hörte er seine Freundin schreien. Ein Schrei so voller Kummer und Leid, dass ihm ein Schauer über den Rücken lief. Er wirbelte herum und eilte ihr nach.

Die Laube war zur Gartenseite voll verglast und Bernd sah, dass Jenny am Boden kniete und sich über etwas beugte. Schon nach drei weiteren Schritten erkannte er, dass es sich um eine reglose Gestalt handelte.

»Papa!«, kreischte Jenny. »Papa, sag doch was!« Sie hielt den Kopf des alten Mannes im Schoß und wiegte ihn hin und her. Bernd kniete neben ihr nieder und versuchte sofort, einen Puls oder Atmung zu finden. Doch er begriff schnell, dass hier jede Hilfe zu spät kam. Alleine an der Körpertemperatur merkte er, dass Jennys Vater schon länger tot war.

»Ich rufe einen Krankenwagen«, sagte er trotzdem, da er seine weinende Freundin vorerst nicht noch mehr verängstigen wollte. Aber Jenny schien ihn gar nicht zu hören. Sie schluchzte haltlos, nur unterbrochen von Papa...Papa Rufen und nahm den Rest der Welt nicht mehr wahr.

Bernd nestelte sein Handy aus der Hosentasche und trat ein paar Schritte weiter in die Laube, weg von den Geräuschen. Er hatte den alten Mann nicht gekannt, trotzdem nahm ihn die Situation mit und er zitterte leicht. Als er die ersten beiden Zahlen eingetippt hatte, fiel ihm plötzlich der Geruch auf. Nein, Geruch war nicht das richtige Wort. Hier hinten herrschte ein geradezu infernalischer Gestank. Er bemerkte die ausgezogene Holztreppe, die auf den Dachboden führte und für einen Augenblick vergaß er den Anruf und erklomm erst zwei, dann drei Stufen.

Es waren Füße, menschliche Füße, die er zuerst zu sehen bekam. Dann trieb ihn die Neugier höher und mit jeder Stufe wurde das Bild, das sich ihm bot, grauenhafter und unfassbarer.

Er taumelte die Treppe hinab, wankte an Jenny vorbei, die ihn zum Glück, immer noch nicht wahrnahm, stürzte in den Garten und kotzte sein Frühstück in einen Rosenbusch. Obwohl seine Finger jetzt zitterten wie noch nie zuvor in seinem Leben, schaffte er es doch, einen Anruf zu tätigen. Doch er rief keinen Krankenwagen, sondern die Polizei und begann die Sekunden zu zählen, bis das erlösende Blaulicht erschien.

Stefan Bahr war zur Polizei gegangen, weil sein Vater und sein Opa bereits die Uniform getragen hatten. Familientradition nannte man das wohl. Er saß mit seiner Partnerin, Veronica Dimmers, im Streifenwagen auf einem McDonalds-Parkplatz und gönnte sich gerade einen Cheeseburger, als das Funkgerät knackte.

»Einsatz in Wanlo«, sagte die Stimme aus der Zentrale und nannte die genaue Adresse. Und dann kamen ein paar Ungeheuerlichkeiten dazu, auf die sich Stefan keinen Reim machen konnte. Sie sollten vor Ort nach dem Rechten sehen und zur Not weitere Schritte einleiten. So langsam hatte der Polizist die Nase voll. Erst der Mord an diesem Immobilienfritzen und jetzt diese Geschichte. Wenn sie wirklich stimmte, dann war es wohl an der Zeit, sich nach einem neuen Job umzugucken. Er wollte Ladendiebe festnehmen oder Handtaschendiebstähle aufklären, aber keine Mordtatorte besichtigen. Schließlich befand man sich in Mönchengladbach und nicht in New York oder wenigstens in Berlin. Stefan schaltete das Blaulicht ein und raste los.

Keine fünf Minuten später hatte der Cheeseburger seinen Magen wieder verlassen. Etwas Derartiges hatte Stefan noch nie gesehen und er hätte es sich auch in seinen schlimmsten Alpträumen nicht vorstellen können. Eines war jedenfalls sonnenklar. Dies hier war kein einfacher Mord, sondern die Tat eines völlig durch geknallten Irren. Eines Wahnsinnigen, der in diesem beschaulichen Städtchen frei herumlief. Wenn ihm nicht schon schlecht gewesen wäre, dann hätte dieser Gedanke ausgereicht, um ihm den Magen umzudrehen. Gott sei Dank war sein Job hier fast beendet. Er würde nur noch den Tatort absperren und auf Verstärkung warten. Die Kollegen, die dann hier übernehmen würden, beneidete er weiß Gott nicht. Er griff zum Funkgerät, während seine Partnerin die beiden Zeugen vom Tatort weg, in Richtung Haus, führte, und ließ sich mit der Zentrale verbinden. Und mit dem LKA, dessen Beamte in dem brutalen Mord an Mark Peters ermittelten und die gerade dabei waren, sich ein Büro in der Gladbacher Dienststelle einzurichten. Wenn die schon einmal vor Ort waren, sollten sie sich diese Sauerei hier direkt mal ansehen.

Stefan Bahr brauchte nicht lange zu warten, bis eine schlanke Frau in einem teuren Hosenanzug und ein junger Mann im Anzug erschienen.

»Kriminalhauptkommissar Keller«, stellte sich die Dame schneidend vor. »Wer hat die Leiche gefunden?«

»Leichen«, korrigierte der Streifenbeamte und erntete einen Blick, der ihn frösteln ließ. Mit dieser Frau war nicht gut Kirschen essen. Gut, dass es nicht auf eine längere Zusammenarbeit hinauslaufen würde. Die Mordfälle waren für einen einfachen Streifenpolizisten wie ihn glücklicherweise eine Nummer zu groß.

Er machte Meldung, wie sie den Tatort vorgefunden hatten, und verwies auf seine Kollegin und die Zeugen. Dann tat er beschäftigt mit dem Absperren des Gartens und war froh, als weitere Polizeiwagen eintrafen. Nur weg aus der unmittelbaren Nähe dieser Hosenanzug-Hexe.

Dagmar Keller überspielte ihre Nervosität mit rigorosem Auftreten. Als die Meldung kam, dass wieder ein Mord passiert war, offenbar noch bizarrer als der Erste, hatte sie für einen Moment der Schreck ereilt. Sie war noch nicht lange Kriminalhauptkommissarin und da derartige Fälle in ihrem Bezirk nicht gerade an der Tagesordnung waren, betrat sie hier völliges Neuland. Der Schrecken war jedoch schnell überwunden als ihr bewusst wurde: Dies hier konnte ihre große Chance werden. Sie, Dagmar Keller, würde es allen zeigen. Mit Gotthard als Schatten durchquerte sie den Garten und erreichte die Laube und den ersten Toten. Aufmerksam sah sie sich um, hoffte auf ein baldiges Eintreffen der Spurensicherung, wollte sich aber vorher schon einen Überblick verschaffen.

»Achten sie darauf hier nichts durcheinander zu bringen«, wandte sie sich an den jungen Kommissar. »Ich will mir nicht nachsagen lassen, wir hätten Spuren verwischt.« Gotthard verzog das Gesicht. Hier waren schon Streifenbeamte und Zeugen, die hin und her gelaufen sind, sollte seine Miene sagen. Was können wir da noch groß ruinieren? Doch er sprach es wohlweislich nicht aus, weil sein Verhältnis zu seiner Chefin aus einer gesunden Mischung aus Respekt und Angst bestand.

Keller kniete sich neben den reglosen Körper des alten Meurers und konnte keine Spuren von Gewaltanwendung erkennen. Es schien, als hätte den armen Kerl ein Herzinfarkt oder Ähnliches erwischt. Genaueres würde die Autopsie ans Licht bringen. Nur warum war der Mann hier, am Eingang der Laube, zusammengebrochen?

Die Kommissarin hatte die Meldung der Streife erhalten, doch aus deren wildem Gebrabbel konnte sie sich keinen Reim machen. Der Polizist faselte etwas davon, dass der zweite Tote durch eine Pflanze umgebracht worden war. Aber sie waren hier in der realen Welt und nicht im »Little Shop of Horror«. Keller bemerkte den üblen Geruch und sie war sich darüber im Klaren, dass er von der zweiten Leiche ausging. Ihr Beruf hatte es mit sich gebracht auch solche Dinge einzuordnen und dieser Gestank kam von einem schon etwas länger Verstorbenen. Vorsichtig stieg sie die Stufen hoch und sah ein paar nackte Füße. Dann Stuhlbeine, Klebeband und als sie den Boden komplett erreicht hatte, konnte sie sich ein Bild des gesamten Grauens machen. Als ihr Herz zu rasen begann, konnte sie plötzlich den Rentner gut verstehen, der auf Grund dieses Horrors tot umgefallen war. Dies war definitiv nichts für schwache Nerven.

Sie hörte das Keuchen neben sich, als Gotthard den Tatort erreichte.

»Oh mein Gott!«, sagte er mit erstickter Stimme. »Wer macht so etwas?«

Keller hörte ihren Partner mehrfach schlucken. »Kotzen Sie hier ja nicht den Tatort voll!«, schrie sie. »Wenn Ihr Magen das nicht mitmacht, dann verschwinden Sie.«

Obwohl ihre barsche Ansage an ihn gerichtet war, diente sie ebenso dazu, den Aufruhr in ihrem eigenen Magen zu beherrschen. Gotthard atmete stoßweise, doch er verließ den Boden nicht.

»Die Pflanze ist durch ihn durchgewachsen«, stotterte er fassungslos, als er den nackten, auf den Stuhl gefesselten Mann von allen Seiten betrachtet hatte. Ein Bild, das er nie wieder aus dem Schädel bekommen würde. Ganz egal, wie viele Jahre er noch auf dieser kaputten Welt verbringen würde.

»Bambus«, sagte seine Chefin. »Und der Alte hat ihn wohl von unten gegossen und dafür gesorgt, dass er schön weiterwächst.«

Sie hatte die Pumpe und die Wasserleitungen gesehen, die ins obere Stockwerk führten.

Was für ein krankes Hirn dachte sich so etwas aus? »Kommen Sie«, sagte sie zu Gotthard, der sich nur zu gerne auffordern ließ, diesen Ort zu verlassen. »Überlassen wir den Rest der Spurensicherung.«

Keller stieg die Leiter herunter und ihre Gedanken drehten sich plötzlich um Mark Peters. Obwohl beide Fälle völlig anders geartet waren, beide Todesursachen so gar nichts miteinander zu tun hatten, spürte sie doch einen Zusammenhang. »Beide hat der Killer nicht sofort getötet«, murmelte sie. »Er hat nur die Vorarbeit für andere geleistet.«

»Was haben Sie gesagt?« fragte Gotthard.

»Nichts, gar nichts.«

Da war es wieder. Seine seltsame Chefin ließ ihn nicht an ihren Gedankengängen teilhaben. Im Grunde waren sie kein Team, sondern er war der kleine Gehilfe. Der Dr. Watson eines weiblichen Sherlock Holmes oder der Mr. Stringer einer jüngeren Ausgabe von Miss Marple.

Er durfte Kaffee holen und Kopien machen, doch wenn es an die richtige Arbeit ging, dann war er außen vor. Madame Keller wollte ihre Triumphe allein einfahren. Da war jemand anderes nur im Weg.

Mick Peters fiel ihm ein. Und die Gerüchte, die über ihn und Keller im Umlauf waren. Den hatte sie wohl auch gründlich abgekocht.

»Wo sind Sie mit ihren Gedanken?«, herrschte seine Chefin ihn an.

»Trödeln Sie nicht rum, lassen Sie uns die Zeugen befragen.«

Erwischt. Seine Gedanken zum Fall interessierten sie zwar nicht, aber wenn sie dann mal woanders waren, fiel es ihr direkt auf.

Er trottete hinter der schlanken Gestalt her und trat ins Haus. Ein Mann und eine Frau saßen an einem Küchentisch. Eine Polizeibeamtin war bei ihnen.

»Sie können jetzt gehen«, klärte Keller direkt die Fronten. »Wir übernehmen.«

Die Beamtin zuckte nur die Schultern und ging.

»Sie müssen die Tochter des Toten sein«, begann Keller wenig einfühlsam, schob dann aber doch ein »Mein Beileid«, hinterher.

Die junge Frau nickte. »Jenny Meurers. Und das ist mein Freund Bernd Kramer. Und das da draußen...«, sie unterbrach sich und schluchzte in ein Taschentuch. »Das ist... war mein Vater, Werner Meurers.«

»Wussten Sie, was ihr Vater in seiner Laube trieb?« Eine Frage ins Blaue.

Jenny Meurers lachte schallend und schrill. »Sie glauben doch nicht, dass mein Vater diesen Mann umgebracht hat?«

»Und wie kommt der Tote dann auf Ihren Speicher?« Dagmar Keller wusste, dass der alte Mann viel zu gebrechlich war, um einen so großen Mann die Treppe hoch zu schleppen. Also musste er mindestens einen Komplizen haben.

»Mein Vater hat die Laube vor ein paar Tagen vermietet«, sagte Jenny. »Der Kerl hat ihm fünfhundert Euro gezahlt, damit er ein paar seltene Pflanzen hier lagern konnte, dann ist er angeblich auf Geschäftsreise gegangen und hat meinen Vater gebeten die Blumen, oder was immer das dort auch ist, zu gießen. Mein Gott, wer konnte den ahnen...«

»Und Ihr Vater hat nicht nachgesehen, was er da überhaupt macht?«

»Der Dachboden war abgeschlossen. Weil dort angeblich ganz seltene Pflanzen standen, die vor Diebstahl geschützt werden mussten.«

»Und das hat er geglaubt?«

»Mein Vater war alt und er brauchte das Geld.«

Gotthard fiel die Ähnlichkeit zum Spruch »Ich war jung und brauchte das Geld« auf, aber irgendwie war ihm nicht zum Lachen zumute.

»Mein Vater ist der friedlichste, netteste Mann, der je gelebt hat. Er könnte nie im Leben…« Sie brach weinend ab und ihr Freund nahm sie schützend in den Arm.

»Und Sie haben keinerlei Verdacht geschöpft?«

Jenny sah die Kommissarin an. »Ich war vor ein paar Tagen hier und da kam es mir schon spanisch vor. Aber erst heute…« Erst jetzt schien ihr aufzufallen, dass sie ihren Vater vielleicht hätte retten können, wenn sie eher reagiert hätte und wieder waren die Tränen nicht aufzuhalten.

»Nur noch eine Frage«, sagte Keller. »Haben Sie den Namen des Mieters?« Kopfschütteln. »Keinen Vertrag?«

»Nein«, kaum hörbar zwischen den Schluchzern.

»Und Sie wissen auch nicht, wie er ausgesehen hat?« Wieder antwortete Jenny nur mit heftigem Kopfschütteln.

Keller drehte sich um und verließ die Küche. Offenbar hatte sie genug gehört.

Gotthard folgte ihr.

»Glauben Sie, dass der alte Mann etwas mit der Tat zu tun hatte?«, fragte sie und er war ehrlich erstaunt, dass sie ihn um ihre Meinung bat.

»Nein«, sagte er und die Tragweite dieser Äußerung war ihm völlig klar. Wenn Meurers nichts damit zu tun hatte, dann tappten sie im Moment restlos im Dunkeln.

Sie schritten durch den Garten, nickten der Spurensicherung und dem Polizeifotografen zu, die sich an die Arbeit machten und gingen zu ihrem Auto.

Plötzlich wedelte der Streifenpolizist, der sie empfangen hatte, wild mit den Armen.

Er redete hektisch mit einer alten Frau, die in Kittelschürze, Filz-pantoffeln und Lockenwicklern im Haar aussah wie ihre eigene Karikatur.

»Eine Nachbarin«, sagte der Beamte, als Keller und Gotthard ihn erreicht hatten. »Sie möchte eine Aussage machen.« Die alte Dame musterte die Kommissarin aufmerksam. »Haben Sie hier dat Saaren?«, fragte sie in breitester Mundart.

»Ja. Kriminalhauptkommissar Keller«, stellte sie sich vor.

»So´n junges Ding«, murmelte die Frau.

»Sie haben eher jemanden wie Derrick erwartet«, vermutete Keller und zauberte damit tatsächlich ein Lächeln auf das Gesicht der Alten.

»So unjefähr«, sagte sie. »Aber ejal.« Die Kommissarin trat von einem Bein auf das andere. Was sie jetzt gar nicht gebrauchen konnte, war eine Diskussion über Frauen bei der Polizei oder Ähnliches. Umso überraschter war sie, als sie die nächsten Worte der Dame hörte.

»Ich hab den Täter jesehen«, sagte sie.

»Täter?« Keller war baff.

»Nä, wenn hier so en Jedöns jemacht wird, dann doch sischer net, weil dä Meurers normal über die Wupper jejangen is«, erklärte die Zeugin und konnte, trotz der ernsten Situation ein Schmunzeln nicht unterdrücken, als sie auf die Leute der Spurensicherung in ihren weißen Anzügen deutete. »Dat is hier wie bei CSI«, sagte sie. »Also hat irjendeiner den Alten abjemurkst. Un ich weiß, wer.«

Keller wusste nicht, ob sie lachen oder weinen sollte. »Und?«, fragte sie. »Wer war es?«

»Dä Meurer hatte dis Daach zwei Mal Besuch von nem janz komischen Typen«, sagte sie. »Ich kann von meiner Küche aus…«, sie deutete auf ein Nachbarhaus. »Von da aus jenau in den Jarten gucken. Un ich hab jesehen, wie der Alte mit so einem komischen Vogel jeredet hat.«

»Und? Wie sah der »Vogel« aus?«

Die Alte genoss ihren Auftritt sichtlich. Sie warf sich noch einmal in Positur, bevor sie den nächsten Satz abschoss. »Ja nää, viel war ja nu nich von ihm zu sehen«, sagte sie und Keller wollte sich schon umdrehen. Doch dann erreichten die nächsten Worte ihre Ohren und ein eisiger Schauer lief über ihren Rücken. »Der Mann war riesisch. Un er truch so nen Mantel mit tausend Taschen, der jing fast bis zum Boden. Und dat Jesicht war kaum zu sinn, dä hott enne lange schwatte Bart. Wie enne so ne Schäfer.«

Den letzten Satz hörte Keller gar nicht mehr. Aber der Rest hatte sich in ihr Hirn gebrannt. Ihr Gefühl hatte sie nicht getrogen.

»Er hat ein zweites Mal zugeschlagen«, murmelte sie. Auch Gotthard spürte eine Gänsehaut auf seinen Armen. Die gleiche Beschreibung wie beim Peters-Mord. Mönchengladbach hatte seinen Serienkiller.

Alleine zurück im Büro, als es Zeit für einen kurzen Snack war, griff Gotthard instinktiv zum Telefon. Er wusste nicht genau, was ihn ritt, ihm war klar, dass er gegen alle Regeln verstieß, doch in diesem Moment war er fest davon überzeugt, das Richtige zu tun.

»Hallo?«, hörte er eine barsche Stimme am anderen Ende. Gotthard stutzte. Plötzlich war er sich nicht mehr sicher, ob er sein Vorhaben wirklich durchziehen sollte.

Doch dann gab er sich einen Ruck.

»Ist dort Mick Peters?«

»Wer sonst?«

»Hier ist Kommissar Gotthard. Ich habe Neuigkeiten im Mordfall Ihres Bruders.«

Die Gereiztheit am anderen Telefon war wie weggeblasen.

»Ich höre!«

»Nicht am Telefon. Können wir uns an einem unauffälligen Ort treffen?«

»Kennen sie den Borussia-Park?«

Gotthard meinte sich verhört zu haben. »Was?«

»Gladbach spielt heute im Abendspiel gegen Hannover.«, sagte Mick Peters. »Und Sie kommen auf Grund Ihres Ausweises rein, auch wenn das Spiel ausverkauft ist. Nordkurve. Block 13. An der Würstchenbude.«

Und damit legte Peters auf. Gotthard betrachtete noch einige Sekunden fassungslos den Hörer. Er konnte weder glauben, was er gerade getan hatte, noch konnte er den Vorschlag verarbeiten, den der Ex-Polizist ihm gemacht hatte. Trotzdem würde er gehen. Weil es richtig war.

Mick Peters ging es nicht viel anders als dem jungen Kommissar. Erstens fragte er sich, was die Polizei rausbekommen hatte und zweitens, warum Gotthard sich ihm anvertrauen wollte.

Der Treffpunkt war ihm ganz spontan eingefallen.

Er hatte seit Jahren kein Spiel der Borussia verpasst und auch wenn es sicher allen Leuten, die er kannte, völlig unpassend vorgekommen wäre, so kurz nach dem Tod seines Bruders ein Fußballspiel zu besuchen, so waren ihm diese Meinungen scheißegal. In jeder Sekunde seines Lebens, in den guten aber noch viel mehr in den schlechten Momenten, war sein Verein für ihn dagewesen. Und das Gefühl der Zusammengehörigkeit in der Kurve hatte ihm schon oft den Glauben an das Gute im Menschen wiedergegeben. Er schaute auf die Uhr, warf sich in seine Kutte und fuhr los.

Kapitel 5

Vermoderte, abgegriffene Bücher in einem zerbrechlichen Holzregal waren stumme Zeugen eines verpfuschten Lebens. Mitten im Raum schwang eine dicke Glühbirne an einem langen Kabel von der Decke. Die Lampenschale lag zerbrochen auf dem verschmierten PVC-Boden. Weder ein Bild noch eine Pflanze zierten den kahlen Raum. Alte Zeitschriften stapelten sich in einer Ecke, zusammengehalten von Dreck und Feuchtigkeit.

Neben der Lampenschale lagen ein dunkler Trenchcoat, ein schwarzer Pullover, eine schwarze Jeans, ein weißes Unterhemd, ein graues Paar Socken und eine olivgrüne Unterhose. Ein großer Spiegel, schräg an die Stirnwand gelehnt, war der einzige weitere Einrichtungsgegenstand in diesem trostlosen Zimmer.

Der nackte Mann vor dem Spiegel war riesig. Seine rechte Hand strich durch seine dunklen Haare, glitt durch sein verschwitztes Gesicht bis zu seinem Bart. Er begann ihn zu zupfen. Augenblicklich löste sich ein Teil des Bartes. Dann riss er die restlichen Kunsthaare mit einem kräftigen Ruck von seinem Kinn und ließ sie zu Boden fallen.

Weiter tastend bahnten sich seine Finger den Weg durch die Brusthaare. Langsam und behutsam spielte der Zeigefinger seiner rechten Hand mit der linken Brustwarze und verweilte dort kreisend. Mit seiner linken Hand ergriff der Mann seinen Penis und begann, ihn mit rhythmischen Bewegungen zu massieren.

Auf einem Hocker neben dem Langen, wartete eine neunschwänzige Katze, bestückt mit Widerhaken, auf ihren Einsatz. Seine rechte Hand ließ von der Brust ab und umklammerte fest den Griff der Peitsche.

Dann begann er, das Werkzeug zu gebrauchen. Harte Schläge landeten abwechselnd rechts und links auf seinem Rücken. Alte Narben platzten wieder auf. Doch der Mann schrie nicht. Eher grunzte er lusterfüllt. Der Anblick war grotesk. Die unablässigen Schläge wurden immer heftiger, gleichzeitig vollführte seine andere Hand ihre Bewegungen immer schneller, so dass sein Glied inzwischen hart, zwischen seinen Fingern hindurch glitt.

Den Mund weit aufgerissen betrachtete er seine Fratze, dieses hasserfüllte Gesicht im Spiegel, sah zu, wie die Peitsche strafte, wie sein Penis unter der groben Behandlung durch seine Finger immer härter wurde.

Er dachte an die Finsternis seiner Kindheit, die in seinen Gedanken, in seinem ganzen Sein für immer eingeschlossen war. Mit jedem Hieb seiner Peitsche donnerte die Faust seines »Vaters« in sein Gesicht. Mit jeder Narbe, die aufplatzte, sah er seine hilflose »Mutter« stumm zusehen, wie ein Irrer ihren Sohn immer wieder erbarmungslos schlug.

Und was sich damals »Vater« schimpfte, machte einen unscheinbaren kleinen Jungen zum Mörder, zur Bestie.

Immer wilder sauste die Neunschwänzige auf seinen Rücken. Das Blut floss die Beine herunter, über die Füße und bildete dort inzwischen eine Pfütze. Nun schrie der Mann.

Jetzt wehrte sich der Junge in seinem Traum. Der Kleine nahm den Hammer und ließ ihn, während sein »Vater« schlief, auf den Kopf seines Peinigers sausen.

Er hörte die Schreie seiner »Mutter« neben diesem Monster. Und auch dieses Mal war sie unfähig einzugreifen.

Die Bilder wurden mit jedem Peitschenhieb klarer. Die Vergangenheit schien nur ein paar Tage entfernt zu sein.

Der Hammer senkte sich unentwegt auf das Haupt des Mannes, bis sein Kopf nicht mehr zu erkennen, bis das Gesicht nur noch ein matschiger Brei aus zerbrochenen Knochen, Blut, Hautfetzen und Gehirnmasse war.

Der Mann schrie laut auf und mit dem letzten Hieb der Katze ergoss sich sein Samen über den Spiegel. Er sackte zusammen und kniete in seinem eigenen Blut.

Doch es gab keine Tränen, keinen Ausdruck von Trauer auf seinem Gesicht.

Hass war der Motor dieses Mannes und die Maschine seiner Kreativität lief gerade erst an.

Sie sollten seinen Zorn fühlen, noch tausend Mal schlimmer als er selbst es tat.

Wenn ein Mensch nichts mehr zu verlieren hat, wird er gefährlich, weil es keine Blockade und keine Regel mehr gibt, die ihn stoppen kann. Und er hatte weiß Gott nichts mehr zu verlieren.

Sein Spiegelbild verriet ihm, dass es wieder Zeit war. Zeit für ein weiteres Opfer. Zeit für Rache!

Kapitel 6

Dagmar Keller saß in ihrem provisorischen Büro und starrte auf die Seiten mit den spärlichen Informationen, die ihr bislang in diesem Fall zur Verfügung standen. Sie versuchte, ihre Gedanken zu ordnen, doch ihr wollte das Bild von Karsten Altgott nicht aus dem Kopf. Dieses Grauen auf seinem Gesicht, die wahnsinnigen Schmerzen, die er bei der tagelangen Folter gehabt haben musste. Sie hatten es mit einem Psychopathen zu tun, so viel war klar. Mit einem gefährlichen Irren, der mit normalen Maßstäben nicht zu messen war. Was es nicht einfacher machen würde, ihn zu erwischen. Logik konnten sie außer Acht lassen. So etwas galt für diesen Menschen nicht.

Mensch? Ungeheuer war wohl das richtigere Wort.

Sie hatten die Identität des Opfers relativ schnell geklärt. Ein kleiner Erfolg in diesem ganzen Wahnsinn. Ein Abgleich des Gesichts mit der Vermisstendatenbank und schon hatte der Computer einen Namen ausgespuckt. Ein Nachbar hatte die Anzeige aufgegeben. Weil Altgott nicht zur wöchentlichen Pokerrunde erschienen war. Glück für sie. Denn das Opfer lebte allein, ohne Familie und, so wie es im Moment aussah, auch ohne sonstige lebende Verwandte. So blieb es ihnen wenigstens erspart die schlechte Nachricht überbringen zu müssen. Aber das war natürlich nur ein sehr schwacher Trost.

Dagmar blätterte weiter. Informationen, die sie noch vor ein paar Jahren mühsam hätten zusammentragen müssen, hatte das Internet in Windeseile beschafft. Ein beinahe kompletter Lebenslauf von Altgott lag vor ihr. Ein Börsenhändler, erfolgreich obendrein.

Einer, der es scheinbar wirklich verstand, mit diesen Papieren Gewinne zu erzielen. Großes Haus, teure Autos und die dazu passende Kleidung und doch ein einsamer Mann, dachte Keller.

Nun überflog sie die Unterlagen von Mark Peters. Und versuchte wieder einmal, einen Zusammenhang zwischen den Toten herzustellen. Nur wenn sich ein solcher finden ließ, hatten sie überhaupt eine Chance, dem Täter näherzukommen. Sie zermarterte ihr Hirn, doch bis auf den Reichtum der Beiden schien es keine Gemeinsamkeit zu geben.

Aber vielleicht war es noch zu früh. Sie hatten, gerade bei Altgott, noch gar nicht alle Möglichkeiten ausgeschöpft. Vielleicht gab es doch noch den gemeinsamen Freund oder noch besser den gemeinsamen Feind.

Kannten sie sich? Waren sie sich privat oder geschäftlich schon einmal über den Weg gelaufen? Ein Gedanke schoss ihr durch den Kopf. Mick Peters. Konnte er den Namen des zweiten Opfers zuordnen?

Oder gab es überhaupt keine Verbindung und der Täter verübte die Morde völlig planlos? Ging es nicht um die Opfer, sondern nur um die Tat an sich? Sie wusste, wenn dies der Fall war, dann konnten sie ewig suchen und nur hoffen, dass der Psycho bei einem der nächsten Morde einen Fehler beging, der sie auf seine Spur bringen würde.

Für einige Momente hatte sie sogar über eine Fahndung nachgedacht, doch das hektisch angefertigte Phantombild nach den Angaben der neugierigen Nachbarin gab nichts her. Ein großer Mann mit einem wahrscheinlich angeklebten Bart. Keller konnte sich schon vorstellen, wie die Telefonleitungen in der Einsatzzentrale zu glühen begannen. Nein, auch in dieser Richtung kamen sie nicht weiter.

Wieder drehten sich ihre Gedanken um Mick Peters und die kleine Hoffnung, dass er mit dem Namen des zweiten Opfers etwas anfangen konnte.

Aber wollte sie ihn überhaupt weiter in diese Geschichte hineinziehen?

Ihre Gedanken schweiften ab in die Vergangenheit: Mick und sie waren zwei Jahre lang ein erfolgreiches Team gewesen. Niemand im

LKA hatte eine höhere Aufklärungsrate. Dann waren sie sich privat nähergekommen, hatten ein paar Mal miteinander geschlafen.

Für sie war es nur eine heiße Affäre gewesen, die sie im Job auf keinen Fall bekannt machen wollte, doch Mick wollte mehr. Wenig später hatten sich die Ereignisse überschlagen. Ihr Chef war schwer erkrankt, musste ersetzt werden und beide hatten sich für den Posten beworben.

Alles lief auf ein Kopf-an-Kopf-Rennen hinaus, bis…

Sie schüttelte den Kopf, wollte nicht mehr an diese unsägliche Geschichte denken, musste sich auf das Hier und Jetzt und auf den Fall konzentrieren, der vor ihr lag. Wenn sie nicht schnellstens Ergebnisse erzielte, dann würde es in dem Job, den sie so energisch angestrebt hatte, ganz schnell ganz unangenehm werden. Der »Big Boss« hatte sich bereits bei ihr gemeldet. Zwei Morde in so kurzer Zeit, dazu noch mit diesem mehr als sadistischen Hintergrund brachten auch die Medien auf den Plan.

Irgendwann musste es die obligatorische Pressekonferenz geben, spätestens am Montag, und dann wollte Konrady gut aussehen. Und sie musste ihn gut aussehen lassen.

Wieder blätterte sie in den Unterlagen, bis sie vor ihren Augen verschwammen. Dann sprang sie auf. Sie kam hier nicht weiter. Sie musste vor Ort irgendetwas tun, mit irgendjemandem sprechen, um vielleicht doch noch etwas heraus zu bekommen, dass sie bisher übersehen hatten.

Als Erstes war es sicher notwendig, in Peters und Altgotts Büros herumzustöbern, um doch noch eventuelle Feinde ausfindig zu machen, schiefgelaufene Geschäfte vielleicht oder jemanden, der durch Aktien in den Ruin getrieben worden war, der ein überteuertes Haus gekauft hatte, am besten beides. Es war die berühmte Suche nach der Stecknadel im Heuhaufen, doch Keller würde sie finden.

Sie sah sich in der kleinen Polizeizentrale um. Nur wenige Beamte waren hier, die meisten waren abkommandiert zum Bundesligaspiel der heimischen Borussia.

Eigene Leute würde Keller erst am Montag aus Düsseldorf bekommen. Bis dahin musste sie sich mit Gotthard zufriedengeben. Gotthard, der sich nach der Besichtigung des Altgott- Tatortes mit den Worten verabschiedet hatte, er müsse sich mal frisch machen. Dabei war er ganz grün im Gesicht gewesen.

Dagmar konnte es dem jungen Kommissar nicht übelnehmen. Er hatte noch nicht viele Tote gesehen und dieser Mord hatte selbst die eher hartgesottenen Kollegen der Spurensicherung und den alten Tatortfotografen nicht kalt gelassen.

Während Keller durch den Korridor ging, nickte sie einigen der Kollegen zu, sah aber nicht nur in freundliche Gesichter. Es gab immer noch Polizisten, denen die Einmischung einer höheren Behörde nicht gefiel. Anstatt froh zu sein, sich nicht mit diesem Wahnsinn beschäftigen zu müssen.

Ein Blick auf ihr Smartphone zeigte ihr, dass die Obduktion Altgotts für Montagmorgen anberaumt war. Also kein Frühstück an diesem Tag.

Sie fingerte ihre Autoschlüssel aus der Tasche, setzte sich in den Wagen und brauste los...

Hoffentlich einer neuen Idee entgegen.

Mick Peters stand an der Würstchenbude, drehte den Kopf in alle Richtungen und nahm die Stimmung in sich auf.

Er stand in der Nordkurve des Borussiaparks und fühlte sich als Teil des Ganzen. Nirgends hatte er das Gefühl, so dazuzugehören wie hier. Hier, wo einzig die Farben schwarz-weiß-grün und die Borussiaraute zählten.

Sein Herz hatte die Form einer Raute, seit er sich für Fußball interessierte und ob im altehrwürdigen Bökelberg oder hier im wunderschönen, neuen Stadion, er hatte seit Jahren kaum ein Heimspiel versäumt.

Besonders in Zeiten, in denen es ihm dreckig ging, hatte er hierher gefunden, um einer von vielen zu sein. Hier, so dachte er, ist es egal, wer du bist, ob du frisch aus dem Knast kommst oder einer von denen bist, die andere Leute dahin bringen. Hier kommt es nur darauf an, dass du das richtige Trikot trägst.

Mick musterte die Umstehenden, die ihm freundschaftlich zunickten. Viele kannte er seit Jahren, doch nur von einer Hand voll kannte er die richtigen Namen. Jeder hatte hier einen Spitznamen und die meisten verzierten sogar ihre Kutten und Trikots damit.

Er bekam seine Wurst, zapfte sich Senf dazu und biss herzhaft hinein. Sie war heiß und fettig und tauchte bestimmt auf keinem ernährungswissenschaftlichen Plan auf, aber sie war lecker und das war alles, was zählte. Eine Wurst, ein paar Bier und ein interessantes Spiel. Manchmal war das Leben einfach und gut. Wie oft hatte er Mark dazu überreden wollen, ihn zu begleiten und immer hatte er sich eine blutige Nase geholt. Fußball ist doch nur was für Proleten, hatte sein Bruder oft genug gesagt. Er und seine Frau waren mehr die Museums- und Theatergänger. Und nun würde er nie die einmalige Stimmung kennenlernen. Jetzt war es vorbei. Mark war tot; ermordet auf eine irritierende und bizarre Art.

Wem war er auf den Schlips getreten? Wer hatte solch einen Hass und solche Wut aufgestaut, um ihm etwas Derartiges anzutun?

Einen Moment lang packte ihn das schlechte Gewissen. Was mache ich eigentlich hier, nur einen Tag nach der Tat?, fragte sich Mick. Sollte ich nicht eigentlich bei der Verfolgung des Mörders sein? Vielleicht versuchen, weitere Spuren zu finden?

Er lächelte grimmig. Alles nicht ganz so einfach, wenn man nicht mehr bei den Großen mitmischte. Jetzt, da er kein Polizist mehr war, waren ihm manche Wege versperrt. Zum Beispiel kam er nicht mehr in Marks Büro, um die Unterlagen nach eventuellen Tatverdächtigen zu sondieren. Es war versiegelt worden und die Akten inklusive PCs hatten sich die Ermittler unter den Nagel gerissen. Beamte, die von Dagmar Keller angeführt wurden.

Er hatte gehofft, sie nie wieder sehen zu müssen und nun war sie erneut in sein Leben getreten, zusammen mit Gotthard dem jungen Kommissar, der jetzt mit ihm sprechen wollte. Was hatte er für Neuigkeiten? Vielleicht zerbrach er sich hier völlig umsonst den Kopf und der Täter war bereits dingfest gemacht.

Micks Gedanken wurden jäh unterbrochen, denn Gotthard steuerte zielstrebig auf ihn zu. In seinem Anzug sah er ein wenig deplatziert aus, doch Kleiderordnung war wahrlich ihr kleinstes Problem.

»Hallo«, begrüßte er den Beamten und sah dabei auf die Uhr.

»Sie sind spät.«

»Es war auch nicht ganz einfach Sie zu finden.«

»Aber man hat Sie immerhin rein gelassen.«

Gotthard lachte. »Ja, ich wusste gar nicht, wozu so ein Polizeimärchen gut ist. Damit kann man auch die kulturellen Ereignisse der Stadt besuchen.«

Mick musterte den Mann. »Sie gehen nicht oft zu Fußballspielen, oder?«

»Nein. Dieser Sport hat mich bisher nie interessiert.«

»Kein Wunder, wenn man aus Düsseldorf kommt.«

Eine Spitze, die Gotthard nicht verstand, was Mick nur noch mehr zeigte, dass er es hier, fußballtechnisch gesehen, mit einem absoluten Greenhorn zu tun hatte.

»Auch `ne Wurst?« Der junge Kommissar schien nervös zu sein. Er konnte nicht ruhig stehen bleiben und hampelte vor Mick herum.

»Ich habe keinen Appetit, aber wichtige Neuigkeiten.«

»Über den Mörder meines Bruders?«

»Nicht direkt. Aber es hat mit dem Fall zu tun.«

Mick blickte wieder auf die Uhr. »Sie bewegen sich auf dünnem Eis, das wissen Sie, oder?«

Gotthard nickte. »Sie lassen mir als Privatperson Informationen zukommen, die ich nicht bekommen darf. Schließlich hat mich Ihre Chefin sogar in den Kreis der Verdächtigen aufgenommen.«

»Das ist lächerlich und das wissen wir beide!«, brauste Gotthard auf.

»Trotzdem sollten Sie sich die Sache noch einmal durch den Kopf gehen lassen und ich gebe Ihnen die Chance dazu. Das Spiel beginnt in zwei Minuten und wir werden uns gemeinsam die erste Halbzeit ansehen. Dann haben sie noch einmal fünfundvierzig Minuten, um über Ihre Aktion nachzudenken. Wenn sie dann immer noch der Meinung sind, dass es richtig ist hier zu sein, dann reden wir weiter.«

Gotthard, dem die Zeit unter den Nägeln brannte, wollte protestieren, doch Mick hatte sich bereits umgewandt und steuerte auf den Eingang des Blocks zu.

Der junge Kommissar zuckte die Achseln und folgte ihm.

Er bereute es nicht. Das Spiel und sein Ausgang interessierten ihn zwar immer noch nicht sonderlich, aber die Atmosphäre zog ihn schon nach wenigen Augenblicken in ihren Bann. Als die heimische Borussia den ersten Treffer erzielte, ertappte er sich sogar dabei, dass er genauso hochsprang, tanzte und Fangesänge, die nicht schwer zu lernen waren, anstimmte wie Zehntausende andere.

Sogar ein Bier ließ er sich von Peters aufschwatzen und als der Schiedsrichter zur Halbzeit pfiff, war er erstaunt, wie schnell die Zeit vergangen war. Er hatte tatsächlich Mühe, sich wieder auf den ursprünglichen Zweck seines Besuches zu besinnen. Sie hatten den Block verlassen und standen abseits an einem Zaun. Hier war es leise genug für eine Unterhaltung, aber immer noch voll genug, um wunderschön inkognito zu bleiben. Mick verschwand noch einmal und kam mit zwei weiteren Plastikbechern voll Bier zurück.

Gotthard wehrte halbherzig ab. »Ich muss noch fahren«, meinte er, nahm das Pils aber trotzdem.

»Ich bin Mick«, sagte Peters und hob sein Bier.

»Nennen Sie mich Al«, sagte Gotthard und stieß an.

»Und nun raus mit der Sprache«, spornte ihn der Ex-Polizist an. »Oder, wenn Sie es sich anders überlegt haben, dann lassen Sie es. Ich würde es Ihnen nicht übelnehmen.«

Doch Gotthard überlegte keine Sekunde. »Der Täter hat ein zweites Mal zugeschlagen«, sagte er kurz und knapp und Mick fiel beinahe der Becher aus der Hand. Er hatte mit vielem gerechnet, doch damit nicht. Nicht nach so kurzer Zeit. »Es gibt eine Zeugin«, erklärte Gotthard. »Und sie beschreibt den Täter genauso wie die Kinder, die an der ersten Tat beteiligt waren.«

»Also riesig, Mantel und wahrscheinlich falscher Bart«, fasste Peters zusammen. »Eine Beschreibung, mit der man nicht wirklich viel tun kann.«

Gotthard nickte. »Leider ja. Aber es gibt da doch noch eine Sache, die uns sicher sein lässt, es mit dem gleichen Mann zu tun zu haben.« Er erklärte seinem Gegenüber die Umstände, unter denen die Leiche von Altgott gefunden worden war.

»Ein Folterexperte«, sagte Mick und eine Gänsehaut lief seinen Rücken hinab.

»Ja, jemand, dem es nicht einfach reicht einen Menschen zu töten. Er macht sich Gedanken, trifft akribische Vorbereitungen und lässt andere den letzten Schritt tun.«

»Um sein Gewissen zu beruhigen? Er glaubt doch nicht etwa, dass er für die Tode nicht verantwortlich ist, wenn er sich nicht selbst die Hände schmutzig macht.«

»Darüber werden wir mehr wissen, wenn wir ein Profil erstellt haben.«

Mick nickte, obwohl er von Profilern nicht wirklich viel hielt. Das meiste von dem, was diese Leute erledigten, hatte er sich oft schon selbst zurechtgelegt.

»Und wer war das Opfer?« Das war die entscheidende Frage. Wenn er jetzt einen bekannten Namen präsentiert bekam, dann würde die restliche Ermittlungsarbeit leichter von der Hand gehen.

»Karsten Altgott. Ein Börsenguru.« Der junge Kommissar beobachtete Micks Reaktion auf den Namen ganz genau. Kurz kam Mick der Gedanke, dass dies vielleicht der eigentliche Grund des Treffens war. Er wollte möglicherweise den Zusammenhang zwischen den Opfern mit Micks Hilfe herstellen. Gar keine schlechte Taktik. Vielleicht hatte Dagmar Keller Gotthard geschickt, um ihn über eventuelle Verbindungen zwischen den Opfern auszuhorchen... Das würde dem Miststück ähnlichsehen. Nein! Dazu war Gotthard zu nervös. Er war nicht abkommandiert worden. Er tat dies hier aus freien Stücken.

»Ich habe den Namen noch nie gehört«, sagte Mick ehrlich und sah die Enttäuschung auf dem Gesicht des Kommissars.

»Dann haben wir nichts«, sagte Gotthard frustriert. »Außer eine Beschreibung von einigen Kindern und einer neugierigen Nachbarin, die auf jeden großen Mann in dieser Stadt passen könnte.«

»Langsam«, meinte Peters. »Dass ich den Namen noch nie gehört habe, hat nichts zu sagen. So nah standen mein Bruder und ich uns nicht mehr. Und wenn es ein Geschäftspartner von ihm war, dann hätte ich nie davon erfahren.«

Aber Sarah weiß möglicherweise etwas, dachte er, band dies dem Kommissar aber nicht auf die Nase. Da musste er schon selbst hinter kommen.

»Es ist alles noch sehr frisch«, versuchte er Gotthard zu beruhigen. »Wir sind noch gar nicht allen Spuren nachgegangen. Und auch die ungewöhnlichen Todesursachen könnten ein Anhaltspunkt sein. Unser Täter muss Vorbereitungen getroffen haben, gerade was die Pflanzen angeht. Irgendwem ist er aufgefallen. Irgendwo hat er einen Fehler gemacht und das wird der Punkt sein, an dem wir einhaken können.«

»Wir!« Mick hörte sich reden und konnte es selbst nicht glauben. Es war so einfach wieder in die Rolle des Polizisten zu schlüpfen und mit einem Teammitglied zu reden.

Nur, dass er diesmal kein Team hatte. Gotthard war nur hier, weil er ihn aus irgendeinem Grund mochte oder sogar bewunderte. Ansonsten war er diesmal auf sich allein gestellt.

Doch die Erwähnung des zweiten Opfers und der Name waren eine große Hilfe. Jetzt hatte er ein weiteres Feld, das er beackern konnte, um Ergebnisse zu erzielen und den Mörder seines Bruders seiner gerechten Strafe zuzuführen.

»Ich danke Ihnen, dass Sie mir das alles erzählt haben«, sagte er. »Auch, wenn mir der Grund nicht ganz klar ist.«

»Gerechtigkeit«, sagte der junge Kommissar nur. »Ich habe Ihre Karriere im Auge gehabt, als ich noch auf der Polizeischule war, Ihren ganzen Werdegang, Ihre Erfolge. All das hat mich dazu gebracht, selbst diese Laufbahn einzuschlagen. Dann kam diese Sache mit… na ja, Sie wissen schon. Und nun ist diese Person auch noch meine Chefin.« Er grinste schief. »Wäre es nicht bloß gerecht, wenn Sie den Fall aufklären könnten und sie ein wenig schlecht aussehen ließen?«

Mick nickte. »Sie sind auch im Team«, gab er dann zu bedenken. »Wenn ich Dagmar Keller schlecht aussehen lasse, dann sind Sie mit gearscht.«

»Damit kann ich leben. Ich bin nur der kleine Mann in der zweiten Reihe.«

Peters überlegte. »Wissen Sie, Al«, meinte er dann. »Eigentlich ist mir dieser Rachegedanke völlig fern. Und ich möchte Sie auch nicht in diese alte Geschichte reinziehen oder Sie daran hindern, vernünftige Arbeit zu machen, aber ich bin dankbar für die Infos.« Er suchte die nächsten Worte. »Vielleicht können wir unsere Ergebnisse hier und da mal austauschen. Dann hätten wir beide etwas davon. Und Sie können, wenn ich mehr herausfinde als ein ganzes Polizeiteam, was ehrlich gesagt sehr unwahrscheinlich ist, mit neuem Wissen bei ihrer Chefin Eindruck schinden. Ich glaube das ist der Weg.«

Gotthard schien nicht zu begreifen, warum Peters der Frau, die seinen Polizeidienst beendet hatte, keins auswischen wollte, doch die Argumente des Mannes waren nicht von der Hand zu weisen.

»Okay«, sagt er und streckte Mick die Hand hin. »So machen wir es. Wir halten uns gegenseitig auf dem Laufenden.«

Peters ergriff die Hand. »Sehr schön«, sagte er und grinste. »Und jetzt verraten Sie mir noch, wofür Al als Abkürzung steht.«

»Aloysius«, meinte Gotthard und lachte. »Meine Eltern kommen ursprünglich aus Bayern.«

»Ach du Scheiße! Dann kann ich ja froh sein, dass Sie mit Fußball nichts am Hut haben. Bayern München ist echt die Höchststrafe.«

Plötzlich fiel ihnen auf, dass sich der Platz vor der Kurve merklich geleert hatte und ein Raunen kam aus dem Stadion.

»Die zweite Halbzeit hat angefangen«, sagte Gotthard. »Lassen Sie uns reingehen, sonst verpassen wir noch was.«

Und damit ließ er einen wirklich überraschten Peters stehen. Aus dem Jungen kann echt noch was werden, dachte Mick und folgte ihm. Doch obwohl die Borussia noch weitere Treffer erzielte, konnte er sich nicht mehr richtig auf das Spiel konzentrieren. Namen wuselten durch seinen Kopf und seltsame Morde.

Ein Psychopath trieb sein Unwesen in Mönchengladbach und Peters war völlig klar, dass weitere Opfer folgen würden.

Er ahnte nur nicht, wie schnell …

Kapitel 7

Mit gemischten Gefühlen ging Dagmar Keller in Richtung Institut für Rechtsmedizin.

Einerseits war sie gespannt, was der Rechtsmediziner bei der Obduktion von Karsten Altgott herausgefunden hatte, andererseits machte sie sich Sorgen um ihren jungen Kollegen Gotthard.

Die forensische Analyse war nichts Besonderes. Aber direkt am Opfer und bei diesem heftigen Fall war es selbst für sie, eine erfahrene Polizistin, nicht einfach sich die Ausführung anzuschauen.

»Dagmar, grüße dich! Wie geht es dir?"

Bernd Ahmendt war ein großer, hagerer Mann. Wegen seines sonnengebräunten Gesichts und des vollen dunklen Haars war sein Alter schwer zu schätzen. Auch Dagmar Keller, die den Rechtsmediziner nun schon seit vielen Jahren kannte, wusste nicht genau, wie alt ihr Gegenüber war.

Erst jetzt fiel ihr auf, dass sie nie die Zeit gehabt hatten, darüber zu sprechen. Bisher war es immer nur um ihre Fälle gegangen, nie um etwas Privates.

Attraktiv hatte sie ihn immer schon gefunden. Warum hatte sie nur nie die Initiative ergriffen, um ihn einmal näher kennen zu lernen? Sie schüttelte den Kopf, drehte sich zu ihrem Kollegen um und versuchte wieder klare Gedanken zu fassen.

»Hallo Bernd, mir geht es soweit ganz gut. Danke, dass du fragst. Das ist mein Mitarbeiter Aloysius Gotthard.«

Ahmendt streckte dem jungen Polizisten freundlich die Hand entgegen.

»Darf ich vorstellen, Bernd Ahmendt, Facharzt für Rechtsmedizin und der George Clooney unserer gesamten rheinischen Forensik«, flirtete Dagmar Keller.

»Na, na, wir wollen hier mal nicht übertreiben«, erwiderte Bernd Ahmendt mit einem breiten Grinsen, wohl wissend, wie er auf Frauen wirkte und gerade heute offensichtlich auf Dagmar Keller.

Al war der Typ sofort unsympathisch, was weniger daran lag, dass er nicht freundlich war, sondern eher damit zu tun hatte, dass solche Kerle immer bei Frauen ankamen: Erfolgreich im Beruf, augenscheinlich immer das blühende Leben und das Ganze gepaart mit einem grenzenlosen Optimismus. Der junge Polizist ertappte sich dabei, dem Mediziner mit einem Vorurteil zu begegnen.

»Tja, dann wollen wir mal. Mein Team steht schon bereit. Ist das Ihre erste Obduktion, Herr Gotthard?«, fragte der Mediziner, während die Drei zügig auf eine weiße Tür mit einem großen Guckloch zusteuerten.

»Nein, nein«, antwortete Gotthard mit einem verlegenen Lachen.

»Ich habe schon ein paar von diesen Untersuchungen hinter mich gebracht.«

Kurz vor der Tür blieb Ahmendt stehen und drehte sich um. »So etwas noch nicht, mein junger Freund, so etwas noch nicht«, wiederholte er. »Etwas Derartiges habe selbst ich noch nie gesehen«.

Mit diesen Worten des hageren Mannes durchschritten sie die Türe und sahen ein Team von drei Leuten in weißen Kitteln, bewaffnet mit etlichen Werkzeugen, um einen Seziertisch stehen. Freundlich nickten sie den Ankommenden zu, wobei einer durch ein Kopfnicken in die entsprechende Richtung andeutete, dass sich die Polizisten auch mit weißen Kitteln bekleiden sollten, die in einer Ecke fein säuberlich auf einem Stuhl bereitlagen.

Auf dem Seziertisch lag Karsten Altgott oder vielmehr das, was von ihm noch erkennbar war.

Bambus hatte sich aus seinem Körper herausgewunden. Man hatte ihn so gelassen, wie er in der Laube gefunden worden war. Offensichtlich hatte die oxygene Photosynthese durch die Lichtzufuhr ganze Arbeit geleistet. Der Bambus zog seine Nahrung wohl aus dem letzten Blut des Opfers, was dem ganzen Schauspiel einen noch gruseligeren Touch verlieh. Selbst aus dem Brustkorb des Toten ragten inzwischen einige kleine Äste empor.

Bernd Ahmendt ließ sich eine Säge geben und begann augenblicklich damit in die Schädeldecke zu sägen.

Al wurde ein wenig schwarz vor Augen. Der junge Polizist taumelte gegen die Wand, dann wurde es auf einmal ganz dunkel.

Als er wieder aufwachte, befand er sich auf einer Liege in einem Untersuchungsraum. Ihm war eiskalt, obwohl man ihm eine Decke über den Körper gelegt hatte.

»Mist!«, flüsterte er, als er merkte, was passiert war und warum er hier lag. Im Nebenraum hörte er die vertraute Stimme von Dagmar Keller.

Wackelig auf den Beinen versuchte er einige Schritte in Richtung der Stimmen zu gehen. Es gelang. Lediglich diese verdammte Kälte machte ihm zu schaffen.

Er öffnete die Türe und sah den Gerichtsmediziner und die Kriminalhauptkommissarin.

»Ahh, der junge Kommissar«, bemerkte Ahmendt mit einem süffisanten Lächeln.

»Wie geht es Ihnen, wir haben uns schon Sorgen gemacht.«

»Danke, ich habe mich, glaube ich, wieder erholt. Entschuldigung, so etwas ist mir noch nie passiert«, sagte Al.

Sein Blick fiel auf Dagmar Keller, die peinlich berührt in ihre Kaffeetasse starrte.

Ahmendt tätschelte Als Schulter.

»Das kann jedem passieren. Ich habe hier schon Kerle, die wie Bäume aussahen, umkippen sehen. Sie sind weiß Gott kein Einzelfall. Hier braucht Ihnen nichts leid zu tun.«

Die Worte von Bernd Ahmendt klangen ehrlich und ungekünstelt. Vielleicht waren meine Vorurteile doch falsch, dachte Al. Er räusperte sich.

»Also ich denke, dass Karsten Altgott an multiplem Organversagen gestorben ist«, warf Gotthard ein, um überhaupt irgendetwas Sinnvolles zu sagen, ohne zu wissen, dass dies schon der nächste Fauxpas war.

Dagmar Keller rieb sich mit ihren Fingern die Schläfen, so als hätte sie auf einmal wahnsinnige Kopfschmerzen.

»Ähem…«, zögerte Ahmendt. Man merkte ihm an, dass er den Polizisten nicht bloßstellen wollte.

»Nun ja, im Prinzip haben sie Recht. Eigentlich ist jeder Tod im Endeffekt ein Versagen der Organe. Ich bin halt nur nicht befugt, das so auf den Totenschein zu schreiben. Man erwartet schon eine Kausalitätsprüfung. Spinnen wir die Sache mal etwas weiter…«

Al merkte wie der Arzt langsam mit seiner Ausführung in Fahrt kam. Dagmar Keller, die etwas Abseits stand und immer noch ihren Kaffee schlürfte, hing an seinen Lippen.

»Ich habe mir den Polizeibericht sehr genau durchgelesen und wenn Gott uns Menschen erschaffen hat, dann hat ihn bei unserem Mörder wohl der Teufel vertreten. Das Opfer wurde gefesselt. Auf einem Holzstuhl mit einem Loch. Durch dieses Loch wurde der Spross der Pflanze von unten getränkt und wuchs in den Anus des Mannes. Stellen Sie sich den Anfang wie eine Hämorrhoidenbehandlung vor, wie eine etwas schlimmere Hämorrhoidenbehandlung ehrlich gesagt, eher ähnlich wie eine Gummiringligatur, wobei die Krampfader mit einer Schlinge versehen und abgequetscht wird. Unangenehm sage ich Ihnen. Von dort gelangte der Bambus logischerweise in den Enddarm beziehungsweise Mastdarm, den er perforiert haben muss, was allerdings nicht zum Tod geführt hat. Ich denke, er hat die ganze Tortur circa drei bis fünf Tage durchleiden müssen. Da der Bambus nicht nur durch das Innere des Darms gewachsen ist, sondern gestreut hat, werden auch die ersten Dünndarmschlingen betroffen gewesen sein. Die Schmerzen sind dann nicht mehr auszuhalten und man fällt in eine Art Ohnmacht. Irgendwann gibt dann das Gehirn wieder das Signal, hier stimmt was nicht, und man wacht unwillkürlich wieder auf. Spätestens durch den Austritt von Darmflüssigkeit in den Blutkreislauf wird es zu einer massiven Bauchfellentzündung gekommen sein. Doch auch dies war nicht die Todesursache. Der Mann musste sich übergeben. Da sein Mund zugeklebt und nur ein kleines Loch in der Folie war, ist er schließlich an seinem Erbrochenem erstickt.«

Al pustete erst einmal durch. Auch Dagmar Keller atmete hörbar aus, wobei sie sich immer noch krampfhaft an ihrer Kaffeetasse festhielt.

»Nicht, dass Sie mir jetzt jede Woche einen solchen Wahnsinn hier anschleppen«, sagte Ahmendt, gefolgt von einem lauten herzhaften Lachen.

»Der erste Fall war ja auch nicht ohne. Dieser…dieser…«, er kam ins Stocken.

»Mark Peters«, half ihm Dagmar Keller.

»Genau, Mark Peters. Eigentlich ein ähnlicher Fall. Zwar ist die Ausführung eine völlig andere, aber die Brutalität und der Umstand, dass der Mörder in beiden Fällen nicht selbst letzte Hand angelegt hat, lassen denselben Täter vermuten.« Seine Ausführungen bestätigten, was Keller ohnehin annahm. Es musste sich um einen Einzeltäter handeln.

Ein Einzeltäter der irre, aber nicht dumm war. Im ersten Fall hatten sämtliche Spuren nichts ergeben außer Latexspuren an der Jute. Ungewöhnlich war immer noch die Vorgehensweise. Dieser Mörder oder vielleicht sogar diese Mörderin ließ morden.

Sie betrachtete den gutaussehenden Arzt nachdenklich. Er hatte seine Sache gut gemacht und seine Erklärungen klangen schlüssig. Jetzt lag es an ihr und vielleicht auch zu einem geringen Teil an Al, diesen Fall weiter in die richtige Richtung zu führen.

Die Polizisten verabschiedeten sich von Bernd Ahmendt und das Küsschen auf die Wange von Dagmar Keller wurde zu einem schmatzenden Knutscher. Dagmar lachte, drehte sich, während die beiden in Richtung Ausgang gingen, noch einmal um und zwinkerte Ahmendt zu.

Ihr nächster Besuch galt den Profilern.

Von Quincy zu Criminal Minds, dachte Dagmar Keller. Ihr Blick ging zu Aloysius Gotthart, der sich heute nicht gerade mit Ruhm bekleckert hatte.

Kapitel 8

Mick war direkt nach dem Fußballspiel zu Sarah gefahren und hatte sie mit den Neuigkeiten konfrontiert. Er hatte für einen winzigen Moment gehofft, dass sie mit dem Namen des zweiten Opfers etwas anfangen konnte. Doch er wurde enttäuscht.

Sie war nicht einmal besonders interessiert.

Die Ablenkung, die er sich von dem Fußballspiel versprochen hatte, war ausgeblieben. Das, was bis jetzt in seinen dunkelsten Stunden funktioniert hatte, war diesmal mächtig in die Hose gegangen. Er hatte das Spiel in der zweiten Halbzeit nicht mehr verfolgen können und nur noch an die Toten gedacht. Es war halt keine Kündigung, gegen die er nun ankämpfte und sei sie auch noch so unfair, nein, diesmal ging es um etwas Unwiederbringliches. Sein Bruder war tot und von Minute zu Minute wurde dies in seinem Kopf realer. Er war für immer von dieser Erde verschwunden, umgebracht von einem Killer, der nicht ungestraft bleiben durfte.

Mick hatte sich Marks Papiere vorgenommen, die dieser in seinem kleinen Büro zu Hause aufbewahrt hat, Ordner, die die Polizei nicht mitgenommen hatte. Er musste sich beeilen, denn es hatten bereits Beamte ihr Kommen angekündigt, um Marks persönliche Sachen zu überprüfen. Immer auf der Suche nach Hinweisen, nach einem möglichen Feind oder dem Namen des zweiten Opfers durchsuchte er die Papiere. Irgendwo musste es einen Zusammenhang geben. Es war derselbe Mörder, da gab es für Mick keinen Zweifel. Auch wenn die Vorgehensweise bei beiden Taten völlig unterschiedlich war. Zwar war dies für einen Serientäter ungewöhnlich, doch es gab die Beschreibung der Zeugen und außerdem war es mehr als unwahrscheinlich, dass in einer Stadt wie Mönchengladbach zur gleichen Zeit zwei Psychopathen Jagd auf ihre Opfer machten.

Irgendwann hatte ihn Sarahs Schluchzen in seinem Tun unterbrochen und er hatte sich um sie kümmern müssen. Der Zusammenbruch, auf den Mick schon lange gewartet hatte, war nun eingetreten.

Er hatte einen Tee gekocht, sich neben seine Schwägerin auf die Couch gesetzt und sie, auch wenn es anfänglich ein seltsames Gefühl war, sogar in den Arm genommen. Dann hatte er ihr geholfen, ein Beerdigungsinstitut ausfindig zu machen und die wichtigsten Papiere vor zu sortieren.

Das ist also alles was von uns bleibt, dachte er frustriert. Ein paar Versicherungen und ein Fleckchen auf einem Friedhof. Wenn man keine Kinder hatte, dann war da nichts mehr, was langfristig in Erinnerung blieb. Für einen kurzen Moment musste er über sein eigenes verpfuschtes Leben nachdenken, doch eine weinende Sarah holte ihn wieder zurück in die Gegenwart.

»Er ist tot«, sagte sie unter Tränen, so als würde auch ihr gerade erst klar, dass ihr Mann nicht nur auf Geschäftsreise war.

»Tot.«

Mick wusste nicht, was er dazu sagen sollte. Es gab keine Worte, die trösten konnten. Alle Floskeln, die es gab, klangen mehr als hohl. Er stand vom Sofa auf, ging zum Schrank und holte ein Paket Taschentücher. Er reichte es Sarah, stellte sich hinter sie und streichelte über ihr Haar.

Trauer ist ein ähnlich starkes Gefühl wie Liebe, dachte er. Bei beiden kann man an nichts Anderes mehr denken. Sie nehmen einen komplett ein und verändern das Leben für immer. Sarah putzte sich lautstark die Nase und ihre Augen ruhten auf den Papieren, die auf dem Tisch lagen.

»Ich kann das nicht«, sagte sie. »Ich werde verrückt, wenn ich immer wieder seinen Namen lese.« Sie sah ihn ratlos an. »Wie schaffen andere Menschen das?«

Mick zuckte die Achseln. »Das Beerdigungsinstitut wird uns helfen«, sagte er. »Die haben täglich mit diesen Dingen zu tun und werden wissen, wie es jetzt am besten weitergeht.«

Er hatte in seiner Zeit bei der Polizei viel mit dem Tod und Hinterbliebenen zu tun gehabt, doch hier betrat er Neuland. Beim Tod seiner Eltern war er noch viel zu klein gewesen. Da hatte ein Onkel alle notwendigen Aufgaben übernommen. Ein Verwandter, der jetzt auch schon lange nicht mehr lebte.

Mark war mein letztes Familienmitglied, dachte Mick wieder. Jetzt war er wirklich allein.

Es war schon seltsam. Trotz der Differenzen, die sie in den letzten Jahren gehabt hatten, war es doch immer tröstend gewesen, dass da noch jemand war. Und nun…

Mick stapelte die Papiere auf dem Tisch zusammen.

Das bringt jetzt nichts, beschloss er, wohl wissend, dass die Zeit drängte. Doch sein Kopf war nicht in der Lage, sich hier und jetzt mit diesen Unterlagen zu beschäftigen.

Sarah war auf der Couch zusammengesunken, versteckt unter einer Decke.

»Hast du Hunger?«

Sie schüttelte energisch den Kopf. Trotzdem bestellte er eine Pizza. Eine halbe Stunde später aß sie doch ein wenig, um sich dann ins Schlafzimmer zu verabschieden.

»Ich brauche etwas Ruhe«, flüsterte sie, als sie, die Decke hinter sich her schleifend, wie Linus von den Peanuts, in der Zimmertür stand.

Mick nickte nur. Er wusste, dass sie nur allein sein wollte, dass sie aber genauso wenig Schlaf finden würde, wie er. Wieder fiel sein Blick auf die Versicherungen. Und auf die Summen, die darin vermerkt waren. Er hatte gewusst, dass sein Bruder finanziell nicht schlecht gestellt war, doch bei der Höhe dieser Beträge wurde ihm schwindelig. Hatte der Mord etwas damit zu tun? Gab es jemanden, der vom Tod seines Bruders profitierte? Das konnte eigentlich nur Sarah als Alleinerbin sein, doch die schied als Täterin aus.

Er ging zur Verandatür, starrte hinaus in den Garten und kam erst wieder richtig zu sich, als es bereits dunkel war. Mick Peters ließ sich auf die Couch fallen und fiel in einen tiefen, traumlosen Schlaf.

Am anderen Morgen weckte ihn der Duft frischen Kaffees. Er setzte sich stöhnend auf und rieb sich über den geschundenen Rücken. Müde sah er sich um und erblickte Sarah, die im Pyjama in der offenen Küche stand. Sie hatte zwei Tassen in der Hand und kam zu ihm rüber.

»Schwarz ist richtig, oder?« Ihre Augen waren rot und lagen in tiefen Höhlen. Das Haar hing ihr wirr in die Stirn, doch hatte sie sich etwas besser in der Gewalt als gestern. Sie schenkte ihm sogar ein zaghaftes Lächeln.

Mick nahm seine Tasse entgegen, pustete kurz darüber und nahm einen Schluck. Das Getränk war brühend heiß, verbrannte seine Speiseröhre, doch er fühlte sofort seine Lebensgeister erwachen.

»Tut mir leid mit gestern«, sagte Sarah. »Ich wollte dich nicht vollheulen.«

»Da gibt es nichts, was dir leidtun muss«, entgegnete er. »Glaubst du, mir ging es besser?«

»Trotzdem muss das Leben weitergehen«, sagte seine Schwägerin, doch ihr Blick ging in die Ferne, so als wüsste sie, dass sie sich gerade selbst belog.

Sie setzte sich. »Hör mal«, begann sie. »Ich danke dir, dass du dich um mich gekümmert hast, aber...« Sie suchte nach den richtigen Worten. »Ich hätte dich da nicht reinziehen sollen. Die Polizei hat den Fall übernommen und ich möchte nicht, dass du dich irgendwie verpflichtet fühlst weiterzumachen. Ich hab dich aus deinem Leben rausgerissen, ohne zu fragen, ob du nicht andere Dinge vorhast. Ich kann es verstehen, wenn du jetzt gehst.«

Er sah sie verständnislos an und lächelte dann traurig.

»Erstens: Mark ist... war mein Bruder, nicht nur dein Mann und ich werde seinen Mörder finden. Zweitens: Das Leben, aus dem du mich »herausgerissen« hast, kann mir gestohlen bleiben. Ich hab doch eh nur noch vor mich hinvegetiert.«

Die letzten Worte hatte er voller Wut hervorgestoßen, doch sie wusste, dass sich diese Wut nicht gegen sie richtete. Es war ein Groll auf die ganze Welt und auf das unfaire Schicksal.

»Ich werde jetzt nicht zurückgehen und so tun, als wäre nichts geschehen. Was denkst du eigentlich von mir?« Sarah nippte beschämt an ihrem Kaffee.

»Wenn ich dich mit den Leuten vom Beerdigungsinstitut alleine lassen kann, dann würde ich gerne da fortfahren, wo ich gestern aufgehört habe«, sagte er kurz angebunden.

Sie nickte nur. »Ich krieg das hin.« Erneut traten Tränen in ihre Augen und er ärgerte sich über seinen Ausbruch.

»Sorry«, murmelte er. »Ich wollte dich nicht anfahren.«

»Geschenkt. Wir sind wohl beide etwas mit den Nerven runter.«

Er stürzte den letzten Kaffee runter, stellte die Tasse auf den Tisch und erhob sich.

»Kann ich den Wagen noch einmal haben?«

»Behalte ihn, solange du willst.« Sie stand auf und stellte sich ihm in den Weg. »Und komm bitte heute Abend wieder. Ich möchte immer noch nicht alleine sein.«

Er nickte. »Okay«, flüsterte er. Dann verließ er das Heim seines Bruders und begann seine Suche.

In seiner Wohnung, die ihm nach dem Luxus in der Behausung seines Bruders noch herunter gekommener und schäbiger vorkam als sonst, duschte und rasierte er sich, zog sich um und machte sich auf den Weg nach Wanlo. Zum Tatort des zweiten Verbrechens.

Er wusste von Gotthard, dass Dagmar Keller heute weitere Teammitglieder aus Düsseldorf erwartete und dass die Nachbarn bestimmt schon von der Polizei verhört worden waren. Trotzdem wollte er sich selbst ein Bild machen. Vielleicht sah oder hörte er etwas, das anderen nicht aufgefallen war.

Er parkte den Porsche und näherte sich dem Grundstück. Natürlich war es abgesperrt und natürlich stand auch ein Polizeiwagen davor, dessen Insassen Reporter und Schaulustige vom Betreten abhalten würden.

Er schlenderte am Zaun entlang, versuchte einen Blick auf das Haus und besonders auf die Gartenlaube zu erhaschen. Doch da er den eigentlichen Tatort nicht in Augenschein nehmen konnte, wandte er sich dem gegenüberliegenden Haus zu. Mick Peters wollte die Nachbarin sprechen, die den Mörder gesehen hatte.

Er schellte an der Tür und eine ältere Dame öffnete langsam.

»Polizei oder Reporter?«, fragte sie misstrauisch, ohne auch nur einen guten Morgen gewünscht zu haben.

»Weder noch«, antwortete Peters und versuchte sein gewinnendstes Lächeln.

»Wenn Se wat verkaufen wollen, dann sind Se hier auch falsch.«

»Nein. Auch das will ich nicht. Ich bin auch kein Staubsaugervertreter und kein Zeuge Jehovas«, griff er der Frau vor. Die runzelte leicht verwirrt die Stirn.

»Wat kann ich dann für Sie tun?«, fragte sie in bemühtem Hochdeutsch.

»Ich möchte nur mit Ihnen reden.«

»Über was denn?«

»Über die Geschehnisse auf diesem Grundstück.« Er deutete mit dem Kopf nach hinten.

»Also doch einer von der Zeitung.«

»Nein.« Mick schüttelte den Kopf. »Es ist etwas komplizierter.«

Er hatte aus den Augenwinkeln bemerkt, dass die beiden Polizisten im Streifenwagen auf ihn aufmerksam wurden. Aber sie würden ihn hier nicht einfach vertreiben können.

»Es ist noch ein Mord passiert«, sagte er vorsichtig. »Und es sieht so aus, als wäre es der gleiche Täter gewesen.«

Die Frau wirkte jetzt wirklich interessiert. »Davon hat aber nix in der Zeitung jestanden.«

»Das darf es auch nicht und ich möchte Sie bitten, darüber Stillschweigen zu bewahren.« Mick Peters hätte es auch ans schwarze Brett im Einkaufszentrum hängen können, das war ihm klar und doch wusste er, dass er die Aufmerksamkeit der Frau nur über ihre Neugierde bekam.

Trotzdem blieb ein Rest Misstrauen. »Wer sind Sie denn nu?« fragte sie.

»Der erste Tote war mein Bruder«, ließ Mick die Bombe platzen und die ältere Dame zuckte ein wenig zusammen.

»Tut mir leid«, sagte sie. »Mein Beileid.«

»Danke.« Er bemerkte, dass er immer noch nicht weiterkam.

»Ich war früher selbst bei der Polizei«, erklärte er weiter. »Und nun bin ich so eine Art Privatdetektiv. Und ich will den Mörder meines Bruders dingfest machen. Auch damit Leute wie Sie wieder ruhig schlafen können.«

»Und Sie meinen, die Polizei schafft das nicht?«

»Ich weiß es ehrlich gesagt nicht. Vielleicht haben sie zu viel zu tun? Vielleicht interessiert es sie auch einfach nicht so brennend wie mich.«

Mit diesen Worten schien er bei der Dame offene Türen einzulaufen. Sie ging noch ein bisschen näher auf Mick zu und begann zu flüstern. »Da war so 'ne Kommissarin bei mir, son junges Ding, die kam mir janz schön hochnäsich vor.« Die Aufregung ließ die alte Dame wieder in ihren Dialekt verfallen. »Als wüsste se alles und ich könnte ihr jar nix Neues erzählen.« Mick musste innerlich grinsen. Diesen Eindruck hinterließ Dagmar Keller bei vielen. Das war ihm bei ihren gemeinsamen Ermittlungen oft aufgefallen.

»Und was haben Sie der Polizei alles erzählt?«

Die Alte kam noch etwas näher heran. »Na ja, ehrlich jesacht war et nicht viel«, meinte sie beinahe entschuldigend. »Nur dat der Kääl riesich war, und nen langen Mantel anhatte und nen zottelijen Vollbart, wie son Weihnachtsmann, bloß dat dem seiner schwarz war.«

»Und der Bart war echt?«

81

Sie zuckte die Schultern. »Dat hat die Polizei auch jefracht, aber dat hab ich nit jesehen, ich war doch viel zu weit wech.« Sie deutete zu dem Polizeiwagen. »Der Wagen, wo der Mann die janzen Blumen ausjeladen hat, der hat jenau da jestanden. Ich war hier. Da kann man doch nicht sehen, ob so ein Bart nur anjeklebt war.«

Mick wurde unruhig. Den Bart hatte er schon abgehakt, was ihn jetzt interessierte war der Wagen.

»Was war das für ein Auto?«

»Einer von so ner Leihfirma. Asus oder so. Mit `nem Hänger dran, wo die Blumen drauf waren. Da waren ja riesije Kübel drin, die der Typ, jroß wie er war, nur mit einer Sackkarre fahren konnte. Der alte Meurers hat ihm da auch nicht helfen können. So kräftig war der ja nicht mehr.«

»Das Modell des Autos wissen Sie nicht mehr?«

Sie zuckte die dürren Schultern.

»Für Autos hab ich mich nie interessiert. Da hätte ihnen mein Herbert helfen können, aber der ist leider schon seit zwei Jahren unter der Erde.« Ein Wagen von einer Leihfirma. Nicht viel, aber ein Anfang.

»Ich danke Ihnen«, sagte er und wollte sich schon umdrehen, als die Alte ihn noch einmal zurückrief.

»Dat Jrünzeuch war übrijens von Lenders«, sagte sie. »Falls Ihnen dat weiterhilft. Sie wissen schon, dat Jartencenter in Jiesenkirchen. Mit Autos kenne ich mich nicht aus, aber die Bändchens an den Blumenpötten, die hab ich erkannt.«

»Und das haben Sie der Polizei auch gesagt?«

»Ne, dat is mir jrad erst wieder einjefallen. Jlauben Sie, datt dat wichtich is?«

Mick Peters hörte ihr schon gar nicht mehr zu. Er bedankte sich hastig, hetzte über die Straße und sprang in den Porsche. Mit quietschenden Reifen fuhr er los, der Polizei einen Schritt voraus.

Da Mick nicht einmal einen Balkon besaß, hatte er es auch nie für nötig erachtet, sich mit Blumen zu beschäftigen. Trotzdem wusste er, wo sich dieses Gartencenter befand. Es waren riesige Hallen direkt an der Hauptstraße, die sich quer durch Giesenkirchen schlängelte. Er schaffte den Weg in Rekordzeit, stellte den Porsche auf dem gut besuchten Parkplatz ab und bahnte sich einen Weg durch das Center, vorbei an Gartenzwergen, Springbrunnen, Blumentöpfen, bis er die Hallen wieder verließ und das eingezäunte Areal hinter dem Center betrat, auf dem sich die größeren Töpfe und Pflanzen befanden. Mannshohe Palmen, Ziersträucher, Obstbäume und wuchtige Pflanzen, die er noch nie gesehen hatte, standen hier abholbereit aufgereiht. Er sah sich eine Sekunde lang um, dann bemerkte er einen Mann in einem dunkelgrünen Overall, der damit beschäftigt war, die Pflanzen zu wässern.

»Hallo«, begrüßte Mick den jungen blonden Mann. Er hatte die Ärmel des Overalls hochgerollt und ließ bunte Tätowierungen sehen. Tunnel zierten seine Ohren, groß wie Zwei-Euro-Münzen und an Augenbrauen, Lippen und Nase befand sich Metall genug für einen ganzen Besteckkasten. »Hallo!«, wiederholte Mick seine Begrüßung. »Können Sie mir vielleicht helfen?«

Der Angesprochene drehte das Wasser ab und betrachtete den Ankömmling abschätzend. »Kommt drauf an.«

»Worauf?«

»Was Sie wollen. Vielleicht kann ich helfen, vielleicht auch nicht. Kann ich doch erst beantworten, wenn ich weiß, was Sie wollen.« Er sprach langsam, sein Kaugummi rotierte. Ein Ausbund an Coolness. Ob seine Clique wusste, dass er als Gärtner arbeitete?

»Sind Sie für die Abteilung hier zuständig?«

»Ne, ich gieß die Bäumchen hier nur, weil ich Langeweile habe. Normalerweise verkaufe ich Springbrunnen.«

Er grinste. Ein Typ, der seine eigenen Witze am lustigsten fand.

Mick hatte nicht übel Lust, den Vogel an die Wand zu klatschen, wusste aber auch, dass ihm dies nicht unbedingt weiterhelfen würde.

»Ich habe vor ein paar Tagen meinen Gärtner hierhergeschickt, um ein paar Palmen für meinen Wintergarten zu besorgen. Eine Lieferung hat er gebracht. Dann hab ich ihm nochmal zweitausend in die Finger gedrückt, aber er ist nie wieder bei mir aufgetaucht.«

Er versuchte irgendwie, eine schlüssige Geschichte zu basteln. »Jetzt wollte ich nur wissen, ob er nochmal hier war.«

Mick wollte gerade zu einer Beschreibung des Riesen kommen, doch der Angestellte kam ihm zuvor.

»Den Typen haben Sie als Gärtner eingestellt?«, fragte der Blonde und rollte sich beinahe ab. »Menschenkenntnis scheinen Sie keine zu haben, oder?«

Mick wurde immer aufgeregter. Er schien tatsächlich eine Spur gefunden zu haben.

»Hier war so ein Riese. Der hat Pflanzen für richtig Kohle gekauft. Hab noch geholfen, sie ihm auf den Hänger zu laden. Aber wenn sie einen Wintergarten damit bestücken wollen, dann gute Nacht. Der Vogel hatte echt null Ahnung, was zusammenpasst. Der hat einfach von jedem Ding eins mitgenommen. Hauptsache groß.«

»Und er war nur einmal hier?«

Der Tätowierte nickte. »Ist auch besser so«, meinte er dann.

»Was meinen Sie damit?«

»Der Typ war irgendwie gruselig. Mit seinem alten verbeulten Mantel und diesem Räuber-Hotzenplotz-Bart.«

»Wie sah er genau aus?«, fragte Mick und merkte, dass er einen Fehler begangen hatte.

»Ich dachte, das war Ihr Gärtner. Sie müssen doch besser wissen, wie er aussieht. Ich hab mich jedenfalls nicht getraut ihn näher unter die Lupe zu nehmen. Ich hatte immer das Gefühl, wenn ich ihn eine Sekunde zu lange angucke, dann schmiert er mir eine.«

»Also können Sie ihn nicht näher beschreiben?«

»Hören Sie, Meister. Was wollen Sie wirklich. Die Scheiße mit dem Gärtner und dem Wintergarten nehme ich Ihnen nicht mehr ab.«

»Der Mann steht unter dringendem Mordverdacht«, sagte Mick und wieder führte es dazu, dass er die komplette Aufmerksamkeit des Mannes hatte.

»Dann sind Sie ein Bulle?«

»Privatdetektiv. Aber rechnen Sie damit, dass die Polizei Ihnen auch noch einen Besuch abstattet.«

Das schien dem Blonden nicht zu gefallen. »Ich habe wirklich nichts gesehen«, sagte er. »Meistens hat er mir den Rücken zugedreht. Bis auf den Zauselbart und seine immense Größe ist mir nichts aufgefallen.«

»Wirklich? Überlegen Sie bitte noch einmal. Jeder Hinweis kann wichtig sein.«

Plötzlich erschien ein zweiter Mann im grünen Overall. Dicklich, mit Glatze. »Hau rein, Benno!«, schrie er von weitem. »Du wirst hier nicht fürs Quatschen bezahlt.«

»Mein Chef«, entschuldigte sich der Angekeifte. »Ich muss jetzt wirklich hier weitermachen.«

Mick hätte kotzen können. Wieder nur die Größe, der Mantel und der Bart. Der Mann blieb ein Phantom.

Er wandte sich ab, das Wasser aus dem Schlauch plätscherte wieder, wurde aber sofort wieder abgestellt.

»Warten Sie!«, rief ihm Benno nach und kam aufgeregt auf ihn zu. »Beim Einladen ist ihm ein Ärmel hochgerutscht und ich konnte sehen, dass sein ganzer linker Unterarm voller Narben war«, sagte er. »Und ein Stück vom kleinen Finger fehlte auch.«

»Narben? Können Sie die ein bisschen näher beschreiben?«

»Schnitt und Brandnarben«, kam die prompte Antwort. Mick runzelte fragend die Stirn. »Hab mein soziales Jahr bei den Maltesern gemacht«, erklärte Benno, seinen Gesichtsausdruck richtig deutend. »Da kriegt man so einiges zu sehen.« Peters hätte ihm um den Hals fallen können. Endlich hatte er etwas in der Hand.

»Ich danke Ihnen. Sie haben mir sehr geholfen und wie gesagt, die Polizei wird sicher auch noch hier erscheinen. Sagen Sie ihnen einfach das Gleiche.«

Er verabschiedete sich, bekam beim Rausgehen den nächsten Anschiss an Bennos Adresse noch mit und setzte sich in den Porsche. Sekunden später hatte er sein Handy am Ohr. Gut, er war der Kripo einen Schritt voraus, doch allein kam er hier nicht weiter. Die neuen Erkenntnisse mussten mit einer Datenbank abgeglichen werden und das überstieg bei weitem seine jetzigen Möglichkeiten.

»Gotthard?«, sagte er ins Telefon, als sich sein Gesprächspartner meldete. »Halten Sie sich fest. Ich habe Neuigkeiten.«

Kapitel 9

Der große Mann stand vor dem Spiegel, drehte den Kopf und betrachtete seinen Rücken.

Gut! Die Verletzungen, die er sich mit der Peitsche zugefügt hatte, hatten sich geschlossen. Verkrustet. Es würden Narben bleiben. Äußere Zeichen für seine innere Stärke. Die neuen Narben überdeckten die Alten. Jene, die ihn wirklich verletzt hatten. Jene, für die er sich schämte, weil sie ihn fast zerstört hatten.

Aber eben nur fast.

Er war wiedergeboren. Wie Phönix aus der Asche. Er war ein neuer, ein besserer Mensch.

Niemand konnte ihm jetzt noch weh tun, keiner ihn jemals wieder zu Boden zwingen.

Er kleidete sich an und stieg in seine alten, abgetragenen Klamotten.

Er würde wieder auf die Jagd gehen, würde seinen Rachefeldzug weiterführen.

Der Mann blickte sich in der Wohnung um, die viel zu vermüllt war, um ein gemütliches Zuhause zu sein. Er scherte sich nicht darum. Weltlicher Besitz bedeutete ihm nichts.

Im flackernden Licht einer Kerze stieg er in seine Schuhe und nahm den Mantel vom Stuhl. Strom gab es hier schon lange nicht mehr, genauso wenig wie fließendes Wasser. Aber er würde sowieso nicht mehr lange hierbleiben.

Er krempelte den Pullover hoch und hielt den Unterarm über die Flamme, dicht, immer dichter. Bis die Haut sich erst rötete und schließlich Blasen warf. Er zuckte nicht, verzog nicht einmal das Gesicht. Kein einziger Laut entschlüpfte seiner Kehle. Er spürte nichts mehr. Er hatte die höchste Stufe des Seins erreicht. Er war Herr über die Schmerzen.

Andere waren es dagegen nicht. Sie würden fürchterliche Pein erleiden, jene, die Schlimmeres verdient hatten als den Tod. Der

Nächste wartete schon, wusste noch nichts von den Vergnügungen, die ihn bald ereilen sollten.

Der Große löschte die Kerze mit der bloßen Hand, zog sich den Mantel über, verließ das Haus und trat in die Dunkelheit.

Stefan König lehnte sich auf dem Stuhl zurück und verschränkte die Hände hinter seinem Kopf. Er lächelte, war zufrieden mit sich und der Welt. Er saß in seinem Lieblingsrestaurant und hatte gerade ein gutes Essen genossen, doch das war es nicht, was sein Glück ausmachte. Daran waren die beiden anderen Personen schuld, die mit ihm am Tisch saßen. »Dann sind wir uns also einig?«, fragte er und die jungen Männer nickten.

»Das ist dann wohl eine Flasche Champagner wert.« Er wollte den Kellner heranwinken, doch einer der Männer, fiel ihm ins Wort. »Für mich lieber noch ein Bier«, sagte er und fuhr sich durch seine blonde, lockige Mähne.

»Ja«, stimmte ihm der andere zu, ebenfalls braun gebrannt, aber mit glatten, schwarzen Haaren. »Ein kühles Blondes wäre mir auch lieber. Ich mach mir nix aus der Blubberbrause.«

Königs Lächeln wurde breiter. »Wunderbar!«, meinte er nur. »Umso besser.« Er ließ den Kellner kommen und bestellte drei große Pils und die Rechnung.

Es war ein teurer angesagter Laden, doch er war sicher, dass sich jeder Euro, den er heute investiert hatte, bezahlt machen würde. Die beiden Männer, die kaum dem Teenageralter entwachsen waren, stürzten das Bier herunter, als gäbe es kein Morgen, und verabschiedeten sich dann.

»Wir sehen uns morgen im Studio«, erinnerte sie König. »Dann werden wir die Verträge unterzeichnen und direkt mit den Aufnahmen für das Album beginnen.«

Die Jungs nickten nur kurz, lächelten aber ebenfalls glücklich und machten sich auf den Weg.

König trank noch einen Absacker und genoss den Augenblick. Er sah sich im Restaurant um und wenn sein Blick von anderen Gästen erwidert wurde, wurde ihm freundlich zugenickt. Man kannte ihn und war stolz auf den neuesten prominenten Sohn Mönchengladbachs.

Wenn mir das jemand vor drei Jahren vorausgesagt hätte, dann hätte ich ihn einweisen lassen, dachte König.

Damals war er ein mäßig erfolgreicher Musiker gewesen, hatte sich in einigen gut gebuchten Tanzbands als Sänger und Gitarrist versucht, aber bald gemerkt, dass diese ewige Covermusik nichts für ihn war. Er wollte eigene Songs schreiben und träumte, wie wohl jeder in der Branche, von einem Nummer Eins Hit. Doch das hatte nie funktioniert. Es war ein schmerzhafter Prozess gewesen, sich einzugestehen, dass seine selbst verfasste Musik einfach nicht gut genug war.

Trotzdem wollte er den Traum, von der Musik zu leben, nicht aufgeben. Daher begann er damit, gute Songs, die ihm zugespielt wurden, zu verbessern. Das lag ihm, das war seine Welt: Produzieren, Liedern, die beinahe fertig waren, den letzten Schliff verpassen, um sie für die breite Masse interessant zu machen.

Die ersten Erfolge feierte er mit einem abgehalfterten Schlagerstar. Er erstellte Remixe der großen Erfolge aus den Siebzigern und machte sie für die heutige junge Kundschaft wieder aktuell.

Der Schlagerhansel ließ sich jetzt am Ballermann von zwanzigjährigen Mädels vergöttern.

Dann trat das Glück mit einem lauten Knall in sein Leben. Er lernte auf einer Party einen Sänger und Songwriter kennen, der dort, nur zur Gitarre, seine Lieder zum Besten gab. König nahm ihn sofort unter Vertrag, bastelte ihm eine Studioband zusammen, peppte die Stücke ein wenig auf und warf die CD in kürzester Zeit auf den Markt.

Im Handumdrehen war sein Produkt die Nummer Eins in Deutschland. »Selbstfahrer« nannte er die Band und die Produktion wurde ein Selbstläufer. Ohne große Werbung, nur durch Mundpropaganda (und natürlich dem kleinen Helferlein Internet) verkaufte sich das Ding wie geschnitten Brot. Die erste Auskopplung aus dem Album, eine tanzbare Uptemponummer mit dem gängigen Titel »Geil« schoss gleich in der ersten Woche von Null auf eins und hielt sich ganze vierzehn Wochen in den Top Ten. Mit der zweiten Auskopplung ging er ein Risiko ein, denn er entschied sich für eine Ballade, doch auch das Ding wurde von der Masse angenommen. »Zu spät« war noch länger in den Charts und wurde sogar als Newcomer des Jahres für den Echo nominiert.

Doch König ruhte sich auf dem Erfolg nicht aus. Er war immer auf der Suche nach neuen Acts und vor vierzehn Tagen war er auf einem kleinen Sommerfest in Heinsberg fündig geworden. Ein Duo stand dort auf der Bühne, mit Gitarre und Keyboard ausgerüstet, und brachte das Festzelt zum Tanzen. Sie spielten hauptsächlich Coverversionen bekannter Hits, doch hier und da ließen sie eigene Produktionen mit einfließen. König erkannte Talent, daran hatte er mittlerweile keine Zweifel mehr.

Die Beiden, mit denen er gerade die letzten Unklarheiten im Vertrag durchgegangen war, würden ihren Weg gehen. Und er würde kräftig mitverdienen.

Sie glichen nicht nur äußerlich einem bekannten und überaus erfolgreichen Popduo aus den Achtzigern und Neunzigern, nein, ihre Stücke waren auch genauso tanzbar und eingängig. Zieh dich warm an, Dieter aus Tötensen, dachte der Produzent. Ein neuer König kommt.

Er bekam das Lächeln gar nicht mehr aus dem Gesicht.

König war natürlich nicht sein richtiger Nachname. Eigentlich hieß er Stefan Bauer, doch in der Musikbranche musste man ein wenig auf die Kacke hauen. Und da kam ein König nun einmal besser an als ein Bauer. Soviel war klar.

Er beglich die Rechnung und steckte dem Kellner ein großzügiges Trinkgeld zu.

Dann ging er zum Ausgang. Eine Frau Mitte vierzig, die mit zwei Freundinnen an einem Tisch saß, griff nach seinem Arm, als er an ihrem Tisch vorbeiging.

»Hallo, Herr König!«, hauchte sie und schenkte ihm einen verführerischen Augenaufschlag. »Was gibt's Neues von Ihnen in den Charts? Wann kann ich mit der nächsten Selbstfahrer CD rechnen?«

Er betrachtete sie und war sich darüber im Klaren, dass er sie, wenn er sich nur fünf Minuten Zeit nahm, heute noch mit nach Hause nehmen konnte. Doch ihm stand nicht der Sinn danach.

Natürlich genoss er seinen Erfolg, samt dem damit einhergehenden Geld und zumindest anfangs hatte er auch seinen Erfolg bei den Frauen genossen. Doch die Affären hatten ihn bald ermüdet und ihm gezeigt, dass sie nur den Musikproduzenten sahen und nicht die Person Stefan König. Am Schlimmsten waren die Mädels, die sich ihm an den Hals warfen, mit ihm in die Kiste hüpften, um ihn am anderen Morgen mit ihren nicht vorhandenen Gesangskünsten zu beeindrucken. Das war stellenweise echt harter Tobak gewesen. Doch trotz dieser unschönen Vorkommnisse vergaß er nie, dass er immer mit potenziellen Kunden sprach. Sie mussten seine produzierten Platten kaufen. Ohne das Publikum war er nichts. Und deswegen hatte er, auch wenn es manchmal schwerfiel, für jeden ein nettes Wort.

»Die Jungs sind wirklich gerade im Studio und nehmen neue Songs auf«, sagte er. »Aber bis zum Erscheinen wird es noch eine Weile dauern. Tut mir leid.«

»Vielleicht haben Sie ja noch andere Musik, die Sie mir mal vorführen können?«, fragte die ein wenig zu stark geschminkte Frau und ließ dabei seinen Arm nicht los.

»Ja, vielleicht«, antwortete er vieldeutig und knipste der Dame ein Auge. »Aber leider nicht heute. Ich hab noch eine dringende Verabredung. Natürlich würde ich meine Zeit lieber im Kreise schöner Frauen verbringen«, schmeichelte er und nickte nun auch den beiden anderen Grazien zu. »Aber das Geschäft duldet leider keinen Aufschub.« Damit machte er seinen Arm frei und ging weiter. Drei Augenpaare bohrten sich schmachtend in seinen Rücken.

An der Tür des Restaurants wartete der Chef des Hauses und verabschiedete ihn persönlich. Auch das war eine Sache, die er auf der einen Seite genoss, die ihn manchmal aber auch ärgerte. Noch vor drei Jahren hätte er in dieser Nobelhütte nicht einmal einen Tisch bekommen und nun wurde er hofiert, obwohl er immer noch der Gleiche war. So sah er sich jedenfalls.

»Nun ja, vielleicht doch nicht mehr ganz der Gleiche«, schmunzelte er als er auf den Parkplatz hinaustrat. Noch vor kurzer Zeit hätte da ein verbeulter Golf auf ihn gewartet, jetzt war es ein nagelneuer Mercedes.

Kein schneller Sportwagen, so etwas brauchte er nicht. Aber den Komfort einer deutschen Luxuskarosse gönnte er sich doch.

Er stieg in den Wagen, schnallte sich an und fuhr Richtung Heimat. Sein Haus, in dessen Keller sich auch sein Studio befand, lag dort, wo früher das alte Gladbacher Stadion gestanden hatte. Als man den Bökelberg abriss, waren dort teure Eigenheime hochgezogen worden und er hatte vor einem Jahr eins davon erstanden. Manchmal zwickte er sich, um sich davon zu überzeugen, dass er nicht träumte. Zu schnell war dies alles gegangen.

Er fuhr den letzten Hügel hinauf, hielt vor dem großen, schmiedeeisernen Tor und drückte die Fernbedienung. Lautlos schwang es auf, ebenso das Tor zur Garage und er fuhr den Wagen hinein.

Durch eine Seitentür konnte er direkt von hier aus sein Haus betreten.

Er schaltete das Licht im Korridor ein, wischte sich die Schuhe von den Füssen, warf sein Sakko über die Garderobe und ging ins Wohnzimmer. In Weiß und Grau eingerichtet mit sehr futuristischen Möbeln sah es aus wie ein Bild aus »Schöner Wohnen«. Teure Bilder zierten die Wände und eine Sammlung beinahe ebenso teurer Whiskeys bestückte die Bar.

Er nahm sich ein Glas, füllte es zwei Finger breit mit einem erlesenen Single Malt und ließ sich auf die weiße Ledercouch fallen. Dann schaltete er den Fernseher ein. Bunte Musikclips von VIVA schimmerten ihm entgegen. Es war sein Standardprogramm. König musste auf dem Laufenden bleiben, neue Musiktrends schnell erkennen und gegebenenfalls aufspringen.

Wieder musste er lächeln, als er an den heutigen Abend dachte. Bald, wenn die CD der beiden Surferboys draußen war, würden andere Label dem von ihm gesetzten Trend hinterherlaufen.

Er freute sich darauf.

Der Whiskey rann angenehm weich durch seine Kehle und wärmte seinen Körper.

Er stellte den Fernseher ein wenig lauter und betrachtete kopfschüttelnd das neue Video von Miley Cyrus. Wo war nur die kleine Country Lady geblieben, die er so niedlich gefunden hatte. Der Teenie Star Hannah Montana. Was sich da auf einer Abrissbirne rekelte war eher was für den Porno-Kanal, noch nicht ganz vielleicht, aber auch nicht mehr weit davon entfernt. Sex sells, dachte er und hoffte, dass er mit seinen Künstlern nie so weit gehen musste.

Den Fernseher einzuschalten war immer das Erste, was er tat, wenn er nach Hause kam, um von der Ruhe abzulenken, die sich sonst über das Haus gelegt hätte. Ruhe, die in schlechten Momenten in Einsamkeit um schwang.

Er schüttelte den Kopf und erhob sich, um sein Glas nachzufüllen. Der Abend war viel zu erfolgreich verlaufen, um ihn sich nun mit finsteren Gedanken zu versauen.

»Die richtige Frau wird auch noch in mein Leben treten«, flüsterte er.

In diesem Moment läutete jemand an der Tür.

Vielleicht ist sie das schon, dachte er oder es waren die Ladys aus dem Restaurant, die nicht so schnell aufgegeben hatten und ihm hierher gefolgt waren. Auch das wäre nicht zum ersten Mal passiert. Die Leute kamen manchmal auf die absonderlichsten Ideen.

König stellte das Glas auf den Beistelltisch neben dem Sofa und schlurfte zum Eingang.

Eine große Silhouette zeichnete sich durch das Milchglas der Tür ab. Zu groß für eine Frau, schoss es ihm durch den Kopf. Er überlegte, ob er einen Termin verpasst hatte, doch er konnte sich beim besten Willen nicht erinnern. Wer sollte ihn also so spät noch besuchen?

Eigentlich hatte er schon länger eine Kamera einbauen lassen wollen, um die Menschen, die vor seiner Tür standen identifizieren zu können, aber er war bis jetzt noch nicht dazu gekommen.

Und nun stand ein Unbekannter vor der Tür.

Wie ist er überhaupt durch das Eingangstor gekommen, fragte sich König. Hatte sich das Ding nicht geschlossen? War die Mechanik mal wieder im Eimer und einer seiner Nachbarn wollte ihn darauf hinweisen? Es gab da ein paar Nachbarn, die spät abends mit ihren Hunden patrouillierten und die umliegenden Grundstücke beobachteten. So eine Art privater Wachdienst. König konnte diese Leute nur belächeln. Sie befanden sich immer noch in Mönchengladbach und nicht in einem Krisengebiet.

Er hatte die Tür erreicht und der Schatten, den der Mann vor der Tür warf, war beunruhigend groß. Doch König war kein ängstlicher Mann. Er war körperlich gut in Form und hatte in seiner Jugend den einen oder anderen Kampfsport ausgeübt, auch einer der Gründe, warum er sich nie hatte vorstellen können, so etwas wie einen Bodyguard anzuheuern, selbst wenn seine Berühmtheit noch mehr durch die Decke schießen würde.

»Hallo?«, fragte er den Schatten. »Wer ist da?«

»Kramer. Ein Nachbar«, sagte die Stimme. »Tut mir leid, dass ich Sie so spät noch störe, aber irgendetwas stimmt mit Ihrer Gartenbeleuchtung nicht. Eine Lampe scheint genau in unser Schlafzimmer und ich krieg kein Auge zu.«

Machen Sie doch die Rollos runter, war das Erste, was König durch den Kopf ging. Außerdem lagen die Häuser so weit auseinander, dass dieser Vorwurf ziemlich bescheuert war. Aber er wollte keinen Krach mit den Nachbarn. Immer schön freundlich bleiben, dachte er. Bloß keine schlechte Presse. Er konnte sich keine Bildzeitungsschlagzeile erlauben, in der von einem unfreundlichen, arroganten Produzenten die Rede war. Solche Geschichten hatten schon ganz anderen Leuten das Genick gebrochen.

»Ich kümmere mich darum«, sagte er und öffnete die Tür.

Wenn das vor ihm ein Nachbar war, dann hatte er ihn auf jeden Fall noch nie hier gesehen. Der Mann war riesig, trug einen ungepflegten, langen Mantel und er stank. Das Gesicht wurde völlig von einem zauseligen Vollbart verdeckt und nur zwei kalte Augen blitzten König an.

War wohl ein Fehler die Tür aufzumachen, dachte er, brachte aber nur ein: »Wer sind Sie?« heraus.

Der Mann stellte sich nicht vor. »Willkommen in der Hölle!«, sagte er. Dann schoss seine Hand vor und eine Spritze bohrte sich in Königs Arm.

Der Produzent merkte wie ihm langsam schwindelig wurde. Er wollte die Tür schließen, doch der Riese hatte ihn schon im eisernen Klammergriff. Dann gingen ihm die Lichter aus und es umfing ihn eine undurchdringliche Schwärze.

Kapitel 10

Jil Schwarz stand vor dem Spiegel. Sie neigte ihren Kopf, spielte mit ihren langen rotbraunen Haaren und rückte ihr 75 DD Dekolleté zurecht.

Heute Abend würde sie ihn bekommen, das stand für sie fest. Stefan König war ihr nächstes »Opfer«. Er würde keine Chance haben. Genauso wenig wie die anderen vor ihm. Sie lachte ihr Spiegelbild an.

Viele Frauen beneideten sie um ihre Figur, um ihr Lolitagesicht, ihre üppige Oberweite und ihre Ausstrahlung. Jil wusste, dass sie mit ihren 31 Jahren verdammt gut aussah. Ihre Strategie, wenn es überhaupt eine gab, ging immer auf. Sie nahm sich einfach, wen sie wollte. Mit ihrem Egoismus übertrieb sie es manchmal und brachte so die eine oder andere Freundin zur Weißglut. Doch Jil war es egal. Sollten sich die anderen Mädels doch mit den ganzen Losern abgeben. Sie schnappte sich immer das Alphatier und heute sollte es Stefan König sein.

Sie waren sich auf einer Party in der Gladbacher Altstadt begegnet. Nach kurzem Zögern seinerseits, welches sie, angesichts ihrer Reize, schon für eine reife Leistung hielt, hatte er ihr seine Adresse gegeben. Natürlich war ihr klar, wen sie dort vor sich hatte. Der Musikproduzent war schon eine echte Nummer, aber wer sollte ihr schon widerstehen können? »Zeit für einen Überraschungsbesuch!«, sprach sie mit der Frau im Spiegel, drehte sich um und verließ das Haus. Ihr Golf Cabriolet fuhr problemlos durch seine Einfahrt. Komisch, dachte sich Jil. Normalerweise ist das Haus eines Promis doch viel besser gesichert.

Kurz vor dem Haus hielt sie an, öffnete die Fahrertür und ließ ihre langen Beine langsam aus dem Auto gleiten, so dass es aussah als würden ihre High Heels auf den Boden schweben.

Vielleicht stand er ja am Fenster und beobachtete, wer dort urplötzlich, mitten in der Nacht, bei ihm auftauchte.

Die Haustür stand einen Spalt offen.

Jil war etwas mulmig zumute. Hatte er sie schon von Weitem kommen sehen? Aber er kannte doch ihr Auto gar nicht.

Etwas schüchtern rief sie durch den Spalt ein leises »Hallo«.

Nichts!

»Hallo?«, hauchte Jil noch einmal.

Wenn das hier ein Scherz war, dann verstand sie definitiv keinen Spaß.

Sie drückte leicht gegen die Tür, so dass diese ein wenig weiter aufschwang.

Augenblicklich knallte irgendwo in der Wohnung etwas auf den Boden. Jil schrie. Sie lief zu ihrem Auto, nestelte ihr Handy aus dem Handschuhfach und rief in ihrer aufkommenden Panik den Notruf.

Die Wanderratten hatten tagelang nichts mehr gefressen. Von den einst zehn ihrer Gattung lebten nur noch sechs. Trotz ihres ausgeprägten Sozialverhaltens und der gleichen Rudelzugehörigkeit hatten sie damit begonnen, sich gegenseitig zu fressen.

Sie waren eingesperrt. Die Wand um sie herum war zu robust, selbst für ihre starken Zähne. Ihr Tod schien nur noch eine Frage der Zeit zu sein.

Doch dann öffnete sich eine Klappe. Endlich: Ein Loch, ein Durchgang in die Freiheit. Sie begannen zu rennen, schnell zu rennen. Den vermeintlichen Ausgang vor Augen rasten sie wie von Sinnen in diese Richtung. Egal was ihnen nun noch im Weg stand, sie würden sich durch alles durchfressen. Nichts konnte sie halten!

Es war stockfinster. Stefan dröhnte der Schädel. Er wusste weder wo er war, noch war ihm so richtig klar, was passiert war. Irgendein Nachbar oder so ähnlich war auf ihn zugekommen und…wo war er überhaupt?

Er versuchte sich zu orientieren.

Ihm fiel auf, dass er sich kaum bewegen konnte. Nach besten Kräften versuchte er, sich zu drehen und sich aufzusetzen, alles vergebens. Immer stieß er auf einen Widerstand. Seine Müdigkeit verflog und machte einer unbeschreiblichen Angst Platz.

Panisch versuchte er, wenigstens seine Beine auszustrecken. Zu seiner Überraschung gelang es.

Ansonsten aber blieb er fast bewegungslos. Er war eingesperrt, umgeben von Finsternis. Sofort überfielen ihn Horrorvisionen. Hatte man ihn lebendig begraben?

Stefan König reflektierte noch einmal die vorangegangene Zeit. Dann fiel es ihm wieder ein.

Klar der Typ mit dem Zauselbart und eine... Er schnappte entsetzt nach Luft. Eine Spritze, verdammt!

Was hatte der Kerl denn vor?

»Hilfe!«, begann Stefan zu schreien. »Hilfe verdammt, helft mir hier raus!«

Er begann, hysterisch zu werden. Die stickige Luft, seine gedämpfte Stimme und die unerträgliche Ungewissheit machten ihn wahnsinnig. Hunderte von Gedanken schossen ihm auf einmal durch den Kopf und seine Schreie wurden immer lauter. Er musste hier raus. Schweiß rann ihm über die Stirn. Er hatte das Gefühl zu ersticken.

»Hilfe, Hilfe!«, immer wieder flehte er die Dunkelheit an, bettelte um Licht, um Luft, um Erlösung aus diesem Albtraum, doch sie blieb stur.

Wimmernd ergab er sich vorerst dem, was da mit ihm geschehen war. Vielleicht sammelte er auch nur Kraft für einen nächsten Schrei.

Dann plötzlich hörte er ein Klappern. Er musste eingeschlafen sein. Das Geräusch kam aus der Richtung, in der seine Füße ein wenig Bewegungsfreiheit hatten.

»Hallo, Hilfe! Ich bin hier. Ist da jemand?«

Statt einer Antwort hörte er ein immer lauter werdendes Fiepen, spürte eine Berührung wie von kleinen pelzigen Körpern an seinen Füßen.

»Um Gottes Willen!«, entfuhr es Stefan König als ihm klar wurde, was da gerade Angriff auf seine Zehen nahm.

Etwas kitzelte an seinem linken Fuß, dann: Ein Biss durch die Socke in die Ferse.

Wie wild begann er wieder zu schreien. Sich windend versuchte er auszuweichen, doch die Enge ließ ihm keine Chance. Bisse in seine Zehen, die Fußballen und Fußknochen verursachten unbeschreibliche Schmerzen. Das Fiepsen wurde immer lauter und grauenvoller. Scharfe Zähne gruben sich in seine Unterschenkel und fraßen sich von dort aus weiter.

RATTEN!

Stefan König litt unvorstellbare Qualen. Kurz, ehe die verdammten Viecher seine Leistengegend erreichten, meinte er plötzlich etwas wahrzunehmen: Ein Licht, das Öffnen einer Klappe. Die Hoffnung stirbt zuletzt, schoss es ihm durch den Kopf, bevor ihm Schmerz und Grauen eine gnädige Ohnmacht schenkten.

Kapitel 11

Frank Benke stand vor dem Tresen der McDonalds-Filiale und lächelte die junge sonnenbankgebräunte Frau hinter der Kasse an.

»Ja, genau«, wiederholte er. »Zwei Big Mac, zwei große Pommes, zwei Cola und deine Telefonnummer.«

Aufs Neue schenkte er ihr ein Lächeln. Frank kannte seine Wirkung auf Frauen. Er war groß, durchtrainiert, trug sein schwarzes Haar modisch kurz, doch vor allem war es seine unverschämte Art, durch die er seine Erfolge verzeichnete und neuerdings half ihm seine Uniform dabei, noch schneller zu einem Date zu kommen.

Gut, er trug nur einen Stern auf der Schulterklappe, »Polizeimeisteranwärter«. Wenn man es genau nehmen wollte also noch gar kein 'richtiger' Polizist. Aber welche Schnecke kannte sich schon mit Rangabzeichen aus? Die sahen nur die Uniform und Herzen und Slips waren haltlos verloren. Die Schöne an der Kasse machte da keine Ausnahme.

»Was passiert, wenn ich dir meine Nummer nicht gebe?« Es war eine rhetorische Frage, das wusste Frank. Die Kleine war schon geknackt, bevor er überhaupt angefangen hatte. Manchmal war es beinahe zu leicht.

»Wenn du dich weigerst, dann komm ich mit einem Haftbefehl wieder und nehme dich mit aufs Revier«, sagte er und zwinkerte ihr zu.

Sie lachte auf, drehte sich weg und packte seine Bestellung in die obligatorische Papptüte. Es wurde auch Zeit, denn wenn Franks Partner, der draußen im Wagen wartete, bei irgendetwas keinen Spaß verstand, dann war es beim Essen. Sie hatten beide Kohldampf bis unter die Arme und deshalb hier Halt gemacht. Wenn Heiko mitbekam, dass er auch nur eine Sekunde länger als nötig auf seinen Burger warten musste, weil Frank hier flirtete, dann würde er ihm den Kopf abreißen. Dann war Schluss mit lustig.

Heiko und er waren jetzt schon seit gut drei Monaten ein Team und obwohl der kleine, leicht übergewichtige Mann in den Vierzigern schon Polizeiobermeister und damit Franks Chef war, ließ er das nie raushängen. Nur bei der Futteraufnahme kannte er keine Freunde.

Die dunkelhaarige Sonnenbankanbeterin kam mit der gepackten Tüte wieder und stellte die Cokes im Trinkbechertransporter daneben.

Frank bezahlte, knipste der jungen Dame noch einmal ein Auge und steuerte den Ausgang an. Lächelnd bemerkte er, dass tatsächlich eine Telefonnummer auf der Tüte stand. Auf dem Parkplatz angekommen, warf er sich auf den Beifahrersitz und Heiko die Tüte zu.

»Big Mac und Pommes«, sagte er. »Wollen doch mal sehen, ob das deine Laune nicht etwas anhebt.«

Der Dicke mit der Stirnglatze riss die Tüte auf und einige Kartoffelstäbchen verteilten sich im Fußraum des Wagens. Sofort war auch der Geruch da und Frank spürte, dass nun auch sein Magen knurrte. Er nahm Heiko eine Portion Pommes und einen Burger ab, wickelte ihn aus dem Papier und biss herzhaft hinein.

»Scheint eine ruhige Schicht zu werden«, sagte er zwischen zwei Bissen.

Heiko wischte sich Mayo von den Lippen und nickte. »Wird auch Zeit, dass wieder etwas Ruhe einkehrt«, nuschelte er dann.

Frank wusste, was sein Kollege damit meinte. Sie hatten auch an jenem Tag Dienst gehabt als in Wanlo die Toten gefunden wurden. Dieser unglückliche Rentner, der einen Herzinfarkt erlitten hatte, als er die grausam entstellte Leiche in seiner Laube fand.

Frank hatte einen Blick auf den Mann werfen können, der von einer Pflanze aufgespießt gewesen war und dieses Bild verfolgte ihn immer noch in seinen Träumen. Heiko hatte ihm erzählt, dass er nun schon fast zwanzig Jahre bei der Polizei war, dass dies aber der erste Mordfall war, den er gesehen hatte. Ansonsten hatten sie es mit Verkehrssündern und Einbrüchen zu tun und das konnte, wenn es nach Heiko ging, auch gerne so bleiben.

Mit diesem Irren, der nun hier in Mönchengladbach sein Unwesen trieb, sollte sich ruhig die Mordkommission aus Düsseldorf beschäftigen.

Nicht, dass es in ihrem Revier nicht auch Spezialisten für diese Art Jobs gab, aber die hatten es doch eher mit Eifersuchtsdramen oder ähnlichen Geschichten zu tun. Ein Serienmörder war da doch eine Nummer zu groß.

Frank stopfte sich Pommes in den Mund und dachte nach. Würde der Typ noch einmal zuschlagen? Wenn man dieser Kommissarin glaubte, dann schien es nur eine Frage der Zeit, bis sie die nächste Leiche fanden. Vor Benkes Augen erschien ein Bild der Polizistin. Sie war ein wenig zu alt für ihn, aber durchaus attraktiv. Ob sie wohl auch seinem Charme erliegen würde, wenn er eine Chance dazu bekam? Vielleicht sollte er es einmal ausprobieren. Das war mal eine echte Herausforderung und er würde sich ihr stellen.

Und wenn er abblitzte? Egal. Man konnte nicht immer Erfolg haben. Auch das hatte er mittlerweile erkannt, konnte aber ganz gut damit umgehen. Frauen, die mit ihm nichts zu tun haben wollten, die hatten es eben nicht besser verdient. Die wussten nicht, welch eine Sensation im Bett ihnen entging. Er vertilgte die Reste des Burgers lächelnd und putzte sich den Mund an einer Serviette ab, als sich das Funkgerät meldete.

»Zentrale an Wagen dreiundvierzig«, knödelte es aus dem Äther.

Es war die Stimme von Maria Delgado, der kleinen, leicht pummligen Polizistin mit spanischen Wurzeln. Auch sie war schon auf Franks Werben hereingefallen und hatte ein paar Nächte mit ihm verbracht.

»Hola Maria«, meldete er sich, als er sah, dass Heiko den Mund noch zu voll hatte, um eine ordentliche Meldung zu machen.

»Was kann ich für dich tun?«

»Für mich nichts mehr«, sagte die Stimme aus dem Funkgerät so eisig, dass die Temperatur im Wagen um gute fünf Grad zu fallen schien. Upps. Sie schien es noch nicht ganz verdaut zu haben, dass Frank sie abserviert hatte.

»Eine Frau meldet einen Einbruch bei König, diesem Musikfuzzie. Ihr seid als Nächste dran, also gebt Gas.«

Heiko stopfte den Viertel Burger, der noch übrig war, zurück in die Papptüte, warf sie auf den Rücksitz und startete den Wagen. Keine Sekunde später verließen sie mit quietschenden Reifen den Parkplatz.

Maria hatte die Adresse nicht erwähnen müssen. Erstens war dieser König seit ein paar Monaten bekannt wie ein bunter Hund und zum anderen war es nicht der erste Einbruchsversuch in dessen Villa. Doch bis jetzt waren die Verbrecher an den Sicherheitsvorkehrungen gescheitert. Bis zum heutigen Abend hatte sie jedes Mal die gute und teure Alarmanlage in die Flucht geschlagen noch bevor sie das eigentliche Anwesen erreichten.

Dies schien heute anders zu sein. Es war nur eine Frage der Zeit gewesen, bis Spezialisten auf den Plan traten und mal schauen wollten, was dieser König für Schätze in seinem Heim aufbewahrte.

»Sind goldene Schallplatten eigentlich wirklich aus Gold?«, fragte sich Benke laut.

Heiko konzentrierte sich aufs Fahren. Er hatte Blaulicht und Sirene eingeschaltet, weil Delgado erwähnt hatte, dass sich die Diebe wahrscheinlich noch im Haus befanden. Die nächtliche Besucherin, die den Vorfall gemeldet hatte, hatte seltsame Laute aus dem Inneren der Behausung vermeldet.

Sie flogen die Straße entlang, überfuhren ein paar rote Ampeln und kamen zügig voran, zumal um diese Zeit nicht mehr besonders viel Verkehr herrschte. Mönchengladbach war doch, im Gegensatz zu New York, eine Stadt, die irgendwann schlafen ging.

Sie hatten das Neubauviertel Bökelberg in Rekordzeit erreicht und sahen, als sie das Haus des Musikproduzenten anfuhren, bereits das große Tor zum Grundstück offenstehen. Auf dem freien Platz vor dem Haus parkte ein Wagen, in dem eine leicht überschminkte Frau saß. Als sie den Polizeiwagen kommen sah, stieg sie aus und lief auf sie zu.

»Da stimmt etwas nicht!«, sagte sie aufgeregt. Ihr großer Busen wogte mit jedem hektischen Atemzug und Frank hatte Schwierigkeiten ihr ins Gesicht zu sehen.

»Sie sind die Dame, die uns informiert hat«, stellte Heiko ruhig fest, als er ausstieg. Er sah sich um und versuchte, sich einen Eindruck zu verschaffen. Sie waren tatsächlich als Erste hier aufgeschlagen, doch Frank wusste, dass weitere Wagen unterwegs waren.

»Mein Name ist Jil Schwarz«, stellte sich die Frau vor. »Ich war mit König verabredet. Als ich hier ankam, habe ich bemerkt, dass sowohl das Tor aufstand, als auch die Eingangstür des Hauses. Ich habe ihn gerufen und wollte schon hineingehen, als ich ein Scheppern gehört habe.« Sie druckste entschuldigend herum. »Dann habe ich mich nicht getraut weiter zu gehen.«

»Also haben sie keine Einbrecher gesehen?«, fragte Heiko. Man konnte ihm deutlich ansehen, was er von diesem Einsatz hielt. Er war mitten im Essen von einer überkandidelten Ische gestört worden, die bei einer offenen Tür sofort an Einbruch und Schlimmeres dachte. Wahrscheinlich lag König drinnen auf seinem Sofa, voll wie eine Eule oder hoffnungslos bekifft (das war doch im Musik Business so üblich) und hatte nur vergessen abzuschließen. Der Palaver, den die Lady gehört hatte, kam wahrscheinlich nur von runter gefallenen Gläsern, die König in seinem trunkenen Zustand vom Tisch gefegt hatte.

»Beruhigen Sie sich erst einmal«, sagte Heiko bestimmt. »Wir sind jetzt hier und sehen nach dem Rechten. Nehmen Sie so lange in ihrem Auto Platz. Verriegeln Sie es von innen und warten Sie bitte, bis unsere Kollegen eintreffen.«

Frank stand neben seinem Partner. »Du willst da reingehen?«

»Klar. Warum denn nicht?«

»Und nicht auf Verstärkung warten?«

Heiko lachte auf. »Um einen besoffenen Mann zu überraschen?«, fragte er belustigt. »Dafür brauchen wir wohl keine Hundertschaft.« Er zog seine Hose hoch, rückte seinen Gürtel zurecht und ging auf das Haus zu. Frank folgte ihm, hatte jedoch ein mulmiges Gefühl im Magen. Unbewusst lockerte er seine Pistole im Halfter. Sie erreichten die angelehnte Eingangstür und Heiko stieß sie mit dem Fuß auf.

»Herr König!«, rief er so laut, dass Frank neben ihm zusammenzuckte. »Sind Sie da? Hier ist die Polizei.«

Nichts rührte sich. Kein Scheppern und kein Tappen weglaufender Füße waren zu vernehmen. Wenn die Einbrecher, sofern es überhaupt welche gab, noch im Haus waren, dann verhielten sie sich ganz still.

»Wir gehen rein«, sagte Heiko und klang in diesem Moment gar nicht mehr wie der verschlafene Schutzpolizist, der er normalerweise war. Jetzt klang er wie der Leiter eines Sondereinsatzkommandos. Er stieß die Tür weiter auf und setzte einen Fuß in den Korridor.

Frank folgte ihm und überlegte ernsthaft, ob er seine Waffe ziehen sollte. Er war nervös, verspürte sogar ein wenig Angst. Trotzdem ließ er die Pistole dort, wo sie war. Er wollte sich nicht lächerlich machen und für die nächsten vierzehn Tage das Gespött der Wache sein.

Sie schlichen durch den Flur und Frank sah sich um, wurde beinahe erschlagen von dem ganzen Tand, der überall herumstand und den riesigen, sehr teuren und ebenso geschmacklosen Gemälden, welche die Wände schmückten. Eines davon war wahrscheinlich so viel wert wie ein Jahresgehalt bei der Polizei und doch wollte er sie nicht einmal geschenkt haben. Da waren ihm die Drucke, die in seiner Wohnung hingen (Warhol und Hearing) doch lieber.

»Polizei!«, rief Heiko noch einmal laut in die Stille und Frank zuckte wieder zusammen.

Wenn König wirklich nur betrunken war, dann schlief er einen Vollrausch aus. Langsam musste er doch aufwachen. Vielleicht wacht er nie wieder auf, dachte Frank. Er konnte sich das ungute Gefühl, das er nach wie vor hatte, nicht erklären, doch es wollte ihn auch nicht verlassen. Im Gegenteil: Es verstärkte sich von Sekunde zu Sekunde.

Sie hatten jetzt den langen Flur passiert und standen vor der gläsernen Tür, die wahrscheinlich ins Wohnzimmer führte. Dort brannte Licht, doch die Tür war aus Milchglas und man konnte nur schemenhaft erkennen, was dahinterlag.

»Herr König!«, rief Heiko noch einmal. »Hier ist die Polizei. Wir kommen jetzt zu Ihnen.« Er sah Frank noch einmal über die Schulter hinweg an, dann ertastete er die Klinke, atmete noch einmal tief durch und riss die Tür mit einem Ruck auf. Er sprang in das Zimmer, links neben die Tür und Frank folgte sofort zur rechten Seite.

Gemeinsam versuchten sie, die Situation so schnell wie möglich zu überblicken.

Doch es schien keine Gefahr zu bestehen. Das Wohnzimmer, oder besser gesagt der Salon, war leer.

Niemand schien sich hier aufzuhalten. Keiner saß oder lag auf den beiden wuchtigen Ledersofas. Ein unechtes Kaminfeuer prasselte munter vor sich hin, ansonsten war es ruhig.

Wirklich?

Frank lauschte intensiv und vernahm plötzlich ein Getrippel und Getrappel. Etwas worauf er sich keinen Reim machen konnte. Auch Heiko schien es vernommen zu haben.

»Hat der Typ Katzen?«, flüsterte er.

Frank zuckte mit den Achseln. »Woher soll ich das wissen? König gehört nicht unbedingt zu meinem Bekanntenkreis.«

Heiko beruhigte sich etwas. Vielleicht hatte er doch mit einem Einbrecher gerechnet. Auf jeden Fall fiel die Anspannung jetzt von ihm ab, als er bemerkte, dass sie offensichtlich alleine im Wohnzimmer waren. Aber wo war der Hausherr? Die Frau, die sie alarmiert hatte, sprach von einer Verabredung. Also musste König doch zu Hause sein.

Doch die Villa war riesig. Sie hatten noch genug Zimmer, die sie sich vornehmen mussten. Und noch den Keller, in dem sich das Studio des Produzenten befinden sollte.

Eigentlich hatte Heiko gar nichts dagegen, sich hier einmal umschauen zu können. Wann hatte man schon einmal die Gelegenheit, sich die Villa eines Prominenten anzusehen.

Frank hatte seinen Kollegen überholt und ging weiter in das Zimmer hinein. Mit jedem Schritt, den er tat, wurden die Geräusche lauter. Und mit einem Mal wusste er, was er dort hörte. Er war in einem alten Bauernhaus groß geworden und manchmal hatten sich Ratten auf dem Speicher breitgemacht. Wenn er dann in seinem Zimmer im Bett lag, hatte er über sich genau die gleichen Geräusche gehört. Nur hier war es noch ein wenig anders. Die Geräusche wurden seltsam verstärkt, so als hätte jemand die Tiere in ein Gefäß gesperrt.

Noch ein weiterer Schritt, dann konnte er einen Blick hinter die wuchtige Couch werfen, die den Raum in zwei Teile trennte. Er erstarrte. Er verstand nicht, was seine Augen erfassten, war sich aber sofort bewusst, dass das, was er sah, eigentlich nicht hierhergehörte.

»Heiko!«, er flüsterte wieder, doch sein Kollege war sofort bei ihm. »Kannst du mir mal erzählen, was das hier ist?«

Der Dicke hatte nun auch freie Sicht und atmete hörbar aus. »Ich habe keine Ahnung«, sagte er und starrte auf das Objekt. Beide betrachteten das Ding, als hätten sie ein Ufo gefunden. Es war eine Blechröhre, ungefähr zwei Meter zwanzig lang und sechzig Zentimeter im Durchmesser. An beiden Enden verschlossen. Und das Getrappel der kleinen Füße kam aus diesem Behälter.

»Das sind Ratten«, sagte Frank. »Oder Meerschweinchen.« Mit dem letzten Wort wollte er sich selbst beruhigen, doch er ahnte, dass er mit Kuscheltieren hier falsch lag.

»Der Typ scheint ein wenig verdreht zu sein«, sagte Heiko, verstummte aber augenblicklich.

Er ging in die Knie und betrachtete einen Fleck, der sich unter der Röhre abzeichnete.

»Das ist Blut«, sagte er und Frank erstarrte. Sein Kollege besah sich die Röhre genauer und bemerkte nun, dass sie aus zwei Teilen bestand, die mit Verschlüssen aneinandergehalten wurden.

»Das Ding sieht aus wie eine verdammte eiserne Jungfrau«, bemerkte er und als ihm klar wurde, was er da gerade von sich gegeben hatte, begann er zu zittern.

»Hilf mir mal!«, sprach er Frank an. »Wir müssen das Ding öffnen.«

Er befingerte die Verschlüsse und Benke bemerkte, dass es sich um Schmetterlingsschlösser handelte, wie er sie von seinem Keyboardkoffer kannte. »Drehen und durch die Lasche«, sagte er, als er bemerkte, dass Heiko untätig dasaß. Gemeinsam öffneten sie die drei Laschen an jeder Seite.

»Und jetzt abheben«, flüsterte er. Es kam ihm vor, als würden sie den Sarkophag Tut Ench Amuns vor sich haben. Sie postierten sich rechts und links, dann rissen sie mit einem Ruck die eine Hälfte der Röhre weg. Scheppernd fiel sie zu Boden und sofort wurde das Getrippel von aufgeregtem Gequieke abgelöst.

Frank warf einen Blick hinein und prallte so schnell zurück, dass er sich auf den Hosenboden setzte. Auch sein Kollege sprang einen Schritt zurück. Sie konnten sehen, was sich im Inneren der Blechdose befand, aber trauen wollten sie ihren Augen nicht.

Dann kam Leben in den Inhalt der Röhre und zwei Ratten sprangen heraus.

Eine rannte quer durch das Wohnzimmer und verschwand, die andere sprang auf Heiko zu.

Angeekelt holte er mit einem Fuß aus, kickte sie gegen die Wand, wo sie mit einem Knacken abprallte, zu Boden fiel und sich nicht mehr bewegte.

Frank rappelte sich auf. Sein Magen rebellierte, doch er schaffte es irgendwie, einen zweiten Blick in das Blechding zu werfen. Ein Mann lag zusammengekauert darin und bewegte sich nicht mehr. Seine Beine bluteten aus zahlreichen kleinen Bisswunden.

Zwei weitere Ratten, überrascht von der plötzlichen Helligkeit, blinzelten Frank an, schienen ihn aber nicht als Bedrohung wahr zu nehmen, sondern machten sich weiter an ihr grausiges Werk. Eine verbiss sich in den Oberschenkel des Mannes, die zweite hatte die rechte Wade des Opfers beinahe zerfleddert. Benke schrie auf. Er war angeekelt, doch die heiße Wut, die ihn ebenfalls durchströmte, ließ ihn handeln. Er packte die Ratte, die auf dem Oberschenkel saß und riss sie von dem Mann herunter. Das Tier quickte protestierend, als der Polizist sie an die Wand warf.

Dann wollte er die zweite Ratte packen, doch das Tier hatte den Angriff bemerkt. Es drehte sich blitzschnell und biss Benke in die Hand.

»Scheiße!«, schrie er und sprang auf. Er wedelte mit dem Arm hin und her, doch die Ratte hatte sich fest verbissen. Langsam torkelte der Polizist zu einer Anrichte, legte seine Hand mit dem zappelnden, wütenden Tier darauf und nahm mit der anderen Hand eine Whiskyflasche.

Wuchtig schlug er das schwere Glasgefäß auf den pelzigen Körper. Einmal, zweimal, dreimal.

Beim dritten Mal zersprang die Flasche und ein strenger Alkoholgeruch breitete sich im Zimmer aus. Die Ratte zuckte ein letztes Mal, dann öffnete sie im Todeskampf die Kiefer und gab Benkes Hand frei.

Er atmete auf, hielt sich die pochende Linke und drehte sich zu seinem Kollegen um, der immer noch beinahe teilnahmslos vor der Blechröhre saß.

»Was ist das für eine verfluchte Kacke?«, fragte Frank und ging wieder näher auf das Behältnis mit dem leblosen König zu. Denn dass es sich um den Produzenten handelte war sonnenklar. Schließlich war sein Gesicht jeden zweiten Tag in der Zeitung und Benke hatte ihn direkt erkannt, als sie den Deckel abgehoben hatten.

»Wer macht so eine Scheiße?«, schrie Frank aufgebracht. Er wollte eine Antwort von seinem Kollegen, doch Heiko saß nur mit kreidebleichem Gesicht vor der Röhre und zeigte zitternd darauf.

»Da ... da ...«, stotterte er.

»Was ist?« Frank konnte sich den Zustand seines Kollegen nicht erklären. Sicher, der Anblick war kein schöner, doch das Schlimmste hatten sie wohl geschafft.

»Da ist noch eine Ratte«, flüsterte Heiko. Dann drehte er sich weg und kotzte neben die Röhre auf den echten Perserteppich. Langsam trat Frank näher und versuchte die Stelle zu finden, auf die Heiko gedeutet hatte.

König lag auf der Seite, seine Beine waren eine blutige Masse und der Blick des jungen Polizisten wanderte höher. Plötzlich bemerkte er, was sein Kollege gesehen hatte.

In Königs Unterbauch war eine klaffende Wunde. Eine weitere Ratte hatte sich schon halb in den Körper des Mannes hineingefressen und tat sich mit peitschendem Schwanz an dessen Eingeweiden gütlich. Frank merkte, wie auch sein Burger an seinem Rachen anklopfte und herausgelassen werden wollte, doch wieder war da diese Wut, die ihn reagieren ließ. Er packte den Schwanz des Tieres und riss mit einem Ruck daran. Mit einem halb saugenden, halb reißenden Geräusch zog er die Ratte aus dem Bauch des Mannes und schwenkte sie vor seinem Gesicht.

Das Tier war zur Hälfte mit Blut bedeckt. Die schwarzen Augen funkelten ihn an und schon versuchte es, sich in Franks Hand zu drehen, um zum Angriff überzugehen.

Benke bückte sich, stieß das zappelnde Tier auf den Boden und trat ihm mit voller Wucht auf den Kopf. Ein letztes Zucken, dann verendete es in einem Schwall aus Blut und Knochen.

Dann gab es auch für Franks Magen kein Halten mehr. Er hatte auf der Polizeischule gelernt, dass man Tatorte nicht verunreinigen sollte, doch seine Innereien schienen bei dieser Lektion nicht aufgepasst zu haben. Er schaffte es gerade noch ein paar Schritte weg, dann erbrach er sich in eine Schale, in der ein paar Teelichter schwammen.

Mühsam putzte er sich den Mund ab und ging zu der Röhre zurück.

Heiko stand neben der reglosen Gestalt von König und rührte sich nicht. Benke hatte das Gefühl, dass sein Kollege bald zusammenklappen würde.

»Geh nach draußen und ruf auf der Wache an«, sagte er zu dem Dicken und schob ihn Richtung Ausgang. »Und sag, dass wir nicht nur normale Verstärkung brauchen. Die sollen auch diese Tante aus Düsseldorf anfunken. Ich glaube, unser bärtiger Freund hat wieder zugeschlagen.«

Es gab zwar bisher nichts, was diesen Verdacht bestätigen konnte, aber selbst ihm als einfachem Streifenpolizisten war klar, wie unwahrscheinlich es war, dass es mehr als einen Killer geben sollte, der hier auf solch bizarre Art sein Unwesen trieb. Heiko nickte nur und bewegte sich mit unnatürlichen, roboterhaften Bewegungen zum Ausgang.

Frank blieb alleine zurück und schaffte es, noch einmal auf das Opfer zu blicken.

Welches kranke Gehirn denkt sich so etwas aus?, fragte er sich.

Er konnte die Röhre jetzt genau betrachten und sah, dass der Fußraum mit einem Blech abgetrennt werden konnte. Es gab dort einen etwa dreißig Zentimeter langen Raum, in dem sich tote, angefressene Ratten befanden.

Er hat König in dieses Ding gesperrt und dann das Blech herausgezogen, das neben der Röhre lag. Wahrscheinlich war dies das Scheppern gewesen, welches die Frau gehört hatte.

Und dann hatten sich die wohl hungrigen Tiere auf ihr Opfer gestürzt, das, eingezwängt in das Rohr, keine Chance hatte sich zur Wehr zu setzen.

Ein grausamer Tod. Frank konnte nur hoffen, dass König schnell ohnmächtig geworden war.

Der junge Polizist beugte sich noch einmal über den Toten und betrachtete die Verletzungen.

Er hatte schon an zwei Obduktionen teilgenommen und dachte, sein Magen wäre einigermaßen stabil. Doch dies hier hatte ihn eines Besseren belehrt.

Er kniete sich hin und studierte die Röhre. Fragte sich, wie der Mörder dieses Ding überhaupt hierhergebracht hatte. Frank wollte bereits aufstehen und Heiko nach draußen folgen, ein bisschen frische Luft würde ihm sicherlich guttun, als er ein Geräusch hörte.

Erst dachte er, seine überspannten Nerven hätten ihm einen Streich gespielt, dann hört er es erneut.

Ein Krächzen, ein leises Stöhnen.

Frank beugte sich über den Kopf des Opfers und dann war das Geräusch wieder da. Diesmal klar und deutlich.

Benke sprang auf und rannte wie von tausend Teufeln gehetzt vor die Tür.

»Einen Krankenwagen!«, schrie er. »Wir brauchen einen Krankenwagen. Der arme Teufel lebt noch.« Dann brach er zusammen.

Kapitel 12

Aloysius Gotthard erreichte der Notruf noch auf der Wache. Der Tag war anstrengend und unbefriedigend gewesen, weil sie dem Täter nicht einen Schritt nähergekommen waren. Er schüttete sich den letzten lauwarmen Kaffee aus der Maschine, die in ihrem provisorischen Büro stand, ein und wollte sich danach auf den Heimweg machen. Sein Hotelzimmer, das man ihm in Mönchengladbach zur Verfügung gestellt hatte, war okay, doch ihn zog es in sein eigenes Bett. Außerdem war es an der Zeit, ein paar saubere Klamotten für die nächsten Tage, oder vielleicht sogar Wochen, zu holen.

Und dann der Anruf. Die frische Unterwäsche würde noch etwas warten müssen.

Er sprang in sein Auto und rauschte los, den Polizeiwagen, die den Weg kannten, hinterher.

Gotthard erreichte die Villa zur gleichen Zeit wie Keller, die eigentlich auch schon auf dem Nachhauseweg gewesen war. Ein Krankenwagen bog zeitgleich in die Auffahrt des Hauses ein, so dass für einige Sekunden Chaos herrschte.

Keller sprang aus ihrem Wagen, nickte Al zur Begrüßung kurz zu und wandte sich sofort an einen jungen Polizisten, der kreidebleich auf der Treppe vor der Eingangstür saß.

Ein Arzt und zwei Helfer mit einer Trage drängten sich an ihnen vorbei, schubsten den Mann in der Uniform beinahe um, doch der schien seine Umwelt kaum wahrzunehmen. Auch der Wagen der Spurensicherung kam mit quietschenden Reifen zum Stehen und Gotthard beobachtete alles still.

Es geht zu wie in einem Taubenschlag, dachte er und machte sich für wenige Sekunden Sorgen um den Tatort. Würden bei so vielen Menschen überhaupt noch brauchbare Spuren übrigbleiben? Doch er wusste, dass das dritte Opfer des Killers noch lebte. So hatte man es ihm am Telefon mitgeteilt und die Versorgung des Verletzten ging natürlich vor.

Wir haben einen Augenzeugen, dachte er weiter. Vielleicht würden sie endlich etwas mehr über den Psycho herausbekommen, als seine Größe und seinen falschen Bart.

Vielleicht konnte König den Mann sogar identifizieren und vielleicht konnten sie ihn schon bald festnehmen.

Eine Menge »Vielleichts«, schoss es Gotthard durch den Kopf. Aber manchmal beruhte Polizeiarbeit nun einmal auf glücklichen Zufällen. Und darauf, dass die Täter Fehler machten. So wie jetzt. König hätte genauso qualvoll sterben sollen wie die anderen, doch diesmal hatten sie das Opfer zu früh gefunden.

Al sah, dass der junge Polizist stammelnd mit Keller sprach und er ging näher heran, um die Konversation verfolgen zu können.

»Ratten«, hörte er nur. »Da waren überall Ratten.« Der Polizist, der sich als Frank Benke vorgestellt hatte, murmelte es immer wieder. Und er zitterte.

Gotthard hatte Mitleid mit dem jungen Kollegen. Er war Polizeimeisteranwärter, hätte sich mit anderen Dingen auseinandersetzen müssen. Und nun war er in diesen Fall verwickelt worden. Al kam noch einen Schritt näher, roch etwas Säuerliches und sah die Spritzer auf der Uniform.

Hoffentlich haben die uns nicht alles vollgekotzt, ging es ihm durch den Kopf und er erinnerte sich daran, dass er bei der Entdeckung des zweiten Toten genauso reagiert hatte. Offenbar hatte sich ihr Täter hier etwas ähnlich Ekliges ausgedacht. Gotthard merkte relativ schnell, dass eine Befragung des jungen Mannes zum jetzigen Zeitpunkt keinen Erfolg versprechen würde. Dafür war Benke noch viel zu durcheinander. Also blieb ihnen nichts anders übrig, als sich selbst ein Bild zu machen.

Keller hatte die gleiche Entscheidung getroffen, denn sie klopfte dem Polizisten noch einmal auf die Schulter und erhob sich. »Gehen sie rüber zum Krankenwagen, lassen sie sich etwas zur Beruhigung geben und dann gehen sie nach Hause«, sagte sie bevor sie sich wegdrehte.

Al war überrascht. Die sonst so kalte Frau kannte doch so etwas wie Mitgefühl.

Sie betraten Seite an Seite das Haus und griffen nach den weißen Papieroveralls und die Schuhüberzieher, die die Spurensicherung für sie zurechtgelegt hatte.

Verkleidet, als wollten sie einer Seuche auf den Grund gehen, betraten sie das Wohnzimmer.

Dort standen bereits die Kollegen von der Spurensicherung und warteten darauf anfangen zu dürfen.

Die Mediziner hatten einen Mann auf eine Trage gepackt, der aus mehreren Wunden blutete. Seine Beine waren buchstäblich zerfetzt, doch am schlimmsten war das große, ausgefranste Loch, das in seinem Bauch klaffte. Der Notarzt hatte eine Infusion gelegt und stürzte, als seine beiden Helfer die Trage anhoben, mit ihnen aus dem Raum. Keller folgte ihnen.

»Er lebt!« Es war eine Feststellung, keine Frage.

»Ja, aber er ist nicht bei Bewusstsein.«

»Wann wird er vernehmungsfähig sein?«, hörte Gotthard noch, dann hatte seine Chefin mit den Medizinern das Zimmer verlassen.

Sofort setzte sich die Spurensicherung in Bewegung. Al beobachtete und achtete darauf, nicht zu sehr im Weg zu stehen. Er sah die Blechröhre, in der das Opfer gelegen hatte, das Blut, das sich darin und davor befand, und Körper von toten Ratten.

Ein weiterer Blick zeigte ihm, was offensichtlich passiert war. Der Killer hatte König in dieses Teil verfrachtet, in dem sich die Nagetiere in einem abgetrennten Teil des Fußraums befunden hatten. Dann hatte er ein Blech, das als Trennwand diente, herausgezogen und die hungrigen Tierchen hatten sich über ihr »Futter« hergemacht. Gotthard schauderte. Er wollte sich die Schmerzen und die Panik, die der Musikproduzent in diesen Minuten in der Röhre durchgemacht hatte, gar nicht vorstellen. Er konnte von Glück sagen, dass diese Frau zu Besuch gekommen war und rechtzeitig Hilfe geholt hatte. Sonst wäre König jetzt genauso tot wie die anderen Unglücklichen. Al machte in Gedanken eine Strichliste. Sie mussten die Kollegen vernehmen, die als erste am Tatort gewesen waren und die Besucherin natürlich auch.

Wieder fiel sein Blick auf den Blechkasten und er fragte sich, wie der Killer dieses Teil hierher befördert hatte.

Das Gerät war offensichtlich »Marke Eigenbau«, ein Folterinstrument, das nur für diesen einen Zweck konstruiert worden war.

Er trat nah an die Röhre heran, war froh, dass er Handschuhe trug und hob den Blechkasten unter dem Gemurre der Spurensicherung, die überall ihr Pulver hinterließ und fleißig Fingerabdrücke sammelte, an. Er war überraschend leicht. Das Blech war nicht besonders dick. Musste es auch nicht sein. Es sollte nur dafür sorgen, dass sich König nicht bewegen konnte und musste verhindern, dass die Ratten einen anderen Weg, als durch den Körper des Opfers hindurch, nehmen konnten. Er ist irre, fuhr es Gotthard wieder durch den Kopf, doch das stimmte natürlich nur bedingt. Jemand, der so vorging und so akribisch plante, war vielleicht nicht richtig im Kopf, aber irre war er auch nicht.

Gotthard trat an den Rand des Geschehens zurück und überlegte.

Selbst spät am Abend oder in der Nacht, konnte man nicht einfach mit diesem Ding auf der Schulter durch ein Wohngebiet latschen. Nicht ohne Verdacht zu erregen.

Wie also war diese Röhre hierhergekommen?

Es ist rund, dachte er und hatte plötzlich eine Idee.

Als er das Haus verließ stieß er fast mit Keller zusammen.

»Schlechte Nachrichten«, sagte sie. »König lebt noch, aber der Doc meint, dass seine Verletzungen so schwer und schmerzhaft sind, dass man ihn in ein künstliches Koma legen wird. Also können wir vorerst nicht mit einer Vernehmung rechnen.«

»Vorerst«, beschwichtigte Al. »Aber es gibt diesmal wenigstens noch die Chance, etwas mehr zu erfahren.«

Keller nickte nur. An ihrem Gesichtsausdruck war abzulesen, dass sie nicht mit Hilfe seitens Königs rechnete. Gotthard schälte sich aus dem Papieranzug und seine Kollegin tat es ihm achselzuckend gleich.

»Haben Sie genug gesehen?«, fragte sie.

»Die Spurensicherung wird uns über den Tatort sicherlich alles sagen, was wir wissen müssen. Oder die Kollegen, die zuerst hier waren.«

Er blickte durch den Flur. »Mich interessiert viel mehr, wie diese Kiste den Weg hierher gefunden hat.«

Seine Chefin nickte. »Eine Idee?«, fragte sie nur.

Gotthard nickte. »Nur vage, aber trotzdem möchte ich einen Blick nach draußen werfen.«

Das Grundstück vor dem Haus war mittlerweile beinahe taghell erleuchtet. Al sah sich kurz um, dann nickte er Richtung Garage.

Er bemerkte, dass der Vorplatz der Villa zu einer Seite hin abfiel, damit das Regenwasser sich nicht sammeln konnte. Und genau diese Senke steuerte der junge Kommissar an. Neben der großen Doppelgarage bemerkte er im Halbdunkel eine Bewegung und als er näher trat einen zuckenden Schatten, der im Untergrund verschwand.

»Ich glaube ich habe den Weg der Blechröhre geklärt«, sagte er als er in die Hocke ging.

Der huschende Schatten, den er gesehen hatte, vielleicht eine Ratte, die den Tatort lebend verlassen hatte, war in der Kanalisation verschwunden. Durch einen Gullydeckel, der sich direkt vor ihm befand. An den frischen Kratzspuren auf den Steinen konnte man zweifelsfrei erkennen, dass dieser Deckel vor kurzem bewegt worden war.

»Ich brauche eine Brechstange oder etwas Ähnliches«, sagte er, sprang auf und lief auf einen Streifenwagen zu. Einer der Kollegen, die damit beschäftigt waren den Tatort zu sichern, half, die Schaulustigen, die selbst zu dieser Zeit neugierig ihre Häuser verlassen hatten, zurückzudrängen. Aus dem Kofferraum nahm er eine Stange und reichte sie Gotthard. Sofort eilte der Kommissar zurück, wuchtete unter den Blicken seiner Chefin den Deckel hoch. Wie er vermutet hatte, befand sich darunter ein rundes dunkles Loch im Boden.

Gotthard angelte eine kleine Taschenlampe aus seiner Jackentasche und leuchtete hinein. Rostige Tritte, die in die Wand der gemauerten Röhre eingelassen waren, führten nach unten. An einigen Stellen war der Rost abgescheuert und das helle Metall kam zum Vorschein.

»Er hat sie durch die Kanalisation hierhergeschafft«, sagte Gotthard, drehte sich um und setzte einen Fuß auf die erste Sprosse.

»Sie wollen jetzt nicht daruntergehen?«, fragte ihn Keller.

»Genau das habe ich vor.«

»Wir sollten Verstärkung anfordern. Jemanden der die Kanalisation kennt. Oder Suchhunde.«

»Und wertvolle Zeit verlieren?«, Al schüttelte den Kopf. »Ich werde auch ohne Hunde seine Spur finden«, meinte er nur und kletterte tiefer.

»Dann warten Sie wenigstens bis ich mir eine Lampe besorgt habe«, meinte seine Chefin und verschwand.

Gotthard stieg die Leiter hinab und stand bald auf glitschigem Boden. Abwasser gurgelte in einer Rinne an ihm vorbei. Rechts und links davon befanden sich erhöhte Gänge, auf denen man trockenen Fußes die Kanäle ergründen konnte. Der junge Kommissar leuchtete auf den Boden und sah deutlich Fußabdrücke im Schlick. Die Kanalisation war neueren Datums, zeitgleich mit dem Neubaugebiet entstanden und noch relativ sauber. Sofern man bei Abwasser und Fäkalien von sauber sprechen konnte.

Doch das Mauerwerk war fest, die Gänge waren noch beinahe von Spinnweben frei. Gotthard leuchtete weiter in den Gang und bemerkte, dass die Spuren weit in die Dunkelheit führten. Nach der taghellen Beleuchtung des Tatorts oben, verlor er sich hier ein wenig im Funzellicht seiner kleinen Taschenlampe, die mehr Schatten als Licht spendete.

Gänsehaut kletterte über seine Arme und die Härchen in seinem Nacken richteten sich auf.

Der Psychopath kann mir hier ohne Weiteres irgendwo in der Dunkelheit auflauern, dachte er und fand die Idee, ihm zu folgen, plötzlich gar nicht mehr so gelungen.

Sie waren einem Mörder auf der Spur, aber keinem dummen Menschen, soviel war klar.

Dafür plante der Mann viel zu gewissenhaft.

Seine Vorgehensweise war erstaunlich. Jede seiner Aktionen schien mehrere Wochen Planung erfordert zu haben. Den Platz aussuchen, auf dem die Kinder ungestört Peters umbringen konnten. Dann der alte, vertrauensselige Rentner, den er dazu gebracht hatte, die Pflege der Pflanzen zu übernehmen, die Altgott schließlich den Tod brachten. Und nun die Blechhülle, die extra angefertigt wurde, nur um König als Rattensarkophag zu dienen.

Und nicht zuletzt die Kenntnisse der Kanalisation, die er sich angeeignet haben musste.

Ihr Gegner war schlau und ihnen immer einen Schritt voraus. Jedenfalls bis heute. Jetzt hatten sie ihn beinahe erwischt. Er konnte noch nicht weit gekommen sein, denn das grausige Werk war unvollendet geblieben. Also mussten sie ihm in den Untergrund folgen, um diese Chance, die sich ihnen bot, nicht verstreichen zu lassen.

Keller erschien klappernd auf der Leiter und turnte geschickt nach unten. Sie hatte zwei große Stablampen bei sich und zwei Walkie Talkies. Sie reichte Gotthard ein Funkgerät und eine Maglite und nickte ihm aufmunternd zu.

»Dann wollen wir mal«, sagte sie und die Kommissare stolperten in die Dunkelheit.

Es war ein seltsames Gefühl Meter unter der Erde einen Mörder zu verfolgen. Die Spuren waren eindeutig, führten nur geradeaus, waren nahezu perfekt im Schlick der Ablagerungen zu sehen, selbst im Halbdunkel des Taschenlampenlichtes. Alles lief viel zu glatt. Gotthard wurde von Sekunde zu Sekunde unruhiger. Der Killer, der sie bis jetzt nur an der Nase herumgeführt hatte, sollte nun so leicht zu verfolgen sein?

Keller, die hinter ihm lief, ließ ihre Lampe auch über die Wände leuchten, so als rechnete sie damit, dass der Mann sich fledermausgleich von der gewölbten Decke auf sie stürzen könnte.

»Was glauben Sie, wohin uns die Spuren führen?«, fragte die Kommissarin.

Gotthard zuckte die Achseln, war sich aber gleich darauf bewusst, dass Keller dies im Zwielicht nicht sehen konnte. »Ich habe keine Ahnung.« Er flüsterte automatisch, wie es seine Kollegin zuvorgetan hatte.

Dann richteten sie ihre Aufmerksamkeit wieder auf den schmalen Steg, auf dem sie sich bewegten.

Es war nur bedingt rutschig, auch der Gestank hielt sich einigermaßen in Grenzen und Ratten waren nur hier und da zu sehen, zogen sich aber sofort zurück, wenn das Licht auf sie fiel.

Plötzlich gabelte sich der Gang. Aus einer Röhre entstanden zwei. Eine große, die weiter geradeaus führte und eine kleinere, die nach rechts abzweigte. Seltsamerweise gab es in jeder davon Spuren.

Gotthard stoppte und sah Keller ratlos an. Er konnte die Gedanken der Frau förmlich erraten. Gab es zwei Täter? Hatte der Killer einen Komplizen? Oder war eines der Spurenpaare älter und eventuell von Kanalarbeitern hinterlassen worden? Eine kurze Untersuchung zeigte ihnen, dass beide Spuren frisch waren.

»Sollen wir mit Verstärkung wiederkommen?«, fragte der junge Kommissar. Zu zweit in dieser dunklen Höhle war es schon gruselig genug, alleine weiter zu gehen behagte ihm gar nicht. Überhaupt kam es ihm jetzt so vor, als wäre es eine Scheißidee gewesen, den Killer auf eigene Faust zu verfolgen. Doch noch war Zeit diesen Fehler rückgängig zu machen.

Keller schüttelte überraschend den Kopf. »Wir teilen uns auf«, sagte sie und Al sah ein Glitzern in ihren Augen, einen fiebrigen Glanz.

Ihr Jagdinstinkt war geweckt und sie wollte den Typen schnappen. Hier und jetzt.

»Ich verfolge den Gang rechts, Sie werden weiter geradeaus gehen«, entschied sie und zog ihre Pistole. Eine Aktion, die nicht wirklich dazu beitrug, Gotthards angespannte Nerven zu beruhigen.

»Alles klar«, flüsterte er, hatte aber Mühe den kurzen Satz zu bilden. Seine Kehle war rau und trocken, doch er wollte es sich nicht leisten, vor einer zierlichen Frau als Feigling dazustehen. Also zog er seine Dienstwaffe und nickte zur Bestätigung noch einmal mit dem Kopf.

»Spielen Sie nicht die Heldin«, gab er seiner Chefin mit auf den Weg. »Wenn Ihnen irgendetwas seltsam vorkommt, dann rufen Sie mich.« Er deutete auf die Funkgeräte, die beide an ihre Gürtel geklippt hatten.

»Gleichfalls«, gab Keller zurück und verschwand in dem engen Tunnel.

Gotthard schlich weiter und mit jedem Schritt nahm das seltsame Gefühl zu. Eine Ahnung davon, irgendwen dauernd hinter sich zu spüren, nicht mehr alleine zu sein.

Dagmar Keller leuchtete den Gang aus. Er war wesentlich schmaler als die Hauptröhre, es gab nur einen Steg auf dem man gehen konnte, zu ihrer Rechten brodelte das Abwasser. Sie leuchtete in den Tunnel und ging vorsichtig weiter. Die Spuren waren immer noch da, führten an einem engen Rohr vorbei, das senkrecht nach oben führte und mit einer Leiter ausgestattet war. Hier hätte der Killer das Abwassersystem verlassen können, hatte er aber nicht. Immer weiter lief sie in den Schacht, immer verlorener fühlte sie sich. Sie wusste, dass sie gegen jegliche Regeln im Polizeidienst verstieß. Eine Verfolgung auf eigene Faust, ohne einen absichernden Kollegen war ein großes Risiko. Doch der Polizeipräsident hatte, nachdem man ihn über das neueste Opfer informiert hatte, für morgen eine Pressekonferenz einberufen. Ein Anruf, den Gotthard nicht mitbekommen hatte. König war eine Person der Öffentlichkeit und das Interesse der Reporter war wesentlich größer als bei den ersten Fällen. Also würde sie sich morgen der Meute stellen müssen und sie brauchte Ergebnisse, um nicht wie ein Trottel dazustehen. Und nun gab man ihr diese Möglichkeit an die Hand.

Sie sah sich schon im Blitzlichtgewitter den Täter präsentieren. Die Berichte über ihren heldenhaften Einsatz, den gelösten Fall. Vielleicht ergab sich die Möglichkeit zu einer Beförderung. Ihr Weg bei der Polizei war noch nicht zu Ende. Sie war immer schon ehrgeizig gewesen.

Warum entstand plötzlich das Bild von Mick Peters in ihrem Kopf? Sie schüttelte sich, kam für einen Moment ins Rutschen und hatte Mühe, sich auf den Beinen zu halten. Ihre Hand mit der Taschenlampe stützte sich an der schmierigen Wand ab und für Sekunden hatte sie Angst im Abwasser zu landen. Auch das wäre der Presse sicherlich ein Bild in der Zeitung wert.

Mit Mühe erlangte sie ihr Gleichgewicht wieder, pustete ein paar Mal durch und konzentrierte sich wieder auf ihren Einsatz, leuchtete mit der Lampe auf den Steg und... die Fußspuren hörten auf. Waren einfach nicht mehr da.

Der Kerl ist hier in das Brackwasser gesprungen, um nicht weiter verfolgt werden zu können, dachte sie.

Und dann hörte sie plötzlich Stimmen aus dem Nachbargang, dem Tunnel, in dem Gotthard weitersuchte. Echos von Schreien trafen ihre Ohren, hallten wieder und malträtierten ihren Kopf.

Ihr Kollege war in Schwierigkeiten.

Keller wirbelte herum, rannte so schnell es der glitschige Untergrund zuließ, zurück und hoffte, nicht zu spät zu kommen...

Gotthard schlich weiter. So schnell und so leise, er konnte. Wenn der Täter vor ihm war, dann wollte er ihn nicht verschrecken. Nicht dazu beitragen, dass er seine Flucht beschleunigte.

Immer wieder tanzten Schatten im Licht der Taschenlampe. Natürlich konnte dieses irre Arschloch auch von der Helligkeit aufgescheucht werden, doch Al traute sich nicht, seine Lampe auszuschalten. Immer wieder linste er in Nischen und über Vorsprünge, ließ das Licht über Wände und Decke flackern, um nicht überrascht zu werden.

Er war vor Monaten im »Phantom der Oper« gewesen und irgendwie erinnerte ihn die Umgebung hier stark an die Kellerszene. Nur waren dort irgendwann, wie von Geisterhand, Kerzenständer aus dem Nebel erschienen und hatten die Bühne erhellt. Dann war der Typ mit der Maske erschienen und hatte seine Arien geschmettert.

Einen schlecht verkleideten Kerl gab es hier auch, nur würde er sicherlich nicht singen, wenn er Gotthard in die Finger bekam. Der junge Kommissar schüttelte sich. Er wollte sich nicht vorstellen, was ihm in den Händen dieses Ungeheuers alles passieren konnte. Und wieder fragte er sich, ob es wirklich eine gute Idee gewesen war, diesen Alleingang zu starten. Im Kino bewunderte er die Helden, die sich, ohne Team im Rücken, einer Übermacht stellten. Doch er war weder Schwarzenegger, noch Stallone oder Willis. Und schon gar nicht der große Chuck Norris. Er war der kleine Aloysius, der als Kind wahnsinnige Angst vor der Dunkelheit gehabt hatte. Ein Donald Duck Nachtlicht hatte bis zu seinem zehnten Geburtstag neben seinem Bett gebrannt.

Er wanderte weiter, wartete auf ein Zeichen von Keller, die vielleicht einen Erfolg verzeichnen konnte, doch sein Funkgerät blieb still.

Hoffentlich funktionieren die Teile hier unten, dachte er. Sie hatten sich nicht einmal Zeit für einen Test genommen. Al ging weiter, die Lampe in der Linken, die Pistole in der Rechten. Der Tunnel bog nach links ab, die Spuren führten dorthin, doch jenseits des Knicks waren die Katakomben nicht einzusehen.

Wenn der Verrückte dir auflauern will, dann genau hier, schoss es Gotthard durch den Kopf.

Ein Gedanke, der ihm überhaupt nicht gefiel. Langsam setzte er einen Fuß vor den anderen und hatte Mühe, die Hand mit der Pistole ruhig zu halten.

Vorsichtig schob er sich um die Ecke, immer darauf bedacht, nicht auszurutschen. Mittlerweile hatte er einen älteren Teil des Abwassersystems erreicht und der Steg, auf dem er lief, hatte einige Löcher. Abgeplatzte Mauerreste lagen herum, über die er hinweg stieg. Dann lag der Gang wieder offen vor ihm, das Licht der Lampe verlor sich in der Dunkelheit. Al wollte seine ursprüngliche Geschwindigkeit wieder aufnehmen, als er vor sich die Bewegung sah.

Sofort ließ er den Lichtkegel tiefer wandern und erschrak. Keine zwanzig Meter von ihm entfernt saß ein Mann auf dem Steg. Seine Beine baumelten von den Steinen und erreichten beinahe das Abwasser. Es war ein Mann in einem alten Regenmantel und als er den Kopf hob und genau in Als Richtung sah, blickte der junge Polizistin ein Gesicht, dass beinahe vollständig hinter einem wild wuchernden Vollbart verschwand.

Gotthards Herz setzte einen Schlag aus. Einen winzigen Moment zögerte er. Eine Sekunde, die der Mann nutzte, um aufzuspringen und loszulaufen.

»Stehen bleiben. Polizei!«, schrie Al und seine Stimme hallte von den nackten Wänden wider.

Dann schaltete der junge Kommissar die Logik völlig aus und hetzte dem Mann hinterher.

Er scheint nicht bewaffnet zu sein, beruhigte er sich selbst. Wenn er eine Pistole gehabt hätte, dann hätte er sofort geschossen.

Ein schwacher Trost. Denn auch wenn der Verfolgte keine Schusswaffe auf ihn gerichtet hatte, so boten doch die vielen Taschen des langen Mantels genug Versteckmöglichkeiten für andere nette Dinge, mit denen er in einem Nahkampf nicht unbedingt Bekanntschaft machen wollte.

Doch Al wollte, konnte, nicht weiter daran denken. Er hatte genug damit zu tun, auf dem schleimigen Untergrund nicht auszurutschen.

Der Mann vor ihm hatte jedoch das gleiche Problem. Und zusätzlich schien er ein anderes Handicap zu haben.

Er hinkt, stellte Gotthard fest. Entweder ist er verletzt oder er hat eine Behinderung.

»Stehen bleiben!«, rief Al noch einmal, doch der Mann setzte seine Flucht unbeeindruckt fort.

Schieß ihm ins Bein, fuhr es Gotthard durch den Kopf. Aber die Lichtverhältnisse waren viel zu schlecht und seine zitternde Hand tat ihr Übriges. Doch er merkte, dass er dem Kerl Meter für Meter näherkam. Er mochte ein einfallsreicher Killer sein, ein guter Läufer war er definitiv nicht.

Plötzlich blieb der Mann stehen und griff zur Tunneldecke. Dann arbeitete er sich hangelnd nach oben. Gotthard sah im Schein der Lampe, dass der große Mann einen Ausgang erreicht hatte. Einen der Schächte, an dessen Ende ein Kanaldeckel wartete.

Al trieb sich weiter an. Er wusste nicht, was an der Oberfläche wartete. Ein Platz voller Menschen, eine Parkanlage mit unzähligen Versteckmöglichkeiten. Er hastete weiter, seine Lungen protestierten, doch er konnte sich jetzt keine Schwäche erlauben. Er musste dem Mann auf den Fersen bleiben und ihn stellen, bevor er verschwinden konnte.

Gotthard erreichte die rostige Leiter, als der Mann gerade die letzte Sprosse erreicht hatte und sich durch den zur Seite geschobenen Kanaldeckel nach draußen zog. Al fluchte und hangelte sich hoch. Das rostige Eisen schnitt in seine Haut, doch er nahm keine Rücksicht darauf. Die Pistole hatte er weggesteckt, die Lampe zwischen die Zähne geklemmt. Super, dachte er. Wenn der Typ doch eine Kanone hat, dann bietest du ein wunderbares Ziel.

Er hörte schon den Schuss hallen und sah sich mit einem ausgefransten Loch im Schädel in den Abwasserkanal klatschen. Doch nichts dergleichen geschah. Auch der Kanaldeckel wurde nicht wieder vorgeschoben und Sekunden später steckte Gotthard den Kopf ins Freie.

Er war nicht in der Stadt und auch nicht in einem Park. Er befand sich in einer Fabrikhalle und der Killer kniete keine fünf Meter von ihm entfernt auf dem Boden und hielt sich sein Knie.

Doch verletzt, dachte Gotthard, aber es beruhigte ihn nicht. Verletzte Tiere sind am gefährlichsten, schoss es ihm durch den Kopf. Und diesen Typen konnte man wohl mit einem Tier vergleichen. Auch wenn man den meisten Tieren damit sicherlich Unrecht tat.

Gotthard sprang aus dem Loch, leuchtete den Mann an und zog seine Pistole.

Erst spät kam die Reaktion. Der Mann wollte aufstehen, schaffte es aber nicht.

»Sitzen bleiben!«, sagte der Kommissar. »Sonst zwingen Sie mich zu schießen. Und das wollen wir doch beide nicht.« Er wunderte sich, wie ruhig seine Stimme klang.

Plötzlich wirbelte der Große doch herum und wollte die Flucht antreten. Gotthard hob die Waffe und schoss in die Luft.

»Ich meine es ernst!«, sagte er, während der Knall in seinen Ohren nachhallte. Seinem Gehör blieb heute wohl nichts erspart. Der Mann drehte sich zu Gotthard um und hob langsam die Hände.

»Schon gut, Kleiner«, sagte er mit einer Stimme, die jedem Hard Rock Sänger zur Ehre gereicht hätte. »Du hast gewonnen.«

Keller hastete durch die Katakomben. Gotthards Rufe waren keine zwei Minuten verstummt.

Wenn ihm etwas passiert ist, dann ist das meine Schuld, sagte sie sich. Sie war die Einsatzleiterin und hatte ihn in diesen Schlamassel geführt.

Und dann krachte zu allem Überfluss auch noch ein Schuss. So nah, dass sie zusammenzuckte und stehen blieb. Und sie hörte Gotthards Stimme. Genau über sich.

Sie leuchtete die Wände ab und beglückwünschte sich selbst, dass sie stehen geblieben war. Sonst wäre sie an der Leiter vorbei gerast.

Sie griff nach den Sprossen und kletterte nach oben. Vorsichtig steckte sie den Kopf durch das Loch und erblickte eine seltsame Szene.

Gotthard stand mit gezückter Pistole in einer Fabrikhalle und vor ihm stand ein riesiger Mann mit erhobenen Händen. Ein Bild wie aus einem Fernsehkrimi.

»Alles in Ordnung?«, fragte sie, als sie auf den Boden der Halle sprang und bereute es im gleichen Augenblick. Gotthard zuckte so zusammen, dass ihm fast die Waffe aus der Hand fiel.

»Ich bin es. Keller!«

Doch Al hatte sich bereits wieder unter Kontrolle. Und er deutete nicht nur auf den Mann vor ihm, sondern auch auf die Gerätschaften, die in der Fabrikhalle standen.

Es war eine Schlosserei, schon länger nicht mehr in Betrieb dem Rost nach zu urteilen, den die Werkzeuge angesetzt hatten. Und doch gab es hier alles, was man benötigte, um eine Metallröhre als Rattengefängnis herzustellen.

»Ich glaube, Sie haben demnächst ein Problem«, sagte Keller, als sie auf den Riesen zuging.

Gotthard bemerkte, dass seine Vorgesetzte tatsächlich lächelte.

»Und jetzt nehmen sie die Hände vorsichtig herunter.« Sie zog ein paar Handschellen vom Gürtel und legte sie dem Großen an.

»Ich glaube, dass Problem haben Sie«, sagte der Mann mit seiner Reibeisenstimme, doch Keller ging nicht darauf ein. Sie nahm ihr Funkgerät aus der Tasche und nannte eine Adresse. Gotthard war erstaunt, dass die Kommissarin wusste, wo sie waren.

»Wir befinden uns im alten Industriegebiet«, bemerkte sie. »Die Kanäle führten genau in diese Richtung.«

Al hatte da unten jegliche Orientierung verloren. Doch das spielte jetzt keine Rolle mehr. Der Killer stand vor ihm, gestellt durch seine Pistole, gefesselt mit Handschellen.

»Wir haben ihn«, sagte er leise. Um laut noch einmal das Gleiche anzufügen. »Wir haben das Arschloch.« Jetzt erst konnte er es selbst glauben und gönnte sich ebenfalls ein kleines Lächeln.

Kapitel 13

23. Juli 1985

Die Sonne brannte am Himmel, es würde der heißeste Tag des Jahres werden, auch wenn keiner der sieben Jungen, das in diesem Moment wusste. Genauso wenig, wie sie ahnten, dass dieser Tag ihr ganzes Leben verändern würde.

Sie saßen an einem grob behauenen Holztisch beisammen und stopften Spaghetti mit Tomatensoße in sich hinein. Es hatte sich beinahe zu einem Sport entwickelt, wer von ihnen am meisten verdrücken konnte. Und natürlich hatten sie, wie an den Tagen zuvor, keine Chance gegen den dicken Uli. Der Junge mit den feuerroten Haaren, die sich durch keine Bürste der Welt bändigen ließen, war bereits bei der dritten Portion, sein Mund so von Soße verschmiert, dass er wie ein Zirkusclown aussah. Prustend schob er die letzten Nudeln vom Teller in den Mund und ließ die Gabel fallen.

»Was ist los, Uli?«, neckte ihn Mark. »Schon satt? Bist du auf Diät?« Der Dicke grinste. »Muss ein bisschen aufpassen«, murmelte er schmatzend. »Passe schon kaum noch in meine Hosen.« »Die haben doch alle Gummizug«, mischte sich Karsten ein.

»Ja, aber auch Gummi ist nur bedingt dehnfähig.« Sie prusteten lautstark los, dass Nudeln durch die Gegend flogen und Herr Friedrichs, der »Lageraufseher«, auf sie aufmerksam wurde.

»Benehmt euch ein wenig«, sagte Stefan. »Der Lange guckt schon rüber. Ich für meinen Teil habe heute keine Lust auf Küchendienst.«

Sie stellten ihr Gegacker ein und vertilgten die Reste auf ihren Tellern.

Friedrichs, den hier alle nur »den Langen« nannten, war der Leiter des Sommercamps und hatte die Geduld nicht gerade erfunden. Er ließ sich von den Jungen nicht auf der Nase herumtanzen und regierte mit harter Hand.

»Wie wäre es, wenn wir nach dem Essen zum See gehen?«, schlug Peter vor.

»Jo«, meinte Karsten. »Wenn wir heute nicht schwimmen gehen, wann dann?«

Sie saßen bei diesem Wetter im Freien, aßen nicht, wie an Regentagen, im stickigen Gemeinschaftsraum. Michael, der Kleinste der Gruppe, blinzelte in die Sonne.

»Sollen wir nicht lieber Fußball spielen?«, warf er ein.

»Und einen Hitzeschlag riskieren? Bist du verrückt?« Karsten schlug sich mit der flachen Hand vor die Stirn.

»Manchmal nervt dein kleiner Bruder schon ein bisschen«, meinte er an Mark gewandt.

»Und das nur, weil diese wasserscheue Laus immer noch nicht schwimmen kann.«

Mark warf Karsten einen strengen Blick zu. »Pass auf, was du über meinen Bruder sagst!«, meinte er und seine Stimme nahm einen gefährlichen Tonfall an.

»Hey, hey«, beschwichtigte Stefan. »Wer wird denn da gleich in die Luft gehen? Und dass der Kleine noch nicht schwimmen kann, ist schließlich eine Tatsache.«

Mark sah seinen kleinen Bruder an. »Vielleicht ist es wirklich Zeit, dass du es mal lernst«, sagte er und wuschelte dem Achtjährigen durch die Haare.

Michael zierte sich. »Ich weiß nicht«, meinte er.

»Das ist ganz einfach«, versuchte ihn Uli zu beruhigen.

»Ja, für dich vielleicht. Fett schwimmt ja bekanntlich oben.«

Peter schnitt dem Dicken eine Grimasse.

»Dir schwimm ich noch immer weg, du Pappnase.«

Sie erhoben sich und räumten ihre Teller in die dafür vorgesehene Ablage. Heute hatten sie Glück. Keiner von ihnen war zum Küchendienst eingeteilt.

Sie wollten den Tisch gerade verlassen, als Friedrichs auf sie zu eilte.

»Wo soll es denn hingehen, meine Herren?«

»Zum See«, sagte Karsten und Peter trat ihm vors Schienbein.

»Den Kleinen nehmt ihr aber nicht mit, oder?«

Mark legte seinem Bruder den Arm um die Schulter.

»Natürlich geht er mit. Aber wir passen selbstverständlich auf, dass er nicht ins Wasser geht. Wir sind uns darüber im Klaren, dass er noch nicht schwimmen kann und dass es gefährlich ist.«

»Gut, gut«, sagte der Lange. Er war gar nicht so lang. Vielleicht 1,85 Meter groß, aber unglaublich schmal und so sah er von weitem viel länger aus. Mit großem Wohlwollen betrachtet, wog er vielleicht sechzig Kilo. »Wenn Friedrichs mit uns Fußball spielt und den Ball mit der Brust stoppt, dann habe ich immer Angst, dass hinten die Nummer abfällt«, hatte Karsten einmal gesagt und jetzt hatten sie immer dieses Bild vor Augen, wenn der Campleiter mit ihnen sprach.

Sie grinsten den Mann an.

»Ihr habt doch nicht vor, Dummheiten zu machen?«, fragte Friedrichs streng und sie schüttelten so schnell und so überzeugend sie konnten mit den Köpfen.

»Das will ich euch auch raten. Denn dann müsste ich euch heimschicken zu euren Eltern. Dann wäre der Sommerurlaub für euch…«

Der Lange merkte, was er gesagt hatte und unterbrach sich.

»Ich wünsche euch viel Spaß am See und seid vorsichtig«, nuschelte er dann verlegen und drehte sich um. »Und nachher komme ich mal vorbei und kontrolliere euch.«

Sie wussten, dass dies nie passieren würde. Friedrich schien seinen Körper nicht gerne in Badehose zu zeigen.

»Dem Typ ist es immer total peinlich, wenn ihm auffällt, dass wir aus einem Waisenhaus kommen«, meinte Peter, als sich der Lange entfernt hatte.

»Sind wir eigentlich die ersten Kinder ohne Eltern, die hierhin geschickt wurden?«

Die Frage konnte keiner beantworten. Und doch hatte sie ausgereicht, um ihnen ein klein wenig die Laune zu verhageln. Das Sommercamp war eigentlich eine Einrichtung für Kinder bedürftiger Familien, die sich einen »richtigen« Urlaub nicht leisten konnten. Die anderen Feriengäste hatten also eine Mutter, einen Vater oder sogar beide Eltern, die zu Hause auf sie warteten. Nur die »glorreichen Sieben«, wie sie sich selbst gerne nannten, waren von ihrem Waisenhaus ausgesucht worden, um hier vierzehn schöne Tage verbringen zu können.

»Wer als Letzter im Wasser ist, ist ein Idiot!«, schrie Karsten, um die Stimmung wieder ein wenig anzuheizen. Er lief zum Holzbungalow, in dem sie untergebracht waren, und kam als Erster mit Handtuch und Badehose wieder heraus.

»Na dann los«, murmelte Richard. Er war der schweigsamste der Gruppe und dieser Satz kam für ihn schon einem Redefluss gleich. Auch die anderen nahmen nun die Beine in die Hand und sprinteten los. Und selbst Mark, der auf seinen kleinen Bruder achten musste, war immer noch schneller am See, als Uli die rothaarige Dampfwalze.

Nudeln sind Nahrung für Sportler, aber übermäßiger Verzehr macht trotzdem keinen Spitzenathleten. Das merkte man mal wieder überdeutlich.

Als sie die kurze Strecke durch den Wald absolviert hatten, bemerkten sie leider, dass sie den See nicht für sich allein hatten.

Eine Gruppe älterer Jungs hatte die gleiche Idee gehabt und plantschte schon aufgeregt im Wasser. Einer davon, Dirk Zacharias, den alle hinter vorgehaltener Hand nur »Zecke« nannten, begrüßte sie förmlich. Er stand bis zur Hüfte im Wasser und machte eine weit ausholende Handbewegung, damit die vier anderen Jungs, die mit ihm im See waren, auf ihn aufmerksam wurden.

»Oh, Leute!«, sagte er laut. »Schaut mal. Wir kriegen Damenbesuch.«

»Damenbesuch. Der kann mich langsam mal!«, zischte Uli leise. »Ich glaube es wird Zeit, dass dieser Fiesling mal eine Abreibung bekommt.«

Doch Richard stellte sich vor seinen Freund.

»Das Ufer ist groß genug. Wir können den Spinnern gut aus dem Weg gehen«, meinte er. Er war zwar noch keine Zwölf, doch jetzt schon einen Kopf größer als Mark, der mit seinen dreizehn Jahren der Älteste ihrer Gruppe war. Doch trotz seiner Körpergröße ging Richard jedem Streit aus dem Weg. Er war erst ein halbes Jahr im Waisenhaus. Man munkelte, dass er seinen Vater nie gekannt hatte und dass seine Mutter im Drogensumpf umgekommen war. Aber das waren reine Vermutungen, denn der Junge selbst redete über sein Leben vor dem Heim nie.

»Okay«, pflichtete Peter ihm bei. »Wir sollten uns den Tag nicht von diesen Idioten verderben lassen.«

Sie gingen am Ufer rechts herum und suchten sich eine Liegefläche, die von Brennnesseln und Büschen frei war. Dann breiteten sie ihre Handtücher aus und zogen sich bis auf die Badehosen aus. Nur Michael schien keine Lust zu haben. Er setzte sich auf das Gras und holte einen Comic aus seinem Rucksack.

»Hey, Kleiner!«, sprach ihn Stefan an. »Wolltest du heute nicht schwimmen lernen?«

»Noch nicht. Vielleicht später«, murmelte er verlegen. »Ich muss das hier erst noch zu Ende lesen.« Und damit beugte er sich über die Abenteuer von Spider Man. Das Heft hatte er schon so oft gelesen, dass es beinahe auseinanderfiel, doch das machte ihm nichts. Er kämpfte bei jedem neuen Leseabenteuer wieder mit und stellte sich vor, dass er derjenige war, der Doc Octopus in seine Schranken wies.

Als er über die Heftseiten linste, sah er, dass sein Bruder zu ihm hinübersah und er hoffte, dass Mark ihn in Ruhe ließ. Irgendwann würde er schon schwimmen lernen, aber es musste doch nicht ausgerechnet heute sein.

Mark schien seine Gedanken zu erraten, denn er warf sein T-Shirt ins Gras und sprang mit lautem Gejohle in den See. Die anderen folgten ihm.

Uli hatte einen kleinen Plastikball dabei und bald war ein wildes Spiel im Gange.

Michael konzentrierte sich wieder auf seinen Comic und bemerkte erst sehr spät, dass ein Schatten auf ihn fiel. Er blinzelte gegen die Sonne und bemerkte frustriert, dass »Zecke« Zacharias derjenige war, der ihm das Licht nahm.

»Na«, sagte der und grinste dümmlich. »Ihr habt euch in den Nichtschwimmerbreich gelegt. Ist wohl auch besser für Luschen wie euch.«

Michael tat, als hätte er ihn gar nicht gehört. Er versuchte, sich weiter auf sein Heft zu konzentrieren, doch da hatte er die Rechnung ohne den Eindringling gemacht.

»Na, was lesen wir denn da Interessantes?«, meinte Dirk und mit einer schnellen Bewegung riss er Michael den Comic aus der Hand. So heftig, dass ein Stück Papier zwischen den Fingern des Kleinen zurückblieb.

»Hey, du hast es kaputt gemacht!«, schrie er aufgebracht.

»Und?«, grinste Zacharias. »Was willst du jetzt tun? Zu Mami und Papi laufen und mich anschwärzen?« Das Lächeln, auf seinem von Aknenarben übel entstellten Gesicht, wurde gemeiner. »Ach nee. Das geht ja gar nicht. Ihr habt ja alle gar keine Eltern. Die haben euch ja ins Heim gesteckt, weil sie mit Idiotenkindern wie euch nichts zu tun haben wollen.«

»Unsere Eltern sind tot«, verteidigte sich der Kleine. Er spürte, wie Tränen in ihm aufstiegen und versuchte sie zurückzudrängen. Er wollte diesem Arsch nicht die Genugtuung geben loszuheulen.

Michael hatte sich so auf »Zecke« konzentriert, dass er gar nicht mitbekam, wie sein Bruder plötzlich neben ihm stand. »Gib ihm sein Heft wieder!«, sagte Mark mit fester Stimme.

Dirk war älter, größer und stärker, doch das schien seinen Bruder nicht zu beeindrucken und Michael bewunderte ihn dafür.

»Und was ist, wenn nicht?«

»Dann werde ich es mir holen.«

Jetzt hatten auch die anderen mitbekommen, was am Ufer los war, kamen nach und nach aus dem Wasser und stellten sich hinter Mark.

Doch auch die vier Jungs, die mit Dirk zum See gekommen waren, bauten sich hinter ihrem Kumpel auf.

Eine Spannung lag in der Luft und es konnte nur noch Sekunden dauern, bis sie sich entlud. Ein Kampf schien unausweichlich.

»Lass diesen Spinnern doch den Comic«, flüsterte Richard hinter Mark. Und zu Michael sagte er: »Ich habe noch ein paar Superman- und Batman Hefte, die ich dir gerne geben kann.«

»Klar«, meinte Uli und ballte die Fäuste. »Und morgen nehmen sie ihm die dann weg.« Man sah ihm an, dass er eine Auseinandersetzung nicht mehr für vermeidbar hielt. Und irgendwie schien er genau darauf zu hoffen. Er brauchte ein Ventil für den Frust, der sich in den letzten Wochen angesammelt hatte, und eine Schlägerei kam da sehr gelegen.

»Wenn wir uns prügeln, dann schickt uns der Lange nach Hause«, versuchte Karsten die Gemüter zu beruhigen. »Und dann hat es sich mit Schwimmen, Sonnenbaden und Fußballspielen.« Er sah Dirk Zacharias ins Gesicht. »Willst du das?«

Der Angesprochene lächelte immer noch. »Oh, jetzt kommt uns einer mit Logik und versucht so, seine Feigheit zu überspielen.«

»Ich bin nicht feige!«, knurrte Karsten und machte einen Schritt auf die fünf Angreifer zu.

Doch Peter hielt ihn zurück. »Wir sind nicht feige und wir würden euch gerne eure hässlichen Visagen polieren. Aber wir wollen auch nicht das Camp verlassen müssen.«

Sekundenlang sprach niemand. »Zecke« hielt den Comic wie eine Trophäe über seinen Kopf. Michael blickte frustriert auf die paar bunten Ecken, die ihm von dem Heft geblieben waren.

»Wir können euch auch anders beweisen, dass wir nicht feige sind«, schlug Richard plötzlich mit leiser Stimme vor. »Dafür muss man sich nicht prügeln.«

»Zecke« ließ das Heft sinken. »Du meinst eine Mutprobe?«

Richard nickte. »Ihr schlagt etwas vor. Wir werden es erledigen und dann gebt ihr dem Kleinen seinen Spiderman zurück und lasst uns für den Rest der Zeit hier in Ruhe.«

Die fünf älteren Jungs steckten die Köpfe zusammen. »Aber nichts Illegales«, meinte Karsten. »Wir gehen nicht für euch in den Laden im Dorf und klauen Alkohol oder sowas.«

»Toll, jetzt hast du sie wahrscheinlich auf eine Idee gebracht«, flüsterte Peter und trat seinem Kumpel in die Hacken.

Die sieben Jungs, denen es jetzt zunehmend mulmiger wurde, warteten auf das Ergebnis der Diskussion. Dann endlich lösten sich die fünf voneinander und Dirk trat auf sie zu.

»Kennt ihr die Jagdhütte mitten im Wald?«, fragte er mit einem wölfischen Grinsen.

Er wusste, dass diese Frage völlig überflüssig war. Jeder in der Gegend und selbst Urlauber, die hier in einem Camp wohnten, kannten sie und die Geschichten, die sich um sie rankten. Man erzählte sich, dass ein Jäger darin umgekommen war. Er hatte sich mit seiner Schrotflinte den Kopf weggeschossen und nun sollte er dort spuken.

»Ich geh lieber im Laden Schnaps klauen«, meinte Stefan, doch Mark brachte ihn mit einer Handbewegung zum Schweigen.

»Natürlich kennen wir die Hütte«, sagte er und versuchte das Zittern in seiner Stimme zu überspielen.

»Geht dort hin und bringt irgendetwas mit, als Beweis, dass ihr auch drin gewesen seid. Dann bekommt der Kleine sein Heft wieder und wir lassen euch in Ruhe.«

»Da soll es Gespenster geben«, flüsterte Uli, doch Mark hörte nicht auf ihn.

»Wir gehen. Und zwar jetzt gleich«, sagte er, bevor Dirk weiter nachdenken konnte. Die Sonne stand nach wie vor hoch am Himmel, es war vielleicht vier Uhr nachmittags. Und wenn sie sich beeilten, dann konnten sie den Weg zur Hütte und zurück in einer Stunde schaffen. Gespenster gab es nur nachts. Sie hatten also nichts zu befürchten.

»Zecke« schien gar nicht aufzufallen, dass Mark ihn mit diesem spontanen Entschluss gelinkt hatte. Er nickte nur. »Abgemacht«, sagte er. »Aber vergesst den Beweis nicht. Irgendein Stück aus der Hütte, an dem wir zweifelsfrei erkennen können, dass ihr auch reingegangen seid.«

Karsten wollte protestieren, doch wieder ließ Marks Handbewegung ihn verstummen.

»Wir warten hier auf euch«, sagte Dirk und rollte den Comic auf, dann machten sich er und seine Spießgesellen vom Acker.

»Da hast du uns ja was Tolles eingebrockt«, sagte Peter und sah Michael an. Jetzt rollte ihm tatsächlich eine Träne die Wange herab.

»Das ist unfair«, sagte Richard. »Der Kleine kann nichts dafür. Wenn ihr auf jemanden sauer sein wollt, dann bitte schön auf mich. Schließlich war der Vorschlag mit der Mutprobe meine Idee.«

Die anderen nickten. »Und jetzt?«, wollte Stefan wissen.

»Jetzt gehen wir.« Und dann erzählte ihnen Mark, warum er so schnell auf das Angebot Zacharias eingegangen war. Keine Nacht, keine Gespenster. Und er schien die anderen damit beruhigen zu können.

»Glaubst du, sie lassen uns danach wirklich in Ruhe?«, fragte Uli.

»Da müssen wir wohl an ihre Ehre appellieren«, meinte Karsten und wusste, wie hohl das klang. Ehre und »Zecke« in einem Satz, das ging irgendwie gar nicht. Und doch wollten sie sich jetzt keine Blöße mehr geben. Sie hatten sich auf dieses Spiel eingelassen und würden es zu Ende bringen.

Michael drängte seinen Bruder ein wenig zur Seite. »Ich will da nicht hin«, murmelte er. »Ich habe Angst.«

»Du musst keine Angst haben«, sagte er. »Das ist nur eine verlassene Hütte im Wald. Gespenster gibt es da genauso wenig wie anderswo.«

»Aber …«

»Du musst nicht mit«, meinte Mark.

»Ich hab euch das doch eingebrockt.«

»Na und.« Er wollte sagen, dass Michael für dieses Abenteuer noch viel zu klein war, doch das hätte in seinem Bruder erst recht das Gefühl ausgelöst, mit dorthin zu müssen.

»Hör zu«, sagte er dann. »Wir müssen hier an der Basis, und damit meine ich im Camp, jemanden zurücklassen, auf den wir anderen uns hundertprozentig verlassen können. Der Hilfe schickt, wenn doch etwas schiefgehen sollte. Und da bist du genau der richtige Mann. Du musst den Langen informieren, wenn wir bis zum Abend nicht wieder da sind.«

Natürlich wusste Michael, der zwar klein aber nicht doof war, dass ihm sein Bruder eine Brücke baute, um aus der Sache aussteigen zu können. Trotzdem fühlte er sich auch ein wenig gebauchpinselt, dass er ihm diese wichtige Aufgabe zutraute.

Mark drehte sich zu seinen Freuden um, die bereits wieder angezogen waren und ihre Sachen in die Rucksäcke gepackt hatten.

»Michael wird ins Camp zurückgehen und dort auf uns warten. Und er wird, wenn etwas schiefgeht, Friedrichs alarmieren. Unser Mann im Camp. Unsere Lebensversicherung.« Und damit wuschelte er seinem Bruder durchs Haar.

»Ja, keine schlechte Idee«, meinte Richard und knipste Mark ein Auge, ohne dass der Kleine es mitbekam.

»Dann los«, meinte Uli und warf sich seinen Rucksack über die Schulter.

Sechs Kinder begaben sich auf einen Trip ins Abenteuer und am Ende dieses Tages würde nichts mehr so sein, wie es war

...

HEUTE

Der große Mann schlug die Augen auf.
Wieder dieser Traum. Wohl zum tausendsten Mal.
Schatten der Vergangenheit.
Früher wäre er schweißgebadet erwacht. Verängstigt, zitternd, hätte sich nicht getraut wieder einzuschlafen, weil die Geschichte noch nicht zu Ende war. Ihn weiterverfolgen würde. Doch diese Panik war längst verflogen.
Lächelnd fiel er erneut in den Schlaf ...

Kapitel 14

23. Juli 1985

Der Wald wurde von Schritt zu Schritt dunkler. Der Weg, der sie Richtung Jagdhütte führte, wucherte mit jeder Minute, die sie gingen, weiter zu. Das Unterholz wurde dichter, die Bäume standen enger beisammen und die Sonne hatte große Schwierigkeiten, den Blätterwald zu durchdringen. Schatten umgaben die Jungs und verstärkten den Eindruck, dass der Tag bereits vorbei und die Nacht nicht mehr fern war.

»Es ist noch hell«, ätzte Peter. »Da gibt es keine Gespenster. Super Idee.«

Mark biss sich auf die Unterlippe. »Die Hütte liegt auf einer Lichtung«, versuchte er sich selbst zu beruhigen. »Ihr werdet sehen: Da ist es wieder hell und sonnig.«

»Klar. Und das weißt du so genau, weil du schon zwanzig Mal da warst.«

Stefan, der direkt hinter Peter ging, mischte sich ein.

»Es bringt nichts, wenn wir uns hier gegenseitig fertigmachen«, meinte er. »Wir haben uns für diesen Weg entschieden und jetzt ziehen wir das auch durch. Oder willst du vor Zecke und seinem Hofstaat als Verlierer dastehen? Wenn wir mit leeren Händen wiederkommen, dann werden sie uns den Rest der Zeit erst recht schikanieren.«

Der Pfad war nun nur noch zu erahnen. Menschen schienen ihn schon länger nicht mehr betreten zu haben. Er wirkte so, als würden nur die Tiere des Waldes dafür sorgen, dass er nicht komplett überwucherte. Große Tiere!

Karsten sah sich immer wieder um. Er wusste nicht, mit welcher Art Tiere sie zu rechnen hatten. Bestimmt gab es hier keine Wölfe oder Bären, da war er sicher. Aber er hatte einmal im Fernsehen eine Doku über Wildschweine gesehen und wusste, dass mit ihnen auch nicht zu spaßen war.

»Was sollen wir überhaupt aus der Hütte mitbringen?«, fragte Uli.

»Wir können ja kein Brett oder sowas mitnehmen. Das könnten wir ja von überall haben.«

»Vielleicht hängen noch Bilder an den Wänden«, sagte Mark.

»Ja, oder ausgestopfte Tiere, wie im Bates Motel.«

»In was für einem Motel?«

Peter drehte sich zu Uli um. »Das Bates Motel«, sagte er. »Hast du nie Psycho gesehen?«

Uli, der den Film wohl als Einziger ebenfalls kannte, erschauerte. »Hör auf mit dem Mist!«, sagte er nur und Peter hielt tatsächlich die Klappe.

Mark hatte seinen Rucksack von den Schultern genommen und hielt ihn jetzt vor sich, um nicht die Dornen und Ranken des Unterholzes gegen die Arme zu bekommen. Wie einen Schutzschild streckte er die Tasche vor sich, ging aber unbeirrt weiter.

»Seid ihr sicher, dass wir noch auf dem richtigen Weg sind?«, wollte Richard wissen. Er ging als Letzter der Gruppe und musste feststellen, dass sich der Weg direkt hinter ihnen wieder verschloss. Langsam bekam er Panik, dass sie sich in diesem Halbdunkel verlaufen konnten.

»Es gibt nur diesen einen Weg«, sagte Mark fest. Er hatte die Geschichten der größeren Jungs im Kopf, die angeblich schon einmal die Hütte besucht hatten. Sie hatten von dem Weg erzählt, der vom gegenüberliegenden Ufer des Sees in den Wald führte.

Sie tuschelten zwar nur hinter vorgehaltener Hand über das Abenteuer, aber Mark hatte genug mitbekommen.

Was haben sie wohl dort gefunden?, fragte er sich. Das hatten sie nie erwähnt.

Aber sie waren nach der Exkursion alle wieder wohlbehalten im Camp aufgetaucht, also konnte es nichts Schlimmes gewesen sein.

»Vielleicht können wir auch den Knochenschädel des Jägers als Beute mitbringen.« Peter hatte die Sprache wiedergefunden.

Uli trat ihm in die Hacken. »Hör auf mit dieser Scheiße!«, sagte er böse.

»Angst?« Doch Peters Stimme zitterte selbst leicht und sein Freund erkannte, dass er mit diesen blöden Sprüchen nur seine eigene Nervosität überspielen wollte.

»Es gibt dort keine Gespenster und schon gar keine Leiche«, sagte Mark von vorne. »Also haltet gefälligst euren Mund.«

Eigentlich wollte er noch etwas hinzufügen, doch er blieb plötzlich stehen und machte eine Handbewegung, damit es ihm die anderen gleichtaten.

Sie verstummten. Das Knacken der Äste unter ihren Füßen erklang nicht mehr und für Sekunden hörte man nur noch die Laute des Waldes, das Rascheln des Windes in den Blättern, das Summen der Insekten und vereinzelte Vogelrufe.

»Ich glaube, wir sind da«, flüsterte Mark und seine Freunde versuchten einen Blick auf ihr Ziel zu erhaschen.

Es gab tatsächlich so etwas wie eine Lichtung und von dort, wo sie standen, konnten sie schemenhaft ein heruntergekommenes Häuschen erkennen. Unmittelbar vor der Behausung wuchsen keine Büsche und kein Gestrüpp, doch das halb verfallene Holzhaus stand im Schatten riesiger Bäume und so gab es das ersehnte Sonnenlicht nur bedingt.

Die Hütte war nicht besonders groß, würde im Inneren wahrscheinlich nur aus einem Raum bestehen. Vorne gab es eine schmale Veranda, auf der zwei alte Stühle und ein schiefer Tisch standen. Nichts deutete darauf hin, dass hier in der letzten Zeit jemand gewesen war.

Die Jungen hatten sich nun hinter Mark aufgereiht und warfen Blicke auf die Behausung.

Peter und Uli neugierig, Karsten und Stefan vorsichtig und Richard eher ängstlich.

»Und jetzt?«, wollte Mark wissen.

»Wir gehen rein. Ist doch wohl klar«, entschied Uli. »Ich hab mich nicht durch dieses ganze Dickicht gekämpft, um jetzt den Schwanz einzuziehen und wieder abzuhauen.«

»Und wenn da jemand ist?« Richards Stimme zitterte.

»Ja, was dann, Richie?«

Der angesprochene Junge ballte die Fäuste. Er hasste es, wenn man ihn so nannte und Peter wusste das nur zu gut.

»Ruhe.« Mark konnte keinen Ärger gebrauchen. Er wusste, dass man ihm im Endeffekt die Entscheidung überlassen würde, ganz egal, wie groß die Klappen der anderen waren.

»Sehen wir es uns auf jeden Fall mal näher an«, sagte er und trat einen Schritt aus dem Wald heraus. Gänsehaut bildete sich auf seinen Armen. Er fühlte sich, warum auch immer, beobachtet, wollte und konnte sich jedoch keine Blöße geben. Er tat dies hier für seinen Bruder. Dafür, dass der Kleine den Rest der Ferien in Ruhe gelassen wurde und noch eine schöne Zeit hatte. Er hatte sie sich verdient. Genau wie die anderen. Peter folgte ihm, überholte ihn sogar und stand bald vor den drei Stufen, die zur Veranda hochführten. Stefan ging ein wenig nach links, neben das Haus. Ein aufgeregtes Summen und ein schwarzer, sich ständig verändernder Ball hatten seine Aufmerksamkeit erregt.

Als er nur noch drei Schritte entfernt war, nahm er den penetranten Gestank wahr und nach einem weiteren Schritt erhob sich das schwarze Knäuel und flog unter lautem Surren in alle Himmelsrichtungen davon.

Es waren Fliegen, die sich auf etwas gestürzt hatten, dass auf dem Boden lag.

Stefan ging in die Knie und sah Knochen und Fellreste im Gras liegen. Überreste von Kaninchen, soviel war ihm klar. Er hatte mal eine Zeit auf einem Bauernhof verbracht und gesehen, wie der Mann dort schlachtete. Das war definitiv das, was von diesen Tierchen übrigblieb.

»Hallo?«, rief er und seine Stimme klang so laut in der Stille, dass die anderen zusammenzuckten. Uli kam zu ihm. »Sag mal, musst du hier so rumbrüllen. Da kriegt man ja einen Herzkasper.«

Stefan deutete auf seinen Fund. »Hier wohnt jemand«, sagte er, diesmal leise. »Jedenfalls hat hier vor kurzem einer ein paar Tiere geschlachtet.« Bei dem Wort »geschlachtet« und dem Anblick der Knochen spürte Uli plötzlich wieder die Spaghetti in seinem Mund. Mühsam schluckte er den Klumpen herunter und schmeckte Gallensäure dazu.

Er wollte die anderen warnen, doch es war bereits zu spät. Peter hatte die Tür geöffnet und war in der Hütte verschwunden. Mark und Karsten folgten ihm und auch Richard war kurz darauf im Inneren verschwunden.

Stefan sprang auf die Füße und hetzte seinen Freunden hinterher. In der Hütte war das Licht schlechter als draußen. Die Fenster waren teilweise zerstört und mit Decken zugehängt, die wenigen intakten Glasscheiben waren blind vor Schmutz.

»Wir haben Tierkadaver draußen gefunden!«, platzte Uli heraus, als er mit den anderen zusammen im Raum stand. »Die Hütte wird noch benutzt.«

Peter machte eine weit ausholende Handbewegung.

»Glaubst du wirklich? Oder könnte es nicht auch ein Tier gewesen sein, dass ein anderes gefressen hat?«

Uli antwortete nicht direkt. Er nahm sich erst die Zeit sich umzusehen. In der Hütte gab es nur ein Bett mit schmutzigen löcherigen Decken, einen Tisch auf dem dreckiges angeschlagenes Geschirr stand, zwei Stühle, von denen einer nur noch drei Beine hatte und schräg an den Tisch gelehnt sein Dasein fristete und einen großen, zweitürigen Schrank.

Sonst war das Blockhaus leer. Das Dach hatte mehrere Löcher und dort, wo die Sonne hindurch drang, tanzten Staubflocken im Licht.

»Sieht nicht so aus als ob hier jemand wohnt«, sagte Richard und man hörte den Stein förmlich, der ihm vom Herzen fiel.

Karsten dachte schon wieder praktisch. »Was sollen wir denn von hier mitnehmen?«, fragte er und drehte sich in der Mitte des Raumes um die eigene Achse.

»Den Teller und die Tasse packe ich jedenfalls nicht an«, beschloss Mark. »Wer weiß, was man sich da für Krankheiten holt.«

Es gab keine Bilder an den Wänden, geschweige denn ausgestopfte Tiere. Wenn hier jemals etwas zu holen gewesen war, dann hatten andere Leute es vor langer Zeit entfernt.

Und doch wurde Mark das Gefühl nicht los, beobachtet zu werden. Und der Geruch in der Hütte kam ihm bekannt vor. Es war nicht nur morsches Holz, das er roch, es war… Schweiß und Urin. Und das konnte nur bedeuten, dass sich vor gar nicht langer Zeit hier Menschen aufgehalten hatten. Wahrscheinlich die Deppen des Sees. Zecke und seine Idioten hatten hier wohl schon Partys gefeiert.

»Vielleicht ist noch etwas von Wert in dem Schrank«, sagte Richard, ging hinüber und umklammerte den Knauf einer Tür. Mark überkam Panik. Schweiß bildete sich auf seiner Stirn und er spürte, wie seine Hände zu zittern begannen.

»Richard«, sagte er noch, dann brach das Chaos über sie herein.

Eine Tür des Schrankes flog auf und traf Richard mit voller Wucht gegen die Brust. Der Junge taumelte nach hinten, ruderte mit den Armen, fand nichts woran er sich festhalten konnte und ging zu Boden.

Mark konnte ihm nicht helfen. Sein Blick hing wie festgeschweißt an dem Mann, der aus dem Schrank sprang. Wie der berühmte Teufel aus der Kiste, sprang er aus dem Möbelstück und landete mitten zwischen den Jungs.

Er war dick, sein Bauch hing über dem Gürtel seiner schmierigen Jeans, sein Hemd klaffte offen und enthüllte eine wild behaarte Brust. Er hatte eine Stirnglatze, die Haare am Hinterkopf fielen ihm jedoch bis auf den Rücken und waren zu einem fettigen Zopf zusammengerafft. Er hatte sich länger nicht mehr rasiert und wahr-

145

scheinlich auch länger nicht mehr gewaschen, denn der Geruch nach Schweiß und Urin wurde beinahe greifbar.

All diese Beobachtungen machte Mark innerhalb von einer Sekunde, doch das, was ihn am meisten entsetzte, war das lange Jagdmesser, das der Mann in der Rechten trug und wild auf und abschwang.

Er sagte nichts, er knurrte nur und Mark kam er vor wie ein wildes Tier. In seinem Gesicht lag nichts Menschliches. Wahnsinn flackerte in seinen Augen.

»Raus!«, schrie Mark, als er den ersten Schock überwunden und seine Stimme wiedergefunden hatte. »Raus!« Die Worte überschlugen sich. Es gab kein rationales Denken mehr, er wollte einfach nur noch hier weg.

Karsten und Peter standen am nächsten an der Tür, sie warfen sich beinahe gleichzeitig dagegen und stolperten ins Freie. Auch Stefan sprang ihnen nach.

Der Mann bemerkte seinen Fehler und wollte den Weg zur Tür versperren, doch Mark wusste, dass er dann keine Chance mehr haben würde. Er packte einen der Stühle und warf ihn dem Mann so fest er konnte entgegen. Der Dicke wollte ihm ausweichen, schaffte es aber nicht ganz und torkelte auf den Schrank zu. Uli nutzte die Chance, drückte sich an dem Stolpernden vorbei und sprang auf die Veranda, Mark direkt neben ihm.

Nur Richard lag in der Mitte des Raumes und hatte sich immer noch nicht von der Wucht des Stoßes erholt. Mit schmerzverzerrtem Gesicht richtete er sich auf die Unterarme auf und warf Mark einen flehenden Blick zu.

Einen Blick, den er nie wieder vergessen würde. Augen, die bettelten: »Geh nicht! Hilf mir! Lass mich hier nicht allein zurück!«

Doch der Mann mit dem Messer war wieder auf den Beinen, sprang auf Mark zu und die Angst siegte.

Der Junge wirbelte herum und lief in den Wald.

Neben sich hörte er seine Freunde durch das Unterholz brechen. Er konnte nicht sehen, wer neben ihm lief, wusste nicht einmal, ob er halbwegs den Weg Richtung Pfad eingeschlagen hatte. Er wollte nur noch weg.

Dann schienen noch einmal alle Geräusche des Waldes zu verstummen und er hörte überlaut Richards Stimme. So als stünde der Junge direkt neben ihm.

»Hilfe!«, schrie er und Mark jagte ein Schauer über den Rücken. »Helft mir!« Und dann: »Bitte, bitte lasst mich hier nicht allein!« Die letzten Silben wurden leiser, so als würden sie erstickt.

Mark blieb stehen. Kämpfte mit sich. Dann meinte er, ein Knacken und Rascheln hinter sich zu hören und setzte seine wilde Flucht fort. Weiter durch den Wald. Durch Dornen und tiefhängende Äste, die ihm Peitschenhiebe auf den Rücken versetzten.

Er keuchte, bekam kaum noch Luft, sein Körper schrie um Gnade, doch er feuerte sich immer wieder an, das Bild des Irren mit dem Messer vor Augen. Und endlich, endlich hatte er das Ende des Waldes erreicht und stolperte ins Freie.

Er war nicht Richtung See gelaufen, hatte den völlig falschen Weg genommen, doch er befand sich jetzt auf der Straße, die vom Feriencamp ins Dorf führte. Von hier aus kannte er den Weg zurück.

Mark atmete ein paar Mal tief durch, dann setzte er den Weg Schritt für Schritt fort und schaffte es schließlich sogar, wieder ein langsames Joggingtempo anzunehmen.

Sein Magen rumorte, ihm war schlecht vor Aufregung, doch er musste vorankommen. Wollte zurück zu seinen Freunden und alle im Camp begrüßen. Auch, oder am meisten, Richard. Es war gegen sieben Uhr, als er an den Blockhütten ankam, die für vierzehn Tage ihr Zuhause waren.

Einige Jungen spielten Fußball und warfen ihm neugierige Blicke zu, als er auf das Camp zu trottete. Erst jetzt fiel ihm auf, was er für einen mitgenommenen Eindruck machte. Er war von Kopf bis Fuß schmutzig, seine Kleidung zerrissen und seine Arme und Beine von Kratzern entstellt.

Doch darauf konnte er keine Rücksicht nehmen. Denn neben ihrer Hütte warteten seine Freunde auf ihn.

Michael lief auf ihn zu und fiel ihm in die Arme. Er konnte sehen, dass der Kleine geweint hatte. Er wusste nicht, wer von den anderen ihm Angst gemacht und die Geschichte erzählt hatte, wollte sich diesen Jemand aber später vornehmen. Jetzt ging es erst einmal darum durchzuzählen.

Karsten war da, auch Peter und Uli und als Mark noch etwas näherkam, bemerkte er, dass auch Stefan im Schatten der Hütte saß. Nur von Richard fehlte jede Spur.

Mark brauchte nicht einmal die Frage stellen, sie schien in seinen Augen zu stehen, denn alle vier schüttelten den Kopf, als er sie ansah.

»Und jetzt?«, fragte er. Seine Stimme klang als wären seine Stimmbänder mit Schmirgelpapier behandelt worden. Uli reichte ihm eine Flasche Wasser und Mark nahm einen tiefen Schluck. Er hustete, trank noch einmal, ließ den Blick dabei auf seinen Freunden liegen. Sie sahen genauso abgehetzt und zerschrammt aus wie er selbst.

»Wir werden mächtig Ärger bekommen«, sagte Karsten.

»Ärger? Wenn es das nur wäre«, sagte Peter und obwohl er es nicht aussprach wussten alle, was er damit meinte. Ein Ende des Urlaubs und sogar ein Verweis aus dem Camp wäre egal, solange Richard...

»Na, da sind ja die Damen«, hörten sie plötzlich eine Stimme hinter sich.

Zecke Zacharias und seine Spießgesellen standen dort. Der große Junge hielt den Comic in der Hand. »Wir haben am See auf euch gewartet, aber ihr seid nicht gekommen«, meinte er dann. »Ich denke, damit gehört dieses Heftchen mir.«

Er wollte noch etwas hinzufügen, doch da bemerkte er die zerrissenen Klamotten und den Ausdruck auf den Gesichtern der Jungen und vergaß, was auch immer er hatte sagen wollen. Mark kam auf ihn zu und sein Blick ließ Zecke zusammenzucken.

»Gib mir das Heft oder behalte es«, sagte der Dreizehnjährige. Er war kleiner als Dirk, doch seine ganze Haltung hatte etwas so Kämpferisches, dass Zacharias nichts entgegnete.

»Mach, was du willst. Hauptsache, du verpisst dich danach.« Zecke warf seinen Mitstreitern einen Blick zu, doch seltsamerweise schien keiner von ihnen mehr Lust auf eine Auseinandersetzung zu haben.

Zecke warf Michael den Spider Man vor die Füße.

»Wir reden ein anderes Mal«, sagte er, um sein Gesicht zu wahren. Dann zogen die großen Jungs ab, aber Mark spürte keinen Triumph. Dieser Kampf war so unwichtig geworden.

»Was machen wir jetzt?«, fragte er noch einmal.

»Abwarten«, meinte Uli. »Vielleicht taucht Richard ja noch auf.«

»Klar: Im Schlepptau von dem Psycho. Dann kriegen wir mit Sicherheit einen dran wegen Hausfriedensbruch und so einer Scheiße.«

Niemand antwortete darauf.

»Und wenn er nicht kommt?« Es war Stefans Stimme, leise, beinahe weinerlich.

Mark nahm den letzten Schluck aus der Wasserflasche. »Ich warte nicht länger«, sagte er.

Die verzweifelten Rufe Richards hallten in seinen Ohren. »Ich gehe zu Friedrichs. Der soll die Polizei einschalten.«

»Die Polizei?« Peter wurde blass.

»Der Typ ist mit einem Messer auf Kinder los«, sagte Mark. »Ganz egal, ob wir in die Hütte eingebrochen sind oder nicht. Das darf er nicht.«

Er wartete keine weitere Reaktion der anderen ab und lief los.

Keine Stunde später war im Camp die Hölle los.

Die Polizei war tatsächlich angerückt und hatte sich die Hütte vorgenommen. Dann begannen sie, den Wald abzusuchen. Schließlich hatte man eine Hundestaffel zur Verstärkung angefordert. Und Polizeitaucher, die sich den See vornahmen.

Das Jugendcamp wurde abgebrochen und die Freunde konnten die Suchaktion nur aus der Ferne durch Zeitungsartikel verfolgen.

Was auf der Titelseite begann, wanderte schnell auf die Seiten zwei und drei, um schließlich irgendwo, unter ferner liefen, abgedruckt zu werden. Die Artikel wurden immer kleiner, bis sie nach einer Woche lasen, dass die Suche beendet wurde.

Man hatte aufgegeben.

Kein Irrer mit einem Messer wurde gefunden (Gab es ihn überhaupt? Schon am dritten Tag der Suche wurde die Aussage der Kinder in Frage gestellt). Und auch von Richard gab es keine Spur.

Er war wie vom Erdboden verschluckt.

Und alles geriet in Vergessenheit.

Nur einer konnte nicht vergessen. Richard, dessen Martyrium an diesem Tag begann...

HEUTE

Der Riese erwachte.

Damals hatte seine Reise ihren Anfang genommen.

Jahre voller Schmerzen waren gefolgt.

Erfahrungen, die ihn zu dem gemacht hatten, der er heute war.

Dankbarkeit überkam ihn.

Er hatte überlebt, sich neu erschaffen.

Besser, stärker als alle.

Und es war an der Zeit, es der Welt erneut mitzuteilen.

Kapitel 15

Der Vernehmungsraum der Mönchengladbacher Polizeizentrale war klein und stickig. Drei Leute befanden sich darin und füllten das Zimmer beinahe aus.

Der Verdächtige saß, an Händen und Füßen gefesselt, an einem Holztisch, Dagmar Keller auf dem zweiten Stuhl ihm gegenüber. Gotthard stand an der Tür und beobachtete das Schauspiel.

Die Euphorie, die er noch in der Fabrikhalle empfunden hatte, war längst verflogen.

Noch vor Ort hatte Keller dem Mann den falschen Bart vom Kinn gerissen und hervorgekommen war ein von Aknenarben entstelltes Gesicht mit kalten, hellblauen Augen und einer von roten Adern durchzogenen Trinkernase. Als die Verstärkung erschien und sie den Mann zum Wagen führten, sah Gotthard, dass er Plateaustiefel trug, wie sie in den Siebzigern modern gewesen waren.

Er hatte sich künstlich vergrößert, der Riese war gar keiner, nur ein Typ mit einer modischen Geschmacksverirrung. Jetzt saßen sie hier und versuchten, ihm ein Geständnis zu entlocken. Auf die Belehrung Kellers hin, dass er das Recht auf einen Anwalt habe, hatte sie der Mann nur ausgelacht. »Brauch ich nicht«, hatte er seltsam gelassen gesagt. »Ich habe mir schließlich nichts zu Schulden kommen lassen.«

Dies war das erste Mal gewesen, dass Al Zweifel kamen. Die Zeugen hätten sicherlich bemerkt, dass der Mann gar nicht so groß war. Die Stiefel wären neugierigen Kinderaugen doch genauso aufgefallen wie der künstliche Bart.

Und doch traf die erste Beschreibung auf den Mann zu. Er hatte sie zu der Stätte geführt, wo er die Folterkiste gebaut hatte und sein schmuddeliger Mantel war übersät mit Blutflecken.

Aber gerade das gab Gotthard zu denken. Woher sollten die Flecken kommen? Der Killer war nie vor Ort gewesen, wenn seine

Opfer zu leiden begannen. Oder er hatte, im Falle von Peters, keinen direkten Kontakt gehabt.

Gab es weitere Tote? Würden sie in der Fabrikhalle Räume mit weiteren Gequälten finden? All dies ging Gotthard durch den Kopf und immer stärker wurde sein Gefühl, dass hier etwas nicht stimmte.

»Was haben Sie in den Katakomben gemacht?«, fragte Keller zum fünften Mal. Und erhielt die immer gleiche Antwort:

»Gechillt.«

Die Kommissarin verlor die Geduld. Sie schlug mit der flachen Hand auf den Tisch. »Verarschen Sie mich nicht!«, sagte sie und ihre Stimme schnitt wie ein Messer durch die Luft. »Ich kann auch anders!«

Der narbige Mann grinste. »Kommt jetzt das guter Bulle – böser Bulle Spiel?«, fragte er und entblößte beim Lächeln nikotingelbe Zähne.

»Ihnen wird das Lachen noch vergehen«, knurrte Keller.

»Oder Ihnen«, antwortete der Mann. Sein überhebliches Lachen blieb. »Ich habe es bereits einmal gesagt und ich sage es gerne ein zweites Mal, damit sogar engstirnige Polizistinnen es begreifen: Sie machen einen Fehler.«

Gotthard trat an den Tisch. Mit verkniffenem Gesichtsausdruck beugte er sich über den Verdächtigen.

Dieser zog gespielt ängstlich den Kopf ein. »Sie wollen doch das Geständnis hoffentlich nicht aus mir raus prügeln, Herr Wachtmeister? «, sagte er dann und grinste schief.

»Ich hätte nicht übel Lust dazu«, meinte Gotthard. »Aber machen Sie sich keine Sorgen. An Ihnen mache ich mir nicht die Hände schmutzig.«

Er warf nur einen Blick auf den Tisch, hatte genug gesehen und trat zurück.

Das Hochgefühl war nun völlig verschwunden. Noch vor wenigen Augenblicken hatte er sich als Held gefühlt. Als sie mit dem Verhafteten die Fabrikhalle verlassen und sich einen Weg zum Streifenwagen gebahnt hatten. Durch die Menge der Kollegen, die ihnen auf die Schulter klopften und durch das Blitzlichtgewitter der Fotografen, die auch schon vor Ort erschienen waren. Er wusste nicht, warum diese Typen immer so schnell da waren, wahrscheinlich kamen die Tipps sogar aus den eigenen Reihen.

»Kann Mönchengladbach aufatmen?«, hatte man ihnen zugerufen. »Sind wir wieder sicher?« Glücklicherweise hatten sie auf die Fragen nicht reagiert. Sie hatten den Mann nur ins Auto verfrachtet und waren hierhergefahren. Nur die Spurensicherung war vor Ort geblieben und sah sich den zweiten Platz innerhalb von Minuten an, der mit den Verbrechen zu tun hatte. Da würden in der nächsten Zeit eine Menge Überstundenzettel eingereicht werden.

Keller wollte weitere Fragen auf den Verdächtigen abfeuern, doch Gotthard kam ihr zuvor.

»Können wir uns kurz draußen unterhalten?«, fragte er. Seine Chefin warf ihm einen Blick zu, der ihm deutlich zu verstehen gab, dass sie mit der Unterbrechung nicht einverstanden war, doch sie erhob sich trotzdem von ihrem Stuhl. »Wir sind noch lange nicht fertig!«, zischte sie den Mann an, doch das Grinsen auf seinem Gesicht war durch nichts fort zu wischen.

Gotthard öffnete die Tür und Keller folgte ihm. Sie nickten dem Polizisten kurz zu, der vor der Tür Wache hielt.

»Wir sind gleich wieder da«, sagte die Kommissarin und der junge Kollege nickte eingeschüchtert. Eine Reaktion, die Dagmar Keller bei fast allen Leuten, mit denen sie zu tun hatte, hervorrief.

Gotthard führte sie in den Aufenthaltsraum, in dem ein paar Uniformierte Pause machten und zog zwei Kaffee aus dem großen Automaten. Ein Fernseher hing in der Ecke und plärrte vor sich hin. Al reichte seiner Vorgesetzten das heiße Getränk und verzog sich mit ihr in eine etwas ruhigere Ecke.

»Was ist los?«, fragte Keller sofort. Man sah ihr an, dass ihr die Zeit unter den Nägeln brannte.

Gotthard wusste nicht, wie er anfangen sollte, also entschloss er sich, direkt mit der Tür ins Haus zu fallen.

»Er ist es nicht«, sagte er leise, aber bestimmt. »Wir haben den Falschen.«

Er dachte, dass für Keller eine Welt zusammenbrechen würde, rechnete mit einem Wutausbruch, doch seine Chefin blieb ruhig.

»Die Hände«, sagte sie stattdessen leicht resigniert. »Ihm fehlt kein Stück am kleinen Finger und seine Unterarme sind nicht vernarbt.«

Gotthard nickte.

»Es ist mir auch aufgefallen, als Sie sich über ihn beugten.«

»Aber Sie werden ihn weiter vernehmen?«

»Er ist im Moment alles was wir haben. Und er hatte zweifellos Kontakt zum Killer.«

Al nickte und fuhr sich mit der Hand durchs Haar.

»Ich dachte, dieser Wahnsinn hätte ein Ende«, sagte er und eine riesige Welle der Frustration baute sich in ihm auf. Keller sagte nichts. Sie starrte auf das Fernsehbild und Al bemerkte, dass der Kaffeebecher in den Händen der Frau zu zittern begann.

»Machen Sie das lauter!«, schnauzte sie den Polizisten an, der ihr am nächsten war.

Der Mann sprang auf, lief hektisch durch den Raum, doch ein anderer löste sein Problem. Er hielt eine Fernbedienung in der Hand und tat der Kommissarin den Gefallen. Und nun bemerkte auch Gotthard, was seine Chefin so hatte aus der Rolle fallen lassen. Eine Nachrichtensendung lief und die Laufschrift am unteren Rand des Bildschirms verkündete eine Eilmeldung. »Bestie vom Niederrhein geschnappt« war dort in schreiendem Gelb zu lesen. Und darüber, umringt von Reportern, gab Polizeipräsident Helmut Konrady zufrieden lächelnd ein Interview.

Konrady war ein Mann in den Fünfzigern. Er war stark übergewichtig und versuchte, dies mit teuren, maßgefertigten Anzügen zu kaschieren. Er war direkt von der Uni in den höheren Polizeidienst gewechselt und hatte dort rasend schnell Karriere gemacht. Dank seines Vaters munkelte man, der zwar kein Ober- aber immerhin Bürgermeister in Düsseldorf war. Der alte, recht beliebte Politiker war vor ein paar Jahren verstorben, sein Sohn blieb der Polizei erhalten.

Keller war schon einige Male mit Konrady aneinander gerasselt. Der Mann war ihr zu mediengeil, wenn es gut lief, und teilte aus, wenn es keine Ergebnisse gab. Diesmal schoss er wieder einmal weit über das Ziel hinaus.

Die Kommissarin wusste nicht, wie der Polizeipräsident so schnell von der Verhaftung erfahren hatte, dass er aber sofort ein Interview gab, ohne sich mit seiner Einsatzleiterin abzusprechen, kam einer Katastrophe gleich.

»Natürlich ist es keine Überraschung für mich, dass wir den Kerl so schnell dingfest machen konnten«, sagte er auf eine Frage, die Keller nicht verstanden hatte. »Schließlich habe ich extra ein Expertenteam zusammengestellt und selbst Tag und Nacht an dem Fall gearbeitet. Die Sicherheit der Bürger steht bei mir über allem anderen.«

Keller hörte die Worte des Dicken und schüttelte nur wütend den Kopf. »Das darf doch nicht wahr sein!«, kommentierte sie Konradys Worte fassungslos. »Ich habe um alles betteln müssen, während dieses Arschloch sich in seinem feinen Büro mit seiner jungen Sekretärin vergnügt hat und jetzt…« Kopfschüttelnd brach sie ab.

Gotthard runzelte die Stirn. Er hatte die sonst so gefasste Frau noch nie so aufgebracht gesehen.

»Ja, wir sind uns völlig sicher, dass der Verhaftete auch der Täter ist. Wir haben genug Beweismittel gesammelt. Und auch das Blut auf den Kleidungsstücken des Mannes stammt zweifellos von den Opfern.«

»Das ist doch Bullshit!«, schrie Keller Richtung Fernseher. »Die DNA Untersuchungen brauchen Tage. Das weiß selbst der bekloppteste Reporter.« Dass sie alle Polizisten im Raum mittlerweile anstarrten und mitbekamen, wie sie über den Polizeipräsidenten dachte, schien ihr in diesem Moment völlig egal zu sein.

»Ich muss ihn anrufen«, sagte sie und fingerte ihr Handy aus der Jacke.

»Das können Sie sich schenken«, sagte ein Uniformierter beiläufig. »Ihr Chef befindet sich keine zehn Meter von hier entfernt. Das Interview gibt er draußen vor dem Gebäude auf der Treppe.«

Jetzt erst nahm Keller die Umgebung wahr, die auf dem Bildschirm zu sehen war und musste dem Kollegen Recht geben. Ihr Chef befand sich in Mönchengladbach. Gebannt starrte sie auf den Monitor und hörte Konradys nächste Worte.

»Alles Weitere, über belastendes Material und Hintergründe zum Täter, erfahren Sie morgen auf der Pressekonferenz«, sagte Konrady gerade und hob die fleischigen Arme. »Sehen sie es mir nach, dass ich zum jetzigen Zeitpunkt nicht mehr sagen kann. Nur so viel: Fahren sie nach Hause und schlafen Sie gut. Ihre Stadt ist wieder sicher.«

Kellers Gesicht war zornesrot. Sie ballte die Fäuste und für einen kurzen Moment hatte Gotthard Angst, sie würde laut losbrüllen.

Dann wurde die Tür zum Aufenthaltsraum geöffnet und der Polizeipräsident erschien, flankiert von zwei Beamten.

Er blickte sich kurz um und steuerte dann auf Keller zu. »Da sind Sie ja«, sagte er laut. »Lassen Sie sich beglückwünschen.« Er streckte beide Hände aus und war leicht irritiert, als seine Mitarbeiterin keinerlei Anstalten machte, sie zu ergreifen.

Keller sah sich im Raum um. Zu viele Ohren hier.

»Guten Abend, Herr Konrady«, sagte sie kühl. »Folgen Sie mir bitte in unser Einsatzzimmer.«

Ohne eine Antwort abzuwarten, verließ sie den Aufenthaltsraum. Nicht ohne Gotthard vorher auffordernd zuzunicken.

Konrady hatte Mühe, sich seine Verärgerung nicht anmerken zu lassen. Doch er wollte keine Auseinandersetzung mit Keller vor allen Leuten. Er rang sich ein Lächeln ab, zuckte die Achseln und folgte der Frau aus dem Raum.

Seine Bodyguards liefen schweigend hinterher.

Sie hatten die Tür zum Zimmer noch nicht ganz geschlossen, als Keller bereits loslegte.

»Was fällt Ihnen ein?«, fragte sie und hielt ihre Wut nur mühsam im Zaum. »Dieses Interview war eine Katastrophe. Warum sprechen Sie so etwas nicht vorher mit mir ab?«

Konrady war für Sekunden irritiert. Er war es nicht gewohnt, dass Menschen so mit ihm umgingen. Er hatte sich aber relativ schnell wieder in der Gewalt.

»Ich muss mich mit Ihnen absprechen?«, zischte er. Seine Stimme troff vor Spott und seine Halsschlagader schwoll so an, dass man Angst um seinen Hemdkragen haben musste. »Haben Sie vergessen, wer hier eigentlich das Sagen hat?«

»Nein, Herr Polizeipräsident, das habe ich nicht«, sagte Keller, die förmliche Anrede bewusst übertreibend. »Und genau deshalb können Sie den Pressefritzen morgen auf der Konferenz erklären, dass der Killer immer noch frei herumläuft.«

Der Polizeipräsident atmete hörbar aus. Hatte sichtbar Mühe, das Gehörte zu verarbeiten. »Was... was soll das heißen?«, stammelte er.

»Sie haben doch überall verlauten lassen, dass Sie den Fall gelöst haben?«

Jetzt war die Kommissarin völlig gefasst und Gotthard bewunderte sie dafür. »Wir haben einen Verdächtigen verhaftet, der sich in der Nähe des letzten Tatortes aufhielt. Einen Mann, der auf den ersten Blick einigen Zeugenbeschreibungen entspricht. Nicht mehr und nicht weniger. Den Rest haben sich die Reporter zusammengereimt.«

Konrady sagte nichts mehr, schnappte nur immer noch hörbar nach Luft.

»Aber er könnte der Täter sein?«

Diesmal nahm Gotthard allen Mut zusammen. »Ein Komplize vielleicht, das wird die weitere Befragung ergeben. Aber sicherlich nicht der Haupttäter.«

Der Polizeipräsident zog sich einen Stuhl heran, setzte sich aber dann doch nicht, sondern begann, im Raum auf und ab zu gehen. Die Beamten, die er mitgebracht hatte, hatten links und rechts von der Tür Stellung bezogen, als wollten sie verhindern, dass jemand unerlaubt die Szene verließ. »Können Sie sich in ihrem kleinen Hirn überhaupt vorstellen, wie ich jetzt dastehe?«, fragte er, wartete aber keine Antwort ab. »Ich denke nicht im Traum daran, morgen Ihre Fehler auszubügeln. Die Pressekonferenz werden Sie schön alleine führen und ich empfehle Ihnen, dabei ganz vorsichtig vorzugehen. Deuten Sie an, dass der Verhaftete der Täter sein könnte. Das wird genügen.«

Keller sagte Sekunden lang nichts. Sie ließ Konrady zappeln. Er wollte seinen Kopf aus der Schlinge ziehen und seine Fehler zu ihren machen. Keine Überraschung, wenn man den Mann so lange kannte, wie sie.

»Und wenn mir dieses Vorgehen nicht passt?«

Konrady blickte sich um, überlegte, wer als Zeuge im Raum anwesend war. Seinen Leuten schien er zu vertrauen und Gotthard schien er gar nicht ernst zu nehmen.

»Werden Sie meine Anweisungen trotzdem befolgen. Alles andere wäre Ihrer Karriere nicht gerade förderlich«, sagte er leise, aber mit drohendem Unterton.

»Sie verlangen im Ernst, dass ich die Presse belüge?« Der Dicke lächelte ein Haifischlächeln.

»Lügen? Wer wird denn gleich von Lügen reden? Lassen wir sie einfach im Ungewissen. Wäre schließlich nicht das erste Mal.«

»Und wenn der Täter wieder zuschlägt?«

Der Polizeipräsident baute sich vor ihr auf. »Das sollten Sie tunlichst zu verhindern wissen«, sagte er nur. »Erst den Falschen schnappen und dann durch Untätigkeit weitere Opfer verschulden.

Oha. Das macht sich wirklich nicht gut. Ich weiß nicht, ob Sie dann noch für meine Abteilung tragbar sind.« Er wandte sich zur Tür. »Ich zähle auf Sie«, sagte er noch, dann war er verschwunden.

Keller ließ sich auf einen Stuhl fallen. »Was für ein Arschloch!«, sagte sie.

Gotthard, der zum ersten Mal mit Konrady zu tun gehabt hatte, war sprachlos.

»Und jetzt?«

»Die Pressekonferenz ist erst morgen früh«, sagte die Kommissarin.

»Bis dahin liegt noch viel Arbeit vor uns.«

Sie sprang auf. Innerlich kochend, nach außen hin ruhig.

»Vielleicht bringt uns der Festgenommene ein Stück weiter. Kommen Sie.« Damit verließ sie den Raum. Ein verwirrter Gotthard folgte.

Der Verdächtige saß noch genauso im Verhörzimmer, wie sie ihn verlassen hatten. Trotz der Handschellen versuchte er, eine möglichst coole Haltung einzunehmen und sein selbstgefälliges Grinsen war nicht klein zu kriegen.

»Und? Haben Sie mittlerweile erfahren, dass Sie auf dem Holzweg sind? Kann ich jetzt endlich gehen?«

Seine Augen blitzten Keller an. Man konnte dem Mann ansehen, dass ihm das Spiel Spaß machte.

Die Kommissarin setzte sich wieder ihm gegenüber auf den Stuhl. Ihre Miene war undurchschaubar.

»Wir wissen schon lange, dass Sie nicht unser Täter sind«, begann sie.

»Na endlich. Das hat aber gedauert. Trotzdem Hut ab, dass Sie noch drauf gekommen sind. Dabei sagt man immer die deutschen Bullen wären Idioten.« Er warf Keller eine Kusshand zu. »Vielen Dank für Deine Bemühungen, Schätzchen.« Er hielt ihr die Arme mit den Handschellen hin. »Und jetzt befrei mich von diesen

Schmuckstückchen und lass mich gehen. So toll finde ich die Umgebung nämlich nicht.«

Die Kommissarin reagierte nicht und das Lächeln des Mannes kam zum ersten Mal leicht ins Wanken.

»Sie sind nicht der Täter«, sagte sie. »Das heißt aber noch lange nicht, dass wir Sie gehen lassen. Ihre Straftatenliste ist lang.«

»Was denn für eine Liste?« Das Lachen war endlich verschwunden.

»Irreführung der Polizei, Beamtenbeleidigung und Widerstand gegen die Staatsgewalt. Das reicht für fünf Jahre Knast.«

Gotthard stand hinter dem Mann, der nun den Kopf einzog und jetzt lächelte der junge Kommissar. Die fünf Jahre, die Keller ihm androhte waren natürlich purer Nonsens, aber sie verfehlten ihr Ziel nicht.

»Wiederstand gegen die Staatsgewalt?«, fragte der Verdächtige fassungslos.

»Sie haben meinen Kollegen angegriffen«, sagte Keller ruhig.

»Aber das stimmt doch gar nicht.«

»Ihre Aussage vor Gericht gegen die von zwei Kriminalbeamten. Raten Sie mal, wer gewinnt?«

Der Mann mit der Trinkernase war fassungslos. Fahrig fuhr er sich durch das fettige schwarze Haar. »Das können Sie doch nicht machen.«

»Klar können wir das. Und Sie können froh sein, wenn es dabei bleibt. Vielleicht finden wir auch noch ein paar Sachen, die beweisen, dass Sie der richtige Killer sind. Dann gehen Sie lebenslänglich in den Bau.«

Fast fröhlich zwinkerte sie dem Mann zu.

Der hatte sich in den letzten Minuten von einem großkotzigen Arschloch in ein Häufchen Elend verwandelt.

»Und er hat gesagt, Sie verhören mich nur und lassen mich danach direkt wieder laufen.«

»Er?« Keller ließ sich ihre Anspannung nicht anmerken.

»Der Typ, der mich gebeten hat, diese Blechkiste zu bauen.«

Keller schlug mit der flachen Hand auf den Tisch. »Geht doch«, sagte sie. »Sagen Sie uns alles, was Sie wissen und Sie kommen vielleicht mit einem blauen Auge davon.«
Der Mann im schmuddeligen Regenmantel begann zu reden.

»Mein Name ist Gerd Janovic. Vor zwei, drei Jahren habe ich die gutgehende Schlosserei meines Vaters übernommen. Der Alte ist kurz darauf verstorben, war schwer krank. Wahrscheinlich hätte er sonst mit der Übergabe länger gewartet. Er hatte Angst, dass ich sein Lebenswerk zerstöre.« Er rutschte auf dem Stuhl hin und her. Die Beichte war ihm sichtbar peinlich. »Am Ende hat mein alter Herr Recht behalten. Anfangs hatte ich noch seine Großkunden und die Kohle floss. Dann habe ich begonnen, die Auftraggeber mit Billigmaterial zu bescheißen, um noch mehr Zaster zu scheffeln und das ging nicht lange gut. Ich brauchte nur ein Jahr, um den guten Ruf, den mein Vater sich aufgebaut hatte, zu ruinieren und alle zahlungskräftigen Kunden zu vergraulen. Meinen Lebenswandel wollte ich dem geringeren Verdienst nicht anpassen. Gab ja noch Geld auf der Bank, das irgendwann auch alle war. Ich musste schließlich alle Mitarbeiter entlassen und stand vor dem Nichts. Selbst mein Haus haben mir Gläubiger unter dem Arsch weggerissen. Seitdem hause ich in der Werkstatt. Und dann kam plötzlich dieser Typ.«
Holla! Jetzt wurde es interessant. Gotthard hatte während des Vortrags zu gähnen begonnen und einen Blick auf die Uhr geworfen. Die Nacht war beinahe rum und er spürte eine bleierne Müdigkeit. Die Lebensgeschichte des Mannes riss ihn auch nicht wirklich mit, das sah man auf den Privatsendern zu jeder Tageszeit dramatischer. Doch jetzt kam der Mann auf den Punkt und Gotthards Konzentration war wieder da.
»Er schlenderte in meine Werkstatt ohne anzuklopfen und hielt mir eine Zeichnung unter die Nase. »Können Sie das bauen?«, fragte er mich. Na klar konnte ich. Schließlich habe ich Blechschlosser ge-

161

lernt und ein wenig Material ist mir trotz der Pleite geblieben.« Er stockte und leckte sich über die Lippen. »Und dann gab er mir einen Umschlag mit tausend Euro und sagte, dass da weitere tausend wären, wenn ich ihm noch einen kleinen Gefallen tun würde.« Wieder eine kleine künstlerische Pause. »Ich hab ihm das Ding also gebaut und er hat es nachts abgeholt.«

»Wann war das?« hakte Keller nach.

»Vor ungefähr zwei Wochen.«

»Bevor die Morde überhaupt losgingen. Unser Mann plant weit im Voraus«, bemerkte Gotthard.

»Ja. Und gestern hatte ich ein Paket vor der Tür stehen mit diesem Mantel, diesen beschissenen Stiefeln und dem Bart. Dazu ein Zettel mit der Aufforderung, zu einer bestimmten Zeit an einem bestimmten Ort in der Kanalisation zu sein. Dazu eine genaue Zeichnung und in einem Umschlag lag das versprochene Geld.«

»Und Sie haben da einfach mitgespielt, obwohl Sie sicherlich in den Zeitungen von dem Killer gelesen hatten, auf den die Beschreibung passt?«

»Ich brauchte das Geld. Und? Was hab ich schon getan. Ich hab niemanden auf dem Gewissen.« Die Selbstsicherheit des Mannes kehrte langsam zurück. Als traute er Keller, jetzt nachdem er alles erzählt hatte, nicht mehr zu, ihn länger als nötig festzuhalten.

»Okay«, meinte die Kommissarin ruhig. »Ist Ihnen wenigstens noch irgendetwas Ungewöhnliches an dem Mann aufgefallen? Etwas, das uns weiterhelfen könnte?« Der Mann schien zu überlegen.

»Jetzt fangen Sie bitte nicht an, im falschen Moment Loyalität zu entwickeln«, mischte sich Gotthard ein. »Der Mann hat Sie zwar bezahlt, aber er hat Sie genauso für seine dunklen Machenschaften vor den Karren gespannt. Er war sich, mehr als Sie wahrscheinlich, darüber im Klaren, wie viel Ärger Sie bekommen.«

»Er war riesig. Zwei Meter oder größer. Deshalb hat er mir wohl auch diese Stiefel gegeben. Damit Sie mich auf den ersten Blick mit ihm verwechseln.« Er blickte auf seine Füße, die unter dem Tisch versteckt waren. »In diesen Dingern kann man nicht mal gehen, geschweige denn laufen. Ich bin ein paar Mal umgeknickt. Wahrscheinlich habe ich mir eine Bänderdehnung oder Schlimmeres geholt.«

Armer Kerl, wollte Gotthard spotten, doch er schluckte die Worte herunter. Es nutzte nichts, den Mann gegen sich aufzubringen. Dass er sich selbst immer weiter in Schwierigkeiten brachte, merkte er zum Glück nicht.

»Weiter«, forderte Keller ihn auf.

»Sein Bart war genauso falsch wie meiner«, sagte der Gefangene. »Und ihm fehlte ein Stück vom kleinen Finger. Links. Das habe ich gesehen, als er mir das Geld gab.«

Keine neuen Erkenntnisse. Es war frustrierend.

»Noch etwas?«

Der Mann schüttelte den Kopf. »Ich hab ja auch nur einmal direkt mit ihm zu tun gehabt. Die fertige Kiste hat er abgeholt, als ich wohl einen Rausch ausgeschlafen habe. Und das Paket mit den Sachen stand einfach so vor der Tür.«

»Haben Sie die Zeichnung und das Paket noch?«

»Müsste noch in meiner Werkstatt liegen.«

Gotthard würde gleich die Spurensicherung instruieren.

»War's das?«, fragte Keller. Sie wurde ungeduldig, weil sie, genau wie ihr Kollege, erkannt hatte, dass sie keine neuen Hinweise bekommen würden.

»Mehr fällt mir nicht ein«, sagte der Kerl und streckte ihr wieder die Handschellen hin. »Dann kann ich ja jetzt wohl gehen.«

Keller stand auf, ging zur Tür und rief den Polizisten herein. »Zeigen Sie unserem Gast eine ihrer bequemsten Zellen«, wies sie ihn an. »Und fragen Sie ihn noch einmal, ob er nicht doch einen Anwalt möchte.«

»Sie haben gesagt, wenn ich Ihre Fragen beantworte, dann kann ich gehen«, schrie der Mann im Regenmantel aufgebracht.

»Vielleicht habe ich ja später noch Fragen an Sie. Dann möchte ich Sie nicht suchen müssen«, sagte die Kommissarin und lächelte den Mann an.

»Sie haben es versprochen…«

»Kennen sie den Satz: Was kümmert mich mein Geschwätz von gestern?«

Der Gefangene wand sich hin und her, doch ein zweiter Beamter, der dem ersten zu Hilfe kam, schaffte es, den Mann in einem unangenehmen Griff ruhig zu stellen.

Sekunden später war er, geführt von den Beamten, verschwunden und seine wüsten Beschimpfungen verklangen auf dem Flur.

Plötzlich sah Keller nur noch unglaublich müde aus. So müde wie Gotthard sich fühlte.

»Versuchen wir, eine Mütze voll Schlaf zu bekommen«, sagte sie. Und wusste gleichzeitig, dass dieses Vorhaben schwierig, wenn nicht sogar unmöglich, werden würde.

Zu viele Gedanken würden sie quälen, zu viele unbeantwortete Fragen zwischen ihnen und Morpheus Armen stehen. Und doch würden sie alle Kraft brauchen für den kommenden Tag.

Kapitel 16

Mick Peters rieb sich die Augenlider.
Wieder und wieder hatte er sich die Unterlagen angeschaut, die ihm
bis jetzt zur Verfügung standen.
Es war mittlerweile tiefe Nacht, Sarah saß ihm gegenüber in einem
Sessel und starrte mit leerem Blick auf den Fernseher. Den Ton
hatte sie leise gestellt, um ihn nicht zu stören und so war es beinahe
unmöglich, etwas vom Gesagten mitzubekommen.
Aber auch das Bild, das klar und deutlich das Wohnzimmer erhell-
te, erreichte sie nicht.
Mick sah einen Moment von seinen Unterlagen auf und betrachtete
seine Schwägerin.
Sie war leichenblass, ihr Haar strähnig. Tiefe Falten durchzogen ihr
Gesicht. Schlank war sie immer gewesen, doch jetzt war sie am
Rande des Untergewichts. Sie aß nichts mehr, schlief kaum noch,
irrte nur noch in der Wohnung umher wie ein ruheloser Geist.
Sie tat Mick leid. Auch er litt unter der Situation, ging jedoch anders
damit um. Er kniete sich in die Ermittlungen, versuchte den Mörder zu finden, auch wenn er dabei seit den Anfängen auf der Stelle
trat.
Es quälte ihn, dass Marks Leiche immer noch nicht zur Beerdigung
freigegeben war. Vielleicht wäre das für Sarah das äußere Zeichen,
wieder zur Ruhe zu kommen. Auch wenn der Akt selbst ihnen
sicherlich noch einmal alles abverlangen würde. Sarahs kraftlose
Hand griff nach der Fernbedienung und sie begann, ohne sich für
irgendetwas länger als zehn Sekunden zu interessieren, durch die
Programme zu zappen.
Mick griff nach seiner Tasse und schüttete den letzten Schluck
lauwarmen Kaffee in sich hinein.
Wieder glitt sein Blick über die Opfer. Ein Bild seines Bruders, das
ihn, je länger er darauf schaute, immer vorwurfsvoller anzustarren
schien.

Und das Bild von Karsten Altgott.

Wo zum Teufel ist die Verbindung?, dachte er.

Schlug der Killer wirklich nur planlos zu? Mick konnte, wollte, sich das nicht vorstellen.

Plötzlich wurde der Ton des Fernsehers abrupt nach oben geregelt. Micks Kopf ruckte hoch, blieb kurz am angespannten Gesicht seiner Schwägerin hängen, um dann das Geschehen auf dem Bildschirm zu verfolgen.

Er kannte den Mann, der sein feistes Gesicht vor die Kamera schob. Es war derselbe, der Micks Dienst bei der Polizei beendet hatte. Sein ehemaliger Chef, Helmut Konrady. Mick bekam leider nicht mehr alles mit, nur noch den Abgang des Polizeipräsidenten, der auf die morgendliche Pressekonferenz verwies. Und darauf, dass der Täter gefasst war und Mönchengladbach wieder ruhig schlafen konnte.

Mick blickte seine Schwägerin an. Er wartete auf eine Reaktion, doch Sarah blieb reglos vor dem Bildschirm sitzen. Als hätte sie noch gar nicht registriert, was Konrady gerade gesagt hatte.

Micks Blick fiel wieder auf den Fernseher und er sah, dass sein Freund Kurt Schneider beim Auftritt des Polizeichefs ebenfalls anwesend war. Die Kameras schwenkten gerade auf eine Live-Reporterin und Mick Peters hörte mit einem Ohr zu. Offensichtlich hatte es ein Attentat auf Stefan König, den Musikproduzenten gegeben, doch die Polizei hatte den Mord gerade noch verhindert und dabei den Täter gefasst.

Mick traute der Berichterstattung nicht. Er wollte Informationen aus erster Hand.

Für einen Moment überlegte er, ob er den Reporter anrufen sollte, doch dann entschied er sich dafür, dass Schneider erst seine zweite Wahl sein würde. Er griff nach seinem Mobiltelefon und ging das Adressbuch durch. Unter G wie Gotthard fand er die gewünschte Nummer.

Ein Blick auf die Uhr verriet ihm, dass es bald hell werden würde und wahrscheinlich lag der junge Kommissar nach dem Erfolg des Tages bereits in der Kiste. Doch Peters fand, dass er, nachdem er Gotthard den Tipp mit dem Gartencenter gegeben hatte, noch einen Gefallen einfordern konnte.

Ohne länger zu überlegen wählte er die Nummer.

Es klingelte nur fünfmal, dann meldete sich eine verschlafene Stimme.

»Gotthard?«

»Hier ist Mick Peters. Warum haben Sie mich nicht darüber informiert, dass Sie den Täter dingfest gemacht haben?« Kein: »Entschuldigen Sie die späte Störung.« Kein langes Vorgeplänkel, sofort zum Punkt und er erwischte den schlaftrunkenen Gotthard auf dem falschen Fuß.

»Er ist es nicht«, grummelte der Kommissar und machte danach eine lange Pause, als ihm klar wurde, dass er mit diesem Wissen eigentlich nicht hätte hausieren gehen sollen.

»Was heißt, er ist es nicht?«, stocherte Peters nach.

Gotthard kam ins Stocken. »Hören Sie! Es ist spät und es war ein langer Tag. Wie wäre es, wenn wir morgen darüber reden?«

»Sie sind mir was schuldig«, stellte Mick fest. »Und Sie reden hier über den mutmaßlichen Killer meines Bruders. Wie lange würden Sie an meiner Stelle warten?«

Gotthard schwieg. »Nicht am Telefon«, sagte er dann. Wahrscheinlich um Zeit zu schinden. Doch er hatte nicht mit Peters Hartnäckigkeit gerechnet.

»Sie sind noch im Hotel.« Keine Frage, sondern eine Feststellung. Als Gotthard nicht sofort antwortete legte Mick auf. »Ich muss noch mal weg«, sagte er zu Sarah. Ihr Blick brach ihm beinahe das Herz.

»Sie haben ihn nicht?«

»Sie wissen es noch nicht genau.«

»Lüg mich nicht an, Mick.« Ihre Stimme hatte einen eisigen Ton, der ihm besser gefiel, als der matte, hoffnungslose der letzten Stunden.

»Nein, der Festgenommene ist nicht der Mörder. Aber es gibt neue Spuren.«

Sie langte zum Tisch hinüber und warf ihm die Autoschlüssel zu.

»Dann los. Finde diesen Wichser.«

Sekunden später röhrte der Porsche durch die Nacht.

Als Mick den Wagen vor dem Hotel einparkte und den Motor abstellte, fiel ihm als erst einmal die Ruhe auf.

Der Morgen graute und Mönchengladbach schlief noch. Und doch war es eine trügerische Stille, denn irgendwo lauerte das Böse. Bereit, jederzeit wieder zuzuschlagen.

Die Sache war noch lange nicht ausgestanden.

Aber genau deswegen war Mick hier.

Er betrat das Foyer. Linke Hand lag die Rezeption, auf der rechten Seite ging es in eine kleine Bar, an deren Tresen nur zwei männliche Nachteulen und ein übernächtigter Kellner mit mürrischem Gesicht standen.

Der Portier hob seinen Kopf von einer Zeitung und sah Peters überrascht an. Offensichtlich hatte er nicht mehr mit Kundschaft gerechnet.

»In welchem Zimmer ist Herr Gotthard abgestiegen?«, fragte Mick.

Er sah wie der Mann zögerte, nicht wusste, ob er Auskunft erteilen durfte. »Wir sind Kollegen«, schob Mick nach und hielt ihm kurz sein Portemonnaie mit seinem Ausweis unter die Nase.

Es funktionierte. Der Mann, der natürlich wusste, dass seine Gäste von der Kripo waren, ließ sich einschüchtern. Kein zweiter Blick auf das Papier. Er räusperte sich kurz und nickte dann Richtung Aufzug.

»Zimmer 36. 3. Stock.«

Mick nickte dankend und rannte die Treppen hinauf. Um auf den Aufzug zu warten, fehlte ihm die Geduld.

An Gotthards Zimmer angekommen hob er die Hand, um zu klopfen, doch die Tür wurde bereits aufgerissen.

»Kommen Sie rein. Fühlen Sie sich wie zu Hause«, sagte ein schlecht gelaunter Kommissar.

Seine Haare waren nass, offensichtlich hatte er gerade geduscht, doch trotz frischer Jeans und sauberem T-Shirt sah er alles andere als erholt aus.

Die Müdigkeit und Frustration des Mannes waren im Raum beinahe greifbar.

»Hätte das nicht bis morgen warten können?«, fragte er.

Mick schüttelte den Kopf. »Wir haben die Abmachung uns Neuigkeiten sofort mitzuteilen«, sagte er. »Bei dieser Zeugenaussage im Gartencenter habe ich Sie auch sofort informiert.«

»Und das war gut so«, gab Gotthard zu. »Gerade aufgrund dieser Sache können wir den Festgenommenen als Täter ausschließen.« Er sah Peters an. »Keine Narben an den Unterarmen, kein fehlendes Glied am kleinen Finger. Und die Größe war auch nur getürkt.«

Mit hängenden Schultern ließ er sich aufs Bett sinken.

Mick zog sich einen Stuhl heran und setzte sich.

»Bei unserem letzten Treffen habe ich einen möglichst unauffälligen Ort gewählt und jetzt überfalle ich Sie buchstäblich im Hotel«, sagte er. »Keine Angst, dass man uns zusammen sehen könnte?«

»Sie waren doch nie wirklich verdächtig«, antwortete der junge Kommissar. »Das war doch nur ein Privatkrieg zwischen Ihnen und Keller. Und die hat jetzt wirklich andere Sorgen.«

»Konrady?«

»Pfeilschnell erkannt. Aber eins nach dem anderen. Und unterbrechen Sie mich jetzt nicht mehr. Ich bin zu müde um alles zweimal zu erzählen.«

Und dann begann Al seinen Bericht, breitete die Geschehnisse der Nacht vor seinem späten Besucher aus. Angefangen beim Mordversuch an Stefan König, über die Verfolgung des Verdächtigen und das Verhör, beendete er seine Ausführungen mit der Auseinandersetzung zwischen Konrady und Keller. Als er fertig war, schaute er noch eine Spur müder aus.

»Drei Morde oder Mordversuche in nicht einmal einer Woche«, fasste Peters zusammen. »Sie sind sich darüber im Klaren, dass wir es nicht mit einem normalen Serienmörder zu tun haben?«

Gotthard fuhr sich durch das immer noch feuchte Haar.

»Wie meinen Sie das?«

»Ein Serienmörder hat meistens nur Spaß am Töten. Und die meisten haben ein Muster, eine Vorgehensweise, die sich immer wiederholt. Unser Mann dagegen hat seine Taten über Wochen, vielleicht sogar Monate, vorbereitet. Und er schlägt erbarmungslos schnell zu.« Er machte eine Pause und hatte nun, trotz der frühen Stunde, Gotthards volle Aufmerksamkeit.

»Nein, unser Killer tötet seine Opfer aus einem bestimmten Grund.«

»Und der wäre?«

Peters zuckte leicht die Achseln. »Ich bin mir natürlich nicht sicher, aber für mich sieht die ganze Geschichte nach einem Rachefeldzug aus.«

Der junge Kommissar sprang vom Bett auf, lief zur Minibar und nahm sich einen Orangensaft heraus.

»Auch einen?«

Mick lehnte dankend ab.

»Sie meinen, die Opfer haben dem Killer etwas angetan? Etwas so Schlimmes, dass sie seiner Meinung nach den Tod verdient haben?«

Peters nickte.

»Aber was?«

Mick sprang auf und begann, im Zimmer auf und ab zu laufen. »Wenn wir das herausbekommen, dann sind wir ihm einen Schritt näher.«

»Aber das setzt voraus, dass die Opfer den Mann kannten, dass sie sich vielleicht sogar alle untereinander kannten.«

Peters starrte aus dem Fenster. »So unterschiedlich die Männer auch waren, irgendwo muss es eine Gemeinsamkeit geben.« Vor seinem inneren Auge erschienen Bilder von seinem Bruder, die sich schon in sein Hirn eingebrannt hatten. Dann gab es dieses zweite Opfer, Karsten Altgott. Dazu kam nun das Gesicht von Stefan König, das er aus Zeitung und Fernsehen kannte.

Da war etwas. Tief in seinem Inneren begann ein kleines Glöckchen zu läuten. Irgendwo in den letzten Winkeln seines

Gehirns befand sich die Lösung wie ein fest zugebundener Sack, doch er kam noch nicht nah genug heran, um den Knoten zu lösen. Plötzlich wollte er nur noch nach Hause. Vor seinen PC. Weiter recherchieren. Solange das Glöckchen noch zu hören war.

»Wie machen Sie weiter?« fragte Peters.

»Wir haben immer noch die Hoffnung, dass sich König erholt. Vielleicht kann er Licht in das Dunkel bringen.« Doch sein Tonfall verriet, dass er selbst nicht daran glaubte.

»Wir haben Fingerabdrücke, die uns nicht weiterhelfen. Fasern des Mantels, Haare, doch nichts davon bringt uns weiter. Es ist, als jagten wir ein Phantom. Als gäbe es den Mann gar nicht. Als hätte er sich im Untergrund versteckt gehalten, nur um jetzt aufzutauchen und uns Ärger zu machen.«

Die Glocke in Peters Kopf wurde aus unerfindlichen Gründen lauter.

»Ich werde Sie jetzt ihrem wohlverdienten Schlaf überlassen«, sagte er. »Ich denke über alle Neuigkeiten nach und melde mich im Laufe des Tages bei Ihnen.«

Der junge Kommissar stellte die Saftflasche auf der Kommode ab und ließ sich aufs Bett fallen.

»Warten Sie die Pressekonferenz ab«, sagte er leise. »Vielleicht arbeite ich morgen Mittag schon gar nicht mehr an dem Fall.«

»Wird schon werden«, meinte Peters, doch selbst in seinen Ohren klang es hohl. Er kannte Konrady und hatte oft genug selbst unter den willkürlichen Entscheidungen des Mannes gelitten.

»Versuchen Sie trotzdem, ein Nickerchen zu machen«, empfahl er, bekam als Antwort aber nur ein leises Schnarchen. Leise zog er die Tür hinter sich zu und fragte sich, warum er und Gotthard wieder das Sie und nicht das Du benutzt hatten.

Als er das Foyer erreichte und schon die Ausgangstür ansteuerte, nicht ohne dem Nachtportier noch einmal freundlich zuzunicken, fiel sein Blick auf die Bar.

Die Männer, die eben noch auf den Hockern gehangen hatten, waren verschwunden. Nur der Barkeeper war noch da und ein neuer Gast saß vor dem Tresen, eine Frau, die Mick nur zu gut kannte.

Er verzögerte seine Schritte, überlegte, was zu tun war. Brachte er Gotthard in Schwierigkeiten, wenn er sich jetzt und hier noch einen Drink genehmigte?

Peters ging das Risiko ein. Die Kiste schien für die beiden Ermittler aus Düsseldorf sowieso schon verfahren genug. Er konnte die Sache doch gar nicht mehr verschlimmern. Außerdem konnte er auch ganz zufällig diese Hotelbar anvisiert haben. So viele Möglichkeiten gab es in dieser Stadt nicht, um diese Uhrzeit noch einen Drink zu bekommen.

Er steuerte die Theke an, setzte sich unweit der Frau auf einen Hocker und winkte den Barkeeper zu sich.

»Einen Bourbon, bitte!«, sagte er.

Dagmar Keller, die sich bis jetzt mit der Holzmaserung der Theke beschäftigt hatte, hob den Kopf.

Sie schien nicht überrascht, Peters hier zu sehen.

Mick hatte mit allem gerechnet, von wüsten Beschimpfungen angefangen bis zu totaler Ignoranz, doch dass Keller aufstand, zu ihm herüberkam und sich direkt neben ihn setzte, überraschte ihn doch.

»Du kommst von Gotthard«, sagte sie. Ihr Atem roch nach Alkohol und Zigaretten. Und ihr verschleierter Blick zeigte ihm, dass sie nicht erst vor fünf Minuten mit dem Trinken angefangen hatte.

»Ich freue mich auch, dich zu sehen«, sagte er und nahm einen Schluck aus dem Glas, das der Kellner vor ihn stellte. »Auch noch einen?«

Keller nickte. »Noch mal dasselbe«, sagte sie zum Barkeeper und der ließ reichlich Havanna Club in ein Glas fließen. Das bisschen Cola, das er darauf schüttete, war kaum der Rede wert.

»Natürlich warst du bei Gotthard«, bekräftigte die Frau. »Was willst du sonst zu dieser gottverdammten Uhrzeit hier.« Sie lallte noch nicht, war aber nur noch diesen einen Drink davon entfernt.

Mick hatte das schon ein paar Mal erlebt. Auf Feiern. Damals, als die Welt noch in Ordnung war.

Seltsam, wie genau er sie kannte. Wie er sich an alles erinnerte. Beinahe an jede Minute, die sie zusammen verbracht hatten. Sie war die Eine für ihn gewesen. Die Frau, mit der er hatte alt werden wollen.

Stattdessen hatte sie ihn mit einem mächtigen Tritt in die Eier abserviert.

»Ich muss doch wissen, was es Neues gibt«, sagte er und beschloss, das Versteckspielen aufzugeben.

»Und der Junge versorgt dich mit Informationen.«

»Und ich ihn. Eine Hand wäscht die andere.«

Keller nippte an ihrem Drink. »Tolle Neuigkeiten hatte er aber nicht für dich«, sagte sie und lachte bitter. Dann griff sie nach Micks Handgelenk und umklammerte es wie einen Rettungsanker.

»Wir stecken in der Scheiße!«, sagte sie. »Morgen ist eine Pressekonferenz und ich habe keine Ergebnisse. Und Konrady, dieser Arsch, verlangt von mir, dass ich die Reporter mit Lügen beruhige.«

Sie sah Peters in die Augen und er war wieder überrascht, wie hellgrün ihre waren. Selbst hier im schummrigen Thekenlicht.

»Ich werde die Leute dazu auffordern, weiter wachsam zu sein. Ich kann und will ihnen die Angst nicht nehmen. Der Killer ist noch da draußen und kann jederzeit wieder zuschlagen.« Sie sah ihn an, als wollte sie, dass er ihre Rechtfertigung guthieß. »Der Typ, den wir gestern geschnappt haben und den Konrady stolz als Täter präsentieren will, ist der Falsche. Und das soll die Welt verdammt noch mal auch erfahren!« Sie schlug mit der Faust auf die Bar und wischte um ein Haar ihr Getränk vom Tresen.

Mick konnte es nicht fassen. Er wusste nicht, welcher Teufel ihn geritten hatte, sich zu ihr zu setzen. Aber noch seltsamer war, dass er sich in ihrer Gesellschaft nicht unwohl fühlte. Sie ist schuld, dass du aus dem Polizeidienst geflogen bist, versuchte er sich zu erinnern, doch ihn überkam kein Zorn. »Du willst also Konrady morgen früh in den Rücken fallen?«, meinte Mick.

Keller nickte. »Ich tanze nicht mehr nach seiner Pfeife.«

»Dann kann es aber für lange Zeit das letzte Mal gewesen sein, dass du seine Pfeife überhaupt gehört hast. Dann machst du erst einmal Pause auf der Karriereleiter.«

Keller sagte lange nichts. Sie blickte in ihren Drink, als läge auf dem Boden des Gefäßes die Antwort auf alle Fragen. »Ich habe mir die Stufe, auf der ich jetzt stehe, zurechtgelogen«, sagte sie leise. »Und erfahren, wie schwer es ist, mit so einer Lüge zu leben. Das schafft mein Gewissen kein zweites Mal.«

Mick grinste schief. »Du hast ein Gewissen?«, fragte er. Diese Gehässigkeit musste einfach sein. Er hatte in den letzten Monaten überlegt, was er Keller alles an den Kopf werfen würde, wenn er die Chance auf ein Gespräch bekäme, und nun war das alles, was ihm einfiel. Er war nicht so wütend, wie er gedacht hatte, vielleicht war seine Wut schon lange verraucht. Vielleicht hatte ihm der Tod seines Bruders aber auch gezeigt, dass das Leben noch schlimmere Wendungen nehmen konnte. Er saß hier und konnte die Geschehnisse beeinflussen. Mark nicht mehr.

»Vielleicht habe ich einen Fall wie diesen verdient«, meinte die Polizistin seltsam ruhig. »Das Schicksal will mich von meinem hohen Ross reißen.«

»Das ist Unsinn und das weißt du.«

Dagmar Keller stellte ihr leeres Glas ab und drehte sich auf ihrem Hocker zu Mick um. Ihre Hände schossen vor und griffen seine. Um ein Haar wäre sie vom Stuhl gerutscht. Nur mit Mühe fing sie sich.

»Du bringst mich immer noch aus dem Gleichgewicht«, sagte sie lächelnd, um gleich darauf ernst zu werden.

»Mick, Mick.« Ihre Stimme war rau und kratzig. Nur mit Mühe schien sie ihre Tränen im Zaum zu halten. »Was ich damals getan habe, war falsch und ist durch nichts wieder gut zu machen. Ich wünschte ich könnte die Zeit zurückdrehen und die karrieregeile Frau von damals aus deinem Leben wischen.«

Er beobachtete ihr Gesicht. Sie schien es ehrlich zu meinen. Kinder und Betrunkene sagen die Wahrheit, hallte der Spruch durch seinen Kopf.

»Ich möchte gar nicht, dass jemand die Frau aus meinem Leben wischt«, sagte er. »Wir hatten doch eine tolle Zeit. Bis auf den Schluss.« Er lächelte schief. »Der war vielleicht ein bisschen unglücklich.«

Dagmar Keller sagte nichts. Sie schluckte, immer noch mit den Tränen kämpfend. »Ich kann es immer noch geradebiegen«, sagte sie. »Ich kann morgen zu Konrady gehen und ihm alles beichten.«

»Spielt nach der Pressekonferenz dann sowieso keine Rolle mehr«, grummelte Mick und bereute es sofort.

Er konnte sich selbst nicht verstehen. Er hatte sie hassen müssen, wenigstens Wut empfinden, doch stattdessen schämte er sich, ihr weh getan zu haben.

»Das ist unfair«, flüsterte Keller und nun konnte sie die Tränen nicht mehr zurückhalten. »Ich meine es ernst. Ich habe dir großes Unrecht angetan und werde dafür geradestehen.«

Mick packte sie an den Schultern. »Das kann warten, bis wir den Mörder meines Bruders haben«, sagte er. »Und jetzt hör auf zu weinen. Hauptkommissare flennen nicht.«

Die Frau schüttelte seine Hände ab, sprang vom Barhocker und ließ sich in seine Arme fallen. Mick war unentschlossen, aber nur für eine Zehntelsekunde. Dann streichelte er über ihren Rücken und roch ihr Haar, als sie ihren Kopf an seine Schulter legte.

»Es tut mir alles so wahnsinnig leid«, weinte sie und er konnte nicht anders, als ihr zu glauben.

Plötzlich waren seine Gefühle für sie wieder da, doch es ging alles zu schnell, war zu verwirrend. Langsam schob er sie von sich weg.

»Du solltest ins Bett gehen und noch zwei, drei Stunden schlafen. Und dich auf die Pressekonferenz vorbereiten. So verkatert wie du morgen sein wirst, wird das schwer genug.«

Sie wischte sich die Tränen aus dem Gesicht und verschmierte ihr Make-up. »Ich werde den Mörder deines Bruders hinter Gitter bringen«, sagte sie dann mit fester Stimme. »Und alle Konradys dieser Welt zusammen können mich nicht davon abhalten.«

Da war er wieder, ihr alter Kampfgeist, ihre Entschlossenheit.

»Wir werden ihn finden«, behauptete Mick und Dagmar lächelte schief.

»Wir waren ein verdammt gutes Team«, meinte sie und um ein Haar hätte er sie wieder in die Arme genommen.

»Geh jetzt.« Peters deutete mit einer Kopfbewegung den Weg zum Aufzug an.

»Ich muss noch bezahlen.« Sie nestelte umständlich und leicht schwankend an ihrer Handtasche.

»Ich mach das. Du bist eingeladen.«

Sie zeigte ihm das Lächeln, in das er sich damals verliebt hatte. Und selbst jetzt, abgekämpft, mit lädiertem Make-up, war es ein Herzensöffner.

»Ich werde mich revanchieren. Bald, wenn das alles vorbei ist.« Damit ließ sie ihn allein.

Mick beglich den Deckel und trat hinaus in den frühen Morgen.
Du bist wahnsinnig, sagte er sich. Komplett verrückt. Und fühlte
sich seltsamerweise gut dabei.

Kapitel 17

Dagmar Keller wachte mit einem Brummschädel auf.

Sie wusste nicht, ob sie das, was vor ein paar Stunden passiert war, geträumt hatte oder ob es der Wahrheit entsprach. Hatte sie wirklich mit Mick Peters gesprochen, ihm ihre Gefühle offenbart und zugegeben, dass sie einen Fehler begangen hatte?

Langsam versuchte die Kommissarin ihren Körper in eine senkrechte Position zu bringen, doch es gelang nicht. Mit einem lauten Seufzer fiel sie wieder zurück in das zerwühlte Bett. Der Wecker verriet ihr nichts Gutes. Nur noch eineinhalb Stunden bis zur Pressekonferenz. Mit Duschen und Fertigmachen blieb ihr keine Zeit mehr für eine ordentliche Vorbereitung.

Es nützte ja alles nichts.

Bei dem erneuten Versuch aus dem Bett zu kommen, merkte Dagmar Keller, dass ihre Beine leichte Schwierigkeiten hatten, ihrem Tempo zu folgen. Taumelnd begab sie sich in Richtung Badezimmer, stolperte über ihre nachlässig hingeworfenen High Heels und krachte mit dem Kopf gegen den Lichtschalter.

Blut rann von der Stirn in ihre Augen.

»Auch das noch«, fluchte sie.

Mühsam rappelte sie sich auf und schleppte sich in Richtung Waschbecken.

Das Licht über dem Spiegelschrank blendete und sie kniff die Augen zusammen, um einen Blick in den Spiegel zu erhaschen.

»Um Himmels Willen!«

Dagmar riss die Augen auf. Tiefe Ränder, verwischte Schminke und klebrige Haare ließen sie wie einen Zombie aussehen.

Links von ihr war die Dusche. Sie riss die Glaswand zur Seite, drehte den Warmwasserhahn bis zum Anschlag auf und streckte einen Arm unter den Strahl.

Wie um alles in der Welt soll ich das bloß hinbekommen?, fragte sie sich.

Mick Peters hatte nicht geschlafen. Er war zu Fuß zum Haus seiner Schwägerin gelaufen und hatte den Porsche in der Nähe des Hotels stehen lassen. Die frische Luft hatte ihm gutgetan. Er konnte seine Gedanken endlich etwas sortieren. Die drei Kilometer Laufweg hatte er dazu genutzt, um sich über seine Situation klar zu werden. Über sein Verhältnis zu Dagmar Keller, über Gotthard, über seine Schwägerin und nicht zuletzt über diesen Dreckskerl, der seinen Bruder auf dem Gewissen hatte.

Nun saß Mick auf dem Sofa. Der Fernseher lief. Inzwischen hatten alle Programme im ganzen Land nur noch ein Thema. Man berichtete über das Monster vom Niederrhein. Den Killer aus Mönchengladbach.

Mick dachte unwillkürlich an einen Fall aus der Vergangenheit. An Kurt Wilhelm Steinwegs, der zwischen 1974 und 1983 sechs Menschen ermordet hatte und dem ebenfalls dieser Name zu Teil geworden war.

Damals war es ähnlich gewesen. Die Polizei tappte Ewigkeiten im Dunkeln.

Doch zur damaligen Zeit hatte man nicht die Möglichkeiten, welche heute zur Verfügung standen. Wäre man damals schon auf dem heutigen Stand gewesen, dann wäre Steinwegs direkt nach dem ersten Mord eingebuchtet worden.

Und genau hier lag der springende Punkt.

Um heute einen Mord zu begehen und nicht erwischt zu werden, musste man sehr gewieft sein. Jede noch so kleine Faser, jeder noch so kleine Hautfetzen, jedes Haar und jede andere Winzigkeit entlarvten den Täter. Umso erstaunlicher, dass in diesem Fall nichts zum Mörder führte. Keine Datenbank verbuchte einen Treffer. Jede Analyse verlief im Sande.

Dieses Horrorwesen schien nicht zu existieren. Es schien auf einem Feldzug zu sein und die Armeen der Vernunft hatten ihrem Gegner nichts entgegenzusetzen.

Mick betrachtete die Unterlagen, die er vor sich auf dem Couchtisch ausgebreitet hatte.

Kurz bevor er den schlafenden Gotthard verließ, hatte er noch etwas mitgehen lassen. Vielleicht würde der gute Aloysius ihm das ja nicht übelnehmen, schließlich half es ja allen, wenn er sich in den Fall einklinkte.

Die Akten waren allerdings wenig aussagekräftig. Auch die beiden Obduktionsberichte von Bernhard Ahmendt, den Mick noch aus seiner Zeit bei der Polizei kannte, fielen nicht besonders überraschend aus. Selbst eine Zusammensetzungsliste des Betäubungsmittels in der Spritze schien hier nicht weiterzuhelfen. Die Polizei war so ziemlich allen Spuren auch in dieser Richtung nachgegangen. Sämtliche Krankenhäuser der Stadt, Apotheken und ärztliche Dienste hatte man abgeklappert. Sogar Paketzusteller wurden befragt. Alles, was auch nur im Entferntesten auf die Herkunft eines solchen Betäubungsmittels hätte hindeuten können, wurde gründlich abgecheckt. Es blieb bei dem, was Gotthard zu Mick gesagt hatte. Der Täter war ein Phantom.

Mick schaute wieder zum Fernseher. Im Laufband des Programms erschien in blinkenden Buchstaben:

Pressekonferenz mit Hauptkommissarin Dagmar Keller vom LKA Düsseldorf. Aktueller Stand im Fall des Killers vom Niederrhein in einer halben Stunde.

Mick Peters kramte ein Papier aus der Tasche. Dann stand er vom Sofa auf und ging zu einem kleinen weißen Schuhschrank. Dort angekommen nahm er das Telefon aus dem Aufladegerät, schaute auf den Zettel und begann eine Nummer zu wählen. Kurz hielt er den Hörer ans Ohr, um sofort danach wieder die Beenden-Taste zu drücken. Er wiederholte das Procedere und drückte das Gespräch erneut weg.

Ich kann sie nicht einfach anrufen und ihr alles Gute wünschen, noch nicht, schimpfte er sich einen Narren.

Mick steckte das Telefon wieder auf das Ladegerät, ging zurück zum Sofa und ließ sich in die Kissen fallen.

Dagmar Keller betrachtete ihr Outfit. Der klobige Eichenholzschrank in ihrem Zimmer hatte im mittleren Segment einen großen Spiegel. Die offizielle Dienstkleidung verlieh ihr etwas Strenges, Unnahbares. Sie drehte sich hin und her und überlegte, ob das wirklich die richtige Wahl für eine Pressekonferenz dieser Größenordnung war. Erstaunlicherweise blieb sie relativ gelassen. Scheinbar hatte der Alkohol doch etwas Gutes bewirkt, wenn man mal davon absah, dass ihr Kopf einem Fremdkörper glich.

Es ging bei dieser Sache nicht um sie oder Konrady. Hier ist ein skrupelloser Killer unterwegs, dachte sie, während sie ihre Mimik im Spiegel checkte und sich ihr Oberteil straff nach unten zog.

Ein kleiner Cut über ihrem linken Auge verriet den morgendlichen Unfall, ansonsten hatte sie sich überraschend gut hinbekommen.

Ein Blick auf den Wecker zeigte ihr, dass es nur noch eine halbe Stunde bis zur Pressekonferenz war. Die Karrierefrau, die sie zu sein glaubte, hatte ein paar Kratzer abbekommen. Vor allem ihr Ego in Bezug auf Mick Peters. Kurz musste sie an den Spruch denken: »Besoffene und kleine Kinder sagen die Wahrheit!« Dann fingerte sie ihr Handy aus der Tasche und wählte Micks Nummer.

Besetzt!

Vielleicht ist es besser so. Noch, dachte sie.

Die Polizistin steckte das Handy wieder in die Tasche und ging zu einem kleinen Schreibtisch direkt vor dem Fenster. Dort setzte sie sich auf einen Drehstuhl und schlug die Unterlagen zu dem Fall auf.

»Oje!«, stöhnte sie, rieb ihre Augen und klappte die Kladde wieder zu.

Gebannt starrte Mick auf den Bildschirm. Die Pressekonferenz musste jeden Augenblick beginnen.

Auch seine Schwägerin Sarah kam ins Wohnzimmer und setzte sich neben den Ex-Polizisten.

»Gleich geht es los.« Mick klang aufgeregt, schließlich kam es nicht jeden Tag vor, dass jemand, den man kannte, im Fernsehen auftrat.

Und auf einmal stand sie da. Dagmar Keller. Mitten im Scheinwerferlicht, umringt von sämtlichen Mikrophonen verschiedener Sender. Alle markiert mit großen Aufschriften des jeweiligen Unternehmens.

Sie trug ihr klassisches Kostüm für den repräsentativen Außendienst.

Mick sah, wie sich Dagmar sammelte und tief durchatmete. Ihre roten Haare waren streng nach hinten gekämmt und ihr Blick verriet Konzentration und Ernsthaftigkeit.

Mick konnte seine Augen nicht von ihr lassen. Sie war unglaublich attraktiv. Ihr Gesicht beinahe makellos. Selbst eine kleine, scheinbar recht frische Verletzung, auf ihrer Stirn, tat ihrer Schönheit keinen Abbruch. Wie weggeblasen waren die Anschuldigungen ihm gegenüber. Er konnte es sich selbst nicht erklären, was da gerade mit ihm passierte. Die Frau, die ihm das triste Leben der letzten Jahre beschert hatte, stand nun vor den Kameras der Republik und hielt eine Pressekonferenz ab und er liebte sie immer noch, trotz allem. Er konnte seine Gefühle nicht beschreiben. Es war am ehesten mit einem Funken zu vergleichen, der nur darauf gewartet hatte, endlich wieder ein Feuer zu entzünden. Mitten in sein Gefühlschaos hinein begann die Polizistin mit ihrer Rede.

»Sehr geehrte Damen und Herren. Wie sie bereits wissen, ist Ihnen von unserer Seite der Täter im Fall der Morde an Mark Peters und Karsten Altgott präsentiert worden.

Wir waren uns sicher, die richtige Person erwischt zu haben. Leider hat sich unser Verdacht nicht erhärtet und wir mussten den vermeintlichen Mörder wieder frei lassen.«

Ein Raunen ging durch das Publikum und Unruhe entstand unter den wartenden Journalisten. Etwas zurückgezogen neben Keller stand Konrady und verzog keine Miene.

Keller hob kurz die Arme in einer beschwichtigenden Geste und augenblicklich kehrte Ruhe ein.

»Ich stelle mich der vollen Verantwortung für diesen Fehler. Es war ein Schnellschuss, welcher so nicht wieder vorkommen wird.

Ich möchte Sie bitten, aufgrund der angespannten Situation, trotz allem, die nötige Ruhe zu bewahren. Halten Sie Augen und Ohren offen und scheuen Sie sich nicht, beim kleinsten Verdacht die Polizei anzurufen. Dort draußen läuft jemand herum, der nicht mehr frei herumlaufen darf. Ihre Sicherheit ist unser höchstes Ziel und wir arbeiten Tag und Nacht daran, dieses Ziel zu erreichen.«

Mick hob die Augenbrauen. Die Rede schien Dagmar Keller ganz frei, ohne ein Notizblatt oder gar einen Prompter zu halten. Sie war nicht nur eine attraktive Frau, sondern auch eine gute Polizistin. Zudem hatte sie in Sachen Rhetorik eine Menge dazu gelernt.

»Ungewöhnliche Fälle erfordern ungewöhnliche Maßnahmen. Deswegen haben wir beschlossen, einen unserer ehemaligen Kollegen und besten Ermittler, Michael Peters, hinzuzuziehen.«

Die Bombe war geplatzt. Konradys Augen waren auf einmal riesengroß und sein Gesicht war knallrot. Trotzdem versuchte er, aufgrund des hohen Presseaufkommens irgendwie die Ruhe zu bewahren und gute Miene zum bösen Spiel zu machen.

Im Presseraum wurde fleißig geschrieben. Jeder notierte sich den Namen. Michael Peters. Wer war der Mann und wo kam er her?

»Für Fragen und weitere Auskünfte steht Ihnen der Chef des LKA Helmut Konrady gerne zur Verfügung.«

Mick starrte entgeistert auf das, was da vor ihm flimmerte. Er konnte einfach nicht fassen, was Dagmar Keller da gerade von sich gegeben hatte. Wie um alles in der Welt wollte sie das rechtfertigen und wie kam sie bloß auf die Idee, er würde so mir nichts dir nichts wieder in den Polizeidienst einsteigen können. Er schwankte zwischen Empörung und Euphorie. Konrady würde irre werden oder war es vielleicht schon?

Aber vielleicht war es auch ein feiner Schachzug der attraktiven Polizistin, so offensiv an die Öffentlichkeit zu gehen. Das würde Konrady in Zugzwang bringen. Er war nicht der Typ, der Dinge geraderückte. Dafür fehlten ihm die Eier. Hinzu kam noch, dass Keller nun sogar wieder etwas fester im Sattel saß.

Sie hatte die Pressekonferenz tatsächlich dazu genutzt, um Wiedergutmachung in Bezug auf Mick Peters zu betreiben und zusätzlich Konrady in die Ecke gedrängt. Dagmar Keller hatte ihm die Pistole auf die Brust gesetzt. Abgedrückt hatte sie zwar nicht, aber er würde es nicht wagen etwas in Frage zu stellen, dass auf diese Weise öffentlich gemacht worden war, auch wenn er intern ein Riesentheater abziehen würde.

Mick schaute seine Schwägerin an. In ihr schien plötzlich wieder Leben zu sein.

»Wenn du es jetzt verbockst, kann dir kein Mensch der Welt mehr helfen. Vielleicht ist das die Chance, dein Leben wieder in den Griff zu bekommen«, sagte die Blondine.

Mick nahm die Fernbedienung vom Couchtisch und schaltete den Fernseher ab.

Er sah seiner Schwägerin tief in die Augen und flüsterte: »… und vielleicht ist das der Moment, um deinem Leben auch wieder einen Sinn zu geben. Ich werde noch härter darum kämpfen den Mörder von Mark zu finden.«

Seine Hände zitterten ein wenig, doch es reichte, um sich vom Sofa abzustützen und auf wackligen Beinen in Richtung Telefon zu stolpern.

Kurz tippte er eine Nummer ein und wartete.

»Gotthard.«

»Hallo Gotthard oder sollte ich vielleicht sagen: Hallo Herr Kollege?«

Kapitel 18

Herbst 1985

Richard öffnete die Augen und streckte sich. Er war eingeschlafen, wie so oft in letzter Zeit.

Und immer nach dem Erwachen hoffte er, endlich diesen Albtraum hinter sich zu lassen.

Doch er wurde jedes Mal enttäuscht.

Wieder sah er dieselbe Szenerie, als er sich von seiner Pritsche erhob. Ein dunkles, muffiges Kellerloch, nur erhellt durch eine einzelne nackte Glühbirne.

Keine Fenster, kein Tageslicht, nur grob gemauerte Wände, die jeden Ton schluckten.

Am Anfang hatte er es versucht. Hatte geschrien, bis sein Hals schmerzte und seine Kehle rau und trocken war.

Hatte sich die Hände an den Mauern und der dicken Holztür blutig geschlagen. Alles ohne Erfolg.

Der Mann hatte ihm, als seine Freunde flohen, einen Sack über den Kopf gezogen und ihn, obwohl er strampelte und schrie, über die Schulter geworfen und ihn durch den Wald geschleppt. Dann hatte er ihn in ein Auto geworfen und als Richard immer noch lärmte, hatte er ihm einen Schlag an den Kopf verpasst, der den Jungen ruhigstellte.

Und dann war er hier aufgewacht, mit dröhnendem Schädel und lähmender Angst.

Jetzt war er hier. Dies war sein neues Zuhause. Die Hoffnung, dass man ihn suchte und fand, hatte er längst aufgegeben. Dafür war er schon zu lange hier. Auch wenn ihm der Tages- und Nachtrhythmus fehlte, um genau abzuschätzen zu können, wie viel Zeit vergangen war, so musste es doch schon eine Ewigkeit sein.

Es kam ihm jedenfalls so vor.

Er war nicht gefesselt, konnte sich im Raum frei bewegen, doch es gab nicht wirklich viel zu sehen.

Zwei Stühle, ein Tisch in der Mitte des Raumes, an einer Längsseite eine grobe Werkbank, an der anderen Seite seine Pritsche mit schweren, kratzigen Decken.

Dann noch der Eimer, der ihm als Toilette diente. Den er erst benutzt hatte, als es gar nicht mehr anders ging.

Richard hatte sein Gefängnis durchsucht, die Schubladen der Werkbank geöffnet, um etwas zu finden, das ihn hier rausbringen könnte, doch er hatte nichts Brauchbares gefunden. Wenn es dem Mann gefiel, dann konnte er ihn ewig hier unten festhalten.

Einmal am Tag kam der Mann durch die Tür und brachte seinem Gefangenen etwas zu essen. Mikrowellenfertigpampe, ein begnadeter Koch schien er nicht zu sein.

Dann setzte er sich mit ihm an den Tisch und unterhielt sich mit Richard, als wären sie Freunde oder, schlimmer noch, Vater und Sohn.

»Warum halten Sie mich hier fest?«, hatte Richard die ersten Male gefragt.

»Weil du hier geschützt bist. Vor der bösen Welt da draußen«, hatte der große Mann jedes Mal geantwortet. »Dort draußen verderben Kinderseelen so schnell.«

Und dann laberte er weiter, über Gott und die Welt.

Richard fiel es schwer zu folgen. Er war immer auf der Hut. Die Stimmung des Mannes, den er »Vater« nennen sollte, konnte jederzeit umschlagen. Dann wurde er zu einer wütenden Bestie.

Richard hatte einmal, als er seine erste Angst überwunden hatte, über das Essen gemeckert.

Und hatte es bitter bereut. Der Mann war aufgesprungen, hatte den Jungen mit einem Schlag an den Kopf vom Stuhl gefegt und ihm zwei Mal in die Rippen getreten.

Richard blieb die Luft weg. Für einen furchtbaren Moment dachte er, dass er hier und jetzt sterben müsste und er stellte überrascht fest, dass es ihm etwas ausmachen würde. Er hing am Leben und war froh, dass der Mann von ihm abließ und ihn mit Beulen am Schädel und einer angebrochenen Rippe alleine ließ.

Lange blieb Richard allein. Der Mann kam nicht wieder. Hunger und Durst brachten den Jungen beinahe um den Verstand. Vielleicht ist er einfach gegangen und lässt mich hier verrecken, dachte Richard. Dann ging doch noch die Tür des Verlieses auf und der Mann brachte eine Flasche Wasser und eine Hühnersuppe.

Seit diesem Tag aß Richard jeden Teller ohne zu murren leer, egal was sein Wärter ihm präsentierte.

Das Schlimmste von allem, war die Langeweile. Dieses Abwarten bis sich die Tür wieder öffnete.

Richard setzte sich zurück auf das Bett und schloss erneut die Augen, träumte sich weg. In die Sonne. An einen Strand. Einen menschenleeren Strand.

Er brauchte keine anderen Menschen. Nicht, wenn sie so waren wie sein Peiniger oder wie seine feigen Freunde, die ihn so jämmerlich im Stich gelassen hatten.

Immer wieder holte er ihre Bilder in seinen Kopf zurück und stammelte ihre Namen wie ein Gebet.

Ein Schlüssel wurde ins Schloss gesteckt. Die Tür schwang auf. Der Mann, der beinahe den ganzen Rahmen ausfüllte, hatte kein Essen dabei. Diesmal nicht. Er schwankte leicht und Richard meinte, den schwachen Duft von Alkohol zu riechen.

»Hallo Junge«, sagte der Mann mit lallender Stimme. »Wir werden uns heute nicht nur unterhalten, sondern etwas machen, was uns beiden viel Spaß bereiten wird.« Und damit torkelte er in den Raum.

Richard zuckte zurück, versuchte, sich auf seiner Pritsche unsichtbar zu machen. Er spürte, dass heute etwas anders war. Das keine Gespräche folgen würden, sondern etwas anderes, Schlimmeres.

»Du brauchst keine Angst zu haben«, lallte der Mann, schloss die Tür hinter sich und ließ den Schlüssel in seiner Hose verschwinden. »Ich will dir nicht wehtun. Ich hab dich doch lieb.«

Richard hätte am liebsten laut gelacht, doch die Angst schnürte ihm die Kehle zu und die Vernunft sagte ihm, dass er den Mann nicht auslachen durfte.

»Zieh dich aus!«, befahl der Mann und keuchte.

Der verängstigte Junge rührte sich nicht.

»Ich hab gesagt, du sollst dich ausziehen!«, brüllte sein *Vater* nun. »Bist du taub?« Die Freundlichkeit war aus seiner Stimme verschwunden. »Weißt du nicht mehr, was mit Kindern passiert, die ihren Eltern widersprechen?«

Sie sind nicht mein Vater, wollte Richard rufen, doch seine Stimme versagte.

»Zieh dich aus!«, zischte der Mann.

»Ich ... ich will nicht.« Der Satz war heraus, ehe Richard darüber nachdenken konnte.

Der Mann, der eben noch torkelnd im Raum gestanden hatte, schnellte wie eine Raubkatze vor. Eine große Hand wühlte sich in Richards Haare und riss den Jungen daran in die Höhe. Der Gepeinigte schrie auf, für einen Moment hatte er das Gefühl, dass seine Kopfhaut abreißen würde, dann setzte ihn der Mann auf den Boden ab. Kein Blut floss, nur der Schmerz in Richards Kopf blieb.

»Zieh dich aus oder ich helfe nach.«

Plötzlich hatte er wieder das lange Messer in der Hand, das der Junge schon aus der Hütte kannte. Und die Spitze bohrte sich in das Fleisch an seiner Hüfte.

Nicht tief, aber der neue Schmerz ließ ihn seine malträtierte Kopfhaut beinahe vergessen.

»Runter mit der Hose oder ich schneide sie in Stücke!«, sagte der Mann. Sein Gesicht war jetzt so nahe, dass Richards Wangen von Spucketröpfchen getroffen wurde.

Der Junge zitterte am ganzen Körper.

Mach, dass das aufhört, betete er. Wenn er auch nicht genau wusste, an wen sein Gebet gerichtet war. Mit Gott hatte er in den letzten Tagen gebrochen. Welcher Gott konnte es zulassen, dass ein Kind so leiden musste.

Die Hilfe kam nicht. Keine Engel schwebten herbei, kein Feuerstoß verbrannte den Angreifer.

Nur das Messer war nach wie vor da und bohrte sich tiefer.

Richard gab auf. So schnell es seine zitternden Hände erlaubten, nestelte er seinen Gürtel auf und ließ seine Hose in die Knie rutschen. Als er an sich herabblickte sah er, das Blut aus dem Schnitt an seiner Hüfte austrat und sein rechtes Bein herablief.

»Bitte...«, versuchte er es noch einmal, doch der Mann schob den Jungen nur nach vorne und hielt erst an, als sie vor der Werkbank standen.

»Es wird dir Spaß machen«, sagte der Große. Richard hörte, dass er ebenfalls mit seinem Gürtel beschäftigt war.

Dann griff er von hinten nach der Unterhose des Jungen und zog sie nach unten.

»Bück dich!«, sagte der Mann. Seine Stimme lallte nicht mehr. Er keuchte jetzt vor Erregung. Als Richard den Kopf ein wenig drehte, konnte er einen Blick auf das riesige erigierte Glied des Großen werfen.

Der Junge erschrak. Sicher hatte er mit seinen Freunden schon Vergleiche angestellt, aber so etwas Riesiges, wie es der Mann zwischen den Beinen hatte, durfte es gar nicht geben.

»Bück dich!«, schrie der Kerl wieder. Sabberfäden hingen ihm von den Lippen und verschmierten seinen filzigen Bart. Richard erhielt einen Schlag in den Rücken und er schlug fast mit dem Kopf auf der Werkbank auf.

Dann war die Hand des Mannes zwischen seinen Beinen und er zwang sie auseinander.

Ein Grunzen, er rückte näher, dann spürte Richard etwas Heißes, Pochendes. Erst auf und dann, mit einem gewaltigen Ruck, in seinem Po.

Er schrie auf. Irgendetwas zerriss, er spürte eine warme Flüssigkeit an seinen Beinen herabrinnen und wusste, dass es sein Blut war.

Der Mann hinter ihm keuchte, stöhnte, pumpte.

Es soll aufhören, dachte Richard wieder und wieder.

Und dann passierte es. Plötzlich sah er den einsamen Strand. Die Palmen. Hörte das Rauschen des Windes und der Wellen. Alles um ihn herum verschwand. Der Mann, die Mauern seines Gefängnisses und endlich auch der Schmerz.

Ich kann ihn verdrängen, dachte Richard und fühlte beinahe die Sonne auf seiner Haut. Ich kann den Schmerz beherrschen. Doch ein lautes Aufstöhnen des Mannes, ein letzter, umso schmerzhafter Ruck in seinem Inneren, zerrte Richard zurück in die Wirklichkeit.

Er öffnete die Augen, blickte auf die Werkbank und spürte wie der Große sich zurückzog.

Ein Rascheln, ein Klacken der Gürtelschnalle, dann landete eine schwere Hand auf Richards Schulter.

»Hat Spaß gemacht, oder?«, fragte der Mann und lachte glucksend.

Richard rührte sich nicht. Er war immer noch wie erstarrt.

»Kannst dich wieder anziehen, Kleiner. Oder hat es dir so gefallen, dass du gleich noch mal willst?«

Leben durchfuhr seinen schmalen Körper. Er bückte sich schwankend und zog die Unterhose hoch. Seine Beine waren voller Blut, alles schmerzte. Erschüttert bemerkte er, dass sein kleiner Penis steif war.

Hatte es ihm etwa auch irgendwie Spaß gemacht? Hieß das, dass er schwul war? Oder pervers?

Er war durcheinander, zog seine Hose hoch und schloss den Gürtel.

Der Mann war schon an der Tür. »Komme gleich wieder«, sagte er. »Habe eine Überraschung für dich.« Und damit verschwand er.

Richard stand, zitternd an die Werkbank gelehnt da und versuchte eine Stelle seines Körpers zu finden, die nicht schmerzte.

Er fühlte sich schmutzig, schämte sich, wollte sich irgendwie säubern, konnte sich jedoch nicht dazu aufraffen.

Ich komme gleich wieder, hatte der Mann gesagt. Was hieß gleich? Morgen? In einer Stunde? In fünf Minuten?

Richard hatte den Gedanken noch nicht zu Ende gebracht, als er den Schlüssel im Schloss hörte.

Nicht noch einmal, dachte er. Noch einmal würde er nicht überleben.

Doch der Mann brachte ihm heißes Wasser, um sich zu waschen und nagelneue Sachen. Auch ein paar Markenschuhe hatte er mitgebracht. Schuhe, die sich Richard immer erträumt hatte, die er sich aber nie hatte leisten können.

Sogar eine Salbe für seine Verletzungen war dabei.

»Wenn ich ein bisschen zu stürmisch war, dann musst du das verzeihen. Ich hab dich doch nur so lieb und konnte nicht länger warten«, entschuldigte der Mann sich, in wirklich zerknirschtem Tonfall. Als täte es ihm wirklich leid. Das Monster war fort und hatte dem liebevollen Vater Platz gemacht.

»Ich habe noch etwas für dich«, sagte er, verschwand wieder und kam mit zwei Tellern zurück.

Gefüllt mit Steaks und Pommes. Das beste Essen, das Richard bis jetzt bekommen hatte.

Der Mann setzte sich an den Tisch und winkte den Jungen zu sich.

Richard hatte furchtbare Angst, aber die Angst, seinen Anweisungen nicht zu folgen, war größer.

Also setzte er sich auf den zweiten Stuhl, immer wieder das Gewicht verlagernd, weil sein Po wie Feuer brannte. Er aß und hörte lustige Geschichten und Witzchen. Vergaß beinahe, wo er war und was vor nicht einmal einer Stunde passiert war.

Doch er wusste eines: Er musste auf der Hut bleiben. Das Monster war nicht fort, es schlief nur.

Und er musste es irgendwann überlisten und töten.

Der kleine Junge schwor sich: Ich werde nicht in diesem Verlies sterben!

Richard grinste schief, doch der Mann bekam es zum Glück nicht mit.

Ebenso wenig wie er merkte, dass er gerade zum Mörder geworden war. Der kleine Junge, der Richard gewesen war, war tot. Gestorben unter der Brutalität seines *Vaters*. Jemand anders hatte zu existieren begonnen.

Jemand, der einfach nur leben wollte...

Kapitel 19

Sommer 1986

Richard erhob sich schwitzend. Nach fünfzig Liegestützen hatten seine Arme keine Kraft mehr.

Er zitterte am ganzen Körper, doch die Erschöpfung war kein unangenehmes Gefühl. Es war ein weiterer Sieg über seinen Körper.

Der Junge hatte keine Ahnung, wie lange er schon festgehalten wurde. Doch eine Sache wurde von Stunde zu Stunde klarer: Wenn er hier herauswollte, dann musste er selbst dafür sorgen. Hilfe von außen würde es nicht geben.

Und eine zweite Sache war logisch: Ein schmächtiger Junge, wie er einer war, würde gegen diesen Berg von Mann nie eine Chance haben.

Und so hatte er begonnen zu trainieren. In jeder Minute, die er alleine und ohne eine andere Beschäftigung in seinem Gefängnis verbrachte. Er aß alles auf, was sein Peiniger an Lebensmitteln anschleppte, und konnte beinahe täglich spüren, dass er kräftiger wurde. Groß für sein Alter war er schon immer gewesen, jetzt kamen, zwar noch zaghaft, aber ständig wachsend, Muskeln hinzu.

Er hatte immer noch Angst. Jedes Mal, wenn sich der Schlüssel im Schloss umdrehte, zuckte er zusammen, weil er nie wusste, was danach passierte. Einfach ein Mittagessen oder wenn der Mann betrunken war, die nächste Vergewaltigung.

Richard schaltete dann seinen Verstand aus. Er schämte sich, wusste aber auch, dass er in seiner jetzigen Situation nichts ändern konnte. Noch nicht...

Wenigstens war die Langeweile nicht mehr ganz so schlimm. Der Mann brachte öfter Sachen nach unten, mit denen sich Richard beschäftigen sollte. Einfache Aufgaben.

Wenn er sie gut erledigte, dann gab es Belohnungen, ein Buch etwa oder ein besonders leckeres Essen, wenn nicht... Er rollte den Är-

194

mel seines Pullovers hoch und betrachtete die feuerrote Stelle, die immer noch schmerzte.

Der Mann hatte ihm einige Sachen zum Bügeln gebracht (von wem auch immer, denn der Große trug keine sauberen Hemden). Eine Bluse hatte er verpatzt. Als Richard damit fertig war, hatte sie mehr Falten als vorher.

Daraufhin hatte er Bekanntschaft mit dem heißen Eisen gemacht. Der Mann hatte einfach den Arm des Jungen an die Wand gedrückt und das Bügeleisen darauf gepresst.

Richard hatte geschrien, geweint und irgendwann nur noch gewimmert. Da hatte sein Peiniger von ihm abgelassen. »Konzentrier dich!«, hatte er gesagt und war verschwunden. Und Richard hatte unter Schmerzen weitergemacht, immer darauf bedacht die Pein irgendwie wegzudrücken. Er wollte nicht herausfinden, was passierte, wenn der Mann wiederkam und er noch nicht fertig war.

Er kam wieder. Mit dem zerknirschten, entschuldigenden Gesichtsausdruck, den Richard nun schon gut kannte und ein paar Zeitungen.

»Es ist alles nur zu deinem Besten«, sagte er, als erkläre das die Entführung und alle Misshandlungen. Er schmierte Brandsalbe auf die Verletzung, nahm den ordentlich gebügelten Stapel Wäsche und verließ den Jungen mit freundlichem Nicken. Richard versuchte den Schmerz in seinem Arm zu vergessen und nahm sich die Zeitungen.

Sie waren vom 15. Juni.

Schon fast ein Jahr, dachte der Junge. Ich habe meinen Geburtstag verpasst.

Und dann erlaubte er sich ein paar Tränen. Einen Augenblick der Schwäche.

Das war jetzt schon wieder vier Wochen her.

Der Verband war ab, die Stelle nur noch gerötet.

Richard zog den verschwitzten Pullover aus und einen sauberen über den Kopf. Wenn der Mann hier auftauchte, dann brauchte er nicht zu wissen, dass der Junge heimlich trainierte. Plötzlich hörte er Schritte auf den Treppenstufen und den Schlüsselbund klimpern. Wenn man vom Teufel spricht, dachte er, wenn das auch nicht ganz richtig war, denn er hatte nur an den Teufel gedacht.

Die Tür wurde aufgerissen, der Mann erschien, schloss wieder ab und warf einen Sack auf die Werkbank, von dem ein übler Geruch ausging.

»Ich habe dir etwas zu tun mitgebracht«, sagte er. Richard bemerkte, dass der Mann nüchtern war. Dann gab es keine sexuellen Annäherungen, aber die Brutalitäten waren im nüchternen Zustand schlimmer. Als brächte der Alkohol seine »liebevolle« Seite zum Vorschein.

Der Junge war auf der Hut. Und doch musste er sich dem Ungeheuer nähern und sich anschauen, was an Arbeiten von ihm verlangt wurde. Das wollte der Große so.

Der Mann nestelte den Sack auf und schüttete den Inhalt auf die Werkbank. Vier Kaninchenkadaver klatschten auf die polierte Holzplatte. Blut sammelte sich und tropfte auf den Boden.

»Zieh ihnen das Fell ab und weide sie aus«, sagte der Mann, doch Richard konnte den Blick nicht von den toten Tieren nehmen.

»Was ist los?«, fragte der Riese. Sein Ton wurde mürrisch und der Junge zog automatisch den Kopf ein. »Noch nie ein Karnickel gesehen?«

Richard wog die nächsten Worte ab. Er durfte nicht ängstlich klingen, sondern musste Interesse heucheln. Soviel war klar. »Ich weiß nicht, wie man das macht«, sagte er und versuchte seiner Stimme einen festen Klang zu geben.

Manchmal wunderte er sich selbst, woher er seinen Mut nahm. Er war sich durchaus bewusst, dass andere Jungs in seiner Situation längst zerbrochen wären, sich den Tod gewünscht oder versucht hätten, sich irgendwie umzubringen. Er nicht. Er wollte leben. Und irgendwann wieder frei sein.

Er näherte sich vorsichtig der Werkbank und stellte sich neben den Mann. Die Kaninchen blickten ihn aus leblosen Augen an. Von einer Sekunde auf die andere hielt der Große wieder das lange Messer in der Hand und Richard konnte ein Zurückzucken nicht vermeiden. Zum Glück schien es der Mann nicht bemerkt zu haben.

»Ich zeige dir einmal, wie es geht. Die anderen Drei sind dann für dich.«

Er machte ein paar Schnitte, schnell und offensichtlich tausend Mal geübt, dann zog er mit einem lauten Ratschen dem Hasen das Fell über die Ohren. Dann öffnete er den Bauchraum des Tieres und holte die Gedärme heraus.

»Hol den Eimer!«, sagte er, als er den blutigen Abfall in den Händen hielt und Richard beeilte sich, der Aufforderung nachzukommen. Mit einem lauten Klatschen landete das Gekröse in den Exkrementen des Jungen.

Ein Gestank entstand, der Richard den Atem raubte. Er roch Urin und Blut, sah die blutigen Hände des Mannes und die lange Klinge. Nur mit Mühe verdrängte er die aufsteigende Übelkeit und blieb auf den Beinen.

»Verstanden?«, fragte der Mann und Richard nickte wie in Trance.

»Gut. Dann mach dich an die Arbeit.« Er rammte das Messer ins Holz und war Sekunden danach verschwunden. Richard beugte sich über den Eimer und kotzte sich die Seele aus dem Leib. Bis nur noch Gallenflüssigkeit kam und sein Körper von Krämpfen geschüttelt wurde.

Du musst anfangen, sagte er sich. Er spürte, dass der Mann heute nicht viel Geduld haben würde. Wenn er keine Ergebnisse zu Stande brachte, dann würde die Bestrafung nicht lange auf sich warten lassen.

Die Bügeleisenbrandwunde begann zu jucken.

Reiß dich zusammen, dachte er. Du hast schon Schlimmeres geschafft.

Und damit griff er mit zitternden Händen den ersten Hasen und begann sein grausiges Werk.

Beim ersten Fell funktionierte es noch nicht in einem Ruck, aber beim letzten hatte er den Bogen raus. Und auch das Ausweiden kam ihm nicht mehr ganz so eklig vor. Als gewöhne er sich einfach an alles.

Metzger machen das jeden Tag, sagte er sich. Wer Fleisch essen will (und er liebte Fleisch), der muss auch Tiere töten und zerstückeln können.

Er beseitigte die Abfälle, stellte den vollen Eimer neben die Tür, damit der Mann ihn gleich ausleeren konnte und wickelte das Fleisch in das Papier, das der Große mitgebracht hatte. Dann setzte er sich schwer atmend auf einen Stuhl und betrachtete seine blutigen Hände. Sein Pullover war bis zu den Ellenbogen rot.

Er würde den Mann um heißes Wasser bitten und sich waschen müssen.

Erst jetzt bemerkte er, dass seine rechte Hand immer noch das Messer umklammerte.

Eine Waffe, fuhr es ihm durch den Kopf. Ich habe eine Waffe!

Tausend Gedanken rasten durch sein Gehirn.

Was sollte er tun?

Selbstmord, flackerte es kurz in ihm auf und er sah sich mit geöffneten Pulsadern auf der Pritsche liegen. In einem Meer von Blut.

Aber hatte er sich bis jetzt durchgebissen, um nun feige aus dem Leben zu treten?

Nein. Das Messer würde er für etwas Anderes gebrauchen. Die Waffe war seine Fahrkarte in die Freiheit. Er würde dem Mann auflauern und dann ...

Hatte er den Mut so etwas zu tun? Jemanden kaltblütig zu ermorden?

Er brauchte keine fünf Sekunden um die Antwort zu haben: Ja, er konnte, er wollte es sogar tun.

Langsam drehte er das Messer in seiner Hand, betrachtete die blutige Klinge im Schimmer der Glühlampe. Bald würde nicht nur Kaninchenblut an ihr kleben.

Der Junge erhob sich. Er würde nicht warten, bis sich eine neue Gelegenheit bot. Bis er stärker war. Wer weiß, wann er wieder ein Messer sein Eigen nennen durfte. Vielleicht war das die eine Chance und wenn er sie vergeigte, würde er ihr ewig nachweinen.

Er schlich Richtung Tür und baute sich dahinter auf. Im Schatten, wo ihn der Mann nicht direkt sehen würde.

Hoffte er wenigstens und wartete.

Es schien eine Ewigkeit zu dauern, bis Richard Schritte auf der Treppe hörte. Sein Körper tat bereits weh, seine Muskeln waren verkrampft. Zu lange hatte er reglos auf einer Stelle verharrt. Schnell schüttelte er sich noch einmal, versuchte geschmeidig zu werden.

Das ist Wahnsinn, fuhr eine Warnung durch seinen Kopf. Doch er ignorierte sie. Er konzentrierte sich nur auf sein Vorhaben.

Wenn alles gut ging, dann würde er in ein paar Minuten die Sonne wiedersehen.

Und dann? Wieder die hässliche Stimme, doch er schob sie beiseite und sie hatte keine Zeit mehr ihn erneut zu ärgern, denn das Klingeln des Schlosses erklang und die Tür wurde geöffnet.

Nun stand der Mann im Kellerraum und blickte sich um. Sein großer Rücken bot Richard ein riesiges Angriffsziel.

Er wollte sich auf seinen Peiniger stürzen, doch Sekunden lang versagten seine Beine. Zehntel vielleicht nur, die seinen Plan zunichtemachten. Als er sich endlich auf den Mann stürzte, hatte dieser längst begriffen, dass etwas nicht stimmte. Er wirbelte schnell wie ein Raubtier herum und fing Richards Arm mit dem erhobenen Messer beinahe mühelos ab.

»Du!«, schrie er und lachte irre. »Du willst deinen Vater abstechen?«

Richard, dem das Lachen des Mannes mehr Angst machte als alle Drohungen, die der Große bis jetzt ausgestoßen hatte, begann zu weinen.

»Sie sind nicht mein Vater!«, schrie er den Mann an. »Sie sind nur ein Irrer, der mich gegen meinen Willen hier festhält.« Er wusste nicht, woher er den Mut nahm, aber er ahnte, dass er einen großen Fehler gemacht hatte.

Sein Gefängniswärter drehte ihm brutal den Arm um und Richard ließ das Messer fallen. Der Mann sammelte es auf, ohne das Handgelenk des Jungen loszulassen und schleifte ihn dann wie einen Sack hinter sich her. Zur Werkbank, auf der die ausgenommenen Kaninchen lagen.

Jetzt bist du dran, dachte Richard. Jetzt schneidet er dir die Gedärme raus. Hoffentlich ist es schnell vorbei.

Seine Blase entleerte sich. Warme Flüssigkeit ergoss sich in seine Hose.

»Ich bin dein Vater!«, schrie der Alte. Richard musste an Darth Vader denken, doch ihm war nicht zum Lachen zumute. Was wie ein sicherer Plan ausgesehen hatte, war nun zu seinem Todesurteil geworden.

Der Mann warf ihn wie eine Puppe hin und her und Richard musste es sich gefallen lassen. Jede Kraft war aus seinem Körper gewichen.

»Du wolltest mich aufspießen!«, brüllte der Große. »Machen artige Kinder so etwas?« Er war außer sich und seine Stimme hallte von den nackten Wänden wider.

Richard spürte plötzlich, wie seine freie Hand flach auf die Holzplatte der Werkbank gedrückt wurde. Dann schwang sein Peiniger das Messer in hohem Bogen und ließ es niedersausen wie eine Axt. Mit einem dumpfen Geräusch fuhr es ins Holz. Sekundenlang war es ruhig. Richard wusste nicht was geschehen war. In den letzten Sekunden hatte er nichts von seiner Umwelt wahrgenommen. Jetzt fiel sein Blick auf die Arbeitsplatte und auf seine Hand. Und er bemerkte ungläubig, dass sich das letzte Glied seines kleinen Fingers nicht mehr daran befand.

Das niederschlagende Messer hatte es sauber abgetrennt. Den Nagel muss ich nie wieder schneiden, fuhr es dem Jungen durch den Kopf, während er zusah, wie das Blut aus der Wunde schoss. Dann kam der Schmerz und er begann zu schreien.

»Wirst du so etwas noch einmal tun?«, schrie ihn der Mann an.

Richard konnte nicht antworten. Er sah seine verstümmelte Hand, hörte seine Schreie und spürte nur noch den alles umfassenden Schmerz.

»Antworte!«, brüllte der Alte. »Wirst du es noch einmal versuchen?« Er zog das Messer aus dem Holz und setzte es am letzten Glied des Ringfingers an. »Ich habe Zeit. Und wir können weitermachen, bis du keine Finger mehr hast«, sagte er. Seine Stimme war nicht mehr laut, was ihr nichts von der Bedrohlichkeit nahm.

Richard spürte das Gewicht der Schneide auf seinem Ringfinger.

»Nein!«, weinte er. »Ich werde brav sein.«

Doch das Messer verschwand nicht. »Zu wem wirst du brav sein?«

»Zu Ihnen!«

Der Mann holte mit dem Messer aus. »Zu wem wirst du brav sein?«

Richard wimmerte. »Zu Dir... Vater.«

Der Alte entspannte sich, ließ die Klinge sinken und Richards Hand los. Der Junge rutschte an der Werkbank herunter und landete in dem Kaninchenblut, das sich nun mit seinem eigenen vermischte.

»Mach so etwas nie wieder!«, drohte der Alte. Er war nun ganz ruhig. »Oder ich schneide dich in Stücke.«

Er steckte das Messer weg, nahm die Kaninchen und verließ den Raum. »Kinder...«, sagte er zu sich selbst und schüttelte im Weggehen den Kopf. »Einfach keinen Respekt.« Dann verschwand er und Richard wurde ohnmächtig.

Als der Junge Stunden später erwachte, lag er auf seiner Pritsche. Der Alte hatte ihm saubere Kleidung angezogen und einen Verband angelegt. Selbst der Kellerraum war frisch geputzt. Vom Blutbad war nichts mehr zu sehen.

»Endlich wach?«, fragte der Mann beinahe zärtlich. »Ich habe Suppe für dich.« Und er flößte sie dem schwachen Jungen ein.

Bis Richard alles aufgegessen hatte, blieb er bei ihm und erzählte Neuigkeiten aus der Welt. Als wäre nichts geschehen. Dann verabreichte er dem Jungen noch eine Schmerztablette und ging.

Richard blieb alleine zurück.

Ich lebe noch, dachte er überrascht. Er hatte nicht damit gerechnet, den Angriff des Mannes zu überleben. In seiner verbundenen Hand klopfte es schmerzhaft und es erinnerte ihn sehr deutlich daran, dass er nicht gestorben war.

Er will mich nicht töten, dachte der Junge. Wenn er das wollte, dann wäre ich schon lange tot. Aber er will mich gefügig machen. Über Schmerzen kontrollieren. Wenn ich also keine Schmerzen mehr empfinden könnte, dann hätte ich keine Angst mehr vor ihm.

Wenn er keine Angst mehr hatte, würde er nicht mehr zögern und sein nächster Angriff würde gelingen.

Ich muss meine Schmerzen beherrschen, sagte er sich und begann damit seine malträtierte Hand zu ignorieren.

Ein erster Schritt auf einem langen Weg…

Kapitel 20

Vor dem Mönchengladbacher Polizeirevier lichtete sich allmählich der unfreiwillige Autokorso. Auf der anderen Straßenseite schrieb der Betreiber einer Tankstelle Kennzeichen von Wagen auf, deren Besitzer ihre Fahrzeuge hier einfach abgestellt hatten. Ein Polizist versuchte, wild gestikulierend, auf den Betreiber einzureden, während sich ankommende Journalisten schon über den Mann beschwerten.

Wer ein wenig schlauer war, hatte sich kurz vor dem Beginn der Pressekonferenz einen Platz vor dem riesigen Möbelhaus gesichert, welches direkt neben der Polizeiwache lag. Auch hier entstand ein kleiner Stau. Das Revier war einfach nicht für eine solche Pressekonferenz ausgerichtet und so versuchte man nun verzweifelt, des Tohuwabohus Herr zu werden.

Auch drinnen, genau genommen im Büro des Gladbacher Polizeichefs Walter Kleinschmidt, war nichts so wie es sein sollte. Kleinschmidt stand zusammen mit Konrady in seinem Büro und diskutierte über die Pressekonferenz, die Dagmar Keller vor ein paar Minuten beendet hatte. Konrady hatte die Fragen der Journalisten, vor allem die zu Mick Peters, stereotyp mit einem »Dazu kann ich zum jetzigen Zeitpunkt noch nichts sagen«, abgewimmelt. Genauso gut hätte man eine Schallplatte mit einem Sprung vor den versammelten Journalisten abspielen können.

»Ich wusste nichts von der Sache mit Peters, Mann! Außerdem brauche ich mich hier nicht zu rechtfertigen.«

Konrady fühlte sich zu Unrecht in die Ecke gedrängt und verlieh seinem Unmut lautstark Ausdruck.

Walter Kleinschmidt, ein großer hagerer Mann mit Glatze und Schnauzbart, saß hinter seinem Schreibtisch und bemühte sich, gelassen zu bleiben.

»Hören Sie Herr Konrady, ich bin nicht Ihr Vorgesetzter und ich werde Ihnen auch nicht vorschreiben wie Sie was zu machen haben, aber ich brauche Ihnen auch nicht zu sagen, dass jeder hier Mick gerne wieder im Revier hätte. Bevor er nach Düsseldorf ging war er mein bester Mann.«

Kleinschmidts Stimme klang dabei ruhig und reserviert. Er wusste, er würde Konrady in einer Diskussion überlegen sein, was allerdings nicht allzu schwer war. Weiß der Teufel wie der Typ an den Job gekommen ist, dachte er bei sich.

»Ich habe ja sowieso keine Wahl mehr. Jetzt weiß ja schon ganz Deutschland, dass Peters mit im Boot sitzt. Und nachdem wir schon einen Fehlschuss mit dem falschen Verdächtigen hatten, würden wir uns lächerlich machen, wenn wir in dieser Sache zurückrudern...«

Der Glatzkopf strich sich mit der linken Hand über den Schnauzbart um sein Schmunzeln zu verdecken. Keller war eine durchtriebene Person. Ihre Beförderung hatte, wie er sehr wohl wusste, mit dem Abschied von Mick Peters in Zusammenhang gestanden. Umso erstaunlicher schien ihm die Tatsache zu sein, dass sie nun alles daransetzte, ihrem alten Partner noch eine zweite Chance zu geben. Nach dem Vorwurf der Vergewaltigung hatte man sich damals in beiderseitigem Einverständnis von Mick Peters getrennt.

Eigentlich hätte Dagmar Kellers Job Mick Peters zugestanden. Obwohl man Mick hinausgeworfen hatte, warf der Fall auch kein gutes Licht auf Keller. Jeder ahnte, dass etwas an der Sache faul war, doch keiner wagte es, Fragen zu stellen.

»Sie wissen, dass er hier eine Art Legende war?«

Kleinschmidt sprach bewusst langsam und bedächtig, um seinen Worten größte Bedeutung zu verleihen.

Konrady rieb sich die Nase.

»Auch Legenden haben ihre Schwächen«, erwiderte der Chef des LKA.

Walter Kleinschmidt hob die Augenbrauen. Diesen Satz hatte er Konrady nicht zugetraut.

Wieder rieb er seinen Schnäuzer und baute sich hinter seinem Schreibtisch auf.

»Noch einmal..., wir hätten Mick Peters gerne wieder hier. Bevor er nach Düsseldorf ging und dort zusammen mit Keller arbeitete war er hier unübertroffen. Allerdings wird sich die Presse auf den Vorfall von damals stürzen. So oder so wird es kein gutes Licht auf uns werfen. Also, was sollen wir tun?« Konrady fuchtelte sich mit beiden Händen im Gesicht herum, so, als würde er damit seine Gedanken sortieren.

In diesem Augenblick betrat Dagmar Keller das Büro, begleitet von zwei Polizisten in Zivil.

»Bin ich jetzt eine Schwerverbrecherin?«, fragte sie und schaute Konrady an.

Kleinschmidt nickte den beiden Polizisten zu, die augenblicklich verschwanden und eine scheinbar gelangweilte Dagmar Keller in der Tür stehen ließen.

»Sie verdammte kleine Schlampe, was fällt Ihnen eigentlich ein?«, schoss Konrady sofort los, als die Polizisten die Tür hinter sich geschlossen hatten. »Sie bilden sich wohl ein, Ihnen gehört die ganze Welt. Das wird Konsequenzen nach sich ziehen!«

»Hohoho«, beschwichtigte Kleinschmidt, als er sah, dass Konradys Kopf beinahe zu platzen drohte. Mit seiner tiefen Stimme kam er sich dabei eher vor wie der Weihnachtsmann. »Mir ist klar, die Wogen schlagen hoch, aber wir wollen hier doch möglichst sachlich bleiben. Allerdings frage ich mich auch, was Sie geritten hat, Frau Keller? Wie kommen Sie darauf Peters ins Spiel zu bringen. Ein Mann dem Sie seinerzeit eine Vergewaltigung angehängt haben. Tut mir leid, für mich klingt das ziemlich absurd«.

»Es ist so«, begann die Polizistin. »Ich habe damals einen Fehler gemacht. Das gebe ich zu. Aber das hat nichts mit dem jetzigen Fall zu tun. Wenn wir Erfolg haben wollen, dann brauchen wir Mick, das wissen sie genauso gut wie ich. Er ist der Beste.«

»Das wussten Sie damals auch schon.«, folgte Kleinschmidts schneidender Kommentar, zu dem Konrady zustimmend nickte.

»Klar«, stimmte Keller zu.

»Es war falsch und ich bin bereit, die Konsequenzen zu ziehen, auch wenn es vielleicht zu spät ist.«

Sie senkte kurz den Kopf in einer entschuldigenden Geste und fuhr fort.

»Ich habe beinahe ein Leben zerstört. Ich werde es nie völlig gut machen können, doch vielleicht ist das ein erster Schritt. Nehmen Sie Mick Peters wieder in den Polizeidienst auf. Er ist unsere Chance in diesem Fall.«

Kleinschmidt war beeindruckt. Keller schaffte es mal wieder jemanden einzulullen. Auch Konradys Gesicht nahm wieder eine halbwegs normale Farbe an. Von tomatenrot zu schweinchenrosa.

»Es wird schwer werden, ihn hier wieder rein zu bekommen. Sein Bruder ist bei einem der Morde ums Leben gekommen und die Anschuldigung der Vergewaltigung wird wie ein Damoklesschwert über ihm schweben. Selbst wenn er wieder bei uns ist, wird es für ihn nicht einfach«, sagte der Gladbacher Polizeichef.

Nun schaltete sich auch Konrady in das Gespräch ein. Er fuhr sich durch die lichten Haare und bemühte sich um eine ruhige Stimmlage.

»Sie stellen sich das so schön einfach vor«, begann er. »Als ich Sie einstellte und Ihnen den Posten gab, haben Sie mich um den Finger gewickelt. Nun versuchen Sie das hier wieder. Wir haben anscheinend damals die falsche Entscheidung getroffen. Sie bekleiden den Posten, der eigentlich Peters zugestanden hätte. Meinen Sie etwa, man kann die Zeit einfach wieder so zurück…?«

»Nein!«, fiel ihm Keller ins Wort. »Es geht nicht darum, die Zeit zurückzudrehen, es geht nur darum, dass wir Peters brauchen, wenn wir in diesem Fall weiterkommen wollen.«

Kleinschmidt setzte sich wieder auf den Schreibtischstuhl und massierte seinen Hals. Er wusste, das würde zu nichts führen. In Sachen Gesprächsführung war Keller Konrady turmhoch überlegen. Und der Alte würde wieder in seinen Abwehrmodus fallen und sich mit irgendwelchen Schimpfwörtern zu verteidigen versuchen.

»Sie kommen sich wohl superschlau vor Sie, Sie...«, stotterte Konrady, wobei seine Gesichtsfarbe wieder in Richtung Tomate tendierte.

»Halt, halt!«, mischte sich Kleinschmidt ein. »Das führt doch alles zu nichts.«

Konrady zupfte an seiner Krawatte, so als würde er Luft brauchen, um weiterhin seine Contenance bewahren zu können.

»Es geht hier nicht darum, wer besser streiten kann. Wir müssen eine Entscheidung treffen. Mick Peters ja oder Mick Peters nein«.

Konrady und Keller schwiegen einen Augenblick und würdigten sich keines Blickes.

Tief durchatmend schaute Konrady auf den Boden, hob dann den Blick Richtung Kleinschmidt und sagte: »Nachdem Sie es ohnehin schon öffentlich gemacht hat, bleibt uns ja kaum noch etwas anderes übrig. Stellen Sie den Kerl wieder ein!«

Ohne ein weiteres Wort zu sagen, verließ der Chef des LKA das Büro und hinterließ zwei verdutzte Personen.

»Das haben Sie ja geschickt eingefädelt«, bemerkte Kleinschmidt mit einem Lächeln.

Kapitel 21

Mick Peters stellte den Porsche vor dem Polizeigebäude ab, stieg aus, verschloss den Wagen und atmete noch einmal tief durch.

Konnte es wahr sein? Würde er wieder hier arbeiten? Er ließ die Pressekonferenz und den gestrigen Abend noch einmal Revue passieren.

Die leicht angetrunkene Dagmar Keller. Ihr Versprechen, alles wieder gut zu machen. Er hatte es auf den Alkohol geschoben, doch in der Konferenz war sie zweifelsohne nüchtern gewesen und hatte ihren Worten Taten folgen lassen.

Kann ich einfach da rein marschieren und dort weitermachen, wo ich vor Jahren aufgehört habe, fragte er sich.

Auch wenn es natürlich noch nicht sein alter Job beim LKA war, sondern »nur« seine Stelle bei der Gladbacher Polizei. Er gab sich einen Ruck und ging mit gemischten Gefühlen auf die Eingangstür zu.

Dagmar Keller hatte seinen Einsatz im jetzigen Fall gefordert, hatte gegenüber den Presseleuten sogar so getan, als wäre schon alles klar. Doch Mick wusste, dass dem nicht so war. Sie konnte ihn gar nicht einstellen oder sogar nur kurzfristig in ihr Team holen. Dazu fehlte ihr jede Befugnis. Darüber mussten ganz andere Leute abstimmen. Doch sowohl Sarah, seine Schwägerin, als auch Gotthard, mit dem er ein sehr angenehmes Telefonat geführt hatte, waren der Meinung, dass er unbedingt in der Zentrale aufschlagen musste. Was dann weiter geschah, würde man sehen.

Mick wollte gerade die Klinke herunterdrücken, als die Tür mit Wucht von innen aufgestoßen wurde.

Zwei Zivilbeamte, die groß »Wichtig«, auf der Stirn stehen hatten, bahnten sich einen Weg und dahinter erschien der Mann, dem Peters am wenigsten begegnen wollte. Helmut Konrady!

Der Chef des Düsseldorfer LKA blieb wie angewurzelt stehen. Mick grinste ihn an und verneigte sich leicht.

»Herr Konrady«, sagte er mit hohntriefender Stimme. »Wie schön, Sie wiederzusehen.«

Er wollte sich schon an den Männern vorbeidrücken, doch sein ehemaliger Chef ließ ihn nicht so einfach ziehen.

»Peters«, zischte er. Sein Kopf wurde von einer auf die andere Sekunde puterrot und seine Halsschlagader schwoll zur doppelten Breite an und pochte so heftig, dass man befürchten musste, er würde hier und jetzt einem Schlaganfall erliegen. »Ich weiß nicht, wie Sie das angestellt haben, aber auf Eines können Sie sich verlassen.« Er baute sich vor Mick auf und musste sich auf die Zehenspitzen stellen, um Peters Auge in Auge gegenüber zu stehen. »Ich behalte Sie genauestens im Blick«. Schweißperlen erschienen auf seiner Stirn. »Beim kleinsten Mist, den sie bauen und sei es auch nur, dass ich Sie beim Falschparken erwische, sind Sie wieder raus. So wahr ich hier stehe.«

Mick grinste. »Wird Ihnen das nicht langsam langweilig?«

Konrady runzelte die Stirn. »Was?«, stammelte er.

»Na, mich rausschmeißen«, meinte Mick. »Das haben Sie doch schon mal gemacht. Und damals haben sie nicht gut recherchiert. Schließlich scheinen die Gründe für meine damalige Entlassung falsch gewesen zu sein. Wenn Sie diesen Fehler wiederholen wollen: Bitte schön. Aber diesmal werden Sie von meinem Rechtsanwalt hören.«

Und damit drückte er sich an dem linken Bodyguard vorbei und ging ins Gebäude. Konrady blieb wutschnaubend zurück. Toll, dachte Peters. Noch keine fünf Minuten im Dienst und schon neue Freunde. Du hast echt nichts verlernt.

Er steuerte den Gang an, der in den Aufenthaltsraum führte. Dort wollte er sich erkundigen, wie es mit ihm hier losgehen sollte.

Er war noch keine zehn Meter durch den Korridor geschritten, als ihn eine Stimme verharren ließ.

»Peters?«, Mick drehte den Kopf und stellte fest, dass die Stimme aus dem halb geöffneten Büro an der gegenüberliegenden Seite kam. »Mick Peters!«

Die Stimme wurde drängender und Mick steckte den Kopf in das Zimmer.

Kleinschmidt war dort und vor seinem Schreibtisch saß Dagmar Keller. Beide grinsten ihn an.

Mick trat ein und schüttelte seinem ehemaligen Chef die Hand. Er hatte den Mann seit seiner Entlassung nicht mehr gesehen. Hatte sich nach der Demütigung in Düsseldorf auch hier bei seinen Ex-Kollegen nicht mehr blicken lassen. Jetzt verspürte er eine tiefe Wärme. Kleinschmidt hatte ihn immer unterstützt, war für den damals jungen Polizisten zu einer Art Vaterfigur geworden und Mick freute sich wirklich, ihn wiederzusehen. »Herr Kleinschmidt«, sagte er und bekam das Lachen nicht aus dem Gesicht.

»Wir waren schon mal bei Walter«, sagte der Glatzkopf.

»Und ich wüsste nicht, was sich daran geändert haben sollte.« Er deutete auf einen freien Stuhl neben Keller. »Aber setz dich doch. Wir haben einiges zu besprechen.«

Dagmar begrüßte ihn nett aber zurückhaltend.

Kleinschmidt lehnte sich in seinem Stuhl zurück und verschränkte die Hände hinter seinem fleischigen Nacken. »Da hast du mir ja eine schöne Scheiße eingebrockt«, sagte er gespielt böse, lächelte aber dabei.

»Ich habe erst aus dem Fernsehen davon erfahren«, rechtfertigte sich Mick.

Keller räusperte sich. »Ich habe dir gestern versprochen, meinen Fehler wiedergutzumachen«, sagte sie leise.

Kleinschmidt unterbrach sie. »Was damals vorgefallen ist, interessiert mich im Augenblick überhaupt nicht. Das wird sicherlich an einem anderen Tag noch einmal genau geklärt werden.« Er sah die Frau an und das Lächeln verschwand für einen Moment. »Das wird nicht einfach für Sie, das kann ich Ihnen garantieren.«

Dagmar Keller nickte. »Ich weiß«, meinte sie trocken. »Ich werde für meine Fehler bedingungslos geradestehen.«

Der Chef nickte. »Gut! Aber wie gesagt: Das ist im Augenblick nicht wichtig. Wichtig für mich ist, ob Sie wirklich wieder als Team zusammenarbeiten können. Ob auch Mick, wenigstens für kurze Zeit, vergessen kann, was Sie ihm angetan haben.«

Peters nickte sofort. »Sonst wäre ich nicht hier. Für mich geht es nur darum, den Mörder meines Bruders zu finden. Alles andere kann warten.«

Der Glatzkopf fand sein Lächeln wieder. »Genau das wollte ich hören.« Er sah Mick in die Augen. »Trotzdem sind da noch ein paar Sachen, die angesprochen werden müssen«, sagte er dann. »Erstens: Ich kann dich nicht sofort wieder einstellen. Doch ich habe ein paar Telefonate geführt und wichtigen Leuten klargemacht, dass wir dich hier dringend brauchen. Was nicht einfach war. Schließlich könnte man dir Befangenheit in dem Fall vorwerfen, weil du durch den Tod deines Bruders unmittelbar betroffen bist. Und man gab mir, und auch da musste ich den Leuten zustimmen, zu bedenken, dass sich die Presse gnadenlos auf dich stürzen wird. Sie werden sicherlich wissen wollen, was damals zwischen Keller und dir vorgefallen ist. Sie werden die Sache bis zum Letzten ausschöpfen, ganz egal ob du ihnen etwas anvertraust oder nicht. Kurzum: Du wirst ein dickes Fell brauchen.« Er trommelte mit den Fingern auf die Schreibtischunterlage. »Wir sind schließlich zu dem Schluss gekommen, dass uns der Wirbel um deine Person vielleicht sogar guttun könnte. Umso ruhiger können wir weiter am eigentlichen Fall arbeiten.«

»Ich wusste gar nicht, dass es in der Polizeispitze auch clevere Leute gibt. «

Das Trommeln erstarb. »Ich habe mich weit für dich aus dem Fenster gelehnt, Mick. Enttäusch mich nicht! Und mach dir keine unnötigen Feinde.«

»Upps. Konrady habe ich gerade auf dem Flur getroffen.«

»Konrady ist ein Arschloch«, meinte Kleinschmidt. »Er wollte deinen Einsatz verhindern, ist aber überstimmt worden. Er hat keine Handhabe gegen dich.«

»Das klang gerade aber anders.«

»Er bläst sich halt gerne auf. Auch das müsstest du wissen.«

Wieder nickte Mick.

Kleinschmidt erhob sich. »Dann haben wir jetzt genug gequasselt«, befand er und gab Peters und Keller die Hand. »Du arbeitest als Berater im Team«, sagte er zu Mick. »Eine Festanstellung konnte ich noch nicht erreichen.« Er zwinkerte seinem Mitarbeiter zu. »Aber was nicht ist, kann ja noch werden. Liefere denen einfach einen guten Grund, dich wieder ganz in den Polizeidienst aufzunehmen. Schnapp diesen Killer!«

Und damit komplimentierte er Keller und Peters aus seinem Büro.

Mick blieb draußen stehen und sah Dagmar an. »Ich hoffe, du hast dir mit dieser Aktion nicht zu sehr geschadet.«

Sie tat es mit einer Handbewegung ab. »Vergiss es einfach. Ich bin froh, dass ich den Mut dazu aufgebracht habe.« Sie blickte ihm tief in die Augen. »Vielleicht kannst du mir irgendwann sogar ganz verzeihen.«

Peters spürte ein warmes Gefühl. Ich habe dir schon verziehen, wollte er rufen, doch es würde nicht die Wahrheit sein. Er hatte wertvolle Jahre seines Lebens durch ihre Lüge verloren. Ein großer Teil von ihm wollte vergessen, wollte diese Frau wieder in seinem Leben haben.

»Wir haben einen Fall zu lösen«, sagte er und es klang kühler, als er beabsichtigt hatte.

Keller senkte den Kopf. »Du hast recht«, flüsterte sie. »Lass uns an die Arbeit gehen.« Damit wandte sie sich um und schritt den Flur entlang.

Mick wollte ihr nachlaufen, sie in den Arm nehmen und spüren, doch er traute sich nicht. Noch nicht.

Erst holen wir uns den Mörder, dachte er. Und dann …

Die Zeit würde die Antwort bringen.

Man hatte einen großen Raum, der als Aktenlager gedient hatte, in Windeseile leergeräumt, um ein Großraumbüro zu schaffen, das dem Fall und der Größe des Teams angemessen war.

Als Peters und Keller eintraten, richteten sich alle Blicke auf sie. Gotthard kam zu Mick und schlug ihm auf die Schulter. »Willkommen an Bord«, sagte er.

Dagmar rollte mit den Augen. »Ihr beiden segelt doch schon länger zusammen«, merkte sie an und der junge Kommissar wurde tatsächlich rot.

»Ich... ich«, stotterte er und entlockte Keller ein Lächeln.

»Sie haben offenbar früher begriffen, dass wir Mick brauchen können«, sagte sie. »Alles gut, Aloysius.« Sie deutete auf die weiteren Anwesenden. »Das hier sind Thomas Gerads und Robert Jerkowski«, sagte sie. »Sie sind uns zugeteilt worden, um uns bei Zeugenbefragungen und Recherchearbeiten zu unterstützen.«

Mick nickte den beiden zu. Er kannte die Ermittler aus seiner Düsseldorfer Zeit. Er hatte zwar nie unmittelbar mit ihnen zusammengearbeitet, war ihnen aber schon mehrfach über den Weg gelaufen. Gerads war groß und schlaksig, Jerkowski klein und gedrungen. Und weil sie immer zu zweit auftauchten, hatten sie bald ihre Spitznamen »Tom und Jerry« weg. Wichtiger jedoch war ihr guter Ruf. Sie waren bekannt dafür, jeder noch so kleinen Spur nachzugehen und hatten oft bei Zeugenbefragungen Dinge herausbekommen, die andere überhört hatten. Ein weiterer Mann saß vor einem riesigen Flatscreen und schaute nur kurz auf, um Mick zuzunicken.

»Das ist Dirk Hastenrath. Er ist unser Spezialist für Arbeiten im Netz. Was dort für unseren Fall wichtig ist, wird er finden.«

Mick betrachtete den Jungen. Er schien gerade von der Schule zu kommen. Trug allerdings einen teuren Anzug und italienische Designerschuhe. Sein blondes Haar war modisch kurz geschnitten und auf seiner Nase saß eine Hornbrille, wie sie gerade, warum auch

213

immer, wieder im Kommen war. Eine Mischung zwischen Yuppie und Nerd, dachte Mick. Doch er war froh, jemanden im Team zu haben, dem die Computer-Surferei offensichtlich Spaß machte. Peters selbst war mehr der Mann für die Straße.

»Okay«, sagte Mick und wandte sich dem großen Board zu, auf dem die bisherigen Ergebnisse im Fall vermerkt waren. »Lasst uns mal sehen, was wir bereits haben.«

Es war ein seltsames aber irgendwie tolles Gefühl, wieder richtige Polizeiarbeit zu machen. Auch wenn es schwer war, das Bild seines Bruders wieder vor Augen zu haben.

Neben dem Foto seines Bruders gab es noch Bilder von Altgott und von König. Der tote Rentner Meurers, der nur zur falschen Zeit am falschen Ort gewesen war, erschien nur als Randnotiz.

»Wie geht es König?«, fragte Mick. »Der einzige Mensch, der einen unmittelbaren Kontakt mit dem Killer überlebt hat.«

Gerads meldete sich zu Wort. »Wir stehen in ständigem Kontakt mit dem Krankenhaus. Sobald König aus dem Koma erwacht, werden wir informiert.«

»Und wie stehen die Chancen?«

Der Polizist zuckte die Schultern. »Da wollen sich die Ärzte nicht festlegen. Mal steht sein Leben auf Messers Schneide, eine Stunde später macht man uns Hoffnungen. Ehrlich gesagt, sollten wir uns nicht auf eine Zeugenaussage von ihm verlassen.«

Keller nickte. »Das haben wir auch nicht vor«, befand sie und Mick trat einen Schritt zur Seite, um ihr Platz in der Mitte vor dem Board zu lassen. Es hatte ihn in den letzten Minuten so gepackt, dass er schon ganz vergessen hatte, dass er das Team nicht leitete, sondern nur ein Berater war.

»Wird König bewacht?«

»Ein Beamter ist rund um die Uhr vor der Krankenzimmertür.«

Keller sah ihn an. »Du meinst also auch, dass König nach wie vor in Gefahr ist?«

Peters brauchte nicht lange zu überlegen. »Der Killer hasst seine Opfer, aus welchem Grund auch immer. Er hat sich perfide Methoden überlegt, um sie zu töten. Es wird ihm nicht gefallen, dass jemand überlebt hat.«

Jerkowski meldete sich zu Wort. »Er tötet nicht selber«, warf er ein. »Er lässt töten.«

Mick zog sich einen Stuhl heran und setzte sich. Auch Keller nahm an dem runden Tisch Platz, der in der Mitte des Raumes stand und mit Akten vollgepackt war.

»Das ist eine ganz wichtige Feststellung. Das sagt etwas über unseren Mann aus. Die Frage ist nur: Was?«

Keller deutete auf die Bilder. »Wir sind uns wohl alle einig, dass unser Mann nicht willkürlich tötet. Dass er alle seine Morde lange vorbereitet hat. Seine Opfer über Wochen, vielleicht sogar Monate ausspionierte. Also kennt er sie. Will sich rächen für etwas, dass ihm vielleicht in der Vergangenheit angetan wurde.«

»Aber was?«, fragte Gerads. »Es gibt keinen Zusammenhang zwischen den Opfern. Sie kannten sich offensichtlich nicht einmal. Kommen aus ganz verschiedenen Welten.«

»Wenn wir das rausbekommen, dann haben wir unseren Mann«, meinte Keller. Sie gab sich Mühe, zuversichtlich zu klingen, aber es misslang gründlich. Zu lange hatte sie sich selbst schon den Kopf zerbrochen, wo die Gemeinsamkeiten waren.

Peters sah Tom und Jerry an, die sich sogar den Schreibtisch teilten. »Was sagen die Angehörigen?« fragte er. »Vielleicht müssen wir da noch einmal ansetzen. Irgendjemand muss sich doch an einen Riesenkerl erinnern, der mal Ärger gemacht hat.«

Hastenrath, von dem Mick eigentlich dachte, dass er hinter seinem Monitor eingeschlafen war, hatte ihr Gespräch doch verfolgt und meldete sich nun zu Wort.

»Es gibt kaum Angehörige«, sagte er. »Das macht die Sache ja so kompliziert. Alles, was wir bis jetzt haben, sind immer nur Aussagen von Nachbarn. Weder Altgott noch Königs lebten in einer festen Beziehung. Und keiner der beiden hatte Geschwister. Nur Mark Peters ...« Er brach ab.

»Hatte einen Bruder und lebte in einer Beziehung«, vollendete Mick.

Hastenrath zog den Kopf ein.

»Es ist in Ordnung«, sagte er zu dem verstörten Mann. »Mark ist eines der Opfer, also müssen wir über ihn reden.« Er überlegte. »Keine Verwandten? Wie steht es mit Eltern? Leben die noch?«

Hastenrath schüttelte den Kopf.

Peters überlegte. »Unser Vater starb, als wir gerade Erwachsene waren«, erklärte er dann. »Und unsere Mutter kam bei einem Autounfall kurz darauf ums Leben.« Er war plötzlich in sich gekehrt, als spreche er mehr zu sich selbst, als zu den anderen. »Und wir waren wieder allein. Mark und ich.«

Dagmar Peters beugte sich zu ihm. Ihre Hand zuckte vor, wollte seine greifen, dann wurde ihr klar, wo sie sich befanden und sie ließ sie auf den Tisch sinken.

»Wieder?,« fragte Gotthard.

»Wir waren Waisen. Unsere Eltern starben, als wir Kleinkinder waren. Ich erinnere mich nicht an sie. Mark und ich sind im Heim groß geworden bis uns die Peters adoptiert haben. Es waren die glücklichsten Jahre unseres Lebens.« Er seufzte. Man sah ihm an, dass es ihm nicht leichtfiel, darüber zu sprechen.

Die anderen Teammitglieder sahen ihn an. Betroffenheit lag in ihren Blicken.

Mick schüttelte sich plötzlich, wie ein nasser Hund. »Ich weiß gar nicht, warum ich das erzähle.«, meinte er dann. »Das gehört gar nicht hierher.«

»Und wenn doch?« Eine aufgeregte Stimme hinter dem Monitor. Fliegende Finger auf einer Tastatur.

»Altgott und König sind ebenfalls Waisen. Altgott wurde adoptiert. König ist, bis er auf eigenen Beinen stehen konnte, in diversen Heimen gewesen.«

Plötzlich wurde es so ruhig, dass man die berühmte Stecknadel hätte fallen hören können.

Und Mick Peters wurde von einer Sekunde zur anderen in die Vergangenheit geschleudert.

Kapitel 22

Niemandem im Raum entging Mick Peters Reaktion.

Er sagte nichts, starrte vor sich hin, war nicht mehr bei ihnen.

»Mick?« Dagmar Keller griff nun doch nach der Hand ihres Kollegen. Sollten die anderen doch denken, was sie wollten. »Mick?«

Der Angesprochene bewegte den Kopf und sah die Kommissarin an.

»Das kann nicht wahr sein«, sagte er leise. Immer noch schien er die Personen im Raum nicht wahrzunehmen.

»Was kann nicht wahr sein?«

Mick suchte nach Worten. Versuchte, seine Gedanken zu ordnen.

»Es gibt ein Ereignis aus meiner Vergangenheit, das ich fast verdrängt hatte«, meinte er langsam. Seine Stimme war nur ein Hauch und Gerads und Jerkowski rückten näher heran, um ihn verstehen zu können. Selbst Hastenrath kam hinter seinem Monitor hervor und stellte sich hinter Micks Stuhl.

»Ich war acht Jahre alt«, begann Peters seine Geschichte. »Da schickte uns das Heim in einen Urlaub. Sieben Jungs durften auf Kosten eines Gönners in ein Jugendcamp in den Harz fahren. Anfänglich war es toll. Wir hatten alle so etwas noch nie erlebt und selbst als wir von den »normalen« Jungs gemobbt wurden, machten wir uns eine schöne Zeit.« Micks Blick war jetzt nicht mehr auf seine Kollegen gerichtet. Die Vergangenheit hatte ihn fest im Griff.

»Wir schliefen in einem Blockhaus, spielten Fußball, gingen in einem See schwimmen.« Er lächelte. »Fast alle jedenfalls. Ich war der Kleinste und konnte damals noch nicht schwimmen.« Er stockte. »Dann passierte es. Irgendjemand schlug eine Mutprobe vor. Eine Exkursion in eine halb verfallene Jagdhütte. Mein Bruder und die anderen von uns zogen los. Ich blieb im Camp zurück.«

Er machte eine Pause. Atmete tief durch. Seine Teammitglieder hingen an seinen Lippen. »Am Abend kehrten nur fünf Jungen zurück. Die Jagdhütte war bewohnt und ein großer Mann hat sich eines von den Kindern geschnappt. Die anderen konnten fliehen.« Wieder unterbrach er sich.

»Und dann?« Keller wusste noch nicht, worauf ihr Partner hinauswollte.

»Wir informierten die Polizei. Die tagelang das Gelände absuchte, doch ...« Er schluckte. »Der Mann und der entführte Junge wurden nicht gefunden. Sie waren wie vom Erdboden verschluckt.

»Das ist ja furchtbar.« Die Kommissarin drückte Micks Hand.

»Wir anderen Jungs haben den Urlaub abgebrochen. Ich glaube, in diesem Sommer wurde das ganze Camp dichtgemacht. Wie gesagt, die Ereignisse in der Hütte kenne ich nur aus Marks Erzählungen. Er wurde noch Monate später nachts wach und schrie.«

Gotthard hatte sich auch am Tisch niedergelassen. »Das ist über zwanzig Jahre her«, meinte er dann. »Was hat diese Story mit unserem Fall zu tun?«

Mick zuckte die Schultern. »Alles oder vielleicht auch nichts«, sagte er. »Mir ist sie nur eingefallen, als Hastenrath erwähnte, dass alle Opfer Waisen waren. Und einer der Jungs, die mit uns dort waren hieß Stefan. Er war immer nett zu mir, dem Nesthäkchen, und hat mir sogar ein paar Comics geschenkt«. Wieder trat das Lächeln auf sein Gesicht, als er sich an die glückliche Zeit erinnerte.

»Wie waren die Namen der anderen?«, wollte Gerads wissen. Mick schüttelte den Kopf. »Ich weiß es nicht mehr«, antwortete er. »Aber ich werde es herauskriegen.«

»Und du meinst, dass so weit in der Vergangenheit die Gemeinsamkeiten unserer Opfer liegen?« Keller klang nicht sehr überzeugt.

»Keine Ahnung«, meinte Mick ehrlich. »Es ist mir nur alles wieder eingefallen.«

»Und warum will jemand eine Handvoll Waisenjungs von einst umbringen?« Auch der Einwurf von Gotthard war nicht von der Hand zu weisen.

»Ich kann es nicht sagen.« Mick sprang auf. »Aber die Erinnerung lässt mich jetzt nicht mehr los. Ich muss herausbekommen, wie die anderen Jungs hießen.«

»Und wie willst du das anstellen?«

»Hastenrath kann im Netz nach dem Vorfall suchen«, beschloss Mick.

»Zu lange her. Da war das Internet noch im Aufbau«, meinte der Angesprochene. »Trotzdem werde ich mich bemühen.« Und damit verschwand er hinter seinem Schreibtisch.

»Gerads kann sich vielleicht mit der Polizei in Osterode in Verbindung setzen. Vielleicht gibt es im Harz alte Akten.«

»Und du?«

»Ich werde eine Reise in die Vergangenheit unternehmen und meine alte Heimat besuchen«, sagte er.

Keller sprang auf. »Ich begleite dich.«

Gotthard sah seine Chefin an. »Und was macht der Rest?«

»Den Fall weiter so bearbeiten wie bisher. Noch einmal alles durchgehen. Jede Zeugenaussage. Vielleicht haben wir irgendetwas übersehen.«

Mick nickte den anderen zu. »Wir verlieren nur einen halben Tag, wenn meine Spur ins Leere führt. Dann sind wir wieder hier und müssen uns etwas Neues einfallen lassen.«

Er nahm seine Jacke, die er beim Betreten des Büros achtlos in eine Ecke geworfen hatte und stürmte los. Dagmar Keller hatte Mühe mit ihm Schritt zu halten. Sie glaubte nicht, dass die Entführung des Jungen von damals etwas mit ihrem jetzigen Fall zu tun hatte, doch sie hatte auch Micks Bauchgefühl kennen- und schätzen gelernt. Und zu verlieren hatten sie Nichts. Es gab nicht besonders viele Spuren, die sie verfolgen konnten. Und nun hatte sie wenigstens das Gefühl etwas Nützliches zu tun.

Mick eilte aus der Polizeizentrale und steuerte auf den Porsche zu.

»Schicker Wagen«, nickte Keller anerkennend, als sie auf der Beifahrerseite einstieg.

»Nur geliehen«, meinte Peters. »Gehörte meinem Bruder.« Wie aus Respekt vor dem Toten schwiegen beide eine Zeit lang.

»Ich wusste gar nicht, dass du adoptiert worden bist«, sagte die Kommissarin dann. Sie waren ein Paar gewesen und doch hatte Mick immer wenig von sich Preis gegeben.

»Das war für mich nie wichtig«, sagte er. »Ich kannte meine richtigen Eltern kaum. Ich war zu klein, als sie starben. Selbst Mark erinnerte sich nicht an sie. Es war pures Glück, dass die Peters uns zu sich holten. Zwei Jungs, der eine am Beginn der Pubertät. Wer tut sich das freiwillig an? Die meisten, die eine Adoption anstreben, wollen doch ein Baby.« Er lenkte den Wagen Richtung des Stadtteils Neuwerk.

»Ich kann das den Beiden nicht hoch genug anrechnen«, sagte er dann. »Die Peters waren meine Eltern, ohne Wenn und Aber. Sie haben Geduld mit uns gehabt und uns mit Liebe und Verständnis überschüttet. Ganz egal, was wir anstellten. Sie waren die außergewöhnlichsten Menschen, die ich je kennen gelernt habe.«

Seine Augen wurden feucht und er wischte sich verstohlen darüber. Dann schwieg er, legte den nächsten Gang ein und ließ den Motor röhren. Häuser und Bäume flogen an ihnen vorbei, Mick fuhr viel zu schnell, als wolle er vor der Vergangenheit fliehen.

»Und du meinst wirklich, dass die Ereignisse aus dem Camp mit unserem Fall zu tun haben?«

»Ich weiß es nicht«, antwortete er ehrlich. »Aber, wenn die einzige Gemeinsamkeit der Opfer, auf die wir bisher gestoßen sind, die ist, dass sie alle Waisen waren, dann muss ich da ansetzen. Und wie gesagt: Kurz nach dem Vorfall wurden Mark und ich adoptiert und haben nie mehr Kontakt zu den anderen gehabt. So etwas wie Ehemaligentreffen gibt es in Heimen wohl nicht.«

Er lächelte traurig. »Und dass ein Stefan dabei war ist immerhin seltsam. Vielleicht nur ein komischer Zufall und trotzdem muss ich mehr erfahren.«

»Fallen dir keine anderen Namen mehr ein?«

Er überlegte angestrengt. »Vielleicht weiß Sarah etwas«, sagte er dann. »Mark hat ihr sein Kindheitstrauma bestimmt erzählt.« Er sprach es aus, glaubte allerdings nicht wirklich daran. Die Brüder hatten das Ereignis totgeschwiegen, also warum sollte Mark seiner Frau davon erzählt haben?

Weil sie seine Frau war, sagte eine Stimme in seinem Kopf. Jemand mit dem man alles teilt. Die guten und die schlechten Dinge.

So wie ich es einmal mit Dagmar wollte, dachte Mick. Er blickte zur Seite und bemerkte, dass seine Kollegin ihn ebenfalls betrachtete. Ihre Blicke trafen sich und wieder durchfuhr Mick dieses warme, angenehme Gefühl.

Verrenn dich nicht, mahnte er sich. Sonst läufst du mit offenen Augen in das nächste Unglück.

Er verbannte seine Überlegungen in die hintersten Winkel seines Gehirns und konzentrierte sich wieder auf die Straße, folgte den Schildern, die ihn Richtung Neuwerker Krankenhaus führten. Dann bog er von der Hauptstraße rechts ab und hielt nur fünfhundert Meter weiter den Wagen an.

Sein Blick fiel durch die Scheibe auf einen großen Einkaufsmarkt.

»Seltsam«, sagte er leise. »Genau hier war das Kinderheim. Ein großes, altes Haus mit Stuckverzierungen.« Er drehte den Kopf, orientierte sich, doch ihm war völlig klar, dass er sich nicht vertan hatte.

Das Kinderheim gab es nicht mehr.

»Lass uns aussteigen«, schlug die Kommissarin vor. Sie bemerkte Micks Niedergeschlagenheit und wollte ihn daraus befreien. »Vielleicht kann uns jemand etwas darüber erzählen.«

Sie schlossen den Wagen ab, ließen den Einkaufsmarkt links liegen und gingen auf eine Reihe Häuser zu, die genauso alt waren und genauso aussahen, wie Mick das Heimgebäude beschrieben hatte.

Sie mussten nicht lange warten. Ein älterer Herr trat mit zwei Plastiktüten beladen aus einem Hauseingang und steuerte auf die Mülltonnen zu.

»Entschuldigung!«

Der Kopf des Mannes ruckte herum. Er trug eine Cordhose, ein Flanellhemd und sein faltiges Gesicht war schlecht rasiert.

»Können Sie uns vielleicht weiterhelfen?«

»Dazu müssten sie mir schon erklären, worum es geht«, grantelte der Mann. Er ließ die Tüten in den Mülleimern verschwinden und knallte die Deckel zu.

»Wohnen Sie schon lange in dieser Straße?«

»Mein ganzes Leben.« Der Alte wurde neugierig.

»Kannten Sie das Waisenhaus, das früher dort stand?«

Der Mann grinste. Für einen kurzen Moment konnte man ahnen, wie er als Junge ausgesehen hatte.

»Natürlich«, sagte er. »Haben uns oft genug mit den Waisenbengeln rumgekloppt.«

Keller ging nicht darauf ein. »Was ist geschehen?«, fragte sie. »Wurde es abgerissen? «

Der Alte schüttelte entschieden den Kopf. »Da war nicht mehr viel zum Abreißen«, sagte er. »Ist Ende der 80er abgebrannt. Bis auf die Grundmauern. War Riesenglück, dass niemand in dem Feuer umgekommen ist. Nur ein paar mit Rauchvergiftung und so etwas.«

»Hat man herausgefunden, warum es gebrannt hat? Schlechte Stromkabel, ein Kurzschluss oder ...«

»Brandstiftung«, unterbrach der Mann Keller. »Das haben die relativ schnell rausgekriegt. Überall Brandbeschleuniger und so ein Zeug. Nur den Typen, der es gemacht hat, den hat man nie geschnappt.«

Der Alte sah die enttäuschten Gesichter seiner Gesprächspartner. »War es wichtig für Sie?«

»Ich bin hier groß geworden«, sagte Mick. »Ich war einer von den Waisenbengeln.«

Der Mann verzog das Gesicht. »Entschuldigung, das wusste ich natürlich nicht.« Es schien ihm wirklich peinlich zu sein.

»Kein Problem«, sagte Mick. »Das ist schon so lange her. Schade. Ich dachte, ich könnte vielleicht ein paar Akten einsehen. Leute treffen, die zu meiner Zeit mit mir hier waren.

Schauen, was aus ihnen geworden ist.«

»So `ne Art Klassentreffen,« meinte der Alte.

»Ja. So etwas. Aber jetzt...«

Der Mann rieb sich mit der Hand übers Kinn. Das Schaben seiner Stoppeln trieb Keller eine Gänsehaut über den Rücken. »Vielleicht kann Ihnen Pfarrer Friedrichs weiterhelfen. Er hat bis zu dem Brand hier gearbeitet. Als Betreuer. Dann hat er sein Theologiestudium beendet und ist jetzt hier der Gemeindeseelsorger.« Er trat näher an Peters heran. »Wenn Sie mich fragen: Ein komischer Kauz. Aber die Leute, die regelmäßig in die Kirche gehen, scheinen ihn zu mögen.«

»Wohnt er in der Nähe der Kirche? «

»Direkt nebenan. Im Pfarrhaus. Einfach die Straße runter. Können Sie gar nicht verfehlen.«

Mick hörte den Rest schon nicht mehr. Er konnte die Kirche am Ende der Straße sehen und machte sich zu Fuß auf den Weg. Dagmar Keller bedankte sich hastig bei ihrem Informanten und lief Mick hinterher.

»Warum hast du es plötzlich so eilig?«, fragte sie ihren Partner. Ihr war aufgefallen, dass Mick auf die Aussagen des Mannes heftig reagiert hatte.

»Friedrichs«, sagte er und beschleunigte noch einmal seine Schritte. »Der Name des Pfarrers. So hieß der Betreuer, der mit uns im Camp war.«

Keller schwieg. Sie wusste immer noch nicht, was sie von der Sache zu halten hatte. Wollte Mick nur seine und die Vergangenheit seines Bruders aufarbeiten oder glaubte er wirklich, dass diese Geschichte etwas mit ihrem Fall zu tun hatte? Mit Riesenschritten erreichten sie das Backsteinhaus, das sich in den Schatten der Kirche duckte. Mick sprang die drei Stufen hoch und drückte ohne zu zögern auf die Klingel.

Als nach zehn Sekunden keine Reaktion erfolgte, schellte er erneut.

»Schon gut, schon gut«, hörten sie von drinnen eine Stimme. »Ein alter Mann ist doch kein D-Zug.«

Schlurfende Schritte, dann wurde die Tür vorsichtig aufgezogen. Ein spindeldürrer Mann erschien im Rahmen, ungefähr 1,85 Meter groß. Seine schwarze Hose schlackerte um seine dünnen Beine und das Hemd mit dem Priesterkragen war viel zu weit.

Er beäugte die Ankömmlinge vorsichtig abschätzend. »Was kann ich für Sie tun?« Er fuhr sich durch sein volles schwarzes Haar, das aber deutlich Richtung grau unterwegs war. »Sind Sie neu in der Gemeinde? Ich glaube nicht, dass ich Sie bereits im Gotteshaus begrüßen durfte.«

Mick schüttelte den Kopf. »Wir sind nicht von hier«, sagte er.

»Ich meine, nicht aus Ihrer Gemeinde.«

»Und wie kann ich Ihnen behilflich sein? «

Peters deutete mit einer Kopfbewegung die Straße herunter. »Ich bin in dem Waisenhaus groß geworden«, sagte er. »Heute wollte ich meiner alten Heimat einen Besuch abstatten, vielleicht mein altes Zimmer noch einmal sehen und da erfahre ich, dass es abgebrannt ist.«

Der Pfarrer verzog das Gesicht, als hätte man ihn geschlagen. »Sie waren ein Junge dieses Heims?«, fragte er und betrachtete Micks Gesicht aufmerksam.

»Ja, und Sie haben dort als Betreuer gearbeitet. Vielleicht können Sie mir einige Fragen beantworten.«

Dem Geistlichen schien das Thema unangenehm.

»Worum geht es genau?«

»Um die Ferienreise nach Osterode. Mein Bruder und ich haben teilgenommen. Und Sie auch.«

Der Pfarrer wurde kreidebleich. Er fuhr sich mit der Hand über den Mund. »Mick?«, fragte er. »Mick Peters?«

Jetzt war die Überraschung auf der anderen Seite. »Sie wissen, wer ich bin?«

Der Geistliche antwortete nicht. Stattdessen gab er die Tür frei. »Kommen Sie doch rein«, sagte er. »Ich habe gerade einen Tee gemacht.«

Er wartete nicht auf seine Besucher, sondern lief voraus ins Innere des Hauses. Dagmar Keller sah Mick an, dieser zuckte nur die Schultern, betrat den schmalen Flur und schloss dann hinter der Kommissarin die Tür.

Im Haus war es schummrig. Dicke Gardinen, die sicherlich schon bessere Zeiten gesehen hatten, hingen vor den Fenstern und ließen nicht viel Tageslicht nach innen dringen. Man hätte auch dringend einmal lüften müssen. So lag über allem ein Geruch nach altem Schweiß und undefinierbaren Essensresten. Die Haushälterin, von der Mick gedacht hatte, dass es sie in jedem Pfarrhaus gab, schien hier zu fehlen.

»Kommen Sie, kommen Sie!« Friedrichs kam aus einer winzigen Küche und trug ein Tablett mit Tassen und einer altmodischen Teekanne. Er ging voraus in ein kleines Wohnzimmer, das von einer wuchtigen Ledergarnitur und rustikalen Eichenschränken förmlich erdrückt wurde.

Der Pfarrer stellte das Tablett ab, verteilte die Tassen und goss dampfenden Tee ein. »Setzen Sie sich doch bitte!«, forderte er seine Besucher auf.

Die Polizisten ließen sich nebeneinander auf das Sofa fallen und Friedrichs nahm ihnen gegenüber auf einem der beiden Sessel Platz.

Sekundenlang beobachtete man sich nur. Das schmale Gesicht des Pfarrers war von Adern durchzogen, seine Nase mehr blau als rot. Man musste kein Hellseher sein, um zu wissen, dass der sonntägliche Messwein nicht der einzige Alkohol im Leben des Mannes war.

Und auch jetzt roch Peters einen Hauch Rum. Der Pfarrer hatte sich seinen Tee etwas schmackhafter zubereitet.

Mick war es egal. Er spuckte selbst nicht ins Glas und das Leben des Geistlichen, das sicherlich nicht sehr aufregend war, musste sich wohl hier und da ein bisschen schöner getrunken werden.

»Das mit ihrem Bruder tut mir leid«, sagte der Pfarrer plötzlich und erinnerte Mick daran, warum sie eigentlich hier waren. Peters nickte nur.

Friedrichs sagte nichts weiter. Er vermied es sogar, den beiden Beamten in die Augen zu sehen. Er rührte in seinem Tee, konzentrierte sich auf die Tasse, als sei das Getränk darin die wichtigste Sache der Welt.

Mick kannte dieses Verhalten. So benahmen sich Leute, die etwas ausgefressen oder etwas zu verbergen hatten. Oder wenigstens ein schlechtes Gewissen.

»Wie sind Sie darauf gekommen, dass ich Mick Peters bin?«, fragte er in die Stille. Der Pfarrer ließ klirrend den Löffel fallen. »Ich... ich...«, stotterte er. Tränen traten in seine Augen. »Diese Sache von damals verfolgt mich noch immer«, flüsterte er dann. »Ich habe so große Schuld auf mich geladen.«

»Sie?«, Keller wusste nicht, worauf der Pfarrer hinauswollte.

»Die Jungen waren meiner Obhut anvertraut«, murmelte er beinahe unhörbar. »Ich habe nicht aufgepasst und Richard ist verschwunden.«

Richard! Peters erinnerte sich. Der schmale, zurückhaltende, für sein Alter viel zu große Junge.

»Wissen Sie auch die Namen der anderen Jungen, die dabei waren?« Mick überfiel den Geistlichen förmlich.

Friedrichs nickte. »Natürlich«, sagte er. »Ihre Namen haben sich unauslöschlich in mein Gehirn gebrannt.«

Er nahm einen Schluck des heißen Tees und verzog das Gesicht. »Da waren Sie und ihr Bruder. Dann Richard und Stefan, Peter und Ulli und natürlich Karsten.«

Keller zuckte zurück. Mark Peters, Karsten Altgott und Stefan König. Die Vornamen passten. Wenn das immer noch ein Zufall war, dann jedenfalls ein unglaublicher.

»Wissen Sie, was aus den Kindern geworden ist?«

Der Pfarrer lächelte schief. »Ich habe ihren weiteren Werdegang genau verfolgt«, sagte er. »So als wollte ich mir selbst beweisen, dass meine Unachtsamkeit von damals nicht ihre ganzen Leben zerstört hat.« Jetzt sah er Mick ins Gesicht. »Sie haben relativ früh das Waisenhaus verlassen«, sagte er dann. »Ich habe danach noch oft mit Ihren Eltern telefoniert und mich erkundigt, wie es Ihnen geht. Und als sie erwachsen wurden, konnte ich Ihren Werdegang in der Zeitung verfolgen. Und Ihr Bruder ist Immobilienmakler geworden. Das rauszubekommen war auch nicht schwer.« Er atmete tief durch. »Zwei Waisen, die ihr Leben in den Griff bekommen haben. Trotz meines Fehlers.« Er überlegte. »Karsten wurde ein halbes Jahr später von den Altgotts adoptiert. Es hat mich ein wenig Überredungskunst gekostet, aber die Altgotts sind von ihrem Vorhaben abgewichen, ein Kleinkind zu nehmen und nahmen Karsten auf. Und sie haben es bis zu ihrem Tod nie bereut. Auch mit ihnen bin ich in Verbindung geblieben.«

Mick Peters lief ein Schauer über den Rücken, wenn er daran dachte, wie sehr sich der Geistliche für sein Leben interessiert hatte.

»Stefan im Auge zu behalten war einfacher. Er blieb lange in diversen Heimen und hat sich dann mit seiner Musik selbstständig gemacht. Erst als PA-Verleiher, dann mit seinem eigenen Studio. Und als er seinen Namen von Bauer in den Künstlernamen König änderte, konnte er mich damit auch nicht verwirren.« Er grinste selbstzufrieden, wie ein Polizist, der eine Spur gefunden und sie bis zum Ende verfolgt hatte.

Dann kam nichts mehr. Er schlürfte nur noch den Tee.

»Was ist mit den anderen? Wie waren die Namen?«

»Ulli und Peter,« sagte der Geistliche wie aus der Pistole geschossen. Der Pfarrer machte ein enttäuschtes Gesicht.

»Was ist aus ihnen geworden?«

»Ich weiß es nicht«, sagte er dann frustriert. »Ulli wohnte noch ein paar Jahre in Mönchengladbach, hielt sich mit Gelegenheitsjobs über Wasser. Dann verschwand er einfach von der Bildfläche. Zog in eine andere Stadt. Ich habe keine Ahnung. Und auch über Peter kann ich Ihnen leider nichts sagen.«

Mick Peters konnte seine Enttäuschung nicht verbergen. Sie hatten nur die Toten. Und Vornamen von zwei weiteren Waisen. Sonst nichts.

»Kennen sie die Nachnamen der Jungen?«

»Ulrich Lennartz und Peter Haber. So hießen sie im Heim. Und soviel ich weiß sind sie auch beide niemals adoptiert worden. Aber wo sie wohnen...«, er zuckte die Achseln.

Keller hatte bis jetzt nur zugehört. »Haben Sie die Mordfälle in Mönchengladbach nicht verfolgt?«, mischte sie sich plötzlich ins Gespräch ein.

Der Pfarrer, der gerade wieder seine Tasse anheben wollte, ließ sie mit lautem Scheppern zurück auf die Untertasse fallen.

»Ihnen muss doch aufgefallen sein, dass drei ihrer ehemaligen Schützlinge jetzt tot sind. Oder, in Stefan Königs Fall, schwer verletzt.«

Der Mann begann zu zittern. Innerhalb eines Augenblickes wurde er weiß wie ein Bettlaken und Schweiß erschien auf seiner Stirn. »Sie haben doch die Zeitung gelesen!«

Für einen kurzen Augenblick, so schien es Mick, wandelte der Mann am Rande eines Herzinfarktes. Dann fing sich der Pfarrer jedoch.

»Ich habe Angst«, sagte er dann. »Ich weiß. Ich bin Geistlicher. Ich sollte Gottvertrauen und keine Angst vor dem Tod haben. Doch ich bin schwach ... so schwach.« Seine Stimme erstarb.

»Wovor haben Sie Angst?« Keller kannte keine Gnade mit dem älteren Mann.

Der Pfarrer blickte sie an und in seinen Augen lag ein unfassbares Grauen.

»Angst, dass er mich auch holt.«

Jetzt war es heraus und der Geistliche ließ sich im Sessel zurücksinken. Sah nun noch schmaler aus, so als würde er nur noch aus Haut und Knochen bestehen.

»Wer?«, fragte Peters leise. »Wer sollte Sie denn holen?« Friedrichs zuckte heftig zusammen. »Richard!«, sagte er dann und drehte den Kopf, als rechne er damit, dass der Junge mit einem Messer hinter ihm stehen würde.

»Richard? Das verschwundene Kind aus dem Camp?« Der Geistliche nickte kraftlos.

»Aber man hat ihn nie gefunden. Hat man ihn nicht sogar irgendwann für tot erklärt?«

Friedrichs nahm seinen Tee und führte ihn mit zitternden Händen zum Mund. Das Getränk war abgekühlt und er stürzte die Flüssigkeit in einem Zug hinunter. Der Alkohol darin breitete schnell seine beruhigende Wirkung aus.

»Er ist nicht tot«, sagte der Pfarrer. »Ich habe ihn gesehen.« Peters und Keller waren plötzlich hellwach.

»Wann?«

»Als er das Waisenhaus in Brand gesteckt hat.«

Mick ließ sich zurücksinken. »Aber das ist Jahre her. Haben sie das damals der Polizei erzählt?«

Friedrichs schüttelte den Kopf. »Man hätte mich doch für verrückt erklärt.«

»Und wie kommen Sie darauf, dass die Morde auch mit Richard zu tun haben?«

Der Pfarrer fuhr sich durch sein schweißnasses Haar. »Ich weiß es einfach«, sagte er mit Nachdruck. »Der Racheengel ist zurückgekehrt und übt Vergeltung an denen, die ihn damals im Stich gelassen haben.«

Keller blickte Mick an. Und warf gleich darauf einen Blick auf den Pfarrer. Ihr war deutlich anzusehen, was sie von der Geschichte des Mannes hielt.

Sie erhob sich aus dem Sofa. »Vielen Dank für Ihre Zeit«, sagte sie dann. »Ich denke für heute sind wir fertig. In den nächsten Tagen wird ein Beamter erscheinen und es wäre nett, wenn Sie Ihre Aussage dann noch einmal zu Protokoll geben.«

Mick stand nun auch auf und reichte Friedrichs die Hand. »Vielen Dank für die Informationen«, sagte er und der Händedruck des Pfarrers war schlaff, kaum vorhanden, als wäre alle Kraft aus ihm gewichen.

»Bemühen Sie sich nicht«, sagte Keller, als sie sah, dass sich Friedrichs umständlich aus dem Sessel erheben wollte. Er hatte wohl keinen Tee mit Rum in der Tasse gehabt, sondern Rum mit einem Schuss Tee.

Sie gingen den dunklen Flur hinunter und als sie die Tür erreicht hatte, hörten sie noch einmal die heisere Stimme des Pfarrers.

»Er ist es!«, schrie er beinahe. »Nehmt euch in Acht. Der Racheengel ist zurückgekehrt.«

Und Keller lief ein Schauer über den Rücken.

»Was hältst du von der Geschichte?«, fragte die Kommissarin, als sie wieder im Porsche saßen.

Mick zuckte die Achseln. »Ich habe keine Ahnung«, sagte er ehrlich.

»Aber es ist schon mehr als sonderbar, dass die Toten alle Mitglieder in diesem Sommercamp waren.«

»Und die Sache mit Richard? Der totgeglaubte Junge, der als Racheengel aufersteht?«

»Vielleicht das Gefasel eines alkoholkranken Irren. Und doch die beste Spur, die wir bis jetzt haben.«

Mick jagte den Sportwagen durch die Straßen.

»Wenn es uns gelingt, die beiden übrig gebliebenen Jungs ausfindig zu machen, dann wissen wir vielleicht mehr«, gab er zu bedenken.

»Wird nicht einfach werden«, sagte Keller. »Kann Tage dauern.«
Doch in diesem Punkt irrte sie gewaltig.

Kapitel 23

Ulrich Lennartz schaute auf die Temperaturanzeige.
»Die ist jetzt grade mal bei zweiundvierzig Grad«, rief er seinem Kollegen Hans zu.
Lennartz machte seinen Job nicht gerne. Reinigung von Schweröltanks war nicht zwingend sein Lebenstraum. Man verdiente gutes Geld aufgrund der Schmutz- und Gefahrenzulage, das alleine zählte. Er bewunderte einige seiner Freunde, die gerne zur Arbeit gingen, auch für viel weniger Geld.
Früher hatte der kleine Uli immer eine Schwäche für Autos gehabt. Als Kind bastelte er gerne an Motoren rum, schraubte, bohrte und hämmerte tagein tagaus. Doch irgendwann war von der Begeisterung nicht mehr viel übriggeblieben. Seine Ausbildung zum KFZ-Mechaniker hatte er zu Ende gebracht, doch irgendwann schnitt er alte Zöpfe ab, zog weg aus seiner Heimatstadt Mönchengladbach und begann ein neues Leben.
Job reihte sich an Job. Meistens waren es handwerkliche Berufe, aber auch völlig ungewöhnliche Sachen. Für ein halbes Jahr verdiente er sein Geld als Greenkeeper einer Golfanlage, dann wiederum trug er Zeitungen aus, meist nebenbei. Auch als Fahrer für Kühlwaren oder als Zusteller von Paketen hatte er schon gearbeitet. Hauptsache sein Kontostand ließ zu, dass er neben der Arbeit seinen Hobbys nachgehen konnte.
Ulrich Lennartz liebte Kinofilme, besuchte Bordelle und ließ am Wochenende gerne die Sau raus. Dann wurde mit Freunden gesoffen bis sich die Balken bogen. Das war seine Welt. Eine feste Freundin oder gar eine Ehe brauchte er nicht. Mehr noch: Er hielt es für »überflüssigen Schrott« sich für ein Leben lang zu binden. Er dachte an einige Bekannte, die nur noch zusammen waren, weil es auf dem Papier so festgelegt war und die sich schon seit Ewigkeiten auseinandergelebt hatten.
Nein, das würde ihm nicht passieren.

Lieber einsam sterben, als mit einer Lüge zu leben, dachte er sich.

»Hans, mach mal ein bisschen Feuer. In dem Ding kannste ja baden.«

Der Schweröltank musste aufgeheizt werden, damit sich der Inhalt komplett verflüssigte und abgepumpt werden konnte. Zusätzlich pumpte man eine chemische Lösung in den Tank, damit der *Gatsch*, der restliche Inhalt, umweltfreundlicher entsorgt werden konnte.

Die Firma, in der die Anlage stand, zog ihn tatsächlich zurück nach Mönchengladbach. Erst war Uli nicht so glücklich darüber, weil hier Erinnerungen an frühere, traurige Tage zum Leben erweckt wurden, aber solange das liebe Geld stimmte ...

»Hans, mach mal ran hier, ich will irgendwann fertig werden«, schrie Lennartz.

»Hans?«

Der Kollege, der hinter dem Tank das Heizelement bedienen sollte, gab keinen Laut von sich. Dabei war Ulis Geschrei eigentlich gar nicht zu überhören. Sie waren, nun da es kurz vor Mitternacht war, alleine auf dem Firmengelände.

Uli fluchte, entfernte sich von der Temperaturanzeige und stapfte wütend um den großen Kessel.

Zu seiner Überraschung sah er niemanden. Dort wo Hans stehen sollte wartete das zu bedienende Heizelement auf seinen Einsatz. Keine Spur seiner Kollegen.

Etwas nervös wiederholte er den Namen seines Mitarbeiters, doch nichts war zu hören.

Der Erdboden konnte ihn ja schlecht verschluckt haben und für Streiche war sein alter Kollege eigentlich nicht zu haben, also was zum Teufel ... Sein Gedankengang wurde durch ein leises, helles Geräusch unterbrochen, das aus der Richtung des Temperaturanzeigers kam, an dem er eben noch gestanden hatte.

Er machte wieder kehrt und lugte vorsichtig um den Kessel.

Niemand da!

Verdammt, was soll der Scheiß?, dachte er.

»Hans, du dummes Arschloch. Geh mir nicht auf den Sack mit so 'ner Kacke. Lass uns hier weitermachen. Und noch einen fetten Applaus für deine Show.«

Er klatschte leise in die Hände, mehr um sich selbst Mut zu machen. Irgendwas war hier ganz gewaltig faul.

»Ja ok, hör zu, wo immer du auch bist. Ich gehe mir jetzt einen Kaffee ziehen. Du kannst ja nachkommen, wenn du Bock hast. Vielleicht sollten wir ja wirklich mal 'ne Pause einlegen.«

Kurz dachte Lennartz über das nach, was er gerade gesagt hatte: Eigentlich völliger Unsinn! Wir haben doch gerade erst hier angefangen.

Kaum hatte er den Gedanken zu Ende gedacht, spürte er ein Tippen auf seiner Schulter. Mit einem lauten Schrei fuhr Lennartz mit angewinkeltem Ellenbogen um die eigene Achse und traf seinen Widersacher mitten auf die Nase. Sofort kippte sein Gegenüber um, blieb auf dem Boden liegen und hielt sich wütend fluchend seinen Riecher.

»Ach du Scheiße, Hans, äh sorry«, stammelte Uli, als er seinen Kollegen blutend auf dem Boden liegen sah.

»Man hast du 'ne Macke, was war das denn, du Spinner?«, wütete Hans ohne aufzuschauen.

Lennartz war die Situation unglaublich peinlich.

»Oh Gott, das tut mir echt so leid. Ich dachte du wärst nicht mehr da. Ich hab doch gerufen und niemand hat sich gemeldet und dann…«

»Darf man etwa nicht mal mehr pinkeln gehen?«

Der weißhaarige Hans erhob sich. Sein Gesicht war voller Staub und Blut. Er war mit seinen einundsechzig Jahren zwanzig Jahre älter als sein Gegenüber. Man nannte die beiden die Currywurst-combo, weil der eine schneeweiße und der andere hellrote Haare hatte.

Seit nunmehr vier Jahren reinigten sie als Team Schweröltanks und bisher war alles reibungslos abgelaufen, auch wenn es immer eine Drecksarbeit war und nun das!

»Eigentlich müsste ich dich anzeigen. Was sollte denn der Müll? Wieso bist du denn so völlig neben der Spur? Sowas ist doch nicht normal«, schimpfte der Alte.

»Oh Mann, ich kann mich wirklich nur tausend Mal entschuldigen«, gab Ulrich kleinlaut zurück.

Sein Kollege war wirklich eine Seele von Mensch und er selbst war auch nicht aggressiv, aber der Schreck hatte diese dämliche Aktion ausgelöst, die ihm jetzt natürlich höchst unangenehm war.

»Ich gehe mal wieder und mache mir das Gesicht sauber. Hoffentlich ist der Zinken nicht gebrochen. Verpass mir bitte nicht noch eine, wenn ich gleich wiederkomme.«

Mit diesen Worten trottete der Weißhaarige wieder in die Richtung, aus der er gekommen war.

Ulrich schaute ihm kurz nach und setzte sich dann neben den Kessel. Erst mal runterkommen, dachte er. So etwas war ihm noch nie passiert und auch wenn es im Affekt geschehen war, gab es dafür keine Entschuldigung. Er verbarg sein Gesicht in seinen Händen. Vielleicht konnte Hans ihm ja verzeihen, aber vielleicht fiel auch der Mond vom Himmel. Wer wusste schon wie der Alte tickte, so richtig kannte ihn ja keiner.

Der Riese wartete geduldig auf der Empore über dem Schweröltank. Hier war es zappenduster und mit seiner dunklen Kleidung würde man ihn nie und nimmer erkennen.

Der Wurf mit dem kleinen Steinchen hatte als Ablenkung nicht funktioniert, weil der Alte zu schnell wieder da war, aber es war gut zu wissen, dass er bei seinem Opfer vorsichtig sein musste. Erfreut über den Streit zwischen den beiden Arbeitern beobachtete er, wie der Weißhaarige wieder in Richtung Toilette trottete.

Jetzt!, dachte er.

Das war der richtige Zeitpunkt um sein Ziel auszuschalten. Flink und beinahe lautlos kletterte er die Empore hinab.

»Oh Mann, Hans, nicht schon wieder. Sag doch mal was, bevor du an einen ran schleichst. Brauchst dich echt nicht zu wundern, wenn dann so was passiert wie eben, verd ...« Das letzte Wort hatte Ulrich Lennartz noch nicht ganz ausgesprochen, als er einen stechenden Schmerz in seinem Nacken spürte. Er versuchte noch etwas zu sagen, aber irgendwie war seine Zunge wie gelähmt, dann wurde ihm schwarz vor Augen.

Hans kam von der Toilette und umrundete den Kessel. Nichts war von seinem Kollegen zu sehen. Kurz betastete er seine Nase. Alles schien noch ganz zu sein. Möglicherweise war sie ja nicht gebrochen. Die Blutung hatte er auch stoppen können, trotzdem dröhnte ihm der Schädel.

»Huhu! Hör zu Uli, es ist alles nicht so tragisch. Ich werde dich schon nicht hinter Gittern bringen«, beschwichtigte der Alte, in der Hoffnung Lennartz würde sich zu erkennen geben. Doch es passierte nichts.

Dann entdeckte Hans ein mit Edding beschriebenes Papier über der Temperaturanzeige und las sich die Worte laut vor: »Hey, sorry noch mal. Ich bin für ein paar Minuten raus um wieder klar zu werden. Heiz den Kessel weiter an. Bis gleich!«

Hans tat es beinahe leid, dass sich sein Arbeitskollege das Ganze so zu Herzen genommen hatte, dass er sich mal kurz vom Acker machen musste.

Auf jeden Fall drängte die Zeit. Sie hatten einen Auftrag und wenn er jetzt nicht loslegte, bekämen sie ein gewaltiges Problem mit ihrem Chef. Er drückte ein paar Tasten auf dem Heizaggregat, legte einen Hebel um und etwas begann zu rattern, um dann in ein stetiges Brummen überzugehen. Durch die extern angebrachten Heizspiralen würde sich der Gatsch nur langsam aufheizen. Der Weißhaarige schaute auf das Display des Kontrollmonitors, las die Zeit und die Temperatur ab. Dann setzte er sich auf einen Schemel und begann damit die Arbeitskleidung für die Rückstandsentsorgung zurechtzulegen.

Ulrich hustete in ein Tuch, welches seinen Mund umschloss. Sein Kopf pochte. Hände und Füße konnte er nicht bewegen und Luft bekam er durch dieses Tuch kaum, auch weil seine Nase von diesem penetranten Gestank nach Fett, Chemie und Öl beinahe komplett zu war.

Er schüttelte den Kopf um irgendwie besser Luft zu bekommen, doch es war einfach nicht möglich. Ihm wurde klar, dass ihn jemand in den Schwerölbehälter verfrachtet hatte. Die zähe Suppe umschloss ihn etwa bis zur Brust. Sein Kopf lag auf irgendetwas Hartem. Er war auf dem Boden des Tanks gefesselt, der nur noch etwa zu fünfzehn Prozent mit Öl gefüllt war. Jemand musste den Tank präpariert haben. Präpariert, um ihn hier und jetzt zu sieden.

Der Gedanke ließ Ulrich für einen Moment fast wieder ohnmächtig werden. Kurz flammte die Erinnerung auf, wie er überhaupt hier hereingekommen war. Er dachte an dieses Stechen im Nacken, an dieses Geräusch, an Hans!

Plötzlich ratterte es. Das Heizaggregat für die externen Platten lief nun auf Hochtouren. So viel war klar. Er musste hier raus! Wild brüllte er in das Tuch, schüttelte seine roten Haare hin und her, so dass sie mit Öl getränkt wurden, und bemühte sich nach Leibeskräften, die Fesseln abzustrampeln. Doch der Erfolg blieb aus. Eher kam es Ulrich so vor, als würden die Fesseln bei jeder Bewegung noch fester um seine Beine und Arme gezurrt. Schweiß rann in seine Augen und er begann abzuschätzen, wie lange er dieses Martyrium aushalten könnte. Das Dumme war, dass er selbst völlig machtlos war. Ohne Hilfe von außen war ihm jede Chance genommen, hier wieder lebend heraus zu kommen.

Lennartz spielte im Kopf das Szenario durch.

Wir fangen an bei zweiundvierzig Grad. Die Platten erhitzen diesen hier schneller als einen vollen Tank, da bloß noch eine Pfütze drin ist, die aber ausreicht, um wie ein Teebeutel in heißem Wasser zu ziehen. Ganz davon abgesehen, dass dieses Chemiezeugs nicht nur die Rückstände im Öl auflöste.

Er gab sich noch eine halbe Stunde. Vielleicht auch eine Dreiviertelstunde. Die Restflüssigkeit würde bis einhundert Grad steigen. Er würde buchstäblich gekocht werden.

Immer wilder versuchte er durch unkoordinierte Bewegungen etwas Freiheit zu bekommen, vergeblich.

Seine Schreie, gedämpft durch das Tuch würde niemand hören. Dafür waren die Umgebungsgeräusche des Aggregats zu laut. Und er hatte keine Zeit. Ihm fehlte einfach die Zeit.

Lennartz spürte mit jedem weiteren Versuch sich zu befreien wie seine Kräfte schwanden, wie die Luft, die eh schon stickig genug war, immer dünner wurde. Wie die chemische Lösung sich langsam in seine Haut fraß. Er begann zu röcheln. Sein Kopf war von Schweiß und Öl klatschnass. Die heiße Flüssigkeit begann ihre volle Wirkung zu entfalten.

Wer auch immer das hier konstruiert hatte, er kam nun auf seine Kosten, dachte der Rothaarige. Eine Show im Dunkeln, ohne Zuschauer, ohne Bühne und ohne Applaus.

Der Schmerz kam schleichend. Uli spürte die Hitze wie tausend Nadelstiche immer und immer wieder. Kraftlos schrie er fortwährend auf, merkte wie seine Haut unter den ölgetränkten Klamotten aufplatzte, wie dreckiges, glühend heißes Öl auf rohes Fleisch traf. Spürte, dass sich der chemische Zusatz wie brennende Nadeln in seine Haut und seine Knochen fraß. Hier komme ich nur noch als Skelett raus, dachte er noch, bevor unerträgliche Qualen jeden Gedanken auslöschten. Es gab nur noch den Schmerz und erst nach schier unendlich langer Zeit erlöste ihn eine gnädige Ohnmacht.

Der Mann auf der Empore beobachtete den Arbeiter mit den weißen Haaren. Er hätte ihm am liebsten zugejubelt. An diesem Bild ergötzte er sich. Wieder führte jemand für ihn die Arbeit aus. Wieder war er seinem Ziel ein Stück nähergekommen. Wieder hatte die Gerechtigkeit einen Teilerfolg errungen. Und doch war es nichts, was ihn wirklich befriedigte. Er hatte seine Mission, Erfüllung jedoch würde er nie mehr finden. Das Leben hatte ihm die Gefühle fast vollends genommen und lediglich Platz für Rache frei gelassen. Der Riese schwang seinen Mantel herum, verschwand beinahe lautlos wie eine Katze über das Geländer und verließ die Halle.

Kapitel 24

Aufgeregt und außer sich vor Angst rannten die Jungen wild umher. Mick erkannte sie. Es waren seine Freunde und sein Bruder. Immer wieder riefen sie Richards Namen. Dann sah er Friedrichs aus dem Wald kommen. Sein gezeichnetes Gesicht mit den rot unterlaufenen Augen, den tiefen Ringen und den kleinen geplatzten Äderchen auf den Wangen wandte sich Mick zu. Unaufhaltsam wurde die Fratze größer. Friedrichs Blick durchbohrte den kleinen Mick. Immer näher kam der Betreuer an den kleinen Jungen heran und in einem grotesk ruhigen Ton flüsterte er immer wieder: »Wir alle sind schuld, wir alle.«

Schweißgebadet schrak Mick auf. Sein Handy spielte die Melodie der 80er Jahre Serie Miami Vice. Ein Blick auf das Display zeigte ihm, dass Dagmar Keller am anderen Ende der Leitung versuchte, ihn zu erreichen.

»Ja«, grummelte er ins Handy.

»Guten Morgen Mick oder sollte ich besser sagen, gute Nacht? Tja mein Lieber, das sind die Schattenseiten unseres Berufs. Es ist etwas passiert, bei Stentgens, irgendwo in Lürrip, in der großen Fabrik. Könnte vielleicht was mit unserem Fall zu tun haben. Wir warten am Revier, beeil dich!«

Keller hatte sofort aufgelegt, ohne eine Antwort von Mick abzuwarten.

Ein Blick auf den Wecker verriet ihm, dass es 5:34 Uhr war.

Mick rieb sich die Schläfen. Er hatte ziemlichen Mist geträumt. Friedrichs, sein Bruder und die Kinder des Heimes. Wieso erinnerte er sich auf einmal wieder an diese längst vergangenen Sachen? Vielleicht kam es daher, dass ihn der Tod seines Bruders und die anderen Mordfälle so aufwühlten, dass längst Vergangenes wieder zum Vorschein kam. Aber es war gut so. Womöglich war es eine Art der Verarbeitung.

Er tapste in die Küche und füllte die Kaffeemaschine mit Wasser. Dann drückte er ein Pad in die Vorrichtung und betätigte den mittleren Knopf.

Seine Schwägerin schlief noch. Vorsichtig schlich er im Dunkeln ins Gästezimmer zurück und bewaffnete sich mit seiner Kleidung. Auf dem Weg ins Bad musste er unweigerlich an Sarahs Schlafzimmer vorbei. Er versuchte, sich möglichst geräuschlos zu bewegen, trat aber mit dem Fuß gegen die Kommode, die etwas zu sehr in die Diele ragte, blies die Wangen auf, um einen Schmerzensschrei zu unterdrücken und vergaß dabei, die Vase aufzufangen, die durch den Tritt gegen den kleinen Schrank ein Eigenleben entwickelt hatte. Mit lautem Krachen fiel das Porzellan zu Boden und zerbrach in tausend Teile.

»Mick?«, ertönte postwendend eine Stimme hinter der Schlafzimmertür.

»Nichts passiert. Ich bin versehentlich gegen die Kommode gelaufen, dabei ist die Vase runtergefallen. Sorry! Ich habe einen Anruf vom Revier bekommen und muss sofort los.« Es half alles nichts. Sarah stand schon in der Türe, völlig verschlafen, mit zerzausten Haaren und einem verdrehten Nachthemd.

»Kein Ding, ich mach dir schon mal 'nen Kaffee«, sagte sie, betätigte den Lichtschalter und wankte in Richtung Küche. Mick hielt sich die Hand vor das Gesicht. Das Licht blendete ihn.

»Ich sammle schon mal die Scherben auf«, rief Mick ihr hinterher und begann damit die großen Porzellanstücke auf die Kommode zu legen.

»Lass nur, das mache ich gleich.«

Die Vase hatte keine Bedeutung.... wie wahrscheinlich alles in ihrem Leben nach dem Tod von Mark, dachte Mick.

»Pad ist schon drin. Danke Sarah. Ich bin eben duschen«, rief er ihr nach und verschwand im Badezimmer.

Vor dem Polizeirevier hielt Mick den Porsche an. Dagmar Keller erwartete ihn schon am Eingang.

»Eben noch 'nen Kaffee?«, fragte sie und wartete Micks Antwort gar nicht ab. Sie gingen ins Revier. In der kleinen Küche herrschte ziemliches Gedränge.

Gerads und Jerkowski hielten beide einen dampfenden Borussia-Mönchengladbach-Becher in der Hand, was sie in Micks Augen sehr sympathisch machte. Auch Gotthard schüttete sich gerade Zucker aus kleinen Päckchen in einen Becher Kaffee und nickte Mick freundlich zu.

Dagmar Keller füllte zwei Tassen mit dem dunklen Gebräu.

»Milch und zweimal Zucker?«, bemerkte sie.

»Das man so was behält«, wunderte sich Mick.

Dann betrat Kleinschmidt die Küche.

»Ah, das Sonderkommando. Die SOKO-»Kaffeetanten«. Jerkowski hielt die Tasse vor sein Gesicht. Gerads schaute verschämt auf den Boden. Keller und Peters prusteten auf einmal los. Kleinschmidt stimmte mit in ihr Lachen ein.

»So schlimm bin ich doch auch nicht«, sagte der Chef in Richtung Jerkowski, der seine Tasse absetzte und auch zu lachen begann.

»Also…«, begann Kleinschmidt. »Wir haben um 5:10 Uhr einen Anruf aus der Firma Stentgens bekommen. Das ist eine große Fabrik im Gewerbegebiet von Lürrip. Die Firma stellt Schiffsmotoren her. Die Anlagen sind aber schon ziemlich veraltet. Viele der Maschinen werden noch mit Schweröl betrieben, was heute relativ selten ist. Die Maschinen müssen von Zeit zu Zeit gereinigt werden. Dies übernimmt eine spezielle Firma, die für den Prozess extra ausgebildet ist. Gestern Nacht waren zwei Arbeiter dieser Außendienstfirma damit beauftragt einen Tank zu säubern. Dabei ist, laut Aussage eines Arbeiters, einer der Männer in dem Tank umgekommen. Besser gesagt, er wurde im Öl gesotten.«

»Ge... was?«, meldete sich Jerkowski mit verständnislosem Blick zu Wort.

»Frittiert, wenn Sie es genau wissen wollen!«, antwortete Kleinschmidt.

Nach dieser drastischen Erklärung herrschte für kurze Zeit betretenes Schweigen im Kaffeeraum. Alle hingen an Kleinschmidts Lippen.

»Vor Ort werden schon Rettungswagen und einige Kollegen sein, die auf euer Eintreffen warten.«

Walter Kleinschmidt machte eine kleine Pause, um seinen folgenden Worten noch mehr Gewicht zu geben.

»Das Kuriose an der Sache ist, dass die Leiche des Arbeiters gefesselt in dem Tank liegt.«

Unverständnis machte sich bei den Anwesenden breit. Schockiert brummte der eine oder andere etwas vor sich hin. »Macht euch ein Bild von der Lage vor Ort! Noch Fragen?« Keiner sagte einen Ton. Kleinschmidt drehte sich um und ging wieder in sein Büro. Bevor er eintrat, wandte er sich noch einmal um: »Wenn irgendwas ist: Fragen, irgendwie was Auffälliges, etwas, was euch spanisch vorkommt, dann meldet euch bei mir.« Mit diesen Worten setzte er seinen Weg fort.

Keller hatte die Mannschaft eingeteilt.

Sie und Mick begutachteten den neuen Tatort.

»Tom und Jerry« waren damit beauftragt worden, sich im Laufe des Tages bei Friedrichs zu melden, um seine Aussage zu protokollieren. Gotthard sollte die gerichtsmedizinischen Unterlagen ein weiteres Mal durchsuchen. Der junge Hastenrath hatte die Aufgabe, alles über das Heim, den dazugehörigen Brand und den Verbleib der Jungs vom Sommercamp 1986 herauszufinden, alles was man in diese Richtung in Erfahrung bringen konnte.

Das Firmengelände von Stentgens war riesig. Allerdings hatte das Werk schon mal bessere Tage erlebt. Überall bröckelten Ziegelsteine von den Fassaden. Einige Türen waren mit Schmierereien versehen. Der Bau war in der Nachkriegszeit errichtet worden. Danach schien niemand mehr für eine Renovierung verantwortlich gewesen zu sein.

Dichtes Gestrüpp wucherte an einigen Außenwänden hoch. Hinter vergitterten Fenstern sah man vergilbte Vorhänge. Über dem großen Eingangstor prangte ein Schild mit der Aufschrift »Ste ge s Schi smo oren«. Die anderen Buchstaben hatten die Zeit nicht überlebt. Es schien niemanden zu interessieren. Man rechnete wohl nicht damit, dass dieses Geschäft noch lange bestehen würde.

Erstaunlich, dass diese Firma überhaupt noch existieren kann, dachte Mick.

Plötzlich schwang knirschend eine Stahltür auf. Ein Mann in Polizeiuniform und ein älterer Herr, Mick schätze ihn auf Mitte sechzig, kamen auf Keller und Peters zu.

»Hallo! Jentschow!«, stellte sich der Uniformierte vor. Er war schmal, etwa 1,80 Meter groß und hatte eine auffällig schiefe Nase.

»Hauptkommissar Kleinschmidt hat mich bereits über Ihr Kommen informiert. Das hier ist der Inhaber der Firma.«

»Stentgens, Maximilian Stentgens«, stellte sich der Alte vor. Sein schwarzes Outfit sah aus wie ein vererbter, schlechtsitzender Anzug aus Vorkriegszeiten. Seine wenigen blondweißen Haare hatte Stentgens fein säuberlich einmal über den Scheitel in die andere Richtung gekämmt. Er sah wie seine eigene Karikatur aus.

»Furchtbar, furchtbar. Ich habe schon viel erlebt, aber das hier.« Stentgens schüttelte unentwegt seinen Kopf, wobei seine Frisur etwas aus der Form geriet.

»Sollten wir nicht erst mal zum Tatort gehen?«, schlug Dagmar Keller vor.

»Natürlich«, entschuldigte sich Maximilian Stentgens, sichtlich um Fassung bemüht.

Die Firma gab von innen ein noch verlotterteres Bild ab, als sie es von außen schon erahnen ließ. Meterhohe Maschinen drohten zwischen Staub und Dreck auseinanderzufallen. Schmutzige Wege mit zersprungenen Steinplatten und abbröckelnder Putz an allen Wänden ließen erkennen, wie es um diesen Betrieb bestellt war.

»Hier ist aber lange nichts mehr gemacht worden«, bemerkte Mick. Stentgens räusperte sich.

»Sie haben Recht. Dass wir uns hier halten können, ist ein Wunder. Die Aufträge werden immer weniger. Als mein Vater noch lebte, ging das Geschäft noch viel besser. Viele Aufträge wurden unter der Hand vergeben. Man kannte und schätzte sich. Die paar treuen Seelen von damals, die es noch gibt, halten uns am Leben. Aber wie Sie sehen, ist es nur ein Überleben. Ich kann mir keine Renovierung leisten. Meine Mitarbeiter arbeiten hier für einen Hungerlohn. Ich kann sie nicht mal nach Tarif bezahlen. Trotzdem bleiben viele hier, weil sie auf dem Arbeitsmarkt nichts finden. So läuft es halt irgendwie weiter. Wir schleppen uns von Tag zu Tag.«

Arme Sau, dachte sich Mick und war erstaunt über die Offenheit von Stentgens.

»Da vorne«, bemerkte Jentschow, nachdem sie eine gefühlte Ewigkeit durch das marode Werk marschiert waren.

Mick blickte auf ein Absperrband, das in einem Abstand von etwa vier Meter um einen großen Kessel gespannt war. Hinter dem Band waren zwei uniformierte Polizisten damit beschäftigt, Dinge auszumessen und sich Notizen zu machen. Mick hielt das Band in die Höhe, damit seine Begleiter bequem ins Innere der Begrenzung gelangen konnten.

»Ich nicht«, zierte sich der Firmenbesitzer und blieb einen halben Meter vor dem Band stehen.

»Ich habe das, was da drin ist, eben schon sehen müssen. Ich kann das nicht noch mal.«

Er hielt sich die Hand vor den Mund, drehte sich um und ging. »Entschuldigen Sie mich«, bat er.

Einer der Polizisten in der Absperrung kam auf die Gruppe zu. »Sie sind die Truppe des LKA?«, bemerkte er.

»So ist es«, antwortete Dagmar Keller knapp und hielt dem Mann einen Ausweis entgegen.

»Ich hoffe, Sie haben noch nichts gefrühstückt. Das da wird Ihnen den Magen umdrehen.«

Dagmar verzog das Gesicht zu einem aufgesetzten Lächeln. »So leicht passiert das schon nicht«, sagte sie und ging auf den großen Tank zu, dessen Tür weit geöffnet war. Mick folgte ihr.

Es war kein Wort, das die Polizistin von sich gab, als sie in den Tank blickte. Auch kein Schrei, nicht mal ein Flüstern oder Räuspern. Vielleicht ein kleines Würgen. Mick stand ebenfalls erstarrt hinter ihr und konnte seinen Augen nicht trauen.

Vieles hatte er in seiner Polizeilaufbahn schon gesehen, bis es zu diesem unschönen Zwischenfall mit Dagmar kam. Allerdings übertraf das, was er hier sah, alles bis hierhin Erlebte um Längen.

Aus dem Tank drang ein erbärmlich stechender Geruch. Mick wusste, dass in Schweröl sämtliche Rückstände verwertet wurden, aber dieser Gestank…

In dem Kessel bot sich ein Bild des Grauens.

In einer Ölpfütze lag ein gefesselter Klumpen aus verkokeltem Fleisch und dunklen Rückständen. Nur der Kopf lag relativ unversehrt auf einer Art Stahlschemel. Die Haarspitzen des Opfers waren mit Öl verklebt. Unterhalb des Kopfes war keine Haut mehr zu erkennen. Das Öl hatte sich durch die Hitze in den Torso des Mannes gefressen und seine Oberfläche komplett zersetzt. Die Beine oder was davon übrig war, lagen in einer Vorrichtung, einer Art Schraubzwinge. Am Knie schimmerte weißer Knorpel durch. Teilweise lagen die Oberschenkelknochen blank und schienen von irgendetwas angefressen worden zu sein. Ein paar Fetzen von seiner Hose trieben auf einer Öllache durch den Tank. Den Rest seiner Bekleidung hatte die Brühe zersetzt. Der weit geöffnete Mund des Mannes schien einen Schrei ausstoßen zu wollen. Seine Augen waren aufgerissen. Das Entsetzen war ihm ins Gesicht geschrieben.

»Ach du Scheiße!«, entfuhr es Mick.

Keller drehte sich um.

»OK, ich gebe zu, so was habe ich wirklich noch nicht gesehen.«

Gerads stellte den Polizeiwagen an der Kirche ab. Jerkowski reckte sich und gähnte laut.

»Na, da ist aber jemand erstaunlich fit«, stellte Gerads grinsend fest und öffnete die Fahrertür.

»So ein Scheiß. Um fünf Uhr morgens schon raus. Da bist du mal nicht über Nacht unterwegs und dann so was.«

Sichtlich genervt stieg Jerkowski aus und knallte die Beifahrertür zu.

»Na, zumindest ist jetzt hier jeder im Umkreis von 100 Metern wach«, frotzelte Gerads und ging ohne sich umzudrehen auf die Kirche zu. Jerkowski folgte ihm.

Vor der Eingangstür hielten die beiden an. Gerads rüttelte am Knauf der riesigen Pforte.

»Zu«, bemerkte er.

»Ach«, antwortete sein Kollege.

»Erstaunlich, dass der Pfarrer so früh noch keine Messe abhält.«

»Bäbäbäbä!«, machte sich Gerads über seinen Kollegen lustig, der laut lachen musste.

»Doofkopp!«, entfuhr es Gerads.

»Lass uns mal rumgehen. Wann fängt denn eigentlich so ein Pfaffe an?«, fragte Jerkowski, der kleinere der beiden Polizisten.

»Keine Ahnung«, erwiderte der Größere und setzte seinen Weg um die Kirche fort.

An einem kleinen Vorsprung blieben die Polizisten stehen. Eine Steintreppe führte hier zu einer Holztür. Der Aufgang hatte rechts und links ein völlig überflüssiges schwarzes Geländer. Die Tür war einen Spalt geöffnet.

»Hallo?«, rief Gerads vorsichtig in den Spalt hinein. »Hallo«, wiederholte er.

»Seltsam«, sagte Jerkowski, ging auf die Türe zu und stieß sie mit einem Ruck auf.

»Hier stimmt doch was ganz und gar nicht.« Jerkowski zückte seine Dienstwaffe. Gerads tat es ihm gleich.

Ein muffiger Geruch kam den beiden entgegen. Eine spärlich eingerichtete Diele gab den Blick in die Wohnung frei. Die Tür zum Wohnzimmer stand offen, so dass eine kleine Anrichte, über der ein verzierter Spiegel hing, zu sehen war. Für den Moment sahen beide Polizisten sich im Spiegel auf sich selbst zukommen.

Jerkowski hielt die Hand in die Höhe. Augenblicklich blieb der andere Polizist stehen.

Dann deutete der Kleinere mit dem Finger auf den Mund und zeigte gegen die Wand.

Gerads nickte und er merkte wie seine Hand mit der Pistole im Griff schwitzig wurde.

Dann ging es blitzschnell.

Jerkowski drehte sich schnell, die Pistole voraus, um den Türrahmen und verschwand im Zimmer.

Gerads blieb stehen.

»Hey, alles in Ordnung?«, fragte er.

Es folgte ein Schweigen.

Gerads wurde ungeduldig und wollte gerade um die Ecke preschen, als sein Kollege antwortete.

»Ich würde sagen, wir sind ein wenig zu spät.«

Als der Lange den Raum betrat folgte er dem Blick seines Kollegen. An einem Seil hing ein Mann. Sein Kopf ragte aus einer Schlinge, die fest um seinen Hals gebunden war. Seine Zunge hing aus dem Mund. Die Augen waren grotesk nach oben verdreht. Ein festlicher roter Mantel aus Brokat bekleidete den Erhängten.

»Friedrichs«, flüsterte Gerads.

Kapitel 25

Männer in weißen Overalls hasteten vorbei. Die Jungs von der Spurensicherung taten ihren Job, um den Mick sie nicht beneidete. Heute war es besonders schlimm. Auch bei den Härtesten unter ihnen hatten die Gesichter die gleiche Farbe angenommen wie ihre Kleidung.

Die Polizeifotografen und selbst die Mediziner konnten ihren Würgereiz nur schwer unter Kontrolle halten.

Mick hatte sich mit Dagmar in eine Ecke der Fabrik zurückgezogen und versuchte seine Emotionen in den Griff zu bekommen.

»Hat schon jemand mit dem zweiten Arbeiter gesprochen?«, wollte er wissen.

»Der Mann hat einen Schock«, sagte Keller. »Er macht sich furchtbare Vorwürfe. Meint, er wäre schuld am Tod seines Kollegen.«

Mick wischte sich über die Stirn. Selbst hier, Meter entfernt, konnte man noch die Wärme spüren, die von dem immer noch heißen Öl ausging. Der Leichnam konnte erst in Stunden geborgen werden, soviel war klar.

»Er ist es«, sagte Mick plötzlich und hatte sofort Dagmars ganze Aufmerksamkeit.

»Wer?«, fragte sie, kannte aber bereits die Antwort.

»Junge Nummer 4«, teilte ihr der Kollege mit. »Einer der Waisen im Heim hatte rote Haare. Einen richtigen Feuerkopf. So wie unser Toter.«

Er blickte in die Fabrikhalle, zu den beiden Ärzten, die den Zeugen versorgten. Einer der Männer winkte ihnen zu. Mick setzte sich in Bewegung und Keller folgte ihm.

»Das ist Hans Bommes«, sagte der Mediziner. »Er möchte eine Aussage machen.«

Er blickte den Weißhaarigen an. »Fühlen sie sich wirklich schon gut genug dafür?«

»Geht schon«, sagte der Mann. »Bringen wir es schnell hinter uns.« Tränen hatten Spuren in seinem schmutzigen Gesicht hinterlassen.

»Mein Name ist Mick Peters, dies ist meine Kollegin Dagmar Keller«, stellte Mick sie vor. »Und Sie sind Opfer eines perfiden Spieles geworden, das ein Killer seit Tagen in der Stadt treibt.«

»Ein Spiel würde ich das nicht direkt nennen.« Die Stimme des Alten war fest. Er schien sich wieder in der Gewalt zu haben.

»So meinte ich das nicht«, entschuldigte sich der Polizist. »Ich wollte Ihnen nur klarmachen, dass Sie absolut schuldlos an diesem Unglück sind.«

Bommes lachte wild. »Ich habe die Heizungen in Gang gesetzt und das chemische Zeugs darein gepumpt«, sagte er. »Wer also ist schuld an diesem Scheiß?!«

»Sie konnten nicht ahnen, dass sich Ihr Kollege im Öl befindet«, sagte Keller sanft.

»Ich hätte nachgucken können. Er war nicht da. Ich dachte, er wäre nur kurz nach draußen gegangen. Um sich zu beruhigen.« Mick war der Bluterguss um die Nase aufgefallen und er meinte sogar, etwas Blut zu erkennen.

»Hatten Sie einen Streit?«

»Sie meinen, ob ich ein Mordmotiv habe?« Der Alte lächelte, doch das Lachen erreichte nicht seine Augen. »Uli hat mir die Nase eingeschlagen. Ungefähr zehn Minuten bevor er starb. Wenn Sie glauben, dass diese Tatsache für mich ausreicht, um einen Menschen zu töten, bitte schön.«

Dagmar Keller bemerkte, dass sie so nicht weiterkamen. »Niemand verdächtigt Sie. Wir wissen, dass Sie absolut unschuldig sind. Ihren Kollegen hat jemand anderes auf dem Gewissen. Jemand, der bereits mehrere Morde begangen hat.«

»Sie meinen diesen Typen aus den Zeitungen?«

Peters nickte.

»Oh mein Gott«, stammelte Bommes. »Was hatte Uli denn mit dem Idioten zu tun?«

»Das versuchen wir, herauszubekommen. Und dazu müssten Sie uns einige Fragen beantworten.«

Der Weißhaarige nickte. »Schießen Sie los.«

Mick sah sich um. Am liebsten hätte er sich irgendwo hingesetzt, doch in der Halle gab es keinen Aufenthaltsraum. »Wie gut kannten Sie Ihren Kollegen? Sein Name war Ulrich Lennartz, richtig?«

Peters wusste es bereits, aber er wollte Sicherheit. Bommes nickte und bestätigte die Annahme.

»Das ist richtig. Und ich kannte Uli so gut, wie man einen Menschen auf der Arbeit halt kennenlernen kann«, sagte der Alte dann. »Privat hatten wir nichts miteinander zu tun. Ich arbeite auf die Rente hin. Im kleinen Häuschen mit Frau und Enkelkindern. Und Ulrich war mehr der Hans Dampf in allen Gassen. Obwohl ich ja eigentlich Hans heiße.« Er verzog das Gesicht. »Schlechter Witz«, meinte er dann. »Entschuldigen Sie.« Er versuchte, wieder in die Spur zu kommen. »Ulrich Lennartz war nicht der große Sparer«, erklärte er dann. »Er haute seinen Lohn raus für alles, was Spaß macht. Er reiste, spielte, leistete sich Frauen«, er sah Dagmar Keller an. »Wenn Sie wissen, was ich meine.«

Die Polizistin nickte. Plötzlich kam ihr ein Gedanke.

»Hat er jemals von einem Richard gesprochen. Oder Ihnen Geschichten aus seiner Vergangenheit erzählt?«

»Aus seiner Vergangenheit?« Der Alte runzelte die Stirn. »Gab es da denn interessante Details?«

Er blickte die beiden Ermittler an. »Hatte er was ausgefressen?«

»Nein, darum geht es nicht. Ich wollte nur wissen, ob er seine Kindheit Ihnen gegenüber erwähnt hat?«

Der Weißhaarige schüttelte den Kopf. »Nee. Wie gesagt: So dicke waren wir nicht. Über solche Sachen haben wir uns nicht unterhalten. Mehr übers Wetter, über Fußball, seine bisherigen Arbeitgeber und so ein Zeug. Er war ja erst seit Kurzem wieder in Gladbach. Davor hat er allerhand anderen Blödsinn gemacht. Und dann waren da natürlich die Frauengeschichten. Also bei Uli, meine ich. Bei mir gibt es da nicht viel zu berichten. Seit 43 Jahren verheiratet und jeden Tag treu.« Er sagte das mit Stolz in der Stimme.

Mick wollte das Gespräch schon abbrechen. Den Ablauf der Nacht würde ein anderer Polizist notieren. Die genauen Uhrzeiten. Wann sie die Fabrik betreten hatten, wann sie ihre Arbeit begonnen hatten und wann Bommes aufgefallen war, dass sein Kollege verschwunden war. Bis zum Auffinden der Leiche. Zeiten, die festgehalten werden mussten, die aber nicht zur Aufklärung des Verbrechens beitragen würden. Da war sich Peters sicher. Er würde sich lieber die Umgebung ansehen. Überlegen, wie der Mörder auf das Gelände gekommen war. Wo er seinem Opfer aufgelauert hatte. Und natürlich wie er es angestellt hatte, den Unglücklichen in den Tank zu befördern. Eigentlich gab es wieder nur die Möglichkeit eines schnellen Betäubens. Damit sich Lennartz nicht wehren konnte. Wie bei König, dachte Mick. Diese Beruhigungsmittel gab es nicht an jeder Ecke und man brauchte wenigstens rudimentäre medizinische Kenntnisse, um sie so anzuwenden, dass man niemanden damit direkt umbrachte. Ein Punkt, um den sie sich vielleicht noch nicht ausführlich genug gekümmert hatten. Dagmar Keller dankte dem Mann für seine Zeit und wollte ihn wieder in die Obhut der Sanitäter geben, als Bommes sich noch einmal zu ihnen umdrehte.

»Sie haben einen Richard erwähnt«, sagte er dann und die Polizisten wurden hellhörig. Doch der Alte sagte nichts weiter.

»Was gibt es noch?«, drängte Mick.

»Na ja. Ich weiß nicht recht, wie ich es erzählen soll«, stammelte der Weißhaarige. Die Sache, die er erzählen wollte, schien ihm irgendwie unangenehm.

»Ich will nicht sein Ansehen beschmutzen«, sagte er fest. »Man soll nicht schlecht über Tote reden.«

»Herr Bommes«, beruhigte Keller ihn. »Wenn es uns hilft, den Täter zu fassen, dann wird es auch im Sinne des Toten sein, wenn Sie es uns erzählen. Jetzt ist nicht die Zeit für zu viel Pietät.«

»Okay.« Der Alte sammelte sich. »Uli ist oft bei Prostituierten gewesen«, sagte er dann und wurde tatsächlich rot dabei. »Und hat vor mir damit rumgeprahlt. Das Leben wäre zu kurz, um nur mit einer Frau rumzuhängen, hat er immer gesagt. Hat sich über mich und meine lange Ehe immer ein bisschen lustig gemacht.« Er zögerte. »Aber ich komme vom Thema ab. Uli hat alles Mögliche ausprobiert und ist dabei auch mal in einem Dominastudio gelandet. Manchmal hat er mir haarklein erzählt, was dort mit den Männern angestellt wird. Mein Gott. Mir war das immer ungeheuer peinlich. Aber wahrscheinlich hat er sich gerade deswegen einen Spaß daraus gemacht.« Er wischte sich übers Gesicht und verteilte den Dreck noch etwas mehr. »Einmal, das muss jetzt so ungefähr vier Wochen her sein, hat er in diesem Studio einen Kerl kennengelernt, der ganz üble Sachen mit sich anstellen ließ. Das will ich hier gar nicht wiedergeben.« Er lächelte verlegen. »Das war selbst Uli eine Schnitte zu viel. Jedenfalls hat er sich etwas länger mit dem Kerl unterhalten. Ein Riese von Mann, der sich von kleinen, zierlichen Frauen Schmerzen zufügen ließ. Und wenn mich nicht alles täuscht, dann hieß dieser Wahnsinnige Richard.«

»Sind sie sicher?«

Bommes nickte. »Uli hat noch gewitzelt, dass der Name passen würde, weil der Typ genauso groß war, wie Richard Kiel. Sie wissen schon: der Beißer aus den Bondfilmen.«

Mick konnte es nicht fassen. »Wissen Sie zufällig auch, wo sich dieses Studio befindet?«

Der Alte schüttelte den Kopf. »Keine Ahnung«, sagte er dann. »Hat mich nicht wirklich interessiert. Kann mich nur dran erinnern, dass Uli immer von einer Madame Chantal gefaselt hat.«

Mick und Dagmar warfen sich einen Blick zu. War das der Tipp, auf den sie so lange gewartet hatten?

»Vielen Dank für Ihre Hilfe. Das waren wertvolle Informationen«, sagte Keller. »Und jetzt gehen Sie nach Hause oder ins Krankenhaus. Je nachdem, wie Sie sich fühlen.«

»Nach Hause wäre gut«, sagte Bommes. Jetzt, nach dem Gespräch, fiel er förmlich in sich zusammen. Als hätte es ihn das letzte bisschen Kraft gekostet, das noch in ihm war.

»Wenn Sie Schwierigkeiten bekommen, dann melden Sie sich bitte noch einmal«, meinte Keller. »Wir haben Spezialisten, die Ihnen helfen können, mit dem Erlebten fertig zu werden.«

Bommes runzelte die Stirn. »Sie meinen Psychologen und Psychiater?«, fragte er dann und schüttelte im gleichen Moment den Kopf. »Kommen Sie mir nicht mit denen. Die haben doch selbst einen an der Klatsche. Nee, nee. Ein gutes Gespräch mit meiner Frau hilft mir da mehr.« Und mit diesen Worten ließ er die Ermittler stehen.

»Das waren eine Menge Informationen«, meinte Mick und musste beinahe verhindern, dass seine Stimme zu euphorisch klang.

»Der Name einer Domina?«, Keller konnte nicht ganz folgen.

»Das auch. Aber viel wichtiger ist die Tatsache, dass unser Mörder Kontakt mit Ulrich Lennartz hatte. Und ich denke, dass er sich auch den anderen Opfern vorher genähert hat. Wie konnte er sonst immer nah genug an sie herankommen. Er sah Dagmar an. »Und dass Lennartz sich wieder in Mönchengladbach befand, ist ebenfalls nicht unerheblich. Nach einer langen Zeit, in der er sich in anderen Regionen herumtrieb. Unser Täter muss irgendwie an die Information gekommen sein, dass Lennartz wieder in Mönchengladbach ist. Hier, nur hier scheint sein Jagdgebiet zu sein. Unser Täter hat gewartet, bis sich seine Opfer in einem überschaubaren Distanzrahmen befanden. Um schnell zuschlagen zu können. Das heißt auch ...«

»Dass sich Peter Haber in der Nähe aufhalten wird«, vollendete Keller die Überlegungen ihres Partners.

»Wir müssen ihn finden, bevor...«

Peters nickte. »Er lässt uns nicht viel Zeit zum Reagieren. Bis jetzt war er uns immer einen Schritt voraus. Das ist nun anders. Wir können selbst etwas unternehmen. Ich war dieses Abwarten so langsam auch satt.«

Dagmar sah sich in der Halle um. »Ich denke, hier können wir nicht mehr viel tun«, sagte sie. »Also fahren wir zurück ins Revier und bringen die anderen auf den neusten Stand. Dann muss Hastenrath bei dieser Ölentsorgungsfirma anrufen, ob sich einer nach Ulrich Lennartz erkundigt hat. Und wir sollten überlegen, ob wir eine Warnmeldung für Peter Haber über die Medien rausbringen. Vielleicht kommen wir unserem Mörder endlich mal zuvor.«

Mick hoffte es. Bis jetzt fühlte er sich wie der große Verlierer. Sie hatten zu lange im Dunkeln getappt und das hatte Menschenleben gekostet. Jetzt konnten sie es schaffen, wenigstens den letzten »Jungen« aus der Waisengruppe zu retten. Wenn sie schnell genug waren.

Plötzlich hatte Mick Peters es eilig. Er sprintete zum Porsche, als käme es auf Sekunden an.

Als die beiden im Revier eintrafen, erfuhren sie als Erstes von Friedrichs Selbstmord.

Mick wunderte sich, wie betroffen ihn die Sache machte. Ein Ereignis, das Jahre zurücklag, hatte den Pfarrer nie in Ruhe gelassen. Und die Schuld, die er fühlte, hatte schließlich zu diesem letzten Schritt geführt.

Ein Schritt, der ihn, seinem Glauben zufolge, in die Hölle befördern würde.

Vielleicht sind die letzten Jahre schon die Hölle für ihn gewesen, dachte Mick. Oder er hoffte auf einen gütigen Gott, der ihm seinen Fehler verzieh.

Ein gütiger Gott, Peters hätte beinahe laut gelacht. Wo war dieser Gott in den letzten Tagen gewesen. Machte er Urlaub? Oder warum ließ er es zu, dass dieses Monster frei herumlief und unschuldige Menschen quälte und tötete?

Der ewige Widerstreit zwischen dem Guten und dem Bösen, dachte Mick. Der Mörder war sicherlich ein Abkömmling der Gegenseite. Ein Teufel in Menschengestalt.

Der Polizist bremste seine Gedankengänge, als Kleinschmidt das improvisierte Büro betrat.

An seiner Miene konnte Mick ablesen, dass ihm eine Laus über die Leber gelaufen war. Und Peters musste nicht lange warten, bis die Riesenlaus im Türrahmen stand.

Konrady erschien, grüßte kurz mit einem herablassenden Kopfnicken und setzte sich an den langen Tisch.

»Ich habe Ergebnisse erwartet«, sagte er bissig. »Keine weiteren Leichen!«

Kleinschmidt, der sich vorher mit Keller unterhalten hatte, schien den Dicken auf den neuesten Stand gebracht zu haben.

»Wir ermitteln in einem Mordfall«, sagte Peters. »Wir sind hier leider nicht bei »Wünsch dir was«.«

Er wusste, dass die Bemerkung unangebracht war, doch sie war heraus, ehe er darüber nachdenken konnte.

Scheiße, dachte er. Aber was sollte schon passieren. Eigentlich konnte er sich den Mann nicht noch mehr zum Feind machen.

»Ich würde gerne mit meinen Leuten sprechen«, meinte Konrady nur lapidar.

»Mick Peters gehört zum Ermittlerteam«, ließ Kleinschmidt einfließen.

»Das ist Ihre Meinung.« Er wandte sich an Dagmar Keller. »Erklären Sie mir doch einmal, warum wir keinen Schritt weiter sind.«

Dagmar atmete tief durch. Dann referierte sie die Ereignisse der letzten Stunden noch einmal für Konrady.

»Sie sehen, dass wir dem Täter mächtig nähergekommen sind«, sagte sie dann.

Konrady ließ sich im Stuhl zurücksinken. Die Rückenlehne ächzte bedenklich, hielt aber dem Gewicht stand.

»Ich brauche richtige Ergebnisse«, sagte der Dicke dann. »Eine Verhaftung. Irgendwas Handfestes.«

Er sah sich unter den Anwesenden um. Alle starrten den Chef des LKA nur an. Keiner wusste, was man auf diesen Bullshit antworten sollte. Und jedem wurde klar, dass der Mann keine Ahnung von Polizeiarbeit hatte.

»Wir überlegen, ob wir eine Suchmeldung nach Peter Haber herausgeben«, versuchte Keller es.

»Über die Medien?« Konrady lachte hämisch. »Wie stehen wir denn dann da? Das LKA ist nicht einmal in der Lage, einen Bürger ausfindig zu machen?«

»Wir sind dazu in der Lage!«, meinte Keller. Ihre Stimme nahm einen leicht gereizten Tonfall an. Peters ahnte, dass sie kurz davor war, die Geduld zu verlieren. »Es dauert nur zu lange. Bis dahin kann es zu spät sein.«

Konrady ging nicht darauf ein. Stattdessen wandte er sich an Hastenrath, der sich bis jetzt verzweifelt bemüht hatte, mit dem Schatten seines Monitores zu verschmelzen.

»Wie viele Peter Haber sind in Mönchengladbach registriert?«

»Elf Stück«, sagte er wie aus der Pistole geschossen.

»Und wie viele davon können wir aufgrund des Alters ausschließen?«

»Sieben.«

Konrady erhob sich prustend aus dem Stuhl. »Sehen Sie, meine Damen und Herren. Sowas nenne ich gute Polizeiarbeit. So und nicht anders wird eine Sache angegangen. Gute Arbeit, Hastenbart.«

»Hastenrath«, meinte der Mann, doch Konrady tat es mit einer Handbewegung ab.

»So. Und jetzt hopp an die Arbeit. Sie werden nicht fürs Rumsitzen bezahlt.«

Er ging zur Tür. »Kleinschmidt! Unterhalten wir uns doch weiter in Ihrem Büro und lassen die fleißigen Helferlein ihren Job erledigen.« Der Chef der Gladbacher Polizei gab die Tür frei. Kleinschmidt war nicht oft sprachlos, aber die Dreistigkeit Konradys hatte ihm die Stimme genommen. Er nickte den Beamten nur zu und folgte dem Dicken aus dem Raum.

»Tolle Arbeit, Hastenbart«, meinte Jerkowski, als sich die Tür geschlossen hatte.

»Ich hätte euch die Ergebnisse gleich sowieso mitgeteilt«, stammelte der Computerfreak.

»Schon gut, Langer. War nur ein Spaß.« Keller versammelte ihr Team um den Tisch.

»Wir müssen uns um die betreffenden Habers kümmern, soviel ist klar«, sagte sie. »Jeder von uns überprüft einen.«

Sie nahm die ausgedruckte Adressenliste vom Stapel und verteilte sie. »Einer ist für mich, einer für Mick, einer für Al und einer bleibt für Hastenbart.«

Der Nerd sah vom Schreibtisch auf und verzog das Gesicht, wohlwissend, dass ihm dieser Name nun bis in alle Ewigkeit anhängen würde. Keller, die seine Reaktion falsch deutete meinte: »Ja, es tut mir leid. Auch Sie müssen sich mal von ihrem Baby trennen und auf der Straße Dienst tun.«

Der Angesprochene nahm Haltung an. »Das ist kein Problem für mich.«

»Das weiß ich doch. Mensch, machen Sie sich mal ein bisschen locker. Rufen Sie aber vorher noch bei dieser Firma an, die für die Reinigung der Öltanks zuständig ist und fragen Sie nach, ob sich einer nach Ulrich Lennartz erkundigt hat.«

Gerads und Jerkowski blickten die Leiterin des Teams ungläubig an. »Der Nerd darf auf die Straße und wir bleiben in der Stube hocken?«

Keller lächelte. »Nein. Für euch habe ich einen Sonderauftrag. Ihr besucht eine gewisse Madame Chantal und ihr Etablissement.«

»Toll!«, meinte Mick. »Wir langweilen uns mit den Habers herum und den beiden schenkst du einen Puffbesuch.«

Die Beamten sahen sich erst schweigend an, dann brachen alle in wüstes Gelächter aus.

Es war albern, aber es tat gut. Half, die Anspannung der letzten Tage eine wenig erträglicher zu machen. Niemand ahnte, was noch kommen sollte ...

Kapitel 26

Zufrieden lächelnd stand er vor dem großen Spiegel. Nackt, wie Gott ihn geschaffen hatte.

Falsch! Wie er sich geschaffen hatte.

Narben bildeten wilde Muster auf seiner Brust, seinen Armen und Beinen.

Manche alt und knotig, andere neu und rosafarben.

Bald ist es vollbracht, dachte er. Nur noch ein einziger war übrig.

Und vielleicht noch König im Krankenhaus.

Ihn endgültig zu beseitigen, würde gefährlich werden, das wusste er. Also würde er zunächst einmal abwarten und schauen, ob er noch einmal nachhelfen musste. Mit ein wenig Glück hatten die Ratten ihren Dienst erledigt und sie würden die Geräte, die König am Leben hielten irgendwann abstellen.

Ihr habt mein Leben zerstört, dachte er. Mich zu dem gemacht, der ich bin. Hilfe verweigert und dafür gesorgt, dass ich die Hölle auf Erden kennenlernte. Jetzt seid ihr dran. Er drehte sich um und nahm eine Rasierklinge vom schmuddeligen Tisch.

Langsam steckte er eine Spitze der Klinge in seinen Unterarm, bis Blut hervorquoll. Dann zog er sie zehn Zentimeter nach unten, Richtung Handgelenk.

Er blickte auf die rote Flüssigkeit, die hervortrat, sich sammelte und schließlich zu Boden tropfte. Und er wartete auf das Glücksgefühl, das sich immer dann einstellte, wenn er sich bewies, dass er anders war, als andere Menschen. Dass er der Herr über seine Schmerzen war. Dass er sie verdrängen konnte, nichts mehr empfand. Die Schmerzen spürte er nicht. Kein Brennen, kein Ziehen, keine Qual. Doch das Gefühl des Triumphes blieb aus. Keine Erregung machte sich in ihm breit. Und er wusste, warum.

Es reichte nicht mehr, dass er sich selbst verletzte. Er musste jemanden haben, der ihn quälte. Jemanden, dem er beweisen konnte, wie stark er war. Er brauchte Bewunderer.

Dafür hatte ihm sein Besuch bei Madame Chantal die Augen geöffnet.

Ihre Blicke voller Bewunderung und, ja, auch voller Entsetzen, als er jeden Schmerz, den sie ihm zuführte, ignorierte. Als er heißes Wachs und Peitschenschläge ertrug, ohne mit der Wimper zu zucken.

Dieses Gefühl musste er wiederhaben.

Eigentlich hatte er nur Lennartz beschatten wollen. Wollte das Leben seines Opfers kennenlernen und entscheiden, wie er zu sterben hatte.

Dass sie sich getroffen hatten, war reiner Zufall gewesen. Aber Uli hatte ihn nicht erkannt. Wie auch, nach all den Jahren. Er hatte sich mit ihm unterhalten, ohne zu wissen, dass er mit seinem Henker sprach.

Dann war Madame Chantal auf ihn aufmerksam geworden. Und hatte ihn in ihre Geheimnisse eingeweiht. Das wurde ihm nun zum Verhängnis. Ich muss dort wieder hin, dachte er.

Aber das ist Wahnsinn, sagte die rationale Stimme in seinem Kopf. Sie suchen nach dir. Sie werden mich nie finden, beruhigte er sich selbst und stieg in seine Hose.

Er war zu schnell und der Polizeiapparat zu langsam.

Nicht ohne Grund hatte er so lange gewartet, bis sich all seine Opfer wieder in Mönchengladbach befanden. Er konnte innerhalb von Stunden zuschlagen. Alles war genau geplant. Die Fallen von langer Hand vorbereitet. Er war Chef im Ring und die Polizisten nur schmückendes Beiwerk. Stille Bewunderer seines Tuns.

Er zog sich den Pullover über den Kopf und nahm eine Jeansjacke vom Stuhl.

Er war immer noch groß, daran ließ sich nichts ändern, doch er hatte sich angewöhnt, geduckt zu gehen, um weniger aufzufallen. Wenn er nicht den langen Mantel anhatte und den falschen Bart trug, dann war er beinahe unsichtbar. Dann würde niemand auf die Idee kommen, dass der ruhige, höfliche Mann ein Racheengel war.

Aber Madame Chantal ahnt, dass an mir etwas anders ist, dachte er, verdrängte aber den Gedanken.

Ich brauche sie, sagte er sich und schob die Bedenken zur Seite.

Außerdem kamen wohl reichlich schräge Typen in ihr Etablissement. Schließlich war sie für Sonderbehandlungen bekannt. Er schlüpfte in seine Schuhe, bemerkte, dass sich noch etwas Öl an ihren Sohlen befand und reinigte sie, indem er sie ein paar Mal an dem verschlissenen Teppichboden rieb. Er würde sich beweisen, dass kein Schmerz der Welt ihm etwas anhaben konnte.

Dann würde er Peter Haber beweisen, dass es bei ihm nicht so war.

Er verließ das abbruchreife Haus, in dem er seine geheime Unterkunft bezogen hatte, sah sich vorsichtig um, ob ihn niemand bemerkte, und ging los.

Dem Schmerz entgegen.

Gerads und Jerkowski waren die Letzten, die das Büro verließen.

Die anderen hatten sich ebenfalls in Zweiergruppen zusammengetan und würden die Adressen der Habers abarbeiten. Hastenrath hatte bei der Reinigungsfirma für Schweröltanks angerufen, doch die Dame am Telefon hatte ihn recht barsch mit der Begründung abgewiesen, dass sie sich nicht alle Telefonate der letzten Jahre gemerkt hatte.

Gerads hatte einen Anruf bei der Sitte getätigt, um die Adresse von Madame Chantals Chalet zu erfahren. Zum Glück war das Rotlichtmilieu in Mönchengladbach überschaubar. In Berlin oder Frankfurt hätten sie wohl eine Hundertschaft gebraucht, um alle Madame Chantals aufzuspüren.

»Künkelstraße. Welche Überraschung«, meinte Jerkowski lapidar.

Ihr normaler Einsatzort war Düsseldorf, aber diverse ältere Fälle hatten sie bereits nach Gladbach verschlagen und sie kannten sich ein wenig aus.

»Dann lass uns mal dieses Etablissement aufsuchen.«

Sie verließen das Polizeigebäude und enterten ihren BMW. Jerkowski klemmte sich hinters Steuer, Gerads warf sich auf den Beifahrersitz und angelte einen Schokoladenriegel aus dem Handschuhfach.

»Auch einen?«

»Nein danke. Hab schon gefrühstückt.«

Sie hielten vor einer Ampel und Thomas Gerads warf einen Blick auf die Straße.

»Immer wieder seltsam, dass das Leben einfach so weitergeht«, sagte er leise. Frauen, die Einkaufstüten trugen, hasteten vorbei. Kinder spielten Fangen, Teenager standen in Gruppen zusammen und zeigten sich gegenseitig Bilder auf ihren Handys.

»Ein Irrer rennt herum und bringt Leute um und die Menschen drum herum scheint es nicht weiter zu interessieren.«

»Weil sie nicht unmittelbar betroffen sind«, meinte Robert Jerkowski. »Sachen, die wir aus der Zeitung oder dem Fernseher erfahren, sind so verdammt weit weg. Niemand glaubt, dass er selbst einmal Opfer eines Verbrechens werden könnte.« Er sah seinen Kollegen an. »Und das ist auch gut so«, fügte er dann hinzu. »Eine ganze Stadt in Angst könnten wir auch nicht gebrauchen. Das würde die Sache sicherlich noch mehr verkomplizieren.«

Gerads zog die letzte Schokolade aus dem Papier, knüllte die Verpackung zusammen und warf sie zurück ins Handschuhfach.

»Du hast recht«, stimmte er Robert zu. »Aber manchmal würde ich mir ein wenig mehr Anteilnahme wünschen. Dass einfach jeder ein bisschen besser aufpasst. Sich dafür interessiert, was in seiner Nachbarschaft vorgeht. Dann würden wir sicherlich schneller ein paar brauchbare Tipps bekommen.« Robert konzentrierte sich auf den Verkehr, der von Minute zu Minute zunahm. Es war schon nach Mittag. Die Schulen waren aus, die Stadt füllte sich.

»Glaubst du, dass wir um diese Zeit überhaupt jemanden bei Chantal antreffen?«, fragte Gerads.

Jerkowski zuckte die Achseln. »Keine Ahnung. In diesem Metier kenne ich mich nicht aus. Gibt es da so etwas wie gesetzliche Arbeitszeiten?«

»Du willst mir also erzählen, du hättest niemals einen Puff besucht?«

»Nicht privat. Beruflich schon.«

Sie schwiegen ein paar Sekunden, dann brach Gerads das Schweigen.

»Kennst du eigentlich den?«

Jerkowski verzog das Gesicht. »Nicht vor dem Mittagessen schon einen schlechten Witz«, bat er. »Ich weiß nicht, ob mein Magen das mitmacht.«

Doch sein Kollege kannte keine Gnade. »Fährt ein Enkel mit seiner Oma am Straßenstrich vorbei«, begann er. »Fragt die Oma: »Du, was sind denn das da alles für Damen?« Der Enkel weiß nicht, wie er seiner Großmutter das nett beibringen soll und sagt: »Naja, Oma, ich glaube, dass das Prostituierte sind.« Schüttelt die Oma zweifelnd den Kopf und sagt: »Na, na, mein Jung. Nicht, dass da auch die eine oder andere Nutte dabei ist«.«

Gerads lachte und schlug sich auf die Oberschenkel, Robert verzog nur das Gesicht.

»Komm schon!«, sagte Thomas. »Der ist doch echt lustig.«

»Kannte ich aber schon. In den Pyramiden hat man eine steinerne Witztafel gefunden. Da war der schon durchgestrichen.«

Gerads grinste. »Du bist echt ein Arsch.«

»Danke. Dieses Kompliment kann ich nur zurückgeben.« Sie hatten ihr Ziel beinahe erreicht. Gerads ließ seinen Blick über die Häuser schweifen und orientierte sich an den Hausnummern. Natürlich hätten sie auch das Navi anwerfen können, doch dazu hatten die beiden Beamten eine eigene Meinung. Sie versuchten, die Stadt, in der sie ermittelten, selbst kennenzulernen. Wenn sie richtig schnell unterwegs sein mussten, bei einer Verfolgung oder Ähnlichem, dann konnten sie sich auch nicht auf die Technik verlassen. Da waren sie beide ein wenig Oldschool.

»Das Haus muss gleich kommen«, sagte Thomas. »Auf der rechten Seite.«

Er hatte es noch nicht ganz ausgesprochen, als sie es auch schon erreichten. Das Haus stand etwas zurückgesetzt zwischen zwei anderen, duckte sich fast in deren Schatten. Davor war ein kleiner, nicht asphaltierter Parkplatz, auf dem zwei Wagen standen.

Das Haus selbst war klein, fast so hutzlig wie ein Hexenhäuschen und der einstmals rosa Anstrich hatte schon bessere Zeiten erlebt.

Über der roten Eingangstür stand in schwarzen Buchstaben:

Chantals Chalet

»Wie ein Chalet sieht das Ding ja nicht wirklich aus«, meinte Jerkowski, als er aus dem Wagen kletterte.

»Wohnt auch keine Prinzessin drin«, meinte Gerads.

»Oh, das kann man so nicht sagen. Vielleicht ist die Madame ja die Prinzessin der Herzen von einigen Männern hier.«

Robert Jerkowski ging auf das Gebäude zu. »Hoffen wir, dass wir jemanden antreffen«, sagte er. »Ich habe keine Lust, später noch einmal wieder zu kommen.«

»Da stehen Autos«, meinte Gerads.

»Sehr scharfsinnig, Sherlock«, alberte sein Kollege. »Aber das könnten auch die Überbleibsel der vergangenen Nacht sein. Vielleicht hat einer der Stecher etwas viel getrunken und seinen Wagen stehen gelassen.«

»Vor einem Puff. Sicher.«

»Hey, es sind nicht alle so verklemmt wie du. Für manche Männer ist das hier eine ganz normale Dienstleistung, die man gerne in Anspruch nimmt.«

»Oder es sind die Wagen der Putzfrauen.«

Jerkowski warf noch einen Blick auf die Fassade. »Ich denke nicht, dass sich die Madame großartig Personal leisten kann.«

Sie standen nun vor der Tür und Gerads drückte den Daumen auf die Klingel.

Sekundenlang verhallte nur der Big Ben Klingelton, dann hörte man Geräusche hinter dem Holz und eine Klappe in Augenhöhe wurde aufgerissen.

Zwei stark geschminkte Augen waren dahinter zu erkennen und eine kratzige Stimme fragte: »Was kann ich für euch tun?«

»Fangen wir damit an, dass Sie uns hereinlassen könnten.«, meinte Jerkowski freundlich und hielt seinen Ausweis in die Öffnung.

Ein Schloss wurde geöffnet, ein Riegel zurückgeschoben, dann schwang die Tür auf.

»Immer hinein, meine Herren«, sagte die kratzige Stimme und machte eine einladende Handbewegung.

»Wir sind auf der Suche nach Chantal«, sagte Gerads ohne große Umschweife. Die Frau vor ihm war mindestens fünfzig. Wenn sie die Chefin war, dann fraß er einen Besen.

»Sie ist meine Tochter«, sagte die Frau, die ein Kleid und eine Schürze trug. »Sie hat den Laden von mir übernommen. Ich mach jetzt hier nur ab und zu ein bisschen sauber.«

Ein Familienunternehmen, dachte Jerkowski. Die schien es in jeder Branche zu geben.

Er sah die Frau vor sich an, mit ihren kurzen, roten Haaren. Die Farbe war nicht echt, ein drei Zentimeter großer, grauer Ansatz zeigte, dass ein Friseurbesuch mal wieder dringend nötig wäre. Doch wahrscheinlich saß das Geld nicht so locker.

Seltsam, so wie die Frau hier herumlief, konnte man sie sich schwer als Puffmutter vorstellen. Sie sah aus wie die freundliche ältere Nachbarin von nebenan. Menschen wie du und ich. Nur mit einem etwas anderen Beruf.

Gerads folgte der Frau, die nun weiter in das Haus vordrang.

»Sie haben Glück«, sagte die Frau. »Gabi ist tatsächlich schon da.«

Sie bemerkte, dass einer der Polizisten die Augenbraue hochzog.

»Sie haben doch nicht im Ernst geglaubt, dass sie Chantal heißt?«, sagte sie dann und lächelte. Ihr Lachen brachte ein wenig Jugend zurück und nun konnte man erkennen, dass sie einmal sehr hübsch gewesen war.

»Gabi Brings ist ihr richtiger Name. Ich bin Hannelore.« Erst jetzt fiel ihr scheinbar ein, dass sie es mit der Polizei zu tun hatte. »Und wir haben nichts ausgefressen«, fügte sie fest hinzu.

»Das wissen wir«, sagte Jerkowski schnell. »Wir haben nur einige Fragen, über einen Kunden ihrer Tochter.«

»Gabi spricht nicht gerne darüber«, sagte sie. »Was hier passiert ist eine Privatsache zwischen ihr und den Männern.«

»Dann werden wir sie zu einem richtigen Verhör auf die Wache laden. Wenn ihr das lieber ist«, sagte Gerads mit Nachdruck. Er wollte beeindrucken und schaffte es.

»Oh, immer schön langsam, Herr Kommissar«, meinte die Frau. »Ich werde mal sehen, was ich für Sie tun kann. Vielleicht müssen Sie einen Augenblick warten. Gabi hat bereits zu tun.«

»So früh am Tage?«, Jerkowski war echt verblüfft.

»Geilheit kennt keine Öffnungszeiten«, sagte Hannelore Brings. Wörter, die gar nicht zu ihrem jetzigen Aussehen passen wollten.

»Ich glaube, der Kunde sollte besser warten. Wir haben wenig Zeit. Außerdem kann er sich dann noch ein bisschen länger freuen. Vorfreude ist doch schließlich die schönste Freude.« Die Frau lachte glucksend und verschwand noch tiefer in den Räumen des Hauses. Von innen machte es einen deutlich größeren Eindruck als von außen.

Gerads und Jerkowski standen in einer Art Bar. Es gab rote Kunstledersessel, jeweils vier um einen runden Tisch. Das Ganze sechs Mal. Dazu noch Zweiergrüppchen in Nischen und in der Mitte des Raumes eine kleine, kreisrunde, verspiegelte Tanzfläche mit der obligatorischen Stange. An der Längsseite dann noch eine Bar mit fünf Hockern, Sektkübeln und dem üblichen Firlefanz.

»Willkommen im Himmel«, sagte Gerads und grinste Jerkowski an.

»Wenn das der Himmel ist, dann hoffe ich ab jetzt auf eine Wiedergeburt.«

Gerads grinste. »Was will ich im Himmel?«, sagte er dann. »Da kenn ich doch keinen.«

Sein Kollege gähnte. »Ob ich es noch erleben werde, dass du mal einen Witz raushaust, den ich noch nicht kenne?«

Hannelore Brings hatte die Tür aufgelassen und die Männer konnten erkennen, dass dahinter ein Gang begann, von dem vier Türen abzweigten. Die Räume, in denen die Herrlichkeit begann.

Die Frau klopfte an eine Tür, öffnete sie und steckte den Kopf herein.

»Nicht jetzt!«, hörten die Polizisten eine ärgerliche Stimme.

»Ist wichtig!«, sagte Hannelore drängend. Offensichtlich wollte sie keinen Ärger mit den Beamten.

»Gib mir noch drei Minuten«, hörten sie die Stimme. Die Mutter schloss und kam erneut auf die Polizisten zu.

»Ich denke, Sie haben es selbst gehört«, sagte sie. »Setzen Sie sich doch so lange.« Sie nickte in Richtung der schäbigen Sessel.

»Nein danke. Wir bleiben lieber stehen.«

»Ganz wie Sie wollen. Ich muss Sie jetzt leider alleine lassen. Die Pflicht ruft. Sie verstehen.«

Damit verschwand Hannelore Brings und wurde wenig später von ihrer Tochter abgelöst.

Es waren keine drei Minuten vergangen, als die Tür aufging und Gabi Brings erschien. Oder vielmehr Madame Chantal. Denn das, was auf die beiden Männer zulief, hatte so gar nichts mit einer Gabi gemein. Sie sah aus wie eine Mischung aus Zorros und Batmans kleiner Schwester. Sie trug eine enge Lederhose, hohe, geschnürte Stiefel und ein Bustier, das deutlich erkennen ließ, dass die gute Gabi beim Verteilen der Oberweite zweimal bedient wurde.

Die blonden Haare flossen ihr den Rücken hinab wie flüssiges Gold, ihre Lippen waren blutrot geschminkt und hoben sich krass von ihrer elfenbeinfarbenen Haut ab.

269

Jerkowski konnte nicht verhindern, dass er den Atem anhielt.

Gabi Brings war alles andere als hässlich.

»Was kann ich für Sie tun?«, fragte sie. »Und bitte machen Sie es kurz, ich habe zu tun.«

Robert Jerkowski öffnete den Mund, doch dabei blieb es. Irgendwie wollte nichts Vernünftiges herauskommen.

Und der Typ hat mich gerade noch aufgezogen und getan, als kenne er sich im Rotlichtmilieu aus wie in seiner Westentasche, dachte Gerads mit Genugtuung. Warte ab, wenn wir wieder draußen sind. Dann kannst du dich warm anziehen.

»Wir sind vom LKA Düsseldorf«, sagte Thomas Gerads und hielt der Frau seinen Ausweis vor die Nase.

»Wie Zeugen Jehovas seht ihr auch nicht aus«, antwortete Gabi Brings. »Aber direkt das LKA. Das ist ja ein Ding.«

»Wir haben ein paar Fragen zu einem Mann, der mindestens einmal ihr Etablissement aufgesucht hat«, sagte Gerads dann.

»Ich gebe nicht gerne Auskunft über meine Kunden.«, meinte Madame Chantal.

»Das hat uns Ihre Mutter auch schon mitgeteilt. Und glauben Sie mir, wir tauchen nicht hier auf, weil wir einen Ladendieb verfolgen. Der Mann, hinter dem wir her sind, steht im Verdacht, ein Kapitalverbrechen begangen zu haben. Also: Entweder Sie helfen uns hier oder wir nehmen Sie mit auf die Wache und Ihr Kunde kann die nächsten Stunden auf Sie warten. Und nackt an die Wand gefesselt, kann das eine ganz schöne Qual werden.«

»Sie kennen sich aber aus, Herr Wachtmeister«, grinste die Blonde ihn an. »Das Einzige, was Sie vergessen, ist Folgendes: Die meisten Männer, die meine Dienste in Anspruch nehmen, stehen auf Qual.«

»Wie der Mann, den wir suchen. Nur sind wir uns nicht sicher, ob er nur andere Menschen quält oder auch sich selbst. Jedenfalls ist er extrem gefährlich.«

Gabi Brings legte den Kopf schief. Überlegte eine Sekunde. »Okay«, sagte sie. »Schießen Sie los.«

Jerkowski hatte seine Stimme wiedergefunden. Und er schaffte es sogar, seinen Blick aus Madame Chantals Dekolleté zu wuchten.

»Der Mann, den wir suchen, ist wohl das erste Mal vor ungefähr vier Wochen hier aufgetaucht.«

»Geht es ein bisschen genauer?«

Gerads druckste herum. Eine genaue Täterbeschreibung gab es immer noch nicht. »Der Mann ist sehr groß. Und er hat Narben an den Armen und an einem kleinen Finger fehlt ihm ein Stück.« Er pausierte. »Und manchmal trägt er einen falschen Vollbart und einen langen Mantel.« Er sah die Frau an, die nicht reagierte. »Immer noch nicht viel, aber alles, was wir haben«, sagte er.

Gabi Brings nickte langsam. »Wirklich nicht viel, aber genug«, meinte sie dann. Ihre Stimme war rau und kratzig. Ihre vollen Lippen zitterten. Und ihre Haut wurde noch eine Nuance blasser.

Gerads merkte, dass etwas nicht stimmte. »Genug? Was meinen Sie damit?«, bedrängte er die Frau.

»Ich meine damit, dass Ihre Beschreibung genau auf den Mann passt, der gefesselt in meinem, naja, »Arbeitszimmer« liegt.« Jerkowski und Gerads sahen sich nur kurz an.

»Dann lass uns den Vogel mal festnehmen«, flüsterte Robert. »Aber vorsichtig. Wenn es unser Mann ist, dann ist er zu allem fähig.«

»Ich pass schon auf«, meinte Jerkowski und zog seine Pistole. »Der Typ kann uns nichts.«

Es war ein Irrtum. Ein törichter Irrtum.

Kapitel 27

Im Zimmer standen lauter Vanilleduftkerzen, welche die aufgeheizte Luft zusätzlich mit ihrem Geruch schwängerten. Die Wände waren mit roter Tapete bekleistert, die mit Sicherheit nicht von einem Fachmann angebracht worden war, da zwischen den einzelnen Streifen schmale weiße Linien deutlich zu erkennen waren. Auch das auf dem Boden verlegte Laminat wirkte unsachgemäß verarbeitet. In den Wänden steckten willkürlich verteilt Eisenhaken, an denen Folterwerkzeuge verschiedenster Art hingen. In der Mitte zierte ein großer umfunktionierter Tisch den Innenraum, gespickt mit Lederriemen, die auf ihren Einsatz als Fesseln warteten. Die Blondine knallte die Peitsche auf den Boden.

»So, du geile Sau, willst wohl wieder mal richtig vermöbelt werden, hmm?«

Chantal, schaute auf den Tisch. Ihr »Opfer« machte keine Anstalten sich zu wehren, gab nicht mal einen Mucks von sich. Selbst die paar Male davor hatte er sie eigentlich nur angesprochen, um sie zu beleidigen und sie dazu angehalten härter zuzuschlagen. Es war so wie immer, seit dieser ekelige Kerl hier das erste Mal aufgetaucht war. Doch er zahlte gut und darauf kam es schließlich an.

»Na, was hat mein geiler Kerl wieder angestellt?«

»Schlag zu, du blöde Schlampe!«, kam postwendend als Antwort. Chantal ließ sich das nicht zweimal sagen und schlug mit der Peitsche auf den narbenüberzogenen Rücken des Mannes. Kleine, teilweise auch recht frische Narben, begannen aufzuplatzen. Sie zögerte.

»Los, schlag härter!«, stieß der Riese hervor.

Die hübsche Blonde hatte Schwierigkeiten gehabt, diesen riesigen muskulösen Kerl in die Lederriemen zu zwängen, da der Foltertisch nicht für solche Dimensionen ausgelegt war. Für sie war es neu, dass es jemanden gab, der jede Quälerei stillschweigend ertrug. Dieser Typ war noch viel krasser als alle anderen vorher zusammen.

Ihm ging nur einer ab, wenn man es völlig übertrieb. Teilweise war sie nach der »Behandlung« fertiger als er.

Sie machte weiter und wuchtete die Peitsche auf den Rücken des Mannes. Nicht er, sondern sie begann zu schreien. Ihr rannen Schweißperlen in die Augen und sie musste einen Moment pausieren, um sich die brennende, salzige Flüssigkeit wieder abzuwischen. Unverhofft klopfte es an der Türe.

»Nicht jetzt!«, schrie die Blondine. Doch Hannelore, die Besitzerin des Bordells lugte mit dem Kopf schon zwischen Tür und Rahmen hervor.

»Ist wichtig!«, sagte sie.

»Gib mir noch drei Minuten!«, antwortete die Domina.

Richard merkte, dass Gabi nicht mehr zu hundert Prozent bei der Sache war. Ihre Schläge klatschten nur noch halbherzig auf seinen Rücken. Natürlich hatte er mitbekommen, dass irgendetwas nicht stimmte. Warum meldete sich die Puffmutter an der Türe? Was war wichtig genug, um das hier zu unterbrechen?

Für ihn gab es nur eine Antwort. Sie hatten ihn gefunden. Wie auch immer das möglich war.

Er begann damit, seine Hände unauffällig aus den Lederriemen zu winden.

»Muss mal kurz nach draußen«, sagte Gabi, hängte die Peitsche an einen leeren Haken und ging vor die Türe.

Richard überlegte. Es handelte sich hier um eine Routineuntersuchung, ansonsten hätte das SEK längst das Zimmer gestürmt. Das hieß für ihn, dass er es mit maximal zwei Polizisten zu tun hatte. Waren sie vernünftig, hatten sie bereits Verstärkung gerufen. Möglicherweise, und das wäre für ihn der günstigere Fall, wollten sich aber beide etwas beweisen und missachteten die Sicherheit.

Er hatte sich aus den Lederriemen befreit und klopfte leicht an die Wand des Nebenzimmers. Es erklang ein helles durchdringendes Geräusch, was seinen Verdacht bestätigte. Für ein Bordell war dieses Etablissement recht hellhörig. Wahrscheinlich hatte man zwischen die Zimmer nur ein paar Rigipsplatten gezogen, was das laute Gestöhne aus dem Nebenzimmer erklärte. Er betrachtete kurz die Eingangstüre, deren oberer Rahmen ungewöhnlich weit ins Zimmer ragte. Mit erstaunlicher Leichtigkeit trug der groß gewachsene Mann den Foltertisch neben die Türe und stellte ihn geräuschlos ab. Dann nahm er sich von einem der Haken an der Wand eine Art Fleischerhaken, stieg auf den Tisch und hangelte sich, den Haken im Mund, zwischen Türrahmen und Decke. Er verharrte dort, während sein Blut den Boden tränkte und das Holz unter ihm langsam nachgab. Es wurde Zeit, dass jemand hereinkam, egal wer.

Es vergingen nur wenige Sekunden.

Mit einem kräftigen Tritt stieß jemand die Tür auf, die gegen den Tisch prallte. Durch die Wucht verlor Richard das Gleichgewicht und stürzte auf einen Polizisten, dem er im Fallen den Fleischerhaken in die Kehle rammte.

»Robert!«, rief eine entsetzte Stimme, während Richard sein Opfer in den Raum zerrte, die Tür zuschlug und den Tisch davorschob.

Jerkowski versuchte röchelnd mit der einen Hand den Haken aus seinem Hals zu ziehen und mit der anderen irgendwie an seine Pistole zu gelangen, die ihm während des Manövers dieses Irren aus der Hand gefallen war. Bei jedem Atemzug und bei jeder Bewegung spuckte er Blut. Es gelang ihm weder den Haken herauszuziehen, noch an die Waffe zu gelangen. Sein Mund füllte sich immer mehr mit Blut. Er kam mit dem Ausspucken kaum noch nach. Die Pistole war in Sichtweite und für kurze Zeit hatte er das Gefühl sich aus dem Gemisch von Lähmung und Schock befreien zu können, bis ihn zwei Hände mit Urgewalt packten und den Haken quer durch seinen Hals zogen. Das Letzte, was Jerkowski in seinem Leben sah, waren weit geöffnete, wahnsinnige Augen, deren Pupillen so groß waren, dass die Augen fast vollständig schwarz wirkten. Dann wurde es dunkel.

»Robert, verdammt noch mal Robert!«

Gerads schrie sich die Kehle aus dem Hals. Er stand unter Schock, war von der Schnelligkeit der Ereignisse völlig überrollt worden. Für kurze Zeit war er wie gelähmt, stand einfach nur vor der Tür des Zimmers ohne eine Ahnung, was er tun sollte. Neben ihm stand Gabi, die ebenfalls ihre Fassung verloren hatte und mit offenem Mund auf die geschlossene Tür starrte. Er brauchte eine ganze Weile, um sein Handy aus der Halterung zu nehmen und hineinzubrüllen: »Gerads hier. Ich brauche Verstärkung! Ein Polizist wahrscheinlich verletzt. Verdächtiger hat sich in einem Zimmer verschanzt.«

Seine Stimme zitterte. Thomas Gerads wusste nicht, was er nun tun sollte. Auf eine solche Situation war er definitiv nicht vorbereitet, Training hin oder her. Dann endlich ertönte Gotthards Stimme aus dem Funkgerät. »Seid ihr noch in Chantals Chalet?«

»Verdammt ja, das sind wir! Beeilt euch! Der Typ hat Jerkowski!«

»Ich schicke die Verstärkung sofort, versuch ruhig zu bleiben, okay?«, sagte Gotthard.

»Du hast gut reden!«, fauchte Gerads.

Kaum hatte er ausgesprochen, krachte die Tür des Zimmers, neben dem Gerads Posten bezogen hatte, auf. Ein großer, nur mit einem Handtuch bekleideter, Mann stand auf dem Flur und richtete eine Waffe auf den Polizisten. Geistesgegenwärtig stieß Gerads Gabi zu Boden, warf sich ebenfalls hin und feuerte einen Schuss in Richtung seines Gegners ab. Er verfehlte sein Ziel. Stattdessen ballerte der Riese wie ein Verrückter in ihre Richtung. Gerads schrie auf, ein Schuss hatte seinen Arm gestreift. Es gelang ihm jedoch seine Waffe zu heben und noch zwei Schüsse abzugeben, während der Täter den Flur in Richtung Ausgang entlang stürmte.

»Stehenbleiben!«, brüllte er dem Fliehenden nach. Doch dieser hatte längst das Weite gesucht und war aus dem Chalet verschwunden.

Gerads sackte zusammen und begann zu weinen.

Ein junger, drahtiger Mann schlich aus dem Nebenzimmer und starrte Gerads an.

»Der Typ hat sich durch die Wand geschlagen«, stotterte er. Seine Unterhose und sein offenes Hemd waren blutverschmiert. Seine »Bedienstete« trippelte auf Stöckelschuhen und als Hausmädchen verkleidet hinter ihm her. Dann klammerte sie sich an ihn, als würde sie dadurch Schutz und Trost finden. »Ihr Kollege …« Der blutverschmierte, schlanke Kerl deutete mit einer Hand hinter sich und sog tief die Luft ein.

Gerads stieß den jungen Kerl zur Seite, ging durch die Tür, aus der das Pärchen gekommen war und starrte entsetzt durch das Loch in der Wand. Er musste einen Würgereiz unterdrücken. Sein Partner lag mitten im Raum. Seine Augen waren weit aufgerissen und er starrte zur Decke. Beine und Arme waren absurd verdreht und lagen in einem unmöglichen Winkel zueinander. Sein Kopf löste sich an der Vorderseite ein wenig vom Rumpf. Der Kehlkopf war herausgerissen und lag mitten in einer Blutlache neben Jerkowski.

Dieser Riese hatte eine solche Kraft aufgewandt, dass er den Polizisten beinahe geköpft hatte. Die Sache erschien Gerads noch verrückter, als er seitlich neben dem Kopf die Tatwaffe entdeckte. Einen Fleischerhaken!

Thomas Gerads schwankte zwischen tausend Gefühlen: Unglaube, Trauer, Wut, Entsetzen….

Nichts, aber auch rein gar nichts konnte jemanden auf so eine Situation vorbereiten. Egal wie skrupellos oder hart man war.

Das hier war nicht mehr das Werk eines Menschen, hier war ein Monster am Werk.

Plötzlich fiel ihm Gabi ein. Er ging zurück und betrachtete die immer noch am Boden liegende Domina.

»Sie können wieder hoch. Ich glaube nicht, dass Ihr Kunde noch mal wiederkommt.« Keine Antwort.

Gerads drehte die Frau zu sich. Sie starrte ihn an, ihre langen blonden Haare fielen zu Boden. Ihr Blick war fragend und ungläubig…

und zudem leblos, denn zwischen ihren Augen hatte sich eine Kugel in ihren Kopf gebohrt.

Kapitel 28

Richard trat vor die Tür des Chalets.

Wieder einmal hatte sich gezeigt, wie gut er daran tat, stets auf alle Eventualitäten vorbereitet zu sein. Er hatte sich seine Umgebung genau angesehen. Vorsicht gehörte seit Ewigkeiten zu seinem Tun. Etwas, das man lernte, wenn man sein Leben lang auf der Flucht war.

Er hatte die Wand zum Nebenzimmer durchbrochen, um näher an der Hintertür zu sein, aber auch, um an einer Position aufzutauchen, an der der zweite Polizist ihn nicht erwartete.

Sein Plan war aufgegangen. Und mit der erbeuteten Waffe hatte er sich die nötige Zeit verschafft, um abzuhauen.

Gehetzt sah er sich um. Nur mit dem Handtuch bekleidet, blutend, würde er auf den Straßen auffallen. Und die Verstärkung, die der Polizist, wenn er noch lebte, angefordert hatte, würde nicht lange auf sich warten lassen. Also ging er wieder einmal die Wege, die in der letzten Zeit zu seinen Autobahnen geworden waren. Mit etwas Mühe, ohne erforderliches Werkzeug, hievte er einen Gullydeckel in die Höhe und zwängte seinen massigen Körper durch das entstandene Loch. Einige Stufen auf der rostigen Leiter, dann zog er den Deckel zurück und verdeckte seinen Fluchtweg.

Dunkelheit umgab ihn. Doch das war etwas, das ihm keine Probleme bereitete. Er hatte so lange fernab der Sonne gehaust, dass er eine Nachtsicht wie eine Katze besaß.

Er orientierte sich an der nächsten Abzweigung, nahm den rechten Gang und hastete weiter.

Er musste sich beeilen, soviel war klar. Schließlich hatte er seinen Doppelgänger damals unter Königs Villa warten lassen. Vielleicht kamen die Bullen diesmal auch auf die Idee, unterirdisch zu suchen. Doch wenn sie das Chaos, das er oben hinterlassen hatte, auch nur halbwegs ordnen wollten, dann war er schon über alle Berge, ehe sie die Verfolgung aufnahmen.

Trotzdem achtete er darauf, so wenig Spuren wie möglich zu hinterlassen. Er nahm das Handtuch kurz von der Hüfte, wischte sich das Blut vom Rücken und lief dann erst weiter. Die Fußabdrücke, die er im Schlamm hinterließ, waren schlimm genug, doch, wenn sie mit Hunden arbeiteten, dann waren Blutstropfen wesentlich gefährlicher.

Er trieb sich zu noch größerer Eile, hastete von einem Gang in den nächsten und hatte sein Ziel nach zwanzig Minuten erreicht. Der Gullydeckel, den er anhob, nachdem er die Leiter erklommen hatte, brauchte er nicht leise und vorsichtig zu verschieben. Hier, im Keller des Abbruchhauses, lebte niemand.

Die Penner, die sich hier vor ein paar Wochen hatten ansiedeln wollen, hatte er wirkungsvoll verscheucht.

Richard kletterte aus dem Untergrund, schloss den Deckel wieder und machte sich durch das verfallene Treppenhaus auf in seine Wohnung. Die Tür war nicht abgeschlossen, die Schlösser funktionierten schon lange nicht mehr. Er betrat sein Reich und blickte sich um. Warum sollte er sich die Mühe machen, diesen Ort vor anderen zu sichern? Es gab hier nichts von Wert. Wenn man von dem Beutel Bargeld absah, den er hinter der Spüle versteckt hatte. Ansonsten lagen hier gerade mal seine Ersatzklamotten. Als sich Richard über dem Wassereimer notdürftig gereinigt und seine zweite Garnitur (Jeans, T-Shirt, Pullover, Socken und Unterwäsche) angezogen hatte, trug er, bis auf den langen Mantel, alles am Leib, was ihm gehörte.

Warum lebe ich so, fragte er sich und gab sich wie immer die gleiche Antwort.

Es ist nicht meine Schuld. Sie sind schuld. Sie haben mich zu dem gemacht, der ich bin, deshalb haben sie den Tod verdient. Er setzte sich in den verschlissenen Sessel und stützte den Kopf in die Hände.

Ich habe sie nicht einmal selbst umgebracht, dachte er bei sich. So wie sie ja auch nur indirekt an seinem Leid Schuld waren. Ihm war klar, dass sie, aufgrund der Pläne, die er geschmiedet hatte, nicht hatten überleben können, doch er hatte sie nie von eigener Hand getötet. Er wollte es nicht.

Vor langer Zeit hatte er einen Mann umgebracht und er hatte Jahre lang daran zu knabbern gehabt. Schlaflose Nächte, ruhelose Tage voller Angst. Das wollte er nie wieder durchmachen. Also hatte er anderen das Morden überlassen.

Bis heute.

Er erinnerte sich an das Gefühl, wie der Haken sich in der Kehle des Mannes verankert, wie er mit einem Riss dem Leben des Mannes ein Ende bereitet hatte.

Und diesmal quälte ihn nichts. Im Gegenteil. Er verspürte ein Triumphgefühl. Die Polizisten hatten verhindern wollen, dass er sein Vorhaben zu Ende brachte, also mussten sie mit den Konsequenzen rechnen. Auch wenn es ihren Tod bedeutete.

»Du hast ihn ausgelöscht«, flüsterte er. »Er hat unter deinen Händen sein Leben ausgehaucht.«

Er wartete wieder auf dieses Gefühl. Auf Reue und Angst.

Doch da kam nichts. Da war nur Genugtuung.

Das war vor Jahren anders gewesen.

Ein kalter Schauer jagte ihm über den Rücken, als er in die Vergangenheit abglitt.

In den Herbst 1986.

Er schloss die Augen und war wieder ein Junge.

Eingesperrt in einen Keller...

Richard lag auf dem Bett in seinem Verlies und wälzte sich hin und her. Kalter Schweiß stand auf seiner Stirn, sein T-Shirt und seine Sporthose waren durchgeschwitzt.

Er fühlte sich elend und kraftlos. Dazu kam, dass er sein Essen nicht mehr bei sich behalten konnte.

Egal was sein »Vater« ihm auftischte, es verließ nach spätestens einer halben Stunde seinen Körper. Und das auf beiden Wegen.

Toll, dachte er, wenn er halbwegs bei Sinnen war. Monate der Quälerei hatte er ertragen, Vergewaltigungen, sogar die Amputation eines Fingergliedes und jetzt raffte ihn irgendein Virus dahin. Das Schicksal ging seltsame Wege. Wenn es nicht so traurig gewesen wäre, dann hätte er laut gelacht.

Anfangs hatte ihm sein Gefängniswärter Medikamente gebracht. Sogar rezeptpflichtige, wo immer er die auch herhatte. Hatte sich rührend um ihn gekümmert, ihm Zeitschriften und dann sogar einen Walkman gebracht.

Die Kassetten von Madonna oder Europe hatten ihm Trost gespendet. Er konnte die Augen schließen, sich den Tönen hingeben und von Besserung träumen. Doch dann hatte sich sein Zustand rapide verschlechtert und »The final Countdown«, das Lied der schwedischen Rockband bekam eine neue Bedeutung.

Seit drei Tagen hatte er das Bett nicht mehr verlassen. Und sein Körper, den er für seinen Rachefeldzug so eisern abgehärtet hatte, siechte dahin.

Gestern war sein Peiniger dann ausgerastet wie schon lange nicht mehr.

»Du willst gar nicht gesund werden!«, hatte er geschrien und den wehrlosen Jungen aus dem Bett gezogen. »Ich tue alles für dich und wie dankst du es mir? Willst mich feige im Stich lassen.«

Das Messer erschien wie von Zauberhand in seiner schwieligen Faust und Richard schloss mit dem Leben ab. Seltsamerweise machte es ihm immer noch etwas aus. Er wollte leben, wollte noch einmal die Sonne sehen.

Der Mann hatte ihn geschüttelt wie eine Stoffpuppe, dann hatte er ihn achtlos aufs Bett geworfen. Das Messer verschwand wieder im Gürtel.

»So einfach kommst du mir nicht davon!«, hatte der Mann geschrien. Dann hatte er wutschnaubend den Keller verlassen und war nicht zurückgekehrt. Richard fehlten bereits drei Mahlzeiten, doch da er sie sowieso wieder ausgekotzt hätte, machte es ihm nicht viel aus. Nur das zunehmende Schwächegefühl bereitete ihm Sorgen. Er nickte immer wieder ein, konnte kaum noch die Augen offenhalten und fragte sich schon, wann er sie zum letzten Mal und für immer schließen würde.

Das ist alles so verdammt unfair, grübelte er, dann hörte er die Geräusche vor der Tür und sein Verlies wurde geöffnet.

Richard machte die Augen auf, doch die Schatten blieben. Das ganze Zimmer schien in Rauch getaucht.

Aber seine Ohren funktionierten und er hörte Stimmen. Die Stimme seines Peinigers und die Stimme einer Frau, die Richard noch nie gehört hatte.

Er ist nicht allein. Ich bin nicht mehr allein, dachte der Junge. Dann wurde er ohnmächtig.

Als er die Augen erneut öffnete, sah er in das Gesicht eines Engels.

So kam es ihm jedenfalls am Anfang vor. Eine Frau beugte sich über ihn. Die einsame Lampe in seinem Gefängnis, umhüllte ihren Kopf wie ein Strahlenkranz.

Ich bin tot, vermutete Richard und es ärgerte ihn. Er hatte noch so viel vorgehabt.

Dann klärte sich nach und nach sein Blick und mit jeder Sekunde fiel der Vergleich mit einem Engel weiter in sich zusammen.

Die Frau, die sich über ihn beugte, hatte Richard noch nie gesehen, doch beim zweiten Hingucken bemerkte er, dass sie rein gar nichts mit einer Lichtgestalt zu tun hatte.

Ihre dunklen Haare waren lang und fettig, ihr Gesicht verhärmt, die Augen gerötet. Sie sah nicht viel gesünder aus als ihr Patient, auch wenn bei ihr sicherlich kein Virus daran schuld war.

»Wer sind Sie?«, fragte der Junge mit kratziger Stimme.

»Ich bin Maria«, sagte die Frau nur. »Und ich bin hier, um dir zu helfen.«

»Sind Sie Ärztin?«

Die Frau lächelte müde. »Nicht ganz. Aber ich habe jahrelang als Schwester in einem Krankenhaus gearbeitet.«

Sie hielt ihm ein paar Tabletten hin und ein Glas Wasser. »Glaubst du, du kriegst die runter?«

Richard nickte. Sein Kopf schmerzte, seine Glieder brannten, doch das Fieber schien nicht mehr ganz so hoch.

Die Frau schien seine Gedanken zu erraten. »Ich habe dir bereits ein Mittel gespritzt, sagte sie. Du warst mehrere Stunden ohnmächtig.«

Der Junge ging nicht darauf ein, sondern griff mit zitternder Hand nach den Tabletten. Die Frau ließ sie in seine Hand fallen und hielt ihm das Wasserglas an die Lippen. Die Medikamente rutschten schlecht durch seine ausgedörrte Kehle und Richard krümmte sich unter einem heftigen Hustenanfall. »Wer sind Sie und wie kommen Sie hierher?«, fragte er, nachdem er wieder atmen konnte.

»Ich bin Maria«, sagte die Frau wieder, als wäre es Erklärung genug. »Und dein Vater hat mich um Hilfe gebeten.«

»Er ist nicht mein Vater«, begehrte Richard auf. »Und ich werde gegen meinen Willen hier festgehalten. Sie müssen mir helfen.«

Der Junge versuchte, sich zu erheben, doch die zierliche Frau drückte ihn mit einer Kraft, die man ihr nicht zugetraut hätte, auf sein Lager zurück.

»Er hat mir gesagt, dass du mir Lügen auftischen würdest«, sagte sie ruhig.

»Es sind keine Lügen!«, sagte Richard. Er wollte der Frau alles erzählen, doch die Müdigkeit war plötzlich wieder da. »Er hat mich gekidnappt und hier eingesperrt«, sagte der Junge mit leiser Stimme. »Was glauben Sie, warum die Tür immer abgeschlossen ist.«

»Es ist nur zu deinem Besten«, sagte die Frau und strich ihm zärtlich über die Stirn.

Richard wollte ihr widersprechen. Ihr seine Situation schildern, von den Misshandlungen berichten, doch er war zu schwach. Langsam schloss er die Augen.

Als er erwachte, war die Frau fort und er fragte sich schon, ob er alles nur geträumt hatte.

Er fühlte sich besser. Das Fieber war weg und ein Hungergefühl quälte ihn. Er setzte sich auf und zuerst drehte sich alles um ihn, doch das Schwindelgefühl verschwand so schnell wie es gekommen war.

Als er sich im Raum umsah, bemerkte er, dass »Vater«, am Tisch saß und einen Teller mit Suppe vor sich stehen hatte. »Ich dachte schon, du willst ewig schlafen«, sagte er. Er zeigte auf den Teller. »Hunger?«

Richards Magen knurrte zur Antwort. Mühsam erhob er sich und wankte auf den Tisch zu. Ächzend ließ er sich in den Stuhl fallen und machte sich augenblicklich über die Suppe her. Sie war heiß und lecker und er brauchte nur zwei Minuten, bis er alles in sich hinein geschaufelt hatte.

»Die ist gut«, sagte er dann.

»Hat deine neue Mutter für dich gekocht«, entgegnete der Mann und Stolz schwang in seiner Stimme mit.

»Maria?«

Der Alte nickte. »Du hast sie bereits kennengelernt.« Richard sah den Mann an. Mit der Suppe waren seine Lebensgeister zurückgekehrt. Und ein Teil seiner Wut.

»Hältst du sie auch gefangen?«, fragte er bitter. »Wo hast du sie entführt?«

Der Mann sah Richard lange an. Es war schwer in seinem Gesicht zu lesen.

»Sie ist freiwillig bei mir. Weil ich ihr alles geben kann, was sie braucht.«

Der Junge lachte auf. Das Gesicht der Frau erschien vor seinem inneren Auge. »Du meinst, du gibst ihr Drogen?« Sein Peiniger sprang auf, war mit einem Schritt bei ihm und schlug ihm so hart ins Gesicht, dass er mit Stuhl zu Boden ging. Richard spürte Blut auf seiner Wange.

»Sprich nie wieder schlecht über deine Mutter!«, brüllte der Alte. »Oder du wirst mich kennenlernen!«

Der Mann deutete mit ausgestrecktem Arm auf das Bett des Jungen. »Und nun leg dich wieder hin und ruh dich noch ein wenig aus. Ab morgen ist die Faulenzerei vorbei. Dann wird wieder gearbeitet. Schließlich muss ich dein Essen bezahlen, du undankbarer Bengel.«

Er wartete nicht einmal darauf, dass sich Richard erhob. Er nahm den leeren Teller und den Löffel und verließ den Keller. Der Junge blieb blutend zurück.

Wieder einmal. Gesund gepflegt, um weiter misshandelt zu werden. Und doch gab es jetzt eine zweite Person, die von seinem Aufenthalt hier wusste. Jemanden, der ihm vielleicht helfen würde. Hoffnung durchströmte ihn, als er seinen schmerzenden Körper zurück ins Bett beförderte.

Der Alte kam jetzt wieder jeden Tag und brachte Richard Arbeit, Essen und Schläge. Egal wie gut er die aufgetragenen Arbeiten erledigte, sein Peiniger fand immer einen Grund, ihn zu misshandeln.

Nur die Vergewaltigungen blieben aus.

Er hat jemand anderen, mit dem er sich vergnügen kann, dachte der Junge. Auch wenn er die Frau seit Tagen nicht mehr gesehen hatte, sagte ihm irgendetwas, dass sie noch da war. Er betete, bettelte in seinen Träumen, dass Maria zu ihm zurückkommen sollte. Sie war die einzige Hoffnung, die er hatte. Seine Verbindung zur Außenwelt.

Und eines Tages wurden seine Wünsche erhört.

285

Der Alte hatte ihm sein Mittagessen und ein paar Kleidungsstücke zum Stopfen gebracht. Richard wusste, dass er nun bis zum Abendessen für sich alleine sein würde. Bevor er sich an die Arbeit machte, begann er mit seinem Training. Seit der Krankheit, die ihn Energie und Muskelmasse gekostet hatte, waren zwei Wochen vergangen und er war beinahe schon auf dem gleichen Fitnessstand wie zuvor. Er konnte sich nicht auf Hilfe von außen verlassen. Er musste sich in Form bringen, bis er den Alten würde schlagen können. Er hoffte, dass er diesen Tag noch erlebte.

Richard war bei vierzig Liegestützen angelangt, als er ein Kratzen an der Tür und das Klimpern von Schlüsseln vernahm. Sofort sprang er auf und setzte sich an den Tisch, eine Stopfnadel in der Hand. Wenn »Vater« jetzt hereinkam, würde er Rechenschaft darüber ablegen müssen, warum er so verschwitzt war und noch keine Arbeiten erledigt hatte. Es würde ein schmerzhafter Prozess werden.

Die Tür wurde aufgerissen und Richard duckte sich unwillkürlich. Doch es war nicht sein Folterknecht, der erschien, sondern Maria. Sie nickte ihm nur zu, schloss die Tür und setzte sich zu ihm an den Tisch. Sie hatte abgenommen, Schweiß stand auf ihrer Stirn und ihre Hände zitterten.

»Hallo Richard«, sagte sie.

»Hallo Maria.«

Sie schwiegen sich an, blickten in ihre Gesichter, die beide von Qual und Angst gekennzeichnet waren.

Und die Frau hatte dazu noch einen großen Bluterguss auf der Wange.

»Er hat dich geschlagen.« Es war keine Frage, sondern eine Feststellung.

Maria nickte. »Ich war böse.«

»Natürlich.« Richard sagte nichts mehr, wandte sich seiner Arbeit zu und wollte die Frau aus der Reserve locken. Es gelang.

»Das erste Mal sind wir uns im Harz begegnet«, sagte sie. »Wir wohnten beide in einem kleinen Dorf. Er war zehn Jahre älter als ich, trotzdem verliebte ich mich in ihn.«

Ihre Gedanken transportierten sie zurück in die Vergangenheit. »Meine Eltern verboten mir den Umgang. Ich hatte einen guten Job in einem Krankenhaus, er war in ihren Augen nur ein Wilderer und Halunke.« Sie lächelte. »Ich ließ mir nichts sagen, brannte durch und zog zu ihm in seine Waldhütte.« Maria sah Richard an. »Der Anfang war ein Traum. Nur wir und die Natur. Und Sex. Guter Sex.«

Sie schien erst jetzt zu registrieren, dass sie mit einem Jungen sprach. »Ähm... also...«

»Schon gut«, beruhigte Richard sie. »Ich bin kein Kind mehr.«

Und Maria erzählte weiter. Von Wochen voller Glück gefolgt von Zeiten, in denen die Stimmung immer weiter kippte. »Plötzlich begann er damit, mich zu schlagen. Und ich wusste nicht einmal warum.«

»Weil es ihm Spaß macht? Weil er ein Kidnapper und ein sadistisches Arschloch ist?«

Maria hörte den Jungen nicht.

»Ich liebte ihn. Wollte ihm gefallen. Doch irgendwann wollte er mich einfach nicht mehr. Vor ein paar Monaten hat er mich einfach hinausgeworfen. Und als ich mich wieder in seine Hütte zurück traute, um ihn um Verzeihung zu bitten, war er fort.« Weil er mich gefunden hat und mit mir abgehauen ist, dachte Richard.

»Ich war verzweifelt«, erzählte die Frau weiter. Tränen traten in ihre Augen. »Mir ging es so schlecht, dass ich anfing, Antidepressiva aus dem Krankenhaus mitgehen zu lassen. Was schließlich zu meinem Rauswurf führte.« Sie wischte sich durch ihr Gesicht. »Und dann stand er plötzlich wieder vor der Tür und bat mich mitzukommen. Weil er meine Hilfe brauchte.« Sie lächelte stolz.

»Du kommst freiwillig zurück in ein Gefängnis? Zurück zu jemanden, der dich geschlagen hat?«

287

»Ich liebe ihn«, war alles, was Richard als Antwort erhielt. Dann sprang Maria auf. »Ich plaudere schon viel zu lange mit dir«, sagte sie. »Ich wollte mich nur vergewissern, dass es dir wirklich wieder gut geht.«

Plötzlich schien sie in Panik zu verfallen. »Er hat mir verboten hier zu sein. Es wäre nicht gut, wenn er uns hier zusammen erwischt.«

Sie sprang auf und eilte zur Tür. Richard hätte schreien können. Sie hatte den Schlüssel, der Alte war nicht da und statt sich vom Acker zu machen, hatte er der Lebensgeschichte der Frau gelauscht. Er war so verwirrt gewesen, dass sich jemand richtig mit ihm unterhielt, dass er gar nicht mehr nachgedacht hatte.

Er wollte aufspringen und Maria hinterherrennen, doch sie war bereits am Ende des Kellers.

Sie drückte die Klinke, wollte öffnen, als die Tür nach innen aufgestoßen wurde.

Der Alte stand dort und brauchte einen Moment, um das Gesehene zu verarbeiten.

»Ich habe dir verboten, ohne mich hier runter zu gehen!«, schnaubte er. Er holte aus und Maria war viel zu überrascht, um dem Schlag auszuweichen. Die Faust des Mannes knallte in ihr Gesicht, die Lippe platzte, Blut spritzte und die Frau fiel zu Boden wie ein gefällter Baum.

Richard hatte seinen anfänglichen Schock überwunden. Er sah Maria zusammenbrechen und plötzlich war da nur noch Wut. Er sprang durch den Raum wie ein Tiger, den man von der Kette gelassen hatte und stürzte sich auf seinen Peiniger.

Der Mann reagierte zu spät und der Ansturm des Jungen brachte ihn zu Fall.

Richard holte aus, wollte dem Alten seine Faust ins Gesicht schlagen, doch der Mann brachte schnell den Kopf zur Seite. Eine Reaktion, die er in zahlreichen Kneipenschlägereien gelernt hatte. Er sprang auf die Füße, doch auch Richard war sofort wieder auf den

Beinen. Er hob die Fäuste, stellte sich seinem Widersacher gegenüber, wie er es von Boxkämpfen kannte.

»Du glaubst also im Ernst, du bist mir gewachsen?«, fragte der Alte spöttisch. Er langte an seinen Gürtel und das Messer erschien in seiner Faust. Sekundenlang beobachteten die Kontrahenten die Klinge, dann schüttelte der Mann grinsend den Kopf und warf das Messer in eine Ecke.

»Heute nicht«, sagte er. »Aber, wenn ich mit dir fertig bin, wirst du dir wünschen, ich hätte das Messer genommen. Wäre schneller und weniger schmerzhaft gewesen.«

Mit einem Kopfnicken deutete er auf Marias reglosen Körper.

»Was habt ihr beiden hier unten getrieben? Hat dir die Schlampe ihre Titten gezeigt?«

Warum machte Richard dieser Satz noch wütender? »Wir haben uns unterhalten!«, zischte er durch die Zähne.

»Oh, so nennt man das jetzt«, lachte der Alte höhnisch. »Also, wenn das stimmt, dann bist du der erste Kerl, für den sie nicht direkt die Beine breitgemacht hat.«

Der Junge stürzte nach vorne, doch der Alte hatte mit einem Angriff gerechnet. Er steppte zur Seite und schlug ihm die Faust auf den Hinterkopf. Richard torkelte nach vorne und nur die Wand verhinderte, dass er hinfiel. Sein Schädel dröhnte, für einen Moment sah er seine Umgebung nur noch verschwommen. Der Mann ließ ihm keine Chance sich zu erholen. Er hatte ihn mit wenigen Schritten erreicht und trat ihm aus vollem Lauf mit dem Fuß vor den Oberschenkel.

Richard schrie auf. Sein linkes Bein war augenblicklich taub und er kippte zur Seite wie ein nasser Sack.

Tränen traten ihm in die Augen. Vor Schmerz und vor Wut, dass er sich so schnell fertigmachen ließ. Er hatte doch trainiert. Er war fit und sein Gegenüber ein alter Mann.

Der nächste Tritt erwischte seinen Bauch. Richard heulte auf, alle Luft entwich seinen Lungen. Er keuchte und schrie. Verzweifelt versuchte er sich aufzurichten, doch der Fuß des Mannes fand schon sein nächstes Ziel. Der Unterleib des Jungen schien plötzlich in Flammen zu stehen.

»Ich werde dafür sorgen, dass du dich nicht mehr mit ihr einlassen kannst!«, sagte der Alte und holte bereits wieder aus. Richard versuchte sich aus der Richtung zu bewegen, doch der Tritt landete wieder in seinen Genitalien.

Seine Gegenwehr erlosch. Er krümmte sich zusammen, gab den Kampf auf, bevor er überhaupt begonnen hatte. Er wollte nur noch, dass die Schmerzen aufhörten.

Ein Gedanke, der einen Schalter in seinem Kopf umlegte. Verdränge sie, schrie eine Stimme in seinem Inneren. Wenn du mit den Schmerzen fertig wirst, dann auch mit ihm.

Wieder kam der Fuß des Alten auf ihn zugeflogen und diesmal schaffte Richard es, den Tritt mit den Armen abzulenken. Der Mann kam aus dem Gleichgewicht und stolperte zwei Schritte vorwärts.

Richard kam auf die Füße. Das Brennen in seinen Eingeweiden, die Pein in seinem Oberschenkel, ignorierte er.

Er nahm wieder seine Kampfstellung ein. »Komm schon!«, flüsterte er wutschnaubend. »Wir sind noch nicht fertig.« Sein Peiniger sah ihn ungläubig an. Er wusste, dass jeder erwachsene Mann, den er kannte (und er kannte wirklich harte Typen), nicht mehr aufgestanden wäre.

Und dieses Bübchen stand vor ihm und verlangte mehr. Und dann war da noch dieser Blick des Jungen und für einen kurzen Augenblick verspürte der Alte so etwas wie Angst.

Du hast ein Monster erschaffen, fuhr es ihm durch den Kopf. Doch dann verflog der Augenblick und er sah wieder einen wehrlosen Jungen. Der nächste Faustschlag holte Richard erneut von den Beinen. Der nächste Tritt brach ihm zwei Rippen.

Dann wurde es dunkel um den Jungen und so bekam er nicht mit, wie sich Maria weinend vor ihn warf, den Mann bat aufzuhören.

Ihm versprach, alles zu tun, wenn er den Jungen in Ruhe ließ. Seine »Mutter« und sein »Vater« gingen und ließen ein blutendes Häufchen Elend zurück. Ein zerschlagener Junge, der nur noch vom Hass am Leben gehalten wurde.

In den nächsten Tagen kamen sie wieder zu zweit. Der Alte hielt sich aufmerksam im Hintergrund, das Messer gut sichtbar am Gürtel, die Frau kümmerte sich um Richards Blessuren.
Alles an seinem Körper schien wund und geschwollen. Am schlimmsten hatte es seinen Unterleib erwischt. Sein Urin war blutrot und in den wenigen Momenten klaren Bewusstseins hörte er Maria betteln, der Junge solle in ein Krankenhaus gebracht werden, weil er vielleicht innere Verletzungen hatte.
Doch der Alte wehrte ab.
»Er ist zäh«, sagte er nur und er sollte Recht behalten.
Irgendwann kam Richard wieder auf die Beine. Stärker denn je. Ungebrochen.
Und er merkte, dass der Alte ihn anders behandelte. Er war aufmerksamer im Umgang. Vorsichtiger. Als wäre Richard kein Junge mehr, sondern ein Raubtier.
Er ahnte nicht, wie Recht er damit hatte.
Einmal, als Maria ihn versorgte, hatte sie, die Lippen dicht an seinem Ohr, geflüstert: »Ich bringe dich hier raus. Ich lasse nicht zu, dass er dich umbringt.«
Immer wieder dachte der Junge an diese Worte. Wusste nicht, ob es vielleicht nur ein Traum gewesen war.
Denn als er wieder auf die Beine kam, hörten Marias Besuche auf.
Und er musste sich wieder ausschließlich mit seinem Peiniger herumschlagen.
Er lag oft auf seinem Bett, wenn er seine Arbeiten erledigt hatte und stellte sich vor, was er mit dem Alten anstellen würde.
Wochen vergingen und er hatte schon alle Hoffnung aufgegeben, als wieder einmal die Kellertür geöffnet wurde. Aber dieses Mal

erschien Maria alleine. Der Alte war nicht dabei. Wild winkte sie ihm zu.

»Komm schon, komm schon«, flüsterte sie und ihre Stimme überschlug sich vor Aufregung.

Richard sprang auf. Wollte die Frau ihr Versprechen wirklich wahrmachen?

»Wo ist er?«, wollte der Junge nur wissen.

»Er liegt oben auf dem Sofa«, sagte die Frau. »Er kam betrunken nach Hause und ich habe ihm ein starkes Beruhigungsmittel gespritzt. Er hat den Stich nicht einmal bemerkt.« Der Junge zögerte. Konnte es eine Falle sein?

Nein. Er schüttelte den Kopf. Maria schien echt nervös. Er blickte sich im Raum um. Sollte sein Martyrium wirklich heute enden? Nach all der Zeit?

Seltsame Gedanken schossen ihm durch den Kopf. Würde er die Sonne wiedersehen? Und wo sollte er hingehen? Er hatte doch nur dies.

»Komm schon, komm schnell!«, drängte Maria wieder und riss ihn aus seinen Gedanken.

Er sah sich wild um, ob es irgendetwas gab, was er mitnehmen wollte, doch er entschied sich dagegen. Wenn er diesen Schnitt machen sollte, dann wollte er nichts haben, was ihn an diese Zeit erinnerte.

Er lief der Frau entgegen, folgte ihr aus seinem Verlies und sah zum ersten Mal den Rest des Hauses. Sie eilten eine lange Kellertreppe hinauf und standen in einer schmutzigen, kleinen Küche.

Sonnenlicht wurde von milchigen, ungeputzten Fenstern gefiltert und schaffte es doch, Richards Augen zum Tränen zu bringen.

Maria nahm seine Hand und zog ihn weiter. Durch einen Flur, auf die Eingangstür des Hauses zu.

»Da raus«, flüsterte sie. »Und dann lauf. Lauf so schnell du kannst!«

Richard blieb stehen. »Wo ist er?«, fragte er und war plötzlich ganz ruhig.

Maria reagierte nicht. Richard schüttelte ihre Hand ab und eilte durch den Flur zurück. Sein Blick fiel durch eine angelehnte Tür in ein schäbiges Wohnzimmer. Ein abgewetzter Tisch, zwei Sessel, ein schäbiges Sofa, auf dem reglos sein Peiniger lag. Schnarchend. Schlafend. Wehrlos.

»Mach schon.« Maria hatte das Flüstern aufgegeben und schrie ihn nun an. »Verschwinde.«

Richard sah sie an. »Und was ist mit dir?«

»Kümmere dich nicht um mich. Ich komm klar.«

Sie schob den Jungen in Richtung Tür, vor der sich ein riesiger verwilderter Garten ausbreitete.

Es war unwirklich, die Welt wieder zu sehen.

Richards Blick fiel nach links und rechts und er sah, dass er auf einem alten Gehöft gelebt hatte. Die nächsten Nachbarn schienen hunderte von Metern entfernt zu sein. Kein Wunder, dass niemand etwas bemerkt hatte.

»Geh! Geh endlich!«, drängte Maria, schubste ihn ins Freie und schloss hinter ihm die Tür.

Richard machte einen Schritt nach vorn. Noch einen. Zwei Meter in die Freiheit. Dann begann er zu laufen. Brachte Meter um Meter zwischen sich und sein Gefängnis.

Bis er das Ende des Gartens erreicht hatte. Keuchend hielt er an.

Der Alte würde Maria umbringen. Im Jähzorn erschlagen. Das war so sicher wie das Amen in der Kirche. Und dann würde er sich auf die Suche machen und Richard zurückholen. So wie er es mit Maria gemacht hatte.

Sekundenlang stand der Junge still da. Hörte die Geräusche des Gartens. Die Grillen und Vögel. Das Rauschen des Windes in den Blättern der Bäume. Ein Gefühl von Freiheit durchzuckte ihn. Doch er wusste auch, dass er erst richtig frei war, wenn der Alte ihm nicht mehr folgen konnte.

Richard fasste einen Entschluss und kehrte um. Er machte einen kurzen Umweg, um sich im Geräteschuppen zu holen, was er brauchte.

Er trat erneut ein, in das Haus, das ihn seit einer gefühlten Ewigkeit beherbergt hatte.

Marias Blick zuckte hoch, als er das Wohnzimmer betrat.

»Was machst du noch hier?«, schrie sie aufgebracht.

»Ich bringe es zu Ende«, sagte der Junge und als die Frau den Hammer in seiner Hand sah, wich sie zurück.

»Nein«, stammelte sie, doch sie hatte nicht die Kraft, ihn aufzuhalten.

Langsam beugte sich Richard über den Alten. Mit geschlossenen Augen lag er da und sah beinahe friedlich aus. Doch es war eine Täuschung und der Junge wusste es. So gut wie niemand anderes.

»Hallo Vater«, flüsterte er. Dann hob er den Hammer hoch über den Kopf und schlug zu.

Es war ein wuchtiger, brutaler Schlag und das eiserne Gewicht fraß sich in die Stirn des Mannes.

Er zuckte hoch, jedenfalls kam es Richard so vor und zur Sicherheit schlug er noch einmal zu. Und noch einmal. Blut spritzte, Knochensplitter flogen durch den Raum, Gehirnmasse benetzte das Sofa. Immer und immer wieder ließ der Junge den Hammer niedersausen, bis der Kopf des Alten nicht mehr als solcher zu erkennen war. Er war nur noch eine Masse aus rotem, klebrigem Matsch.

Dann fiel der Hammer zu Boden, als alle Kraft aus Richards Körper wich. Verstört bemerkte er, dass er zu weinen begonnen hatte.

»Fertig«, sagte er dann unnötigerweise, drehte sich auf dem Absatz um und ging.

»Was ist mit mir?«, rief Maria aufgebracht. »Was ist denn mit mir? Nimm mich doch mit.«

Doch Richard reagierte nicht. Er wollte nur weg. Alles hinter sich lassen. Ein normales Leben führen.

Es sollte ihm nicht gelingen.

Kapitel 29

Gotthard und Hastenrath waren unterwegs in den Stadtteil Odenkirchen. Aloysius Gotthard war immer noch geschockt von Gerads Funkspruch. Er bekam die panische Stimme des Polizisten nicht mehr aus dem Kopf.

»So, hier ist es«, bemerkte Hastenrath und holte Gotthard wieder in die Realität zurück.

Der Polizeiwagen fuhr langsamer, bis er vor einem unscheinbaren Mehrfamilienhaus ganz zum Stillstand kam.

»Von-der-Helm-Straße. Direkt gegenüber der St. Laurentius Kirche. Früher stand auf demselben Platz eine andere Kirche. Die war uralt. Man nimmt an, dass sie schon im zehnten Jahrhundert entstanden ist. Heute gibt es von der einstigen Kirche nur noch den Taufbrunnen in der Krypta. Außerdem gibt es auf dem Kirchplatz auch noch ein Naturdenkmal. Eine Winterlinde, die mindestens siebenhundert Jahre alt ist.« Al zog die Augenbrauen hoch.

»Sag mal, Dirk«, witzelte er, »hast du schon mal daran gedacht, dich bei »Wer wird Millionär« zu bewerben?«

»Das haben mir schon einige vorgeschlagen. Da werde ich aber bestimmt keinen Ton rausbekommen. Ich bin viel zu nervös für so was. Wenn ich weiß, dass da zwanzig Kameras auf mich gerichtet sind und Millionen Menschen zuschauen, dann stammel ich wahrscheinlich nur wirres Zeug und mach mich zum Vollidioten.«

»Stimmt, dafür sollte man eiserne Nerven haben.« Al öffnete die Beifahrertür.

»Hier wohnt der erste der vier Habers. Peter Haber, meine ich.«

Dirk Hastenrath kramte eine Mappe aus dem Handschuhfach und stieg ebenfalls aus. Er rückte seine Brille zurecht und wuselte in den Unterlagen.

»Peter Haber. Er ist 44 Jahre alt. Lebt seit seiner Geburt in Mönchengladbach. Sogar in diesem Stadtteil. Haber ist Schlosser, hat nie den Beruf, ja, nicht einmal die Firma gewechselt.

Und…«

»Schon gut, schon gut«, fiel Al seinem Partner ins Wort. »Woher weißt du das eigentlich alles?« »Einfach gegoogelt«, lachte Hastenrath. »Den Namen eingegeben und schon hatte ich es. Haber ist seit 20 Jahren Vorstandsmitglied im »Heimatverein Odenkirchen«. Dessen Mitglieder findest du alle im Internet, zusammen mit einer mehr oder weniger ausführlichen Beschreibung.«

»Mann, das ist ja gespenstisch, was man heutzutage schon alles über einen weiß. So was wie Privatsphäre gibt es scheinbar nicht mehr.«

»Nein«, meinte Dirk. »Wir leben in einer gläsernen Gesellschaft. Ich kann dir alles über fast jeden erzählen. Ganz schlimm wird es, wenn du über soziale Netzwerke irgendwas machst. Dein Name wird immer wieder auftauchen. Deine Adresse, deine Vorlieben, einfach alles.«

»Schlimm.« Gotthard schüttelte den Kopf und ging in Richtung Hauseingang.

Vor einer Tür, deren Front halb aus Glas und halb aus Holz bestand blieb er stehen. Sechs Klingelschilder. Er drückte die Klingel neben der Aufschrift »Haber«. Nichts passierte. »Scheint wohl nicht da zu sein«, sagte Hastenrath, während er die Treppe herunterging. Gotthard zuckte mit den Schultern und drehte sich um.

»Ja?«

Aus der Sprechanlage im hölzernen Teil der Tür hörten die Polizisten eine verschlafene Stimme.

Al antwortete sofort.

»Gotthard mein Name. Ich bin von der Kriminalpolizei. Könnten wir sie einen Moment sprechen?«

»Kripo?« Der Mann schien mit der Situation ziemlich überfordert.

»Ja. Es dauert auch nicht lange«, beruhigte ihn der Polizist. Ein kurzes Zögern, dann summte der Türdrücker. Al und Dirk drückten die Haustür auf und stiegen die Flurtreppe hoch. Im ersten Stock öffnete sich eine Tür.

Ein Kopf lugte zwischen Tür und Türrahmen hervor.

»Können Sie sich ausweisen?«

Al zog seine Marke aus seiner Hosentasche.

»Aloysius Gotthard vom LKA.«

Gotthard hielt dem Mann an der Türe den Ausweis vor die Nase und schaute sich um.

»Dies ist mein Kollege Dirk Hastenrath. Haben Sie einen Moment Zeit für uns?«

Der Mann öffnete die Türe ganz, staunte verblüfft: »LKA sogar«, und gab den Weg in seine Wohnung frei. Die Einrichtung in Habers Wohnung war schlicht, aber sauber und ordentlich. Peter Haber trug Jeans und darüber einen Sportpullover. Dichte schwarze Haare fielen in ein blasses, etwas teigiges Gesicht mit dunklen Augen. Etwas nervös bot Haber den Beamten einen Kaffee an, den diese jedoch ablehnten. »Darf ich fragen, was Sie zu mir führt?«, wollte Haber wissen.

»Der Name Peter Haber ist in einem unserer Fälle aufgetaucht und wir müssen in diesem Zusammenhang jeden Mann dieses Namens mit dem richtigen Alter überprüfen.« Während Hastenrath diese Erklärung abgab, sah Gotthard sich im Zimmer um. Er bemerkte das Foto eines älteren Paares und fragte: »Herr Haber, sind das Ihre Eltern?«

»Ja, das sind sie«, bestätigte Haber. »Sie wohnen ganz in der Nähe und ich besuche sie regelmäßig.«

»Danke, damit ist unser Besuch auch schon beendet«, erwiderte Gotthard. »Auf Wiedersehen.«

Mit diesen Worten verließen die beiden Beamten die Wohnung und ließen einen verdutzten Peter Haber zurück.

Gotthard und Hastenrath kehrten zurück zu ihrem Wagen und fuhren auf die Autobahn.

»Auf zum nächsten Haber«, sagte Hastenrath.

Al nahm das Funkgerät aus der Halterung. »Mal schauen, wie es bei Mick aussieht.«

»Gotthard hier. Habt ihr schon was? Wir waren grade bei dem Peter Haber in Odenkirchen. Wenn einer nicht in Frage kommt, dann der hier.«

Al wartete auf eine Antwort, doch das Funkgerät blieb stumm.

»Hallo?«, schrie er.

»Ja, wir hören dich«, kam Micks genervte Antwort aus dem Apparat.

»Und? Was ist denn bei euch? Was macht denn euer Haber?«, wollte Gotthard wissen.

»Wir sind nicht auf dem Weg zu Haber. Das haben wir übergeben. Macht euch aber keinen Kopf und geht weiter den Adressen nach.«

Aloysius Gotthard runzelte die Stirn.

»Ist eh nur noch eine Adresse für uns. In Rheindahlen. Aber wieso habt ihr denn abgebrochen?«

Gotthard hörte wie Mick Peters tief ein -und ausatmete. »Wir sind auf der Künkelstraße. Madame Chantals Chalet.«

»Wieso?«, wollte Al wissen.

»Können wir das später besprechen?« Mick zögerte kurz, schnaufte und fügte hinzu: »Es war übrigens gut, dass du sofort nach Gerads Funkspruch Verstärkung geordert hast. Die war hier auch dringend notwendig. Aber noch mal: Mehr dazu, wenn ihr wieder im Revier seid.«

Mick hatte das Gespräch beendet. Gotthard war nicht ganz klar, was das sollte. Er fühlte sich schlecht informiert und irgendwie auch überflüssig. Was sollte das denn heißen? »Es war gut, dass du Verstärkung gerufen hast.« Das war doch völlig normal. Etwas Schlimmes musste passiert sein. Eigentlich klar, nach Gerads wirrem Funkspruch. Er erinnerte sich an die Worte seines Kollegen: »Er hat Jerkowski.« Vielleicht hatten sie dieses Monster schon längst und die Sache mit Haber hatte sich schon erledigt. Der Gedanke machte ihn wütend, obwohl die Vernunft ihm sagte, dass Mick dann die Haber-Aktion mit Sicherheit abgeblasen hätte. Aber er hasste es, im Ungewissen zu bleiben, das verunsicherte und ängstigte ihn.

»Drück auf die Tube Hastenbart. Wir fahren nach Rheindahlen und danach sofort in Richtung Künkelstraße. Ich will wissen was da passiert ist.«

Dirk nickte und drückte das Gaspedal bis zum Anschlag durch.

»Da!« Dirk Hastenrath hielt den Wagen vor einem auffällig gelben Haus an.

»Max-Reger-Straße«, begann der lange Nerd mit der Brille. »Max Reger ist bekannt durch…«

»Ich will es gar nicht wissen, du Lexikon«, sagte Al und musste sich ein Lachen verkneifen.

»Haben wir eigentlich jemals einen so milden Oktober gehabt? Ich kann mich, ehrlich gesagt, nicht daran erinnern«, bemerkte Al in Richtung seines Kollegen, während beide aus dem Auto stiegen.

»Keine Ahnung!«, erwiderte Dirk schroff. Ihn hatte der Vergleich mit dem Lexikon gekränkt. Er wünschte sich oft, jemand anderes zu sein. Ein Held in Polizeiuniform, dem die Frauenherzen nur so zuflogen. Ein mit Muskeln bepackter Kerl, der jede Frau rumkriegen würde. Aber die Realität sah anders aus. Sie sah so aus, wie Al sie sah und richtig einschätzte. Er war ein Lexikon. Er war jemand mit einem unglaublichen Allgemeinwissen, der sich zudem mit Computern auskannte. Sport war für ihn ein Fremdwort und die polizeiliche Vorgabe in Bezug auf die Fitness ihrer Beamten für ihn eine Qual.

Trotzdem boxte er sich durch und die Gelegenheit zum Helden zu werden, würde hoffentlich noch irgendwann kommen.

»So«, begann Gotthard. »Hier haben wir ein Dreiparteienhaus. Und hier haben wir auch einen Haber.«

Er drückte die mittlere Klingel. Sofort ertönte der Summer. Gotthard drückte die Tür auf und ging ins Haus, Hastenrath im Schlepptau.

Das Treppenhaus war marode, das Holzgeländer schwer renovierungsbedürftig und die Stufen waren bröckelig. Im ersten Stock machte ein alter Mann, den Gotthard auf Mitte sechzig schätzte, die Tür auf.

»Wer ist da?«, fragte der Mann.

»Sind Sie Peter Haber?«, fragte Gotthard.

»Ja«, kam die prompte Antwort. »Und wer sind Sie?«

Haber schaute bei seiner Antwort an Gotthard vorbei. Aber er schaute nicht in Richtung Hastenrath, sondern gegen die Flurwand.

»Ähh«, stotterte Al. »Mein Name ist Gotthard vom LKA und das hinter mir ist mein Kollege Hastenrath. Dürften wir Sie einen Moment sprechen?«

Der Mann tastete sich an seiner Tür entlang ins Innere der Wohnung und Gotthard beschlich ein ungutes Gefühl. Er rieb sich mit der Hand über die Stirn. Haber war tatsächlich blind. Der Mann winkte sie zu sich und sie folgten ihm. Die Wohnung dieses Peter Haber war eine einzige Rumpelkammer. Zudem stank es. Im Wohnzimmer angekommen, ließ Haber sich ächzend auf ein altes Sofa fallen. Daneben lag ein Hund, ein schwarzer Labrador, der keine Anstalten machte die Neuankömmlinge zu begrüßen. Der Blinde selbst machte einen ungepflegten Eindruck. In seinem zerzausten Bart hingen Essensreste. Seine wenigen verbliebenen Haare hingen lang und fettig in alle Himmelsrichtungen und aus den Haaren in seiner Nase konnte man fast einen Zopf drehen.

»Darf ich fragen, wie alt Sie sind Herr Haber?« fragte Al.

Haber schrubbte seinen Rücken an der Couchlehne. Dann rieb er sich seinen Bart und begann seine kleine Geschichte zu erzählen.

»Ich bin wahrscheinlich am 02.03.1968 geboren.«

»Wahrscheinlich?«, hakte Gotthard direkt nach, während er eine leere Chipstüte von einem Sessel warf und Platz nahm. Hastenrath zog es vor, stehen zu bleiben.

»Nun ja, ich wurde gefunden. Meine Eltern hatten mich als Baby vor einem Krankenhaus ausgesetzt. Ich wuchs in einem Heim auf.

Trotzdem hatte ich keine schlechte Kindheit. Im Heim ging es immer drunter und drüber. Wir Kinder hatten jede Menge Spaß, auch wenn es nicht immer ganz einfach war. Ich habe die Kinder, die Mutter und Vater hatten, immer beneidet. Mir war es halt nicht vergönnt. Mein Leben hat dann irgendwann eine Wendung genommen, die ich keinem Menschen auf dieser Welt wünsche.«

»Darf ich fragen, wie Sie zu dem Namen Peter Haber kommen?«, unterbrach ihn Gotthard.

»Nun ja«, begann der Alte. »Irgendwann war der Druck scheinbar zu groß und meine leibliche Mutter meldete sich im Heim. Sie erkundigte sich nach meinem Befinden. Mir selbst war es schleierhaft, wie man mich zuordnen konnte. Schließlich war ich zu der Zeit schon vier Jahre alt. Aber sei es wie es sei«, stöhnte Peter Haber und scheuerte wieder seinen Rücken an der Lehne. »Meine Mutter hatte wohl selbst kein Geld und wusste nicht, wie sie mich großziehen sollte. Sie muss noch sehr jung gewesen sein, haben mir die Leute aus dem Heim erzählt. Während die anderen Jungs aus dem Heim nach und nach entlassen wurden, blieb ich dort bis zu meinem zweiundzwanzigsten Lebensjahr. Ich war, solange ich denken kann, ein kränkliches Kind. Der medizinische Checkup, den wir jährlich hatten war ein absoluter Witz. Mein schwerer Diabetes wurde viel zu spät erkannt. Dazu unzählige Unverträglichkeiten, die mir das Leben immer noch zur Hölle machen. Als die Diagnose endlich gestellt war, folgte ein Ärztemarathon.«

Der Bärtige sog tief Luft ein und ließ sie mit einem bemitleidenswerten Stöhnen wieder raus.

»Mein Augenlicht konnte nicht mehr gerettet werden. Dafür haben sie meinen Zucker wieder so hinbekommen, dass ich mit täglichen Insulinspritzen über die Runden komme. Jeden zweiten Tag kommt eine polnische Frau zu mir und schaut nach dem Rechten. Das hier neben mir«, er zeigte in etwa auf die Stelle, wo der Hund lag, »ist Richard, mein Hund.«

Gotthard tat der Mann aufrichtig leid. Er riss sich zusammen und wollte gerade dazu ansetzen eine Frage zu stellen, als Haber weitererzählte.

»Mitleid ist das Letzte, was ich will. Ich glaube, es kann sich keiner vorstellen, wie oft ich schon darüber nachgedacht habe, alles zu beenden.« Er hob seinen Blick zur Decke. Seine Augen waren nun komplett weiß.

»Manchmal, denke ich, es wäre vielleicht besser.«

Tränen liefen aus den kranken Augen über seine Wangen. Sein Hund Richard gähnte und reckte sich. Dann machte er einen Satz auf das Sofa und legte sich in Habers Schoss.

»Oh«, fiel Peter Haber aus seinen Träumen.

»Richard, alter Freund«, sagte er mit tränenerstickter Stimme. »Er ist der einzige Grund, warum es sich noch lohnt weiterzumachen.«

Al atmete tief durch und auch Hastenrath, der normalerweise alles analytisch betrachtete, hatte aufgehört zu notieren und hing an Habers Lippen.

»Nun gut«, nahm Gotthard das Gespräch wieder auf. »Warum wir hier sind…«

»Ich weiß, warum Sie hier sind.«

Aloysius Gotthard rieb sich sein rechtes Ohr. Er dachte kurz, dass er das, was der Mann auf der Couch sagte, nicht richtig verstanden hatte.

»Sie wissen, warum wir hier sind?«, fragte er erstaunt.

»Klar. Ich bin zwar blind, aber nicht blöd.«

Haber versuchte seinen Rücken gerade zu strecken, was nur sehr schwer gelang. Sein Gesicht verzog sich zu einem leichten Grinsen und für einen Augenblick wurde erkennbar, dass dieser Mann gerade mal Mitte vierzig war.

»Was denken Sie, warum ich meinem Hund ausgerechnet diesen Namen gegeben habe?«

Gotthard und Hastenrath warfen sich fragende Blicke zu.

Der Mann wartete geduldig auf eine Antwort.

Dirk merkte als Erster, dass dumm gucken und Schulterzucken hier keinen Sinn hatten.

»Erklären Sie es uns«, warf er ein.

»Sie suchen nach Richard, meinem Freund aus dem Kinderheim«, sagte Haber und begann zu lachen, wobei das Gelächter allmählich in einen lebensbedrohlich klingenden Hustenanfall überging.

Als er sich wieder im Griff hatte, nickte er.

»Jaja, da verschlägt es Ihnen die Sprache, was?«

Gotthard musste zugeben, dass es das wirklich tat. Mick hatte Recht. Es hatte alles etwas mit diesem Kinderheim zu tun. Alles schien ein Racheplan zu sein, bei dem Mick und Peter Haber die einzigen noch Überlebenden waren.

Ach ja, und König, dachte er. Aber der war ja mehr tot als lebendig.

»Aber wie…«, begann er und wurde wieder von Peter Haber unterbrochen.

»Warten Sie!«, schrie Haber in einem ungewohnt schroffen Ton.

»Glauben Sie etwa ich würde noch leben, wenn Richard Ernst gemacht hätte? Natürlich war er schon hier. Ich habe die Nachrichten verfolgt und jeden zweiten Tag liest mir die polnische Frau aus der Zeitung vor. Nicht immer verständlich, aber sie wird zunehmend besser. So helfen wir uns gegenseitig. Als die Namen Karsten Altgott und Mark Peters an die Öffentlichkeit kamen, da wusste ich, dass ich der Nächste sein würde. Richard hat mich vorgestern aufgesucht. Ich habe nicht vergessen, was damals passiert ist und werde es auch nicht vergessen, so lange ich mein mickriges Dasein noch friste.«

Der Tonfall des Mannes war aggressiv geworden.

»Wir haben ihn damals im Stich gelassen. Abgehauen sind wir, gerannt wie die Hasen. Ich weiß, dass man ihn nie gefunden und später für tot erklärt hat, aber ich dachte immer, dass Richard noch lebt. Er hatte schon als Kind einen unglaublichen Willen. Nun büßen wir!«

Aus dem Mitleid für Haber wurde allmählich Besorgnis. Er schien sich mehr und mehr in seine Erzählung hineinzusteigern und rang immer wieder furchterregend nach Luft. »Richard stand, genau wie Sie eben, unten vor der Türe. Ich mache jedem auf. Mir kann es doch so oder so egal sein. Sollen sie mich doch umbringen und alles mitnehmen. Ist doch sowieso nix mehr zu holen und auch mein Leben ist nicht mehr viel wert.«

Er bemerkte natürlich, dass ich blind bin, kaum noch gehen kann und aussehe als wäre ich schon hundert. Als er die ersten Worte sprach, da wusste ich sofort, mit wem ich es zu tun hatte. Ich bat ihn, es schnell hinter sich zu bringen, doch es geschah nichts. Er verschwand so schnell wie er gekommen war mit den Worten: «Du hast deine Strafe schon erhalten.«. Haber begann wieder laut und wirr zu lachen.

Hastenrath kam das alles wie ein gruseliges Märchen vor. Er rückte seine Brille zurecht und ging in Richtung Ausgang. Gotthard hob die Hand, um ihn aufzufordern, stehen zu bleiben.

»Hat er denn etwas davon erzählt, wer der Nächste auf seiner Liste ist?«, fragte der Polizist.

»Natürlich hat er das.«

Haber riss sich für einen Moment zusammen. »Es ist der kleine Mick.«

Dann begann er wieder zu lachen.

Kapitel 30

Als Mick Peters und Dagmar Keller das Chalet erreichten, wurden ihnen zwei Dinge klar: Sie waren nicht die Ersten, die dem Notruf gefolgt waren und sie kamen zu spät.

Blaulichter von drei Streifenwagen tauchten den Eingang des Etablissements in zuckendes Licht.

Beamte wuselten aufgeregt hin und her und versuchten verzweifelt, der Situation Herr zu werden. Es waren Mitarbeiter der Schutzpolizei, die offensichtlich mit dem ordentlichen Absperren eines Tatortes überfordert waren.

Es war kein Verkehrsunfall, der gesichert werden musste, sondern der Schauplatz eines Verbrechens. Was es besonders schlimm machte: Dieses Mal hatte es einen aus den eigenen Reihen erwischt.

Peters parkte den Porsche ein, ließ den Motor verstummen und stieg aus. Dagmar kam ihm noch zuvor und Mick beobachtete stumm, wie sie mit wenigen Anweisungen Ordnung ins Chaos brachte. Er musste neidlos anerkennen, dass sie dabei eine Autorität an den Tag legte, der man sich schwer entziehen konnte.

Irgendjemand brachte Flatterband. Die Schaulustigen, die sich aus den umliegenden Häusern versammelt hatten, wurden zurückgedrängt und Keller sorgte dafür, dass nur noch drei Polizisten unmittelbar am Tatort zurückblieben. Und auch diese würden bald von der Spurensicherung, abgelöst werden. »Lass uns nach drinnen gehen«, sagte Dagmar, als sie mit ihrer Arbeit vor Ort abgeschlossen hatte. »Und sehen, was passiert ist.«

Mick zuckte die Achseln und folgte ihr. Er war nicht erpicht darauf wieder ein Opfer des Killers zu sehen. Schon gar nicht, wenn es ein Kollege war.

Er hatte genau zugehört, was die Polizisten sich zugerufen hatten und hatte sich schon einen guten Überblick verschafft, was geschehen war.

Als sie das Haus betraten brauchten seine Augen ein paar Sekunden, bis sie sich an das rötliche Dämmerlicht gewöhnt hatten. Dann jedoch sprang ihn das Chaos, das hier herrschte, an wie ein wildes Tier.

Eine leblose Frau lag in einer Blutlache in dem schmalen Flur. Türen standen auf oder hingen nur noch schief in den Angeln und links, auf den Sesseln, saßen ein junges Pärchen, eine ältere Frau und Thomas Gerads, der ausdruckslos vor sich hinstarrte.

Er blutete aus einer Wunde am Oberarm, schien aber ansonsten unverletzt.

Keller ging zu ihm und legte ihm eine Hand auf die Schulter. Der Mann blickte auf und schien erst jetzt zu bemerken, dass er nicht mehr allein war. Verstohlen wischte er sich Tränen aus den Augen und stand auf.

»Er ist tot«, sagte er leise. »Dieses Arschloch hat ihn umgebracht.« Er schluchzte. »Es ist alles meine Schuld.«

Keller schüttelte ihn. »Reden Sie nicht so einen Scheiß!«, ermahnte sie den Kollegen. »Wenn jemand schuld ist, dann sein Mörder. Und wir werden ihn bekommen und zur Rechenschaft ziehen. Das geht aber nicht, wenn wir anfangen zu jammern. Ich brauche kein Gestammel, sondern einen vernünftigen Bericht.«

Mick runzelte die Stirn. Der Mann hatte gerade seinen langjährigen Partner und Freund verloren. Er fand, dass Keller ihn etwas zu hart anging.

Doch durch Gerads ging ein Ruck, er straffte sich und als er die Ereignisse schilderte, klang seine Stimme fest und entschlossen.

Das, was er zu berichten hatte, klang entmutigend. Jerkowski war tot, ebenso die Besitzerin des Hauses. Und der Täter war über alle Berge. Viel zu viel Zeit war vergangen, um jetzt noch eine Verfolgung aufzunehmen. Trotzdem hängte sich Keller ans Telefon und orderte eine Hundestaffel an. Und beschloss, die umliegende Kanalisation abzusuchen.

»Nur mit einem Handtuch bekleidet kann er nicht über die Straße entflohen sein«, erklärte sie und Peters musste ihr Recht geben.

Dann wandte Dagmar sich dem Pärchen zu. Wie sich herausstellte, handelte es sich um eine Mitarbeiterin des Betriebes und einen Kunden, dem das alles äußerst unangenehm war. Trotzdem bestätigten die beiden die Aussage Gerads und waren bereit, auf dem Revier Angaben zu einem Phantombild zu machen.

»Dieses Mal haben wir ihn mal ohne seinen falschen Bart angetroffen«, sagte Mick. »Vielleicht kann uns ein Bild jetzt wirklich weiterhelfen.« Er versuchte sich selbst Mut zu machen. Zu viel war in den letzten Tagen schiefgelaufen.

Jetzt hatten sie ein Bild und den Namen des Täters und trotzdem blieb er ein Phantom. Als hätte es ihn in den letzten Jahren gar nicht gegeben.

Ein Racheengel, kamen ihm wieder die Worte des Pfarrers in den Sinn. Nur das diese Bestie sehr wenig mit einem Himmelswesen zu tun hatte. Eher war er einer von der anderen Fraktion.

Der Polizeiarzt erschien, die Spurensicherung und der Fotograf. Peters nickte den Leuten zu, die er in der letzten Zeit viel zu oft gesehen hatte. Ihm kam es beinahe so vor, als wäre er in den vergangenen Tagen nur von Tatort zu Tatort gestolpert, ohne dem Täter auch nur einen Schritt näher zu kommen.

»Ich komme nicht mit«, hörte Mick die Stimme Gerads. »Ich bin traurig und wütend, aber nicht krank. Lassen sie mich mit ihren Psychopillen in Ruhe.« Der Polizist schob einen Arzt von sich.

Dagmar schaltete sich ein und deutete auf den Streifschuss am Arm. »Lass die im Krankenhaus wenigstens mal darauf gucken. Dann gehst du nach Hause, schläfst dich aus und kommst morgen früh wieder auf die Wache.«

Sie duzte den Mann jetzt, schaffte Vertrauen. Mick war beeindruckt von ihrem Feingefühl. Sie schien genau zu wissen, wann jemand eine feste Hand und wann er Verständnis brauchte. Gerads nickte und ließ sich, genau wie die ältere Dame, die sich als Mutter der

Toten herausstellte und ebenfalls schon vernommen worden war, zum Krankenhaus fahren. Mick hatte einen Blick in eines der Zimmer geworfen und Jerkowskis Leiche gesehen. Sein Magen rebellierte und er musste heftig schlucken, um sich nicht übergeben zu müssen. Er war froh, keiner von der Spurensicherung zu sein oder einer der Fotografen, die nahe heran mussten um alles genau zu betrachten. Gerads hatte ihnen den Kampf geschildert, viel mehr brauchten sie nicht zu wissen.

»Ich denke, wir können hier nicht mehr viel tun«, bemerkte auch Keller und sie schlichen zum Porsche zurück. Wieder hatten sie das Gefühl, versagt zu haben. Wieder waren sie zu spät gekommen und das Monster hatte gewütet.

»Lass uns zurück ins Revier fahren«, sagte Keller, als sie eingestiegen waren.

»Wir haben noch einen Haber auf der Liste«, gab Mick zu bedenken.

»Den wir uns getrost schenken können«, sagte Dagmar. »Gotthard und Hastenrath haben den Richtigen bereits ausfindig gemacht. Hastenrath hat eben angerufen.«

»Und unter Polizeischutz gestellt?«

Dagmar Keller zuckte die Achseln. »Werden wir gleich erfahren«, sagte sie und Mick trat aufs Gaspedal.

Als sie in der Wache eintrafen und ihr Büro aufsuchten, hatte sich der traurige Rest des Teams bereits versammelt. Hastenrath saß vor seinem PC und Gotthard nahm sich gerade einen Kaffee aus der Maschine.

Die Abwesenheit von Gerads und Jerkowski lag drückend über dem Raum.

Und so, wie die beiden Anwesenden schauten, waren sie bereits über den Vorfall im Bilde.

Trotzdem gehörte es zu Dagmar Kellers trauriger Pflicht, die Mitarbeiter ihres Teams auf den neusten Stand zu bringen. »Wir werden den Bericht der Spurensicherung und die Fotos des Tatortes morgen auf der Pinnwand haben«, sagte sie zum Abschluss und wusste selbst, wie hohl das klang.

Egal, was die Ergebnisse sagten, sie würden Jerry nicht wieder lebendig machen.

Aber wir können seinen Mörder zur Strecke bringen, sagte sie sich. Das war ihr Job. Das Bekämpfen von Verbrechen. Deshalb war sie zur Polizei gegangen. Wie viel schwerer der Job doch wurde, wenn man ein Opfer kannte.

Sie warf einen Blick auf Mick. Er hatte heute einen Kollegen verloren, doch der erste Tote war sein Bruder gewesen. Sie bewunderte ihn, dass er noch auf den Beinen war. Dass er es schaffte, sich nicht von der Verzweiflung auffressen zu lassen.

Er will Gerechtigkeit, dachte Dagmar. Das hält ihn aufrecht. Daran musste sie sich ein Beispiel nehmen.

Gotthard hatte ihren Ausführungen zugehört und er schämte sich seiner Tränen nicht, als Dagmar noch einmal Jerkowskis Tod erwähnte.

Doch es waren nicht nur Tränen der Trauer, sondern auch Tränen der Wut. Er ballte die Fäuste und schlug auf den Tisch vor sich, bis der Kaffee aus der Tasse schwappte.

»Dieses Arschloch!«, schrie er heiser und warf Keller einen entschuldigenden Blick zu.

»Keine Sorge, Al. Ich denke auch nicht anders über unseren Täter. In meinem Kopf gebe ich ihm noch weit schlimmere Namen.« Sie lehnte sich an eine Wand neben dem Magnetbrett, auf dem die Ergebnisse festgehalten wurden.

»Erzählt uns von Haber«, sagte sie, als sie ihren Bericht über die traurigen Erlebnisse im Chalet beendet hatte.

Gotthard fasste sich kurz. Ein Satz, dass der erste Haber der Falsche gewesen war, dann erzählte er von ihrer Begegnung mit dem Richtigen.

Von der Krankheit des Mannes, seinem schweren Leiden und seiner Blindheit. Und von der Enthüllung Richards, dass der »kleine Mick« der Nächste sein würde.

»Du wirst ab jetzt nicht mehr alleine sein«, sagte Keller. »Im Dienst wirst du einen Partner zur Seite haben und ich werde mich persönlich darum kümmern, dass das Haus deiner

Schwägerin unter Polizeischutz gestellt wird.«

Dagmar rechnete damit, dass Mick protestieren würde, doch der Mann blieb überraschenderweise ruhig.

Sekundenlang dachte er über das Gesagte nach, dann schüttelte er energisch den Kopf.

»Ich glaube ihm nicht«, sagte er dann.

»Du meinst Haber hat uns belogen?«

Wieder ein Kopfschütteln. »Nicht Haber. Richard!« Mick runzelte die Stirn. »Das passt nicht zusammen«, befand er dann.

»So ist unser Täter nicht. Er verarscht uns.«

Er sprang auf und begann damit, im Raum auf und ab zu gehen. Das tat er immer, wenn er seinen Denkapparat richtig auf Touren bringen wollte.

»Lass uns an deinen Gedanken teilhaben«, forderte Dagmar ihn auf. Peters sah sie an. »Ich glaube nicht, dass er sich mit Habers Schicksal einfach so abfindet«, sagte er dann.

»Egal, wie hart es den Mann getroffen hat, ob er Zucker hat, erblindet ist oder an Krebs erkrankt. Richard wäre nicht mit einem Tod einverstanden, den er nicht selbst losgetreten hat. Er will Rache und so wie ich ihn einschätze, würde er nicht auf den Tod durch eine Krankheit warten. Er will töten. Er will seine Opfer zur Strecke bringen.«

Hastenrath nickte. »Gut«, meinte er dann. »Aber warum war er da, ist untätig wieder gegangen und hat sogar den Tipp gegeben, dass Sie der Nächste sind?«

Mick sah den Nerd an. »Waren wir nicht schon beim Du?« Der Computerfreak zuckte die Achseln. »Okay«, bestätigte er dann.

»Warum erzählt er, dass du der Nächste sein wirst?« Mick antwortete nicht direkt. Für einen Augenblick ging er in sich, wie um seine Theorie vor sich selbst noch einmal zu bestätigen.

»Ihr wisst, selber zu töten ist nicht sein Stil, warum hätte er also bei Haber von seiner bisherigen Vorgehensweise abweichen sollen? Nein, er wollte nur das Terrain sondieren und vielleicht von seinem wahren Plan ablenken.«

»Der da wäre?«, wollte Hastenrath wissen.

»Ich glaube, er will, dass wir uns auf mich konzentrieren«, gab Mick zurück.

»Das leuchtet mir nicht ein«, schaltete sich Gotthard ein. »Wenn er so clever ist, wie wir vermuten, hat er sich mittlerweile schon zusammengereimt, dass wir seiner Vergangenheit auf der Spur sind und du, Mick, bist der Einzige außer Haber, der noch übrig ist. Was automatisch dazu führt, dass wir uns auf dich konzentrieren. Wieso also lebt Haber noch?«

»Weil er ihn noch braucht«, sagte Dagmar plötzlich. Ihr war eine Idee gekommen, die ihr ganz und gar nicht gefiel.

»Was will er mit einem Blinden?«, wollte Hastenrath wissen.

»Er braucht nicht Haber selbst, sondern sein Aussehen. Seine Identität.«

»Aber warum?«

Weil Haber und ich eben nicht die Letzten sind. Um zu Ende zu bringen, was er vor ein paar Tagen nicht geschafft hat«, sagte Mick langsam und Dagmar Keller nickte.

»Wir sollen uns auf dich konzentrieren und währenddessen schlägt er woanders zu.«

»Und wo?« Hastenrath konnte immer noch nicht folgen. »Im Krankenhaus«, stöhnte Gotthard, dem es wie Schuppen von den Augen fiel.

Mick griff seine Jacke. »Ihr holt Haber und nehmt ihn in Schutzhaft«, sagte er zu Gotthard und Hastenrath. Er nickte Dagmar zu.

»Und wir fahren ins Krankenhaus. Hoffentlich kommen wir nicht zu spät.«

Noch im Laufen hatte er das Handy am Ohr, doch der Beamte, der vor Königs Krankenzimmertür Wache hielt, meldete sich nicht.

»Lass uns nicht auch noch König verlieren!«, flehte Mick.

Doch manchmal ist Gott auf beiden Ohren taub.

Kapitel 31

Richard hievte den Spülkasten aus der Verankerung und brachte ein Bündel Zehn-Euro-Scheine zum Vorschein. Das Geld hatte er aus einem Kiosk ganz in der Nähe. Eigentlich hatte Richard sich nur eine Zeitung kaufen wollen, als er an dem Büdchen das Schild: »Bin gleich wieder da« entdeckte. Dass die Türe nicht verschlossen war, hatte er als Einladung verstanden, sich selbst zu bedienen. Es war nicht bei der Zeitung geblieben.

Richard schaute auf seine Armbanduhr. 17:15 Uhr. Er rieb über seine stoppeligen Wangen. Sein Plan war dahin. Er hatte nicht damit gerechnet, dass die Polizei ihn im Chalet erwischen würde.

Mindestens ein Polizist war bei der Aktion draufgegangen. Kunden des Bordells, die Besitzerin und die Domina hatten ihn erkannt und vielleicht sogar der eine Polizist, wenn er überlebt hatte. Sie wussten nun wie er aussah, auch ohne Bart. Kaum noch möglich mich frei zu bewegen, resümierte er.

Trotzdem hatte er ein klares Ziel vor Augen. Wenn sie ihn erwischen sollten, dann erst, wenn er seine Aufgabe erledigt hatte. Es gab noch drei Leute auf seiner Liste. Drei Leute, an denen er Rache üben musste, völlig egal wie. Seine bisherige Akribie musste er zusammen mit der Idee für seine nächste Aktion über Bord werfen. Für Feinheiten fehlte ihm jetzt schlichtweg die Zeit.

Ein Taxi fuhr die Straße entlang und Richard hob die Hand.

Der Wagen hielt an.

Richard öffnete die Beifahrertür.

»Na, wo soll es denn hingehen?«, fragte der Mann hinter dem Steuer, den Richard auf etwa fünfzig Jahre schätzte.

»Zum Elisabeth-Krankenhaus, bitte«, antwortete der Riese. Das Taxi setzte sich in Bewegung, kaum, dass Richard Platz genommen und sich angeschnallt hatte. Glücklicherweise redete der Fahrer kaum ein Wort. In fünf Minuten hatten sie ihr Ziel erreicht.

Richard drückte dem Mann mit den Worten: »Stimmt so.«, einen Zehn-Euro-Schein in die Hand und ging zügig zum Haupteingang.

Das Krankenhaus war Mitte der sechziger Jahre erbaut worden. Man hatte damals Vorteile darin gesehen, den Komplex in die Höhe zu bauen, um möglichst Platz sparend viele verschiedene medizinische Fachrichtungen komprimiert an einem Ort zu haben. Diese Bauweise war allerdings längst überholt. Was von außen wie ein großer, baufälliger Klotz aussah, wurde innen durch immer neue Sanierungsmaßnahmen kompensiert. Richard verlangsamte seinen Gang. Vor dem Haupteingang sah er Polizeibeamte, die anscheinend einen Besucher kontrollierten. Schnurstracks bog er nach links ab.

Vermutlich hatte man nach dem Vorfall bei Madame Chantal noch einmal das Polizeiaufgebot erhöht. Schon auf der Fahrt zum Krankenhaus war ihm dies aufgefallen. Es war nur noch eine Frage der Zeit bis sie ihn schnappten.

Links vom Haupteingang befand sich die Liegendanfahrt des Krankenhauses. Mehrere Notarztwagen parkten davor. An einem der Wagen stand die Tür sperrangelweit offen und ein junger Mann in einem rot-gelben Anzug mit der Aufschrift »Notarzt« wollte gerade einsteigen.

»Interessant, so ein Notarztwagen«, bemerkte Richard und blickte ins Innere des Autos.

Verblüfft drehte sich der junge Arzt zu ihm um.

»Darf ich fragen, was Sie hier machen?«

Richard trat noch einen Schritt näher an den Mann heran, so dass er nur noch einen halben Meter von ihm entfernt stand. »Na ja«, sagte er, während fast gleichzeitig seine Hand in Richtung des Kehlkopfs seines Gegenübers schoss. Mit voller Wucht trafen seine Finger den Adamsapfel des Mannes. Der Arzt sank sofort auf den Boden und blieb röchelnd liegen. Richard stemmte ihn in den Innenraum und zog die Türe zu. Auf einer Bahre entdeckte er ein Kissen, das unter eine Plastikhaube gewickelt war. Er fingerte es hervor und kniete sich neben den schwer atmenden Mann, der sich immer noch nicht von dem Schlag erholt hatte.

»Zur falschen Zeit am falschen Ort«, flüsterte Richard und bedeckte das Gesicht des Mannes mit dem Kissen. Mit aller Kraft drückte er zu. Der Arzt begann sich zu drehen und zu winden. Er strampelte wild mit den Beinen und schlug auf Richard ein. Die Kraft des Riesen war jedoch fast übermenschlich und die Schläge verloren immer mehr an Intensität. Dann war das kraftvolle Strampeln einem hilflosen Zucken gewichen und selbst das erstarb nach wenigen Augenblicken gänzlich. Der Mann war tot.

Richard warf das Kissen in die Ecke des Fahrzeugs und schlug dem Mann rechts und links auf die Wangen. Keine Reaktion! Etwas Anderes hatte er auch nicht erwartet, aber Vorsicht musste er walten lassen, schließlich war er inzwischen der Staatsfeind Nummer eins.

Jeder noch so kleine Fehler würde ihn auffliegen lassen. Er war im Chalet nur mit viel Glück entkommen. Sein Ziel, alle auf seiner Liste umzubringen, war ganz nah und doch so weit entfernt, dass er langsam Zweifel hegte.

Er schüttelte sich kurz. Sein Fokus musste nun auf sein nächstes Opfer gerichtet sein. Selbstzweifel durften hier und jetzt keinen Platz in seinen Gedanken haben.

Er zog dem Leichnam die Kleider aus und sich damit an. Sie passten recht gut, wenn man mal davon absah, dass die Länge der Hose darauf schließen ließ, dass er sich kurz vorher in einem Hochwassergebiet aufgehalten haben musste. Der Lange verließ das Fahrzeug und schaute sich um. Es war niemand zu sehen.

Gut so, jetzt hatte er wieder eine Möglichkeit ins Krankenhaus zu gelangen.

Vorsichtig lugte er ins Innere der Einfahrt. Auch hier war niemand zu sehen. An der Kopfwand befand sich eine breite Schwingtüre. Wahrscheinlich gelangte man von dort aus direkt in die Notaufnahme, so dass die »angelieferten« Patienten sofort behandelt werden konnten.

Richard trat ein und wartete einen Augenblick. Sicher waren hinter der Türe Polizisten. Möglicherweise hatte man an sämtlichen Eingängen und Türen Beamte postiert. Was also blieb ihm? Er musste es riskieren. Außerdem hatte er durch sein Zaudern schon wertvolle Zeit verloren.

Er drückte die Tür auf. Zu seiner Überraschung sah er niemanden. Ein langer Korridor mit mehreren Zimmern erstreckte sich vor ihm. Am anderen Ende des Flures erblickte er eine Aufzugtür.

Er begann in Richtung Aufzug zu gehen, hielt aber an, weil direkt neben ihm, aus einem der Zimmer, eine hübsche blonde Frau mit einem weißen Kittel an ihm vorbeischoss und ihm kurz zunickte. Bevor Richard zurück nicken konnte, war sie schon im gegenüberliegenden Zimmer verschwunden.

Kopfschüttelnd setzte Richard seinen Weg fort. Scheinbar war die Notarztverkleidung für ihn Schutz genug, um das ganze Krankenhaus zu inspizieren. Er fiel mit diesem Outfit nicht weiter auf. Trotzdem mahnte er sich zur Vorsicht.

Beinahe alle Zimmer waren belegt. Unbeirrt setzte Richard seinen Weg fort und vermied jeglichen Blickkontakt. Am Aufzug angekommen, drückte er einen Knopf. Sofort leuchtete eine Taste, mit einem nach oben gerichtetem Pfeil auf. Kurze Zeit später öffnete sich die Tür. Zwei Männer in weißen Kitteln traten heraus, unterhielten sich angeregt im medizinischen Fachjargon, würdigten Richard aber keines Blickes. Wieder wunderte sich der Große über seine Tarnkleidung. Fast zu einfach, dachte er.

Der Aufzug war groß genug, um Betten zu transportieren. Richard orientierte sich kurz und betrachtete die sechzehn Tasten seitlich hinter dem Eingang. Neben jeder Taste informierte ein Schriftzug über die jeweilige Fachrichtung der Stationen, durchnummeriert von eins bis vierzehn. Auf der untersten Taste las er ein U. Daneben die Info, Lithotripter, Einkauf, Nuklearmedizin, Medizintechnik, Haustechnik.

Er befand sich in E.: Besucherinformation, Verwaltung, Telefonzentrale, Notaufnahme.

Um herauszufinden, wo sich Stefan König befand musste er zur Information. Ohne eine Ahnung zu haben, wo diese zu finden war, konnte er nur verschiedene Möglichkeiten ausprobieren und musste dabei den Eindruck erwecken, genau zu wissen was er tat. Er verließ den Aufzug wieder und sah rechts von sich eine große weiße Schwingtür, die sich von der Wandfarbe kaum abhob und daher schlecht zu erkennen war. Richard ging zielstrebig darauf zu, drückte die Tür auf und stand mit einem Mal mitten im turbulenten Krankenhausalltag. Ärzte flitzten in ihren Kitteln wild hin und her. Links von ihm ertönte der Summer der Patientenaufnahme, in der augenblicklich eine beleibte Frau mit fettigen schwarzen Haaren verschwand. Leicht versteckt erkannte Richard eine Glasfront mit der Aufschrift »Wartezimmer«, hinter der ihn ein kleines Mädchen in einem roten Kleid argwöhnisch musterte. Halb rechts befanden sich vier Besucheraufzüge, vor denen mehrere Leute ungeduldig warteten.

»Entschuldigen Sie, junger Mann«, krächzte eine alte Frau, deren gebückte Haltung nicht unbedingt darauf schließen ließ, dass es sich hier lediglich um eine Besucherin handelt.

Richard schaute zu ihr hinunter.

»Ähh ja?«, antwortete er.

»Mein Mann liegt in der Urologie. Wissen Sie, er hat es mit der Blase, na ja, Sie wissen schon im Alter ist das so eine Sache…«, die alte Frau kicherte kurz und schaute zu Richard hoch. »Wo ist das noch mal? Ich hab es vergessen?« Richard beugte sich zu ihr.

»Gehen sie in den Aufzug und drücken sie auf den Knopf mit der Nummer drei. Da ist die Urologie.«

Die Frau wollte sich noch bedanken, doch Richard war bereits weg. Er hatte natürlich keine Ahnung, wo sich die Urologie befand. Viel wichtiger war für ihn, wie er an die Info kam, wo König lag. Lange brauchte er nicht zu suchen. Etwa fünfzig Meter vor ihm war der Haupteingang, an dem Polizisten alle Ankömmlinge begutachteten.

Kam man zum Haupteingang herein, befand sich die Information direkt an der rechten Seite, von ihm aus links. Schnellen Schrittes marschierte er dort hin.

Hinter einer Glasscheibe saßen zwei Frauen. Eine von ihnen hatte lange schwarze Haare und war schlank. Richard schätzte sie auf Mitte dreißig. Die andere, die gerade damit beschäftigt war Papiere in einen Ordner zu heften, war blond und recht groß. Richard sah sie nur von hinten und sie drehte sich auch nicht um als Richard an die Scheibe trat und fragte: »Guten Abend die Damen, können Sie mir sagen, ob sich der Patient Stefan König noch auf der Intensivstation befindet?« Er begab sich damit auf sehr dünnes Eis. Wenn die Frau ihn erkannte, war alles vorbei. Zwar hatte er weder Bart noch einen langen Mantel, doch wer konnte wissen, wie schnell die Polizei neue Bilder in Umlauf gebracht hatte. Außerdem konnte er sich nicht sicher sein, welche Anweisungen die Frauen hier an der Zentrale hatten.

Die Dunkelhaarige musterte ihn von oben bis unten.

Dann sagte sie mit einem russischen Akzent: »Meinst du den von der Acht? Den, der von den Ratten angefressen worden ist und von der Polizei bewacht wird?«

Einen Moment lang dachte Richard darüber nach, warum man eine Frau mit russischem Akzent in die Information eines Krankenhauses steckte.

»Ja«, antwortete er, so als hätte man ihm gerade erzählt, dass es nachts dunkel wird und schlug sich mit der flachen Hand vor die Stirn.

»Klar auf der Acht, sorry, danke!«, sagte er gespielt fröhlich.

Die Frau nickte ihm freundlich zu.

Richard drehte sich um und ging wieder in die Richtung, aus der er gekommen war. Aus einem der vier Aufzüge kamen ihm einige

Leute entgegen. Wahrscheinlich Besucher. Schnell ging er in den offenen Aufzug und drückte die Taste mit der Acht. Der Aufzug schloss sich und Richard fuhr nach oben.

Auf Station Acht angekommen sah er sich erst einmal um. Die Aussicht aus der verglasten Front war atemberaubend. Von hier aus hatte man einen Blick über halb Mönchengladbach, doch das interessierte ihn wenig.

Er musste König finden.

Schnell betrat er die Station und wurde zu seiner eigenen Überraschung direkt von einer Krankenschwester in Empfang genommen. »Mann, Mann, Mann, Leute! Könnt ihr euch nicht mal beeilen. Der Kerl liegt jetzt seit 'ner geschlagenen halben Stunde hier und der Bulle macht voll den Wind.«

Verwundert starrte Richard das Mädchen an. Sie war blond, hatte braune Augen, war etwa 1,60m groß und vielleicht gerade zwanzig Jahre alt. Dafür hatte sie ein ziemlich selbstbewusstes Auftreten, was Richard kurzzeitig ernsthaft in Verlegenheit brachte.

»Nun ja«, stotterte er. Bevor er sich weiter äußern konnte, meldete sich hinter der Blonden eine andere Krankenschwester zu Wort: »Hey Mann, da ist der Arzt, der König abholt.«

Dann jemand anderes: »Ah ja, endlich, ihr habt scheinbar ne Menge zu tun.« Eine raue Männerstimme hinter Richard. Er und das blonde Mädchen drehten sich um. Richard hielt den Atem an. Für einen Moment schien sein Herz auszusetzen. Vor ihm stand ein Polizist, der damit beschäftigt war, seine Gürtelschnalle im richtigen Loch zu fixieren. Wahrscheinlich kam er gerade von der Toilette.

Der Mann hatte einen Bart und war nur unwesentlich kleiner als Richard. Seine Stimme ähnelte der Synchronstimme von Bruce Willis. Er erfüllte definitiv das Klischee eines einsamen Polizisten, der durch seine Taten jeden Augenblick zum Helden werden konnte.

Er kam auf Richard zu und drückte ihm freundschaftlich die Hand.

»Hey«, sagte er übertrieben cool, »Ich bin Pleitgen, Gerrit Pleitgen. Willkommen im Gruselkabinett.«

Richard war völlig verwirrt. Wieso erkannte sein Gegenüber ihn nicht? Träumte er?

»Wieso Gruselkabinett?«, war das einzig Sinnvolle was ihm in dieser Situation einfiel.

»Na hier, unser König.«

Der Polizist öffnete die Türe neben sich, winkte mit einer Hand ins Zimmer und da war er...

Richard konnte sein Glück kaum fassen. Zwei Meter vor ihm lag Stefan König. Nun hatte er die Chance sein Werk zu vollenden. Erst jetzt fiel ihm auf, dass auf einem Stuhl neben der Eingangstüre ein Funkgerät ständig blinkte. Er stellte sich zwischen das Gerät und den Polizisten.

»Klar, König! Ich hoffe, es geht ihm gut.« Richard, bemüht, seine Tarnung aufrechtzuerhalten, sagte forsch: »Na, dann wollen wir mal«, und ging in Richtung Stefan König, der bewegungslos in seinem Bett lag.

Hinter ihm griff Bruce Willis nach dem Funkgerät.

Richard drehte sich um.

Der Polizist betrachtete ihn jetzt etwas genauer. Vielleicht hatte er nun doch etwas gemerkt.

»Hier Pleitgen«, sprach er ins Walkie Talkie ohne den Blick von Richard zu nehmen.

»Nein, Mick, hier ist soweit alles ruhig. König wird verlegt, so wie es von euch angeordnet wurde.«

Richard spürte, dass es nun verdammt eng wurde.

Gerrit Pleitgen blieb am Funkgerät. Er und Richard schauten sich an wie Raubtiere, die kurz vor einem Kampf stehen. »Die Maßnahme ist aufgehoben? Okay!«, flüsterte er nachdenklich.

Einen kurzen Augenblick sagte keiner von beiden was.

Stumme, wissende, fatale Blicke.

»Schickt alles was ihr habt zum Krankenhaus, der Typ steht vor mir.«

Pleitgen feuerte das Funkgerät in die Ecke und griff zu seiner Dienstwaffe. Richard bemerkte zu spät, dass der stämmige Polizist seine Pistole aus dem Halfter zog. Trotzdem lief er auf ihn zu, um ihn irgendwie an einem gezielten Schuss zu hindern. Er erreichte Pleitgen und riss gerade noch seinen Arm hoch. Dennoch löste sich ein Schuss, traf jedoch nicht. Im Hintergrund schrien Krankenschwestern auf und Besucher strömten aus den Zimmern in den Gang. Richard nutzte die kurze Verwirrung und versuchte, seinem Gegner den Arm umzudrehen und ihm die Waffe zu entreißen. Aber Pleitgens Äußeres täuschte nicht. Er widerstand Richards Angriff und konterte mit einem Faustschlag seiner Linken in das Gesicht des Mörders.

Richard taumelte kurz nach hinten, berappelte sich aber erstaunlich schnell wieder. Mit einem gezielten Knietritt gegen das Standbein des Polizisten brachte er die Vorteile wieder auf seine Seite. Pleitgen schrie auf. Sein Bein unterhalb des Knies hing wie ein loser Faden am Gelenk. Er biss auf die Zähne und zielte erneut mit der Waffe in Richtung seines Widersachers. Richard duckte sich und der Schuss verfehlte ihn knapp. Mit einem Schrei drückte Pleitgen erneut den Abzug. Dieses Mal traf er Richard, der von der Wucht der Kugel, die in seine Schulter eindrang, nach hinten geschleudert wurde.

»Elender Bastard!«, wütete der Uniformierte und humpelte einen Schritt auf seinen verletzten Gegner zu.

Ein Fehler!

Richard, der Schmerzen wie kein Zweiter ertragen konnte, sprang auf und schlug dem verdutzten Polizisten die Pistole aus der Hand. Beinahe gleichzeitig trat er erneut vor das verletzte Knie. Pleitgen schrie auf und versuchte, sich das Bein zu halten, während seine Waffe in hohem Bogen Richtung Ausgang flog. Noch ein Tritt, noch wuchtiger dieses Mal, und Gerrit Pleitgen sackte zusammen.

Bruce Willis hatte verloren.

Durch die halb offene Tür erblickte Richard im Gang das Mädchen, das eben noch so selbstbewusst ihrer Arbeit nachgegangen war und nun starr vor Entsetzen heulend auf dem Boden kauerte, unfähig sich zu rühren, obwohl die Waffe nur einen halben Meter vor ihr auf dem Boden lag. Er hechtete vorwärts, schnappte sich die Pistole und schmetterte die Tür zu.

Jenny, die junge Krankenschwester hörte zwei Schüsse, in kurzer Abfolge. Dann herrschte für einen Moment Stille. Es war eine grausame Stille. Diese paar Sekunden brannten sich für immer in ihr Gehirn ein, zusammen mit dem verzweifelten Gesicht des hilflosen Polizisten. Sie schloss die Augen.

Nachdem Richard die Waffe an sich gebracht und die Türe zugedonnert hatte, wandte er sich wieder Pleitgen zu. Als er merkte, dass sein Gegner ihm wehrlos ausgeliefert war, entspannte er sich ein wenig und drückte den Lauf der Pistole an die Stirn des Polizisten.

Gerrit Pleitgen flehte und winselte nicht, wie die meisten es getan hätten. Er hielt mit verächtlicher Miene Richards Blick stand.

Den Blick erwidernd drückte Richard zweimal ab und der Polizist kippte wie ein nasser Sack auf die Seite, während Blut und Gehirnmasse an die Wand spritzten.

König hatte sich während der ganzen Zeit kein bisschen gerührt. Richard sah auf ihn hinab. Man hatte sein rechtes Bein amputiert. Seitlich sammelte ein Behälter Flüssigkeit und undefinierbares bröckeliges Zeug. Er hatte einen künstlichen Darmausgang. Mehrere frische große Narben zierten seinen Unterleib. Seine Augen waren geöffnet, doch er schien alles nur in Trance mitzubekommen.

»Für dich ist es eine echte Erlösung«, sagte Richard und stemmte den Verletzten hoch. Er fauchte wie ein Tier. Seine Schulter brannte. Trotzdem reichte die Kraft aus, um das, was von König noch übrig war, zu schultern.

Er öffnete das Fenster und legte seinen ehemaligen Freund über den Rahmen, so dass seine eineinhalb Beine noch im Zimmer waren.

Dann kletterte er an König vorbei auf eine Art Balkon, der sich wie ein Ring um jede Station des Krankenhauses legte. Danach zog er ihn zu sich und warf ihn über die Brüstung. Geräuschlos flog der Körper durch die Luft, dem Tod entgegen und landete mit einem dumpfen Ton auf dem Beton. Richard lief zur Feuerleiter, die rechts von ihm alle Stockwerke miteinander verband. Er rannte hinunter, übersprang teilweise Stufen und schaute nicht mehr zurück. Er war bemüht, den Schmerz in seiner Schulter zu ignorieren, was ihm auch weitestgehend gelang. Sorgen machten ihm allerdings der Blutverlust und die tausend Polizisten, die nun hinter ihm herjagten.

Kapitel 32

Sie kamen zu spät. Wieder einmal.

Als sie auf den Parkplatz des Krankenhauses einbogen, wusste Mick, dass sie den Killer verpasst hatten.

Er war ihnen immer noch einen Schritt voraus. Frustriert schlug er aufs Lenkrad.

Dagmar Keller neben ihm sah fassungslos geradeaus.

Das ganze Krankenhaus war in heller Aufregung. Leute liefen kopflos durch die Gegend oder schrien hysterisch. Noch wusste Mick nicht, was ihr Killer diesmal angerichtet hatte, doch wieder schien er ganze Arbeit geleistet zu haben.

»Er steht vor mir«, hörte Peters die Stimme des Polizisten noch in seinem Ohr. Er hatte um Verstärkung gebeten, doch die hatte es nicht rechtzeitig geschafft. Soviel war klar. Mick scherte sich nicht um freie Parkplätze, sondern steuerte den Porsche direkt vor den Eingang.

»Sie können hier nicht stehen bleiben«, raunzte ihn ein Polizeibeamter an, der aber sofort verstummte, als Keller ihm ihren Ausweis unter die Nase hielt.

»Was genau ist passiert?«, wollte sie wissen, doch der Beamte vor ihr zuckte nur frustriert die Schultern.

»Ich soll nur den Eingang bewachen«, sagte er. »Was sich genau abgespielt hat, weiß ich nicht. Nur, dass einer der Patienten aus einem Fenster gesprungen ist.«

»Gesprungen?«

»Ja, so habe ich es verstanden.«

Die beiden ließen den Mann links liegen und begaben sich zu einem Weg, der um das Krankenhaus herumführte. Dort standen weitere Beamte und einige Ärzte. Dazwischen neugierige Patienten in Bademänteln und Besucher in Zivil.

Sie reckten die Hälse, versuchten einen Blick auf den Körper zu werfen, der vor ihnen auf dem Asphalt lag.

Keller hielt ihren Ausweis wie einen Schild vor sich und bahnte sich einen Weg durch die Menge.

Sie blickte sich schnell um und wandte sich an den Polizisten, der ihr den ruhigsten Eindruck machte.

»Was ist vorgefallen?«, fragte sie.

Der Beamte gab seinen Kollegen noch schnell ein paar Anweisungen, wie sie den Tatort abzusperren hatten, dann zog er Peters und Keller ein Stück zur Seite.

»Unser Killer war hier«, sagte er. »Hat sich als Rettungsarzt verkleidet und sich Zutritt zum Krankenhaus verschafft und dann...«, er stockte und deutete auf den reglosen Körper, der von einer Decke verhüllt wurde.

»Und hat dann den wehrlosen König aus dem Fenster geworfen.«

Keller war fassungslos.

»Ich dachte, er wurde bewacht?«, fragte sie.

»Das wurde er auch. Aber meinen Kollegen, der mit König im Zimmer war, den hat er erschossen.« Man spürte die Wut und Frustration in seiner Stimme. »Wenn die Damen und Herren des LKA meinen, sie hätten es besser machen können, dann wäre jetzt wahrscheinlich einer Ihrer Kollegen tot.«

Dagmar legte ihm eine Hand auf die Schulter. »Wir müssen nur wissen, was passiert ist. Es geht hier nicht um Schuldzuweisungen. Wir haben vor ein paar Stunden auch einen Mann an diesen Irren verloren.«

Der Beamte war augenblicklich ruhig. »Das..., das wusste ich nicht. Es tut mir leid. Ich bin nur ein wenig runter mit den Nerven.«

»Das sind wir alle«, sagte Keller.

Sie hatten die Absperrung betreten. »Sorgen Sie bitte dafür, dass die Schaulustigen verschwinden«, befahl sie. Mick ging auf die Decke zu, atmete tief durch und warf einen Blick darunter. Es war König oder das, was von ihm übrig war. Sein ohnehin schon verstümmelter Körper war nun auch noch zerschmettert. Es schien, als hätte er keinen heilen Knochen mehr im Leib.

»Er war bereits tot als wir hier eintrafen«, bemerkte ein Arzt, der in der Nähe stand, was, in Anbetracht der Tatsache, dass der Killer König aus dem achten Stockwerk geworfen hatte, keine Überraschung für Mick war.

»Schauen wir uns einmal oben um«, meinte er. Seine Stimme war rau und kratzig. Die Wut, die sich in ihm aufgestaut hatte, war nur noch schwer zu zügeln.

Sie wollten das Krankenzimmer von Königs ansteuern, kamen jedoch nicht weit. Jemand hatte einen Krankenwagen, der vor der Notaufnahme stand, geöffnet und brach in hysterisches Geschrei aus.

»Ich denke, jetzt erfahren wir schmerzhaft, wo Richard die Kleidung des Unfallarztes herhatte«, sagte Keller.

Mick fragte sich, wie sie so ruhig bleiben konnte. Er hätte sich jetzt am liebsten einen Knüppel genommen und auf irgendetwas eingeschlagen.

Kellers Handy bimmelte. »I will survive« war ihr Klingelton. Wie passend. Nur, dass das mit dem Überleben im Moment nicht so einfach war. Nicht solange dieser Irre sein Unwesen trieb.

Aus den Augenwinkeln bemerkte Peters das Eintreffen der Spurensicherung und weiterer Polizeiwagen.

Gut, je mehr Leute, desto besser. Schließlich hatten sie es hier mit drei Tatorten zu tun.

König, der Notarzt, der zur falschen Zeit am falschen Ort gewesen war, und der getötete Polizist.

Dagmar warf nur einen Blick in den Rettungswagen, dann beschloss sie, dass ein anderer Tatort für sie zunächst wichtiger wäre. Zusammen mit Mick betrat sie das Krankenhaus und ließ sich den Weg zu Königs Zimmer erklären.

Auf diesem Flur gab es keine helle Aufregung, keine Schaulustigen. Eine gespenstische Ruhe lag über dem Bereich und in den Gesichtern der Schwestern und Ärzte, die sich in einem Raum versammelt hatten, stand blanke Angst.

Ein Mann im weißen Kittel trat auf sie zu. Er war hager, seine einstmals schwarzen Haare mit grauen Strähnen durchsetzt. Tiefe Ringe lagen um seine Augen. Ob das etwas mit den aktuellen Geschehnissen zu tun hatte oder ein Resultat des Schichtdienstes war, ließ sich nicht erkennen.

»Ich bin Doktor Strauss«, sagte der Mann und streckte ihnen die Rechte entgegen. »Ich habe König behandelt und ihren Kollegen...« Er suchte nach den richtigen Worten. »Also, als ich in das Zimmer kam, war er bereits tot. Es tut mir leid.«

Keller nickte ihm zu, antwortete jedoch nicht. Stattdessen ließ sie den Mann einfach stehen und betrat das Krankenzimmer, vor dem nun wieder ein Polizeibeamter stand.

Der Mann hatte rot geränderte Augen, schluckte heftig, versuchte aber trotzdem seinen Dienst zu tun. Man sah, dass ihn der Tod seines Kollegen unglaublich mitnahm. Das Krankenzimmer bot ein Bild des Grauens.

Der Körper des Polizisten lag mitten im Raum, Schüsse aus nächster Nähe, hatten ihm den halben Kopf weggerissen. Er lag in einer riesigen Blutlache, Spritzer der roten Flüssigkeit, vermischt mit Knochensplittern und Gehirnmasse, bildeten ein bizarres Muster auf der weißen Tapete. Das Bett stand schräg im Raum, verheddert in Kabeln und Schläuchen, die mit Gewalt aus Königs Körper herausgerissen worden waren. Mick betete, dass der Mann von seinem Ende nicht viel mitbekommen hatte.

Blut, so viel Blut. Peters würde sich nie an diesen Anblick gewöhnen können. Er war vorsichtig, bewegte sich aufmerksam, fasste nichts an und versuchte, sich trotzdem einen möglichst genauen Überblick über den Tathergang zu verschaffen.

Der Mörder hatte mit dem Beamten gekämpft. Das erklärte die Unordnung im Zimmer. Und es waren mehrere Schüsse gefallen. Das verrieten die Einschusslöcher in den Wänden und natürlich die Zeugenaussagen.

Keller umrundete die Leiche des Beamten und betrachtete das Fenster genauer.

Der Killer war über die Feuertreppe geflohen, auch das hatten Zeugen beobachtet und dann war er wieder im Untergrund abgetaucht. Wie schon viele Male zuvor.

Wir haben nicht einmal genug Zeit, ein vernünftiges Phantombild anzufertigen, dachte Dagmar frustriert. Stattdessen hasten wir ständig von einem Chaos ins nächste.

Sie steckte den Kopf durch das offene Fenster und sah sich die Feuerleiter genau an. Dann winkte sie Mick aufgeregt zu sich.

»Was siehst du?«, fragte sie nur.

Peters richtete den Blick auf die stählernen Stufen und sah sofort, worauf seine Kollegin hinauswollte.

Eine dunkle Flüssigkeit glänzte auf dem silbernen Stahl.

»Das ist Blut«, stellte Mick fest. »Unser Mann ist verletzt.«

»Hoffentlich schwer genug, um daran zu verrecken«, flüsterte Keller. Es war eine unprofessionelle Aussage, aber es tat gut, sich Luft zu machen.

Die Spurensicherung traf ein und Dagmar machte sie auf die Flecken aufmerksam.

»Wir machen den Job schon länger«, muffelte der Mann.

»Okay«, sagte die Kommissarin schneidend. »Dann wissen Sie ja, wie wichtig Ihr Job und Ihr Bericht sind. Ich hoffe, ich habe ihn morgen früh auf dem Schreibtisch.«

»Aber...«

»Kein Aber. Wenn es hilft, dann machen Sie Überstunden!« Und damit verließ sie den Raum. Peters folgte ihr.

Als sie in der Zentrale eintrafen und ihr Büro aufsuchten, waren Hastenrath und Gotthard bereits wieder anwesend.

»Habt ihr Haber erwischt?«, fragte Keller.

Al nickte. »Er hat sich erst geweigert mitzugehen. Er glaubt nicht, dass er in Gefahr ist. Meint wirklich, dass Richard ihn verschonen wird. Was haltet ihr denn davon?«

Mick ließ sich mit einem Stöhnen auf einen Stuhl fallen. Es gab Tage, da fühlte er sich wie ein alter Mann und dieser gehörte definitiv dazu.

»Ich traue Richard alles zu, aber ich glaube ihm nichts. Schon gar nicht, dass er einen von seiner Racheliste verschonen wird. Nein! Meiner Meinung nach hat er sich Peter Haber für den Schluss aufgespart, weil bei ihm nie die Gefahr bestand, dass er flieht. Selbst jetzt, wo der Fall durch alle Medien geht und die potentiellen Opfer eins und eins zusammenzählen könnten, bestand bei Haber nie die Möglichkeit, dass er Mönchengladbach verlässt. Und ich bleibe sogar bei meiner Annahme von heute Morgen, dass Richard als blinder Mann ins Krankenhaus gehen wollte, um seinem »Freund« einen letzten Besuch abzustatten. Dem haben wir aber einen Riegel vorgeschoben, weil wir ihm zu dicht auf den Fersen waren. Für die »blinder Mann«-Posse blieb ihm keine Zeit. Also musste er improvisieren. Und das hat dem Rettungsarzt das Leben gekostet.«

Er schwieg für einen Moment. Zeit, die Dagmar Keller nutzte, um die beiden verbliebenen Mitarbeiter auf den neuesten Stand zu bringen. Sie war ungefähr bei der Hälfte ihres Berichtes angelangt, als die Bürotür aufgestoßen wurde und zwei Leute erschienen. Der erste war Gerads, auf den zweiten hätte Mick gut verzichten können.

Konrady schob Gerads zur Seite und sich in den Raum. »Neue Opfer und immer noch kein Täter!«, stellte er zynisch fest. »Sie wissen, wie ich dadurch in der Öffentlichkeit dastehe? Uns wird so langsam seitens der Presse Unfähigkeit vorgeworfen.«

»Richtig«, sagte Mick. »Und genau deshalb haben wir den Killer noch nicht gefasst. Damit Sie wie ein Depp dastehen.«

Konrady lief hoch rot an. »Was erlauben Sie sich?«, schnauzte er und Dagmar Keller fand es an der Zeit, sich in die Schusslinie zu werfen.

»Glauben Sie nicht, dass wir genau so wütend über den Verlauf des Falles sind, wie Sie? Glauben Sie, dass es uns Spaß macht, uns vorführen zu lassen?«

Der Chef des LKA beruhigte sich ein wenig.

»Wir brauchen Ergebnisse«, sagte er nur.

»Ich weiß. Und wir tun alles dafür. Wir haben Augenzeugen von den Geschehnissen in Chantals Chalet. Der Zeichner ist bereits dabei, mit ihnen zusammen ein Phantombild zu erstellen. Eines ohne den falschen Bart. Noch dazu ist unser Täter beim Mord an König verletzt worden. Sehr wahrscheinlich eine Schusswunde, die behandelt werden muss. Die Schlinge zieht sich enger. Wir haben ihn bald.«

Konrady starrte die Frau an. »Das hoffe ich für Sie«, sagte er dann knapp, wuchtete seine Gestalt herum und stampfte grußlos aus dem Zimmer. Nicht ohne die Tür eine Spur zu laut zuzuknallen.

»Welch dramatischer Auftritt«, meinte Gotthard.

»Und so überflüssig«, vollendete Hastenrath.

Mick wandte sich an Gerads. »Was machst du hier?«, wollte er wissen. »Du solltest doch mit deinem Arsch zu Hause bleiben.«

»Während ihr diesen Penner jagt, der meinen Freund umgebracht hat? Nein, ich werde bekloppt, wenn ich nur herumsitze. Ich will helfen, diesem Wichser seine gerechte Strafe zukommen zu lassen.«

»Dann sei uns herzlich willkommen«, sagte Keller und vervollständigte ihren Bericht aus dem Krankenhaus.

Danach war es eine Minute lang still.

»Wenn ich alles noch einmal genau durchgehe«, fasste Gotthard zusammen, »dann sind wir in den letzten Stunden nicht wirklich schlauer geworden.«

Mick nickte. »Ich habe so etwas noch nie erlebt«, sagte er dann. »Die »normalen« Serientäter, mit denen wir es bis jetzt zu tun hatten, haben einen Mord begangen, sich daran aufgegeilt und irgendwann weitergemacht, weil sie Gefallen an ihrem Tun gefunden hatten.« Er sah in vier aufmerksame Gesichter. »Das heißt auch, dass uns Tage, manchmal Wochen zwischen den Morden blieben, um vernünftige Ermittlungsarbeit zu machen.« Kellers Blick fiel auf die Tafel, mit den Bildern der Toten und auf die Berichte der Spurensicherung auf ihrem Schreibtisch. Nichts war vollständig. Immer kamen neue Dinge hinzu.

»Unser Täter und seine Vorgehensweise sind mit nichts zu vergleichen. Er hat über Monate, vielleicht über Jahre einen Plan entwickelt und spult ihn jetzt in einer Woche ab. Wir hechten hinterher und können nur die Scherben einsammeln.« »Und in den beiden letzten Tagen ist er sogar von seinem ursprünglichen Plan abgewichen«, sagte Hastenrath aus dem Hintergrund.

»Stimmt«, gab ihm Gerads recht. »Anfänglich hat er seine Opfer nicht selbst getötet, sondern sich raffinierte Methoden einfallen lassen. Als wollte er das Ableben seiner ehemaligen Kameraden nicht auf sein Gewissen laden. Aber jetzt, wo wir ihm allmählich auf die Pelle rücken, hat er selbst getötet und nun ist der Bann gebrochen. Jetzt hält ihn nichts mehr auf.«

»Außer vielleicht seine Verletzung«, meinte Hastenrath hoffnungsvoll.

»Oder die Tatsache, dass wir ihm sein nächstes Ziel genommen haben, immer vorausgesetzt, dass er mich ebenfalls töten und bis zum Schluss aufsparen will«, bemerkte Mick.

»Ich weiß, dass er Haber gegenüber gesagt hat, dass er dich auch töten wird, aber vielleicht war das ja wirklich nur als Ablenkungsmanöver gedacht, denn schließlich warst du ja damals nicht mal dabei, als der Irre sich Richard geschnappt hat«, antwortete Gotthard.

»Ohne mich hätte es die Mutprobe gar nicht gegeben«, erwiderte Mick. »Möglich wäre es, dass das für ihn Grund genug…«

Keller grätschte dazwischen. »Spekulationen bringen uns nicht weiter. Schlimm genug, dass uns unser Täter immer wieder entwischt ist und weitermachen konnte. Wir hatten von Anfang an keine Chance. Er hat viel zu schnell hintereinander zugeschlagen. Und was erschwerend hinzukommt, ist, dass es die Person Richard gar nicht zu geben scheint. Er ist nirgendwo gemeldet, lebt im Untergrund. Mal eben eine Wohnung observieren, geht also auch nicht.«

»Ja«, stimmte Hastenrath zu. »Aber, wie Mick schon sagte: Jetzt haben wir Peter Haber. An den kann er nicht herankommen.«

Gotthard rieb sich die Schläfen. »Und was heißt das für uns? Wird er deshalb aufhören?«

Dagmar schüttelte den Kopf. »Nie im Leben. Er wird warten, auf der Lauer liegen. Die Zeit arbeitet für ihn. Wir können Haber nicht ewig festhalten.«

»Aber die Zeit arbeitet auch für uns«, gab Hastenrath zu bedenken. »Erstens ist Richard verletzt. Vielleicht braucht er ärztliche Hilfe und zweitens: Morgen ist sein Phantombild in jeder Zeitung der Stadt. Was ihm sein Versteckspiel beinahe unmöglich machen wird.«

»Also kriegen wir ihn«, sagte Gerads leise.

Aber niemand antwortete darauf.

Die Tür zum Büro wurde wieder aufgerissen und Kleinschmidt erschien. Er hatte ein Blatt Papier in der Hand und zeigte es herum. »Unsere Computerabteilung hat ganze Arbeit geleistet. Mit den Zeugen von heute Morgen haben sie dieses Bild erarbeitet.«

Mick nahm es ihm ab und betrachtete aufmerksam das Gesicht darauf. Ein schmales Gesicht mit kantigem Kinn, Dreitagebart und einer auffallend großen Nase. Doch das eigentlich Erschreckende daran war der stechende Blick in seinen Augen. Das war er also. Das war Richard. Der Mann, der sie seit Tagen zum Narren hielt.

»Gibt es sonst Neuigkeiten, die ich wissen sollte?«, fragte der Leiter der Mönchengladbacher Polizei.

»Nur das, was Sie wahrscheinlich schon wissen«, entgegnete Mick. »Unser Killer ist verletzt und wir haben ihm Haber vor der Nase weggeschnappt.«

Kleinschmidt nickte. »Ich habe Peter Haber schon kennengelernt«, sagte er. »Wir haben ihn so luxuriös untergebracht, wie es eben geht. Doch er redet schon jetzt davon, dass er wieder nach Hause will. Das sein Hund sich nicht wohl fühlt und so weiter. Das Problem ist, dass er kein Täter ist. Wir können ihn gegen seinen Willen nicht festhalten. Wenn er gehen will, können wir ihn nicht aufhalten.«

»Dann muss er halt rund um die Uhr bewacht werden. Ich glaube, im Gegensatz zu seiner eigenen Meinung, dass Richard ihn töten will. Er wird sich mit nichts anderem zufriedengeben.«

Kleinschmidt runzelte die Stirn. »Und was ist mit dir, Mick? Angeblich hat er Haber erklärt, dass du auch auf seiner Liste stehst.«

Peters zuckte die Schultern. »Ich denke immer noch, dass das nur ein Manöver war, mit dem er uns auf eine falsche Fährte locken wollte. Um davon abzulenken, dass er König noch einen Besuch abzustatten hatte.«

»Was letztlich auch geklappt hat«, vollendete Gotthard resigniert.

»Und wenn er es doch auf mich abgesehen hat, weil er mir die Schuld an seinem Elend gibt, dann soll mir das nur recht sein. Soll ruhig kommen, das Arschloch. Dann können wir ihn endlich einbuchten.«

»Nimm das nicht auf die leichte Schulter, Mick.«

Kleinschmidt sah ihn mit besorgter Miene an. »Wir haben es mit einem Psychopathen zu tun. Dem ist alles zuzutrauen.«

Hastenrath meldete sich plötzlich zu Wort. »Was mir zu schaffen macht, ist das, was Frau Keller vorhin schon ansprach, dass wir es mit einem Phantom zu tun haben. Dieser Richard existiert nirgends. Keinerlei Eintragungen in irgendwelchen Einwohnermeldeämtern, Arbeits- oder Sozialämtern, Führerscheinstellen, nichts. Selbst im Internet, wo man über jeden irgendetwas findet: Nichts.«

Keller wollte etwas sagen, doch ihr Mitarbeiter war noch nicht fertig. »Also habe ich mich mit alten Fällen beschäftigt, die sich um die Zeit herum ereignet haben, als Richard entführt wurde und mit einigen Jahren danach. Ich denke, ich habe einige interessante Dinge gefunden.«

Jeder im Raum hielt den Atem an.

»Nicht weit vom Entführungsort entfernt, hat es zwei Jahre später einen ungeklärten Mord gegeben. Ein Mann ist mit einem Hammer erschlagen worden. Vom Täter fehlte jede Spur. Man hat im Haus allerdings ein Kellerverlies gefunden, in dem Kleidungsstücke eines ungefähr dreizehnjährigen Jungen lagen. Nur... dieses Kind hat man nie gefunden.«

Mick schlug mit der Hand auf den Tisch. »Das war er!«, sagte er. Er konnte nicht sagen, was ihn so sicher machte, er war es einfach.

»Das heißt, dass er jahrelang von seinem Entführer festgehalten wurde...«

»... um schließlich irgendwann die Chance zur Flucht zu bekommen. Und seine aufgestaute Wut sorgte dafür, dass er seinen Peiniger erschlug.«

Dagmar nickte. »Das würde auch erklären, warum er die ersten Opfer nicht selbst umgebracht hat. Vielleicht verfolgte ihn der Mord in seinen Träumen. Vielleicht wollte er sich nicht noch einmal mit etwas Derartigem beschäftigen müssen.«

»Eine ganze Menge Vielleichts.«

Gotthard meldete sich zu Wort. »Viel interessanter finde ich die Frage, warum er jetzt erst zuschlägt. Was ihn dazu gebracht hat, nach all den Jahren Rache zu üben. Und vor allen Dingen, warum er seinen ehemaligen Freunden die Schuld an seiner Misere gibt.«

»Sie haben ihn seiner Meinung nach damals im Stich gelassen. Sie hätten mehr tun müssen. Gemeinsam gegen den Entführer vorgehen, Richard aus den Klauen des Ungeheuers befreien, was weiß ich?«

»Das Ungeheuer ist er jedenfalls mittlerweile selbst«, sagte Kleinschmidt.

Er sah aus dem Fenster, wo die Dunkelheit von der Stadt Besitz ergriff.

»Wir sind uns einig, dass er im Moment nicht zuschlägt?«, fragte er dann in die Runde.

»Nicht solange Haber und vielleicht auch Mick aus der Schusslinie sind.«

Der Chef nickte. »Gut. Ich habe veranlasst, dass mehrere Teams von Polizisten so viele Bereiche der Kanalisation durchsuchen wie irgend möglich. Vielleicht kommen die unserem Killer ja auf die Spur. Was Sie betrifft, möchte ich,«, er machte eine kurze Pause und schaute in jedes Gesicht, »dass Sie jetzt alle nach Hause gehen und ein paar Stunden abschalten. Die Woche war mehr als hart. Und morgen, wenn die Bilder durch Zeitungen und Fernsehen gegangen sind, können wir uns vor Meldungen aus der Öffentlichkeit wahrscheinlich nicht retten. Das wird anstrengend werden.« Damit klopfte er auf den Tisch, nickte jedem noch einmal aufmunternd zu und verließ den Raum.

Seine Mitarbeiter blieben sekundenlang ruhig sitzen. Niemand wollte gehen und einfach nichts tun. Und doch wussten sie, dass die Entscheidung Kleinschmidts richtig war.

Sie brauchten Ruhe. Wenn es denn möglich war. Um morgen mit vollem Akku angreifen zu können.

»Jemand Lust auf ein Bier?«, fragte Mick.

»Ich kenne eine gemütliche Kneipe«, sagte Gerads und griff nach seiner Jacke. Der Rest folgte seinem Beispiel.

Kapitel 33

Mehmet Akoc wälzte sich in seinem Bett hin und her, doch er fand keinen Schlaf. Ein Blick auf den Wecker zeigte ihm, dass es halb zwölf war.

Viel zu spät, ich muss morgen um fünf raus, dachte er.

Er stand auf, ging in die Küche und trank ein Glas Wasser. Sein Hund Zlatan reckte sich und stellte sich neben sein Herrchen, in der Hoffnung, um die Zeit eine unverhoffte Mahlzeit zu erhalten.

»Kannst wohl auch nicht schlafen, Dicker«, bemerkte Mehmet und holte einen Käse aus dem Kühlschrank, von dem er ein Stück abschnitt und es Zlatan ins Maul warf. Der Hund begann gierig zu schmatzen.

Mehmet ging ins Schlafzimmer und zog sich einen Trainingsanzug an. Der Deutschtürke war sportlich und liebte Fußball, weswegen er seinen Bobtail auch Zlatan genannt hatte, nach dem schwedischen Superstar Zlatan Ibrahimovic, der Mehmets Idol war.

»Auf geht's. Wenn wir eine kleine Runde gehen, werden wir vielleicht doch noch müde.«

Mehmet schnappte sich den Schlüssel und die Hundeleine von der Kommode und ging zusammen mit Zlatan aus dem Haus. Nach ein paar Metern musste der Zweiunddreißigjährige feststellen, dass es nicht ganz so warm war, wie er angenommen hatte. Es war Herbst, auch wenn man es bei Tagestemperaturen von zwanzig Grad nicht glauben konnte. Nachts aber kühlte es schon merklich ab. Mehmet zog den Reißverschluss seines Oberteils bis zum Kinn zu und beschleunigte seinen Gang. Seine kleine Runde ging durch den Beller Park, der direkt vor seiner Haustür lag. Vor etwa dreißig Jahren hatte man das Areal umgebaut. Wo früher ein Schwimmbad gewesen war, befand sich nun eine große Grünfläche mit mehreren Kieswegen. Einige Laubbäume, die von schwach leuchtenden Laternen spärlich angestrahlt wurden, zierten den Park. Ein kleiner Weiher mit einer Insel, auf der mehrere kanadische Wildgänse ihr

Zuhause gefunden hatten, war am Rand der Grünfläche angelegt worden. Dieses Gewässer war mit einem weiteren etwas größeren See verbunden. Wollte man durch den Park schlendern, war man gezwungen über eine Holzbrücke zu gehen, die gleichzeitig die Trennung zwischen kleinem und großem Weiher war.

Mitten auf der Brücke blieb Zlatan plötzlich stehen und begann zu knurren.

»Na komm!«, forderte Mehmet seinen Hund auf, der jedoch stur an Ort und Stelle blieb.

»Jetzt aber!«

Mehmet zog an der Leine, doch das Tier war nicht von der Stelle zu bewegen und knurrte weiter, die Augen starr auf den großen Weiher gerichtet.

»Was ist denn da?«, wollte Mehmet wissen, gerade als könnte ihm Zlatan ernsthaft eine Antwort auf diese Frage geben. Er folgte dem Blick seines Hundes und bemerkte zuerst nichts. Das Wasser war völlig ruhig. Die ungewöhnliche Stille an diesem Ort, der sonst voller Menschen war, verlieh der Situation etwas Unheimliches.

Mehmet schaute genauer hin, nun etwas angespannter. Tatsächlich! Da war etwas! Am hinteren Ende des Weihers schien jemand zu schwimmen.

Kompletter Schwachsinn, dachte Mehmet und rieb sich mit einer Hand über die Augen. Mit der anderen Hand hielt er Zlatan kurz an der Leine.

Doch es war weder ein Traum noch eine Halluzination, es war völlig real. Da schwamm einer, mitten im Oktober, nachts durch den Weiher. Zlatans Knurren wurde plötzlich zu einem lauten Bellen. Der Schwimmer schien den Hund bemerkt zu haben und ging am entgegengesetzten Ufer an Land. Dann rannte er in Richtung Sportplatz, der direkt an den Park anschloss. Im schwachen Licht der Laternen meinte Mehmet zu erkennen, dass die Person sich den Arm hielt. Sie war groß und setzte mit Riesenschritten unbeirrt ihren Weg in Richtung Sportplatz fort. Mehmet stand wie versteinert auf der Brücke und schaute dem fliehenden Schatten nach. Damit nicht genug, tauchten auf einmal weitere Personen auf. Sie hatten Lampen auf dem Kopf und wirkten wie Soldaten. Sie schleppten irgendwelches Zeug mit sich. Auch diese Leute gingen an der anderen Uferseite an Land. Zlatan war, aufgrund der seltsamen nächtlichen Vorkommnisse, kaum noch zu bändigen und bellte wie von Sinnen die fremden Personen an.

Einige von ihnen rannten in die Richtung, in der die große Gestalt vorhin verschwunden war. Zwei andere umrundeten den kleinen See und kamen direkt auf die Brücke zu. Mehmet versuchte, seinen Hund zu beruhigen, doch es gelang nicht. Der Bobtail bellte sich inzwischen heiser.

Sollte er fliehen? Er war unsicher, denn er hatte nichts verbrochen, ging einer ganz normalen Arbeit nach – er war verdammt noch mal ein unbescholtener Bürger. Trotzdem wurde ihm etwas mulmig, als plötzlich zwei völlig durchnässte Männer vor ihm standen.

»Haben Sie gesehen, wo der Typ hingelaufen ist?«

Der Kerl hatte einen leidenden Gesichtsausdruck und stank wie eine Latrine. Der Andere versuchte ohne Erfolg irgendwelches Grünzeug von seiner Kleidung zu zupfen.

»Ähh, wer sind Sie?«, stammelte Mehmet.

Einer der Typen zog den Reißverschluss seines wasserdichten Overalls runter, fingerte eine Polizeimarke hervor und hielt sie Mehmet wortlos vor die Nase.

»Er ist in Richtung Fußballplatz gelaufen. Hinten an der Sportanlage Beller Mühle. Ihre Kollegen sind ihm doch nachgelaufen«, bemerkte der Hundebesitzer.

Die Feststellung schien den Polizisten zu überraschen. »Haben Sie ein Handy dabei? Ich glaube das Funkgerät geht nicht mehr.«

Der junge Polizist, Mehmet schätzte ihn auf etwa zwanzig, zog aus einer Seitentasche des Overalls ein Funkgerät, das als solches nicht mehr zu erkennen war. Es war mit Schlamm, Farn und anderem Grünzeug überzogen.

Mehmet nestelte an seinem Oberteil und merkte, dass er kein Handy dabeihatte. »Tut mir leid, ich habe kein Handy dabei.«

Der Polizist drehte sich um und tippte seinen Kollegen an, lief mit ihm in Richtung Sportplatz und hinterließ einen verdutzten Mann, der mit seinem bellenden Hund immer noch auf der Brücke stand und zu träumen glaubte.

»Was ist denn los, worum geht es denn überhaupt?«, rief er den Polizisten hinterher, deren Silhouetten aber schon in der Nacht verschwunden waren.

Richard fluchte. Sie hatten ihn gefunden.

Nachdem er aus dem Krankenhaus geflohen war, fand er wieder in der Kanalisation Schutz. Inzwischen hatte er eine Technik entwickelt, um so ziemlich jeden Gullydeckel hochzuhieven. Ein Stück Draht reichte aus, aber wenn es zwingend notwendig war, schaffte er es inzwischen auch ohne Hilfsmittel. Allerdings war dieses Mal viel mehr Kraft nötig, denn er konnte seine linke Schulter kaum noch belasten. Auch wenn er den Schmerz unterdrücken konnte, schaffte er es nur noch mit Mühe gerade zu stehen. Die Wunde blutete. Das Projektil steckte immer noch in seiner Schulter. Er taumelte in Richtung Südosten durch den Untergrund. Dort hatte er sich ein Versteck angelegt. Eines von mehreren, die in der ganzen Stadt verteilt waren, etwa drei Kilometer vom Krankenhaus entfernt. Eigentlich ein todsicherer Unterschlupf, aber er blutete und das war definitiv schlecht. Außerdem war er langsamer geworden, weil er ständig die rechte Hand auf die Wunde presste, um das ausströmende Blut zurückzuhalten.

Als er in seinem Versteck ankam, ließ er sich auf einen Stapel herumliegender Kleidungsstücke fallen. Für einen kurzen Moment entspannte er sich, um dann wieder den kaum erträglichen Schmerz in seiner Schulter zu spüren. Er biss auf die Zähne, rappelte sich wieder auf und öffnete eine Kiste. Gelbliches Verbandmaterial, gefolgt von schmuddeligen Mullbinden und Pflaster, die fast zerfielen, kamen zum Vorschein. Richard drückte einen großen Tupfer auf die verletzte Schulter, der sofort seine Farbe von Weiß auf Rot wechselte. Er nahm den nächsten Verband aus dem Behälter und schob ihn unter sein verschwitztes Hemd, weitere folgten. Wieder ließ er sich in einen Stapel Klamotten fallen und betrachtete sein Domizil. Vor einiger Zeit hatte man in diesem Bereich der Stadt damit begonnen, alte, marode Rohre durch neue zu ersetzen. Viele dieser Rohre grenzten an die Kanalisation.

Durch eine Nachlässigkeit der Baufirma war ein Hohlraum entstanden, der damals direkt geflutet wurde, da durch den angrenzenden Weiher Wasser eingedrungen war. Ein Blech in der Einflussstelle verhindert nun, dass sich der komplette Weiher in die Kanalisation entleerte. Zur Sicherheit versiegelte man den Hohlraum auf der gegenüberliegenden Seite des kleinen Gewässers noch mit einer dicken Holzwand.

Richard war bei seinen Erkundungstouren durch die unterirdischen Gänge auf jene Holzwand gestoßen und hatte es geschafft, diese nach innen zu drücken. Drinnen sah er, dass man das Holz nur zwischen dem Boden des Raumes und einem Vorsprung an der oberen Seite, knapp unter der unförmigen Decke, geklemmt hatte.

Mit der Zeit schaffte Richard immer wieder brauchbare Sachen in diesen Raum, den er zur Sicherheit immer verschloss, indem er eine Eisenstange quer vor die massive Wand klemmte. So kam ihm keiner in die Quere. Sicher ist sicher, dachte er sich.

Nun war er hier. An einem Ort, der für ihn immer ein schier unauffindbarer Platz gewesen war und den bisher niemand gefunden hatte – und jetzt das!

Hinter der Holzwand hörte Richard Stimmen. Wahrscheinlich waren einige Beamte in die Kanalisation hinabgestiegen und hatten die Verfolgung aufgenommen. Damit hatte Richard nicht mehr gerechnet. Schließlich waren seit der Aktion im Krankenhaus schon einige Stunden vergangen. Notdürftig hatte er es nun endlich geschafft, seine Schulter mit Mull und Verbänden soweit zu bandagieren, dass zumindest kein Blut mehr heraustropfte.

Jemand klopfte vor das Brett. »Hier ist was!«, schrie er.

Richard hatte das Brett zwar mit der Eisenstange gesichert, doch mit der nötigen Gewalt ließ es sich zerschlagen.

Ihm blieb nur noch eine Wahl: Das Wasser!

Er ging zum Blech, das sich etwa auf Kopfhöhe befand und versuchte es zu lösen. Es bewegte sich keinen Zentimeter. Von außen hörte er die leichten Wellen gegen das Metall schwappen. Richard drehte sich wieder um. Von dem Berg aus Unrat nahm er sich ein Brecheisen und ging wieder zum Blech, während einer seiner Verfolger von außen schon gegen das Brett hämmerte. In Richards Schulter brannte es fast unerträglich. Wie er es immer gekonnt hatte, versuchte er auch diesmal seiner Schmerzen Herr zu werden. Es gelang ihm kaum noch. Die ganzen Schmerzmittel, die er hierhergeschafft und in sich hineingestopft hatte, schienen nichts zu nützen. Der Schweiß rann von seiner Stirn in die Augen. Dieses verdammte Blechteil machte keine Anstalten sich auch nur einen Zentimeter zu bewegen. Dann setzte es einen lauten Knall. Ein Polizist hatte es geschafft und das Holz barst nach innen und gab ein handgroßes Loch frei.

Mit letzter Kraft stemmte Richard das Eisen zwischen Wand und Blech und endlich... endlich gab es ein Stück nach und ließ sich nach innen drehen. Wasser schwappte in den Raum. Richard setzte das Brecheisen ein Stück tiefer an, stemmte es gegen die Wand und zog das Blech noch ein Stück zu sich. Ein riesiger Wasserschwall ergoss sich nun in den Raum.

Er blickte sich um und sah zu seinem Entsetzen, dass es einem Polizisten gelungen war die Stange mit einem Griff durch das Holz zu lösen. Dann stieß der Beamte mit einem Triumphschrei das Brett in den Raum.

Genau in diesem Augenblick verlor das Blech den Halt in der Wand und Wasser drang ungehindert, in einer massigen Welle, in den Hohlraum und begann ihn zu fluten. Richard versuchte, gegen das Wasser anzukämpfen und irgendwie aus dem Chaos zu flüchten. Er blickte sich noch einmal kurz um, konnte den Polizisten aber kaum erkennen.

Inzwischen drang so viel schmutziges Wasser ein, dass Richard sich gerade noch an der Öffnung festhalten konnte. Auch seine Verfolger hatten ähnliche Probleme mit dem Wasser. Die Frage ist nur: Wie lange, dachte der Riese. Er nahm alle Kraft, die ihm trotz seiner Schwächung noch geblieben war, zusammen und hievte seinen Körper über das herunter geschobene Blech ins Wasser.

Auf der gegenüberliegenden Seite des Sees bellte ein Hund. Im schummrigen Licht der Laternen erkannte Richard einen Mann, der auf einer Brücke stand und den Hund festhielt. Dieser Weg ist also auch versperrt, dachte er. Mit ein paar schmerzhaften Schwimmzügen war er am Ufer angelangt, stemmte sich aus dem Tümpel und begann in Richtung Sportplatz zu laufen. Wieder drückte er seine Hand auf die Schulter. Vor dem Sportplatz verlief eine Straße. Hier würde es wieder Gullydeckel geben und hier würde er sich wieder im Untergrund verstecken können, es sei denn, seine Verfolger setzten den Weg weiter durch die Kanalisation fort. Er musste dieses Risiko eingehen. Einen richtigen Plan hatte er nicht mehr. Sein Plan hieß Flucht. Nur mit viel Glück war er bisher entkommen. Seine Lebensaufgabe wartete noch auf ihn, was danach kam, war ihm egal. Sie durften ihn nicht kriegen... noch nicht.

Kapitel 34

Das Feierabendbier, das Mick vorgeschlagen hatte, wurde zu einer eher zähen Angelegenheit.

Es war kein lustiges Treffen nach einem abgeschlossenen Fall, keine ausgelassene Feier. Nur ein Zusammensitzen von frustrierten Menschen, die stehend K.O. waren.

Die Kneipe war wirklich gemütlich und die dickliche Wirtin mit dem rosafarbenen Gesicht und den lustig funkelnden Augen sehr nett, doch ihre eingestreuten Witze trafen heute auf die falschen Ohren.

Hastenrath war der Erste, der aufstand und Geld auf den Tresen warf.

»Ich hau mich hin«, sagte er. »Morgen wird wieder ein harter Tag.«

Gerads, der nur stumm in sein Glas gestarrt hatte, folgte dem Beispiel seines Kollegen.

»Weiß zwar nicht, ob ich Schlaf finde, nach dieser ganzen Scheiße, werde es aber auch mal probieren.«

Gotthard sah in die übriggebliebenen Gesichter, bemerkte, dass Mick und Dagmar dicht beieinandersaßen und fühlte sich plötzlich wie das störende fünfte Rad am Wagen.

»Ich muss dann auch mal los«, meinte er und erhob sich.

Die Proteste der beiden Kollegen hielten sich in Grenzen.

Dann waren sie nur noch zu zweit.

»Noch eins?«, fragte Dagmar und zeigte auf Micks leeres Glas. Der Mann schüttelte den Kopf. »Dann kann ich nicht mehr fahren«, sagte er.

Keller nickte. »Für mich dann auch nicht mehr«, meinte sie kurz und sprang vom Barhocker.

»Lass uns gehen. Die anderen haben recht. Morgen erwartet uns sicherlich eine Flut an Hinweisen, denen wir nachgehen müssen.«

Sie hatten jeder nur ein großes Bier getrunken, doch sie spürte schon einen leichten Anflug von Trunkenheit. Der Fall ließ ihnen wenig Zeit, vernünftig zu essen und das Adrenalin im Körper tat sein Übriges.

Mick nickte der Wirtin zu, zahlte den Deckel, legte noch ein üppiges Trinkgeld drauf und trat vor der Kneipe in die Abendluft.

Nach der bulligen Hitze im Schankraum war es hier draußen richtig kühl, obwohl die Temperaturen für den Herbstmonat eigentlich viel zu mild waren.

Auch Dagmar fröstelte und zog ihre Jacke enger um sich.

»Ich geh dann mal«, sagte sie. »Ich hab es nicht weit bis ins Hotel.«

Peters schüttelte energisch den Kopf. »Unsinn, ich fahr dich! Darum habe ich doch nur ein Bier getrunken.«

Er öffnete den Porsche und Dagmar ließ sich ohne große Widerworte in den Wagensitz fallen. Auf einen Abendspaziergang in lauschiger Nacht hätte sie sowieso keine Lust gehabt. Eigentlich hatte sie auf das Angebot Micks geradezu gewartet.

»Glaubst du, wir kriegen ihn?«, fragte sie plötzlich, als sie vor einer roten Ampel standen.

»Das sind wir den Toten schuldig«, entgegnete ihr Partner.

Kein »Natürlich. Der Kerl sitzt schon fast im Knast«, nur diese Wischiwaschi-Aussage. Wenn Dagmar nicht schon geahnt hätte, wie frustriert Mick war, spätestens dieser Satz hätte ihr Klarheit verschafft.

Der Mann lenkte den Wagen sicher durch die schlafende Stadt und hielt direkt vor dem Eingang des Hotels.

»Park ein und komm noch rauf auf einen Kaffee«, sagte sie leise.

»Du kannst in deinem Hotelzimmer gar keinen Kaffee machen«, grinste Mick spitzbübisch.

»Ich habe eine Senseo. Willkommen im zwanzigsten Jahrhundert, mein Freund.«

»Ja dann.« Mick setzte zurück, fand eine Parklücke und steuerte den Wagen hinein.

»Ich steige unter einer Bedingung aus«, sagte er, als der Motor erstarb.

»Und die wäre?«

»Wir unterhalten uns beim Kaffee über Gott und die Welt, aber nicht über frei herumlaufende Irre.«

Dagmar nickte. »Wie Ihr wünscht, werter Herr«, meinte sie lächelnd und stieg aus.

Mick schloss den Wagen ab und folgte ihr in die Lobby.

»Setz dich«, sagte Dagmar, nachdem sie das Zimmer mit der Chipkarte geöffnet hatte. Sie schaltete das Licht ein und deutete gleichzeitig auf einen der beiden Sessel, die neben einem runden Tisch standen.

Sie zog ihre Jacke aus, warf sie auf den Boden und ließ sich mit einem Seufzer aufs Bett sinken.

»Ich dachte, du machst mir einen Kaffee«, sagte Mick und lächelte.

»Du kannst ja wohl selbst eine Senseo bedienen«, meinte sie und zeigte auf die Seite des Zimmers, wo ein Hocker vor einem Schminkspiegel stand. Darauf wartete die kleine, silberfarbene Kaffeemaschine.

»Wenn du nichts dagegen hast, dann nehme ich mir lieber etwas aus der Minibar.« Mick ließ seine Augen durch den Raum gleiten und sein Blick blieb auf einem kleinen Einbauschränkchen hängen. Er erhob sich, öffnete den Kühlschrank und nahm sich einen Wodka Lemon heraus. Fertig gemixt in einer Dose. Ein Hoch auf die Getränkehersteller.

Er zog den Verschluss ab und ließ das kühle Getränk durch die Kehle laufen.

Dagmar hatte sich auf den Bauch gedreht, stützte den Kopf in ihre Hände und sah ihren Partner an.

»Auch einen Schluck?« Sie schüttelte den Kopf.

»Ich spür das Bier schon. Wenn ich jetzt noch Schnaps drauf kippe, tue ich vielleicht Dinge, die ich morgen bereue.«

Mick reichte ihr die Dose. »Sei froh, dass es für uns noch ein Morgen gibt«, bemerkte er düster. Dagmar nahm die Dose und, ungeachtet ihrer vorherigen Weigerung, nahm sie doch einen kräftigen Schluck.

»Du hast recht«, sagte sie. »Lass uns das Hier und Jetzt genießen. Wer kann schon sagen, wie viel Zeit uns noch bleibt.«

Mick nahm ihr den Wodka aus der Hand, stellte die Dose auf das niedrige Nachtschränkchen und setzte sich neben sie aufs Bett.

»Hör mal«, begann sie. »Ich wollte mich noch einmal entschuldigen für das, was ich dir angetan habe. Ich wollte den Job so sehr, da war mir jedes Mittel recht. Ich habe einfach...«

Er legte ihr einen Zeigefinger auf die Lippen. »Schschscht«, machte er. »Glaubst du, ich wäre hier, wenn ich dir das noch nachtragen würde? Und außerdem hast du dich doch dafür stark gemacht, meinen Namen rein zu wasche, damit ich meinen Job zurückbekomme.«

Keller runzelte die Stirn. »Deinen Job in Mönchengladbach vielleicht. Aber im LKA wirst du kein Bein mehr auf die Erde kriegen, solange Konrady da sein Unwesen treibt.«

»Scheiß drauf.« Mick holte sein Handy hervor.

»Wen rufst du um diese Zeit noch an?"

»Meine Schwägerin. Ich will ihr nur Bescheid geben, dass ich heute nicht mehr nach Hause komme.«

Keller warf ihm einen verdutzten Blick zu, sagte jedoch nichts.

Das Gespräch war kurz. Mick ließ sich nur noch einmal versichern, dass ein Polizeiwagen vor der Tür stand. Sarah wurde bewacht. Ihr konnte im Moment nichts passieren. Sie stand auch nicht auf der Liste des Killers.

»Jetzt zu dir«, sagte Mick, setzte sich wieder neben Dagmar aufs Bett und streichelte über ihr Haar.

»Was hast du vor?«, fragte sie, aber ihre Stimme ließ erkennen, dass ihr die Situation nicht wirklich unangenehm war. Eigentlich war, in dem Moment als Dagmar ihn auf ihr Zimmer einlud, klar gewesen, was passieren würde.

»Dort weitermachen, wo wir vor ein paar Jahren aufgehört haben«, sagte er trotzdem. »Einfach ausprobieren, ob es noch genau so viel Spaß macht wie damals.«

Dagmar sagte nichts, aber sie drehte sich um und begann, ihre Bluse aufzuknöpfen.

»Diese Nacht gehört den Lebenden und nicht den Toten«, murmelte Mick leise. Dann nahm er Dagmars Gesicht in die Hände und küsste sie als gäbe es kein Morgen.

Richard hetzte weiter durch die Nacht, durch dunkle Gassen, vermied hell beleuchtete Straßen.

Sie waren ihm auf den Fersen.

Dabei hatte er sich in seinem Versteck so sicher gefühlt. Nur eine Lehre konnte er daraus ziehen: Es gab keine Sicherheit mehr. Von jetzt an musste er immer auf der Hut sein.

Seine Hand glitt automatisch zu seiner Schulter. Er spürte, dass die Wunde wieder zu bluten begonnen hatte. Falsch! Sie hatte eigentlich nie ganz damit aufgehört.

Er brauchte Hilfe. Es waren nicht die Schmerzen. Die waren auszuhalten. Vielmehr war es der ständige Blutverlust, der ihn schwächte. Und dass die Bewegung des Armes eingeschränkt war, machte ihn zornig. Er brauchte seinen Körper, seine ganze Kraft für die Dinge, die noch getan werden mussten. Noch war es nicht zu Ende. Noch war es nicht vollbracht.

Er sah sich um. Er musste seine Sinne zusammenhalten. Er musste ein Versteck finden, in dem er seinem Körper etwas Ruhe gönnen konnte. Eine Bleibe, wo ihn die Polizei nicht erwischen konnte. Wo er Zeit zum Nachdenken finden würde, um die nächsten Schritte einzuleiten. Ab und zu hielt er an, um zu lauschen.

Die Rufe der Beamten waren nicht mehr zu hören. Er schien sich, durch den erneuten kleinen Abstecher in die Kanalisation, einen kleinen Vorsprung erarbeitet zu haben. Das konnte sich in Sekundenschnelle ändern.

Sie würden Verstärkung anfordern. Bald würde es in diesem Viertel vor Bullen nur so wimmeln. Inklusive der Fahrzeuge, die schneller waren als er.

Richard betrachtete seine Umgebung. Er musste runter von der Straße. Aber nicht wieder in eine Kanalisation. Gerade dort würden die Polizisten ihn nun suchen. Dieser Weg war verbaut.

Wieder ließ er seinen Blick durch die Gassen schweifen und schließlich wusste er, wohin er sich wenden musste.

Es gab ein weiteres Tunnelsystem unter der Stadt. Neben den Abflussrohren. Nicht hier in Odenkirchen, sondern im benachbarten Rheydt. Tunnel und Gänge, die zu einer Fabrik gehörten. Ein System, das schon lange vergessen und teilweise zugeschüttet war. Aber eben nur teilweise.

Und Richard hatte in den letzten Jahren genug Zeit gehabt, sich auf alle Eventualitäten vorzubereiten.

Er hatte nicht nur eine Bleibe für sich geschaffen, sondern mehrere. Die Gänge unter dem Kabelwerk gehörten dazu und er musste nur noch den Einstieg finden.

Lange war er nicht mehr dort gewesen, erinnerte sich aber gut daran und hoffte, dass seine Kammer immer noch unentdeckt geblieben war.

Richard setzte sich wieder in Bewegung. Ein anstrengender Fußmarsch lag vor ihm und schon jetzt spürte er die Müdigkeit in seinem gestressten Körper.

Trotzdem schaffte er den Weg, kletterte über einen Zaun, hob einen längst vergessenen Deckel auf, der halb von einem Gebüsch überwuchert war, und tauchte ein in die totale Finsternis.

Er brauchte ein paar Sekunden, um sich zu orientieren, dann setzte er einen Fuß vor den anderen und schlich durch staubige, muffige Kanäle.

Ratten suchten quiekend das Weite, ansonsten war er allein.

Immer weiter bahnte er sich seinen Weg, bis er über sich ein Brummen und Rauschen vernahm. Jetzt befand er sich in der Nähe der Fabrik. Keine fünfzig Meter entfernt.

Die Maschinen über ihm liefen vierundzwanzig Stunden am Tag, sieben Tage die Woche.

Doch der alte Pumpenkeller vor ihm war seit Jahren unbenutzt. Irgendwann, vor Jahrzehnten, abgeschaltet und vergessen.

Hier hatte Richard ein paar Sachen versteckt. Kleidung, Wasser in verstaubten Flaschen und Konservendosen.

Sogar an Kerzen hatte er vor Monaten gedacht, als er seinen Plan ausarbeitete. Er hatte sich Rückzugsmöglichkeiten geschaffen, für die Zeit danach. Nachdem er seinen Racheplan in die Tat umgesetzt hatte.

Dass er ihn schon jetzt benötigte war ärgerlich, aber er war froh, ihn zu haben.

Richard ließ sich auf dem Boden nieder, lehnte sich an die grob gemauerte Wand und legte sich eine Jacke als Kissen unter den Kopf.

Keine Minute später forderten die Anstrengungen der letzten Stunden ihren Tribut und er schlief ein. Und träumte. Von einer lange vergangenen Zeit.

2005

Richard war erwachsen geworden. Mehr als das. Immer, wenn er zufällig an einem Spiegel vorbeikam, sagte er sich, dass er auf dem besten Wege zum alten Mann war.

Das war natürlich Unsinn. Eigentlich befand er sich im besten Alter und doch spürte er die Last der Jahre auf seinen breiten Schultern.

Sein Lebenswandel fraß ihn auf. Dieses unstete Wandern. Keine zwei Wochen am selben Fleck. Immer noch auf der Flucht. Seine Gefangenschaft und der Mord an »Vater« lagen unendlich lange zurück. Trotzdem verfolgte er ihn in seinen Träumen, ließ ihn nicht zur Ruhe kommen. Selbst nach all der Zeit. Anfänglich hatte er mit dem Gedanken gespielt, zur Polizei zu gehen, den Beamten alles zu erklären. Er war sich sicher, dass er für den Mord mildernde Umstände bekommen würde. Dass er, wenn überhaupt, nur ein paar Monate im Jugendarrest verbringen würde.

Aber was kam dann? Psychologische Betreuung?

Wohl eher dummes Gequatsche von Erwachsenen, die rein gar nichts verstanden. Und der Aufenthalt in einem weiteren Heim. Wahrscheinlich für immer. Denn wer wollte ein Kind mit seiner Geschichte adoptieren?

Nein! Er würde sich nie mehr in Abhängigkeit begeben. Würde für alle Zeiten frei und sein eigener Herr sein. Selbst wenn er wegen dieses Entschlusses ein schwieriges und entbehrungsreiches Leben führen müsste.

Was sollte ihm denn passieren? Niemand konnte ihn mehr verletzen. Er war gegen alles gefeit. Dachte er. Bis er sie traf. Sie, die ihm Narben zufügte, die nie wieder heilen würden.

Er hatte einen Kiosk überfallen. Seine Haupteinnahmequelle. Ein schneller Griff in die Kasse, Fersengeld und weg. Die Beute war nie groß, doch sie reichte meist für einige Tage. Die kleinen Diebstähle hatten den Vorteil, dass sie keine umfassende Verfolgung durch die Polizei nach sich zogen. Ein paar gelangweilte Beamte würden die Anzeige aufnehmen, dann würde die Akte irgendwo verstauben. Und trotzdem war es pures Glück, dass Richard noch nie gefasst worden war. Glück oder aber gute Planung. Diese Formulierung gefiel ihm besser. Gute Planung und Vorsicht. Zwei, maximal drei, solcher Überfälle, dann wechselte er die Stadt. So waren sie ihm noch nie auf die Schliche gekommen.

Er lehnte sich in einer stillen Gasse an eine Wand und betrachtete seine Beute.

Fünfundvierzig Euro. Gar nicht mal schlecht. Er war nicht anspruchsvoll. Das Geld würde ihn, wenn er nur Brot und Konserven kaufte, eine Weile über Wasser halten.

Eine Bleibe hatte er auch schon gefunden. Ein Schacht unter einer Brücke. Nicht luxuriös, aber trocken und warm.

Plötzlich hörte er eine Stimme und er zuckte zusammen.

»Ich habe dich beobachtet«, sagte sie. »Ich weiß, dass du den Kiosk beklaut hast.«

Er spannte seinen Körper an, bereit zum Kampf. Er würde dem heimlichen Zuschauer den Garaus machen. Zeugen konnte er nicht gebrauchen.

Was allerdings zur Folge hätte, dass er die Stadt schon heute verlassen musste, obwohl er erst gestern angekommen war.

Eine Gestalt trat aus den Schatten und kam auf ihn zu. Klein, schmal, wenig bedrohlich. Trotzdem blieb Richard auf der Hut.

»Was willst du?«, fragte er.

»Was von der Knete abhaben«, sagte die Stimme. »Ich hab Hunger.«

Jetzt konnte Richard den Beobachter erkennen. Etwas Licht fiel auf eine Frauengestalt. Sie war vielleicht 1,60m groß und wog keine fünfzig Kilo. Kein Gegner, vor dem man Angst haben musste. Richard entspannte sich.

»Wieso glaubst du, dass ich dir etwas abgeben werde? Drohst du damit, mich zu verpfeifen? Ich wäre schneller weg, als du gucken kannst.«

»Ich werd doch nicht die Bullen rufen«, sagte die Frau. »Ich habe einfach seit zwei Tagen nichts mehr gegessen.«

»Und ich sehe aus wie ein Wohltäter, der die Armen speist?«

Sie lächelte und ihr Gesicht begann zu strahlen. Sie war ein wenig schmutzig, schien auf der Straße zu leben. Ihre Kleidung erzählte ihre Geschichte. Doch trotz ihres abgerissenen Äußeren hatte sie das Auftreten einer Königin. Richard war von der ersten Sekunde an von ihr gebannt.

»Folge mir in mein Reich und ich werde dich speisen«, sagte er, als spielten sie in einem Mittelalterfilm.

Die Frau nickte. »Gut. Bewegen wir uns. Bevor die Bullen am Kiosk auftauchen.«

Sie schlichen gemeinsam durch die Straßen. Immer auf der Hut. Zwei Seelen, die es gewohnt waren, auf der Flucht zu sein.

Sie entspannten sich erst, als sie Richards Domizil unter der Brücke erreicht hatten.

Er entzündete eine Kerze, setzte den Campingkocher in Gang und eine Dose Ravioli darauf.

»Du gibst dir echt Mühe eine Frau zu umgarnen. Stehst Stunden lang in der Küche, um ein drei Gänge Menü zuzubereiten.«

Er ging nicht auf ihren Spott ein. Reichte ihr stattdessen die heiße Dose und einen Löffel.

»Das gute Porzellan ist gestern leider zu Bruch gegangen«, sagte er und schaffte es wieder, sie zum Lächeln zu bringen. Und war sich in diesem Moment klar, dass er sie für den Rest seines Lebens lächeln sehen wollte.

War er verliebt? Konnte das so schnell gehen? Er kannte noch nicht einmal ihren Namen.

»Hast du gar keine Angst, mit einem fremden Mann mitzugehen?«

»Nicht, wenn er so gut kochen kann«, antwortete sie.

Sie hieß Susanne, hasste diesen Namen und wollte nur Sue genannt werden. Ihre Mutter war tot, ihr Vater ein prügelnder Säufer. Mit vierzehn war sie von zu Hause weggelaufen und nie wieder zurückgekehrt. Seitdem schlug sie sich auf der Straße durch. Hatte allerlei versucht, um Geld zu verdienen (was genau erwähnte sie nicht) und lebte nun vom Betteln und Stehlen.

Richard hörte ihr schon gar nicht mehr richtig zu.

»Ich kann für uns sorgen«, meinte er plötzlich, noch bevor er überhaupt wusste, was da über seine Lippen kommen würde.

»Das kannst du, mein Großer«, sagte sie, gab ihm den Rest der Dose, den Löffel und einen Kuss.

Die schönste Zeit in Richards Leben begann.

Es änderte sich eigentlich nicht viel. Er war immer noch auf der Flucht, verübte Diebstähle, wohnte in leerstehenden Häusern und verlassenen Kellerlöchern.

Doch jetzt hatte er sie.

Die ersten Wochen waren herrlich. Sie liebten sich so oft wie möglich und Richard spürte, dass Sex Spaß machen konnte.

Doch seine Vergangenheit war nicht vergessen, sie ruhte nur und brach sich eines Tages einen Weg in die Gegenwart. Sie überfielen wieder einmal einen Kiosk. Sue stand Schmiere, Richard ging hinein und griff dreist in die Kasse. Doch der Besitzer der Bude war schnell. Plötzlich hatte er ein Messer in der Hand und stach zu. In Richards Oberarm.

Er ließ das Geld fallen, wirbelte herum und rannte aus dem Laden, das Messer im Arm steckend. Der Besitzer hinter ihm brüllte wie am Spieß nach der Polizei.

Sue sah sofort, dass etwas schiefgegangen war und folgte dem fliehenden Richard auf dem Fuß.

Sie hatten ihr Domizil in einem Abbruchhaus gefunden und erreichten ihre Bleibe stolpernd und keuchend, aber ohne, dass die Beamten sie finden konnten.

Als sich Richard an der Wand eines Raumes niedersinken ließ, bemerkte Sue, dass das Messer immer noch in seinem Arm steckte.

»Du musst zu einem Arzt«, sagte sie leise, wohl wissend, dass dies nicht so einfach werden würde.

Richard sah sie aus glasigen Augen an. Er bemerkte sie, schien sie aber nicht wirklich wahrzunehmen.

»Deswegen?«, fragte er, zeigte auf das Messer und grinste wölfisch. »So ein kleiner Mückenstich bringt mich nicht um. Da bin ich Schlimmeres gewohnt.«

Er nahm den Griff des Messers und zog die Klinge mit einem Ruck aus seinem Arm. Blutspritzer bedeckten den Boden.

»Das muss doch wahnsinnig wehtun«, sagte Sue fassungslos. Ihr Gegenüber verzog nicht einmal das Gesicht.

»Ich fühle keine Schmerzen.« Und wie um seine Worte zu untermauern, zog er seinen Pullover hoch und fügte sich mit der scharfen Klinge noch einen Schnitt über den Bauch zu.

»Was machst du denn da?«, schrie seine Freundin aufgebracht. Doch Richard hörte sie nicht. Er war wieder ein Kind, eingesperrt in einem Keller und er musste sich selbst beweisen, dass er den Schmerz überwunden hatte.

Sue sah zu, wie er sich einen weiteren Schnitt zufügte, dann ging sie zu ihm und nahm ihm das Messer aus der Hand und begann damit, die Wunden zu verbinden. So gut es ohne richtiges Verbandsmaterial ging.

Tagelang lag ihr Freund einfach nur da. Er aß, schlief, sprach so gut wie nicht.

Der freundliche, lustige Richard war verschwunden.

Sue hatte die zahlreichen Narben gesehen, wenn sie sich liebten, doch sie wäre nie darauf gekommen, dass er sich die meisten davon selbst zugefügt hatte.

Er hat ein Problem, dachte sie. Sie hatte einmal jemanden kennengelernt, der sich selbst ritzte. Diese Leute gehörten in psychiatrische Behandlung.

Doch Richard erholte sich und war nach ein paar Tagen fast wieder der Alte.

Nur das seine Lust auf Schmerz erwacht war. Immer wieder bemerkte Sue neue offene Wunden an seinem Körper und irgendwann verlangte er von ihr, dass sie ihn beim Sex verletzten sollte.

Das war der Moment, in dem Sue Angst bekam.

Wenn Richard in diesen Modus schaltete, schien er seine Umwelt nicht mehr wahrzunehmen. Schien in einer anderen Welt zu leben, einer Welt voll Wut und Schmerz.

Immer wieder versuchte sie, mit ihm darüber zu reden, doch er blockte jedes Mal ab.

Und schließlich blieb Sue nur die eine Möglichkeit. Sie musste die Reißleine ziehen. In der Hoffnung, dass Richard anfing zu überlegen und sich helfen ließ.

Sie lagen auf ihrem provisorischen Bett, nackt und verschwitzt und plötzlich erschien das Messer in Richards Hand. »Schneide mich damit, wenn wir es wieder tun«, sagte er in einem Ton, als verlange er etwas ganz Normales.

Sue sprang auf, nahm ihre Sachen und zog sich an.

»Was machst du?«, fragte er enttäuscht.

»Ich werde gehen!«

»Gehen? Wohin? Es ist spät.«

»Ich weiß«, erwiderte sie. »Aber ich werde noch irgendwo anders unterkommen«

Er verstand nicht. »Woanders?«

»Ich werde dich verlassen, Richard. Ich werde nicht zuschauen, wie du dich selbst zugrunde richtest.«

Erst jetzt verstand er die Tragweite ihres Tuns. Er sprang auf, das Messer noch in der Hand. Für einen Moment stand blanke Wut in seinem Gesicht.

»Was willst du? Mich umbringen?« Sues Stimme war ganz ruhig.

Richard ließ die Hand sinken, das Messer entglitt seiner Hand, die Klinge klapperte auf den Boden.

»Geh nicht«, flüsterte er.

»Du musst dir helfen lassen.« Sie ging zu ihm und streichelte über seine Wange. »Wer oder was hat dich nur so werden lassen?«, fragte sie. Kummer lag in ihrer Stimme. »Wenn du mit mir nicht reden willst, dann such dir jemand anderen. Sonst gehst du vor die Hunde.«

Sie stopfte ihre wenigen Habseligkeiten in ihren Rucksack und ging zur Tür. »Du bist ein toller Mann, Richard. Meistens. Aber wenn du so bist, wie gerade eben, dann kann ich nicht mit dir leben.«

Dann verschwand sie aus dem Haus und aus seinem Leben. Er sah sie nie wieder, doch er vergaß sie nicht und ein Satz von ihr brannte sich tief in sein Inneres, als er weinend zusammenbrach:

»Wer oder was hat dich so werden lassen?«

Das Gesicht seines »Vaters« erschien vor seinem geistigen Auge. Wut staute sich in ihm auf. Hass, den er nicht mehr gegen ihn richten konnte. Sein Peiniger war tot.

Doch war er alleine verantwortlich gewesen?

Neue Bilder erschienen in seinem Kopf. Gesichter von Kindern, die mit ihm in der Hütte gewesen waren. Die nicht verhindert hatten, dass der Alte ihn mitnahm. Die ihn seinem Schicksal überlassen hatten. Sie haben sich genauso schuldig gemacht, dachte er verzweifelt.

Und in diesen Sekunden entstand ein Plan.

Sie sollten leiden, so wie er gelitten hatte.

Er musste sie nur noch finden. Was nicht einfach werden würde. Doch er hatte Zeit. Alle Zeit der Welt.

Richard erwachte aus seinem Dämmerschlaf.

Er zitterte.

Ihm war fürchterlich kalt. Und die Schwäche sorgte dafür, dass er beinahe wieder wegdämmerte.

Wenn ich wieder einschlafe, dann wache ich nicht mehr auf, dachte er. Ich muss die Wunde versorgen lassen. Doch er konnte nicht zu einem Arzt. In seinem Zustand war es ihm nicht einmal möglich einen Doktor zu zwingen, ihn zu behandeln.

Eigentlich gab es nur eine Person, die ihm helfen konnte. Jemand, der ihm schon einmal geholfen hatte. Vor unendlich langer Zeit.

Sie war hier in Mönchengladbach.

Warum auch immer. Zufall? Es war egal. Die Fäden des Schicksals liefen in dieser Stadt zusammen.

Er hatte sie gesehen, verfolgt, wusste, wo sie wohnte.

Richard erhob sich torkelnd.

Sie war seine letzte Chance. Er musste es riskieren.

Wie in Zeitlupe, mühsam einen Schritt vor den anderen setzend, ging er los.

Kapitel 35

»Dieses verdammte Schwein. Jetzt hat er auch noch dermaßen Glück. Das ist doch nicht normal. Wo bleibt denn da die Gerechtigkeit? Verdammt, verdammt, verdammt!« Kleinschmidt schlug mit der Faust auf den Schreibtisch. Sein Gesicht war knallrot angelaufen.

Keller, Gerads, Hastenrath, Gotthard und Peters wünschten sich aus dem Büro, denn nun galt Kleinschmidts Aufmerksamkeit seinem Team.

»Und ihr!«, Kleinschmidt deutete mit Daumen und Zeigefinger eine Pistole an, die er in Richtung der immer kleiner werdenden Polizisten hielt. »Ich habe versucht alles für euch zu tun. Ich habe bei Konrady den Bückling gemacht, bin diesem Kerl richtig tief in den Arsch gekrochen, habe mich dauernd vor euch gestellt und jetzt das. Wisst ihr eigentlich was ich hier den ganzen Tag abfange? Sachen von denen ihr gar nichts mitbekommt.«

Beschwichtigend hob Mick die Hände in die Höhe.

»Chef, was ist denn überhaupt los? So kenne ich Dich ja gar nicht.«

In der Tat war es so, dass Mick seinen Boss als äußerst ruhigen und umsichtigen Menschen in Erinnerung hatte. Er galt allgemein als äußerst besonnen, was ihn in Gladbach sehr beliebt gemacht hatte. Umso erstaunlicher war das, was hier gerade vor sich ging.

»Wir haben noch genau vier Tage Zeit, die Sache zu beenden, dann übernimmt das BKA.«

Kleinschmidt ließ seine Worte wirken und für einen Moment hätte man eine Stecknadel fallen hören können.

»Oh Mann, der Fall geht auf Bundesebene?«, unterbrach Hastenrath das Schweigen.

Kleinschmidt, der sich wieder etwas besser im Griff hatte, nickte.

»So ist es. Das Bundeskriminalamt wird bald die Ermittlungen leiten. Was ja auch nicht allzu erstaunlich ist. Wir jagen seit Wochen einem Phantom hinterher und als Ergebnis präsentieren wir einen Haufen Leichen, unter anderem unsere Kollegen.«

Gerads rieb sich die Stirn und schaute auf den Boden. Die Erinnerung an seinen Kollegen Jerkowski machte ihn traurig. Wieder einmal. Er versuchte sich zwar einzureden, dass das alles zum Berufsrisiko gehörte, doch es half nichts. Die Bilder in seinen Träumen würde er nie mehr vergessen können, darauf wurde man nicht vorbereitet.

»Gestern Abend hatten wir ihn fast. Ein Team, das die glorreiche Aufgabe hatte, die Kanäle der Stadt nach irgendwelchen Spuren abzusuchen, hatte beinah Zugriff. Sie haben die Spuren von unserem Killer durch die halbe Kanalisation verfolgt. Sind ihm vom Krankenhaus bis hin nach Odenkirchen gefolgt. «

»Aber?«, fragte Mick.

Kleinschmidt strich sich über die Glatze.

»Durch einen Zufall ist unser Täter wieder entwischt. Er hatte sich so eine Art Quartier an einem Weiher im Beller Park angelegt. In einem Hohlraum. Die Leute vor Ort haben Sachen sichergestellt. Mullbinden, Scheren, alte Verbandkästen, Dosenravioli, alte Werkzeugkästen und weiß der Teufel was noch alles.«

»Er legt sich Lager an«, bemerkte Mick.

»Genau«, erwiderte Kleinschmidt, der inzwischen seine Fassung wiedergefunden hatte.

»Er hat das Ganze sauber durchgeplant. Der Typ ist nicht auf den Kopf gefallen. Er wird sich mehrere Lager für alle Fälle angelegt haben und…«

Kleinschmidt wurde durch ein Klopfen an seiner Bürotür unterbrochen. Nach einem kurzen lauten »Ja«, trat ein junger Mann ein, den Mick sofort als Azubi Kevin erkannte.

Der Junge stand wie ein Angeklagter im Raum. Schüchtern hielt er einen durchsichtigen Beutel vor sich ausgestreckt, in dem sich ein Papierschnipsel befand.

»Was ist das?«, wollte Kleinschmidt wissen.

In diesem Augenblick betrat ein weiterer Polizist den Raum und legte dem jungen Kevin die Hand auf die Schulter. »Schon gut Junge, danke«, sagte er und nahm ihm das Tütchen ab.

Der Azubi drehte sich ohne ein weiteres Wort um und verschwand mit hoch rotem Kopf aus dem Büro.

»Petkovic?«, sagte Kleinschmidt erstaunt. »Was ist denn los?«

Petkovic, ein 42-jähriger Polizist, dessen Eltern vor 25 Jahren aus dem Kosovo nach Deutschland gekommen waren, ging auf Kleinschmidt zu und drückte ihm das Tütchen in die Hand.

»Mick hatte uns doch gebeten, wegen bestimmter Informationen bei den Kollegen aus dem Landkreis Osterode im Harz anzufragen.«

»Jou«, meldete sich Hastenrath. »Den Landkreis wird es nicht mehr lange geben. Er wird 2016 vom Landkreis Göttingen geschluckt. So wird dem Bevölkerungsschwund in dieser Region entgegengewirkt und…«

Während Keller, Gotthard und Mick Peters nur die Augen verdrehten, griff Kleinschmidt aktiv in die Ausführungen des Beamten Hastenrath ein.

»Vielen Dank Hastenrath, aber ich glaube das ist zurzeit nicht von besonderer Relevanz.«

Der Nerd räusperte sich kurz und nickte schweigend.

»Ja, also…«, fuhr Petkovic, durch die seltsame Unterbrechung irritiert, fort. »Die dortigen Kollegen haben in ihren Unterlagen so ziemlich alles festgehalten, auch Ereignisse, welche schon etliche Jahre zurückliegen.«

Petkovic hielt kurz inne, doch niemand sagte was. Alle hingen wie gebannt an seinen Lippen.

»Na ja, Mick hat erzählt, dass er im Jahr 1985 mit Jugendlichen aus dem ehemaligen Mönchengladbacher Waisenheim Ferien im Harz gemacht hat. Einer der dortigen Beamten konnte sich sogar noch an die damaligen Ereignisse erinnern.«

Mick Peters hielt den Atem an. Was hatte man gefunden nach so vielen Jahren, was ist in der Tüte?, fragte er sich, wagte es aber für den Moment nicht den Gedanken laut auszusprechen.

»Die dreitägige Suche nach einem vermissten Jungen blieb seinerzeit erfolglos. Den Akten ist zu entnehmen, dass man bei der Fahndung auf eine Hütte gestoßen ist, in der sich unter anderem Blutspuren befanden. Diese konnten dem vermissten Jungen, Richard, zugeordnet werden. De facto endet die Personenfahndung 2015, nach 30 Jahren. Entgegen der Aussage einiger Beteiligter ist Richard offiziell nie für tot erklärt worden. Rein rechtlich ist das auch gar nicht möglich. Aufgrund der Brisanz unseres aktuellen Falles hat man nun, neunundzwanzig Jahre nach den damaligen Vorkommnissen, das komplette Areal noch einmal abgesucht. Und jetzt...« Er zögerte.

»Was denn?«, trieb ihn nun doch Mick an. »Nun reden Sie schon!«

»Na ja, es scheint so, als müssten sich die Beamten, die damals vor Ort waren, den Vorwurf gefallen lassen, nicht zu hundert Prozent bei der Sache gewesen zu sein.«

»Warum? Was hat man denn rausgefunden?«, fragte Mick drängend.

»Die Hütte existiert nicht mehr, aber etwa einen halben Kilometer von ihrem ehemaligen Standort entfernt, der alte Polizist konnte sich im Übrigen noch sehr genau an die damalige Suchaktion erinnern, fand man in einem zugeschütteten Schacht das hier.«

Petkovic zeigte auf Kleinschmidts Hand, der jetzt erst wahrzunehmen schien, dass er ein kleines Tütchen in der Hand hielt. Vorsichtig öffnete er es. Mit Daumen und Zeigefinger brachte er ein vergilbtes Stück Papier zum Vorschein. Eine Seite des Papiers war beschrieben. Die Schrift war kindlich. Eine Schreibschrift, schräg nach rechts geneigt und leicht nach oben verlaufend, was für Kleinschmidt, der sich ein wenig in Graphologie auskannte, auf einen kreativen positiven Geist hindeutete.

Kleinschmidt versuchte, die Buchstaben zu entziffern. Es war schwierig, da das Stück Papier der Zeit seinen Tribut gezollt hatte.

»Bemühen Sie sich nicht«, sagte Petkovic und zog gleichzeitig ein gefaltetes DIN-A4-Blatt aus seiner Hosentasche.

»Die Kollegen aus dem Harz waren sehr bemüht. Ich habe so was selten erlebt. Wir sollten ihnen irgendein Dankschreiben oder so was zukommen lassen. Hier drauf steht der Text.«

Der Mann aus dem Kosovo übergab Kleinschmidt ein Fax. Der Chef der Mönchengladbacher Polizei nickte anerkennend, faltete das Fax auseinander und begann vorzulesen.

»Manchmal sehe ich die Sonnenstrahlen, dann ist die Welt auf einmal wunderschön, aber sie scheinen nicht oft hier hinein. Vater lässt mich nie raus. Ich hoffe, dass er mein Tagebuch nie entdeckt. Er würde es sofort verbrennen. Außerdem setzt es dann wieder Schläge, das ertrage ich nicht mehr. Der Tag gestern war anstrengend. Ich habe die ganze Zeit Kaninchen ausgenommen und danach wieder Liegestütze gemacht. Irgendwann wird es was bringen, davon bin ich überzeugt. Vielleicht komme ich irgendwann hier raus. Und dann werde ich… Ich werde nie vergessen, dass sie feige weggerannt sind. Meine FREUNDE, diese verdammten Schweine. ICH WERDE NIE VERGESSEN! ICH WERDE NIE VERGESSEN! ICH WERDE NIE VERGESSEN! ICH WERDE NIE VERGESSEN!«

»Uff«, stöhnte Kleinschmidt laut, nachdem er die Zeilen vorgelesen hatte. »Ich denke, der Junge hatte zu der Zeit, als er den Brief schrieb, auch schon echt psychopatische Züge. Schaut euch das an. Er hat die letzten Worte immer in Großschrift wiederholt.«

Kleinschmidt hielt beide Blätter, das Fax und das Original, in Richtung seines Teams.

Mick rieb sich die Stirn. Er versuchte, sich an Richard zu erinnern. Er selbst war zu dieser Zeit noch sehr klein und der Jüngste der Gruppe gewesen. Seine Erinnerungen waren verschwommen. Sein Bruder hatte nach Richards Verschwinden immer Alpträume gehabt, daran konnte Mick sich noch erinnern, weil Mark deswegen zu einem Therapeuten geschickt worden war. Irgendwann hatte sich das mit den Alpträumen erledigt.

»Vielen Dank Petkovic, sehr gute Arbeit«, bedankte sich der Glatzkopf bei seinem Mitarbeiter, der daraufhin das Büro verließ.

»Ich bezweifle, dass er zu dieser Zeit den Plan für seine jetzigen Aktionen entwickelt hat und wirklich weiter hilft uns das auch nicht«, warf Dagmar Keller sinnigerweise ein.

»Stimmt«, antwortete Kleinschmidt. »Vielleicht lernen wir ihn daraus noch ein bisschen besser kennen, obwohl wir ja wissen, wie dieser Irre tickt. Die Schrift ist nicht besonders fest, sondern eher fein. Aber bei den ganzen Wiederholungen am Ende drückt er das Blatt fast vollkommen durch. Wut und Überzeugung!«

»So ist das wohl«, bestätigte Mick und fuhr sich mit den Händen über seinen Nacken.

»Er wird nicht aufhören, bis alle tot sind, die damals dabei waren. Alles, was ihn am Leben hält, ist Zorn. Die Wut über das, was geschehen ist. Das ist wie bei einem Pferd mit Scheuklappen. Bloß nicht ablenken lassen und auf das fokussiert sein, was vor einem liegt.«

»Ich will ehrlich sein«, meldete sich Gotthard zu Wort. »Für einen Augenblick tat er mir leid. Die Story ist wirklich wie in einem Film. Einem ganz üblen Drama.«

»Nur, dass Richard aus dem Drama einen Horrorfilm macht, das darf man nie vergessen«, berichtigte Kleinschmidt und fügte hinzu: »Also los! Wir dürfen nie vergessen, dass wir es hier mit einem Mörder zu tun haben. Einem skrupellosen Psychopathen, dem jeder Weg recht ist, um seinen bisherigen Opfern noch weitere hinzuzufügen. Ich will ihn haben. Ihr habt noch vier Tage Zeit.«

Kapitel 36

Richard erwachte und sah in ein altbekanntes Gesicht.

Eine fleischgewordene Vision aus der Vergangenheit. Die junge Frau, die sie einst gewesen war, war noch zu erkennen. Doch ihre Züge waren reifer geworden, Falten durchzogen ihr Gesicht und ihr Haar war nicht mehr lang, sondern zu einem modischen Pagenkopf frisiert.

»Hallo Richard«, sagte sie.

»Hallo Maria.«

Er blickte sich um und stellte frustriert fest, dass er sich in einem Krankenzimmer befand. Wut stieg in ihm auf. Er hatte Hilfe gebraucht und sie hatte ihn verraten. Er wollte vom Bett springen, doch allein bei dem Versuch, den Oberkörper hoch zu stemmen, begann sich das Zimmer vor seinen Augen zu drehen. Dunkle Nebel erschienen und engten sein Blickfeld ein.Mit einem lauten Ächzen ließ er sich zurücksinken.

»Mit solchen Aktionen solltest du warten, bis du wieder halbwegs fit bist«, sagte die Frau leise und strich ihm beruhigend über die Stirn. Sie lächelte. »Ich war nicht einmal überrascht, als ich dich vor meiner Türe fand«, meinte sie dann. »Eigentlich hatte ich dich viel früher erwartet.«

Richard schwieg. Er versuchte, seine Gedanken zu sortieren. Er erinnerte sich an seine Flucht, seinen Aufenthalt in dem schummrigen Pumpenkeller und dann den Weg hierher. Zu der Adresse, die er irgendwann herausgefunden und in einem Winkel seines Gehirns abgespeichert hatte. Für Notfälle wie diesen.

Er hatte geklingelt. Und dann? Waren die Lichter ausgegangen.

Jetzt war er hier. In einem Krankenhaus?

Das Dunkel vor seinen Augen verschwand nach und nach und er erhielt die Gelegenheit sich genauer umzusehen. Richard musste seinen ersten Eindruck revidieren.

Es war kein Krankenhaus, in dem er sich befand. Dafür war alles nicht aufgeräumt, nicht steril genug.

Die Wände mit den darauf liegenden Wasserleitungen taten ihr Übriges, um ihm den Schrecken eines richtigen Krankenzimmers zu nehmen. Alles wirkte improvisiert. Und doch schien es ziemlich fachkundig eingerichtet zu sein.

»Willkommen in meiner kleinen Praxis«, sagte Maria und riss ihn aus seinen Überlegungen.

Richard schaffte es nun den Kopf etwas anzuheben und er bemerkte den ordentlichen Verband um seine Schulter. Weiter hinten im Raum sah er blutiges Operationsbesteck, rot durchnässten Verbandsmull und sogar einige, jetzt leere, Behälter Blutkonserven.

»Wo.... wo bin ich?«

Marias Gesicht erschien wieder über ihm.

»In meinem Keller,« sagte sie, als wäre es das normalste der Welt. Als würde sich im Untergeschoss eines jeden Hauses ein voll eingerichtetes Krankenzimmer befinden.

Sie erhob sich von dem Stuhl, auf dem sie gesessen hatte, und ging einige Schritte nach hinten. Von einem kleinen Schränkchen holte sie eine blecherne, nierenförmige Schale. Richard hörte ein Klappern darin.

»Wer hat dir dieses Andenken verpasst?«, fragte sie und hielt ihm ein blutiges Projektil vor die Nase. »Es saß tief in deinem Fleisch, hat aber zum Glück nicht allzu viel Schaden angerichtet. Knochen und Bänder sind okay und der Muskel erholt sich rasch wieder.«

Sie lächelte immer noch. »Umgehauen hat dich der Blutverlust«, meinte sie dann. »Aber selbst in dieser Richtung konnte ich dir helfen.« Sie deutete auf die leeren Blutkonservenbeutel. »Entzünden wird sich auch nichts«, fügte sie hinzu. »Es sieht zwar nicht alles danach aus, aber ich kann selbst hier beinahe steril arbeiten.«

Richard konnte nichts sagen. Natürlich hatte ihn die Aussicht auf Hilfe hierhergetrieben. Schließlich hatte ihm Maria schon einmal das Leben gerettet. Damals. In einer längst vergessenen Zeit.

Er wusste nicht, was er von ihr erwartet hatte, als er den Weg hierher einschlug. Sicherlich keinen komplett eingerichteten OP-Saal und eine medizinische Rundumversorgung.

Maria schien seine Gedanken zu erraten.

»Ich bin schon lange nicht mehr die kleine Krankenschwester, die ich einst war«, sagte sie. »Als sich unsere Wege trennten, hatte ich die Wahl. Absturz und Drogen oder ein Neuanfang.« Sie breitete die Arme aus. »Lange Rede, kurzer Sinn: Ich setzte mich auf den Hosenboden und studierte Medizin. Mit allem, was dazu gehörte.« Sie zwinkerte ihm zu.

Richard versuchte zu verstehen. Die Worte der Frau erreichten seine Ohren, doch der Sinn des Ganzen erschloss sich nicht. Wenn sie eine richtige Ärztin war, was sollte dann diese Praxis im Keller? Die Frau schien weiterhin seine Gedanken zu lesen.

»Mein Aufstieg im Krankenhaus ging nicht schnell genug«, sagte sie. »Immer wieder wurden Ärzte, die weniger qualifiziert waren als ich, in bessere Posten gehoben. Meistens Männer. Ich ging leer aus, weil ich eine Frau bin. Eine Frau mit außergewöhnlichen Fähigkeiten. Eine Bedrohung für die selbsternannten Götter in Weiß.«

Sie kam wieder zum Bett herüber, setzte sich zu ihm und fasste seine Hand. Richards erster Gedanke war, sie wegzuziehen, dann besann er sich eines Besseren. Die Situation, in der er sich befand war unwirklich, beinahe beängstigend und er wollte diese Frau nicht erzürnen. Irgendetwas sagte ihm, dass dies kein gutes Ende nehmen würde.

»Man schob mir Fehler in die Schuhe. Kunstfehler, die ich nicht begangen hatte. Dann servierte man mich ab.«

Sie lächelte wieder, doch Richard kam es vor, wie das Zähne fletschen eines hungrigen Raubtieres.

»Wieder stand ich vor der Wahl: Aufgabe und Absturz oder irgendwie weitermachen.« Sie betastete seinen Verband. »Ich habe mir eine neue Klientel erarbeitet«, sagte sie. »Zu mir kommen Menschen, die nicht in Krankenhäuser gehen können. Sie kommen nicht zufällig, wie du, sondern absichtlich. Ich bin in gewissen Kreisen bekannt wie ein bunter Hund. Ich helfe, schweige und werde besser bezahlt als Professoren an Nobelunis.« Wieder dieses Raubtierlächeln. »Manchmal flicke ich die Menschen nicht zusammen«, sagte sie. »Manchmal nehme ich sie Stück für Stück auseinander. Bis ich die Wahrheiten gefunden habe, die meine Auftraggeber suchen.«

Richard zuckte zurück. Zum ersten Mal seit Ewigkeiten verspürte er so etwas wie Angst.

Er war dieser Frau hilflos ausgeliefert. Nein, schlimmer, er hatte sich selbst in die Fänge dieser Irren begeben. Seine nette Krankenschwester von einst hatte sich in einen Dr. Frankenstein verwandelt.

»Du zitterst ja«, sagte sie und ihre Stimme troff vor Hohn.

Langsam zog sie die dünne Decke bis zu seinem Kinn hoch. »Soll ich die Heizung ein wenig höher drehen?«

Richard schüttelte stumm den Kopf.

»Dann ist dir gar nicht kalt«, stellte sie fest. »Du hast Angst?«, ihre Augen zwinkerten. »Du brauchst keine Angst zu haben«, beruhigte sie ihn dann leise. »Du hast mich damals von diesem Monster befreit. Jetzt begleiche ich meine Schuld.«

Wieder streichelte sie seine Stirn. Strich schweißnasse Haare nach hinten. »Ich bin hier, weil ich gewusst habe, dass es eines Tages soweit sein würde. Und ich werde dir helfen, wieder auf die Beine zu kommen. Um deine Rache zu vollenden.« Sie stand auf. »Jeder sollte eine Chance auf Rache erhalten«, meinte sie dann. »Rache ist so ein süßes Geschenk.«

Richard wollte sich erheben, aber sie drückte ihn zurück auf das Bett. »Noch nicht!«, meinte sie dann und hielt plötzlich eine Spritze in der Hand. »Noch bist du nicht stark genug für das große Finale.« Ein Stich und die Müdigkeit kam überfallartig.

Das Krankenzimmer verschwand vor seinen Augen.

Die Ermittler saßen in ihrem provisorischen Büro und fühlten sich wie begossene Pudel.

Kleinschmidt hatte vor Minuten den Raum verlassen, doch noch hatte niemand das Wort ergriffen. Alle starrten nur auf das Fax, das wie eine stumme Anklage in der Mitte des Tisches lag.

»Wir haben immer noch nichts«, sagte Mick und Dagmar spürte die tiefe Resignation in seiner Stimme.

Er war in den Polizeidienst zurückgekehrt, um den Mörder seines Bruders zu finden und die Sache hatte sich zu einem Albtraum entwickelt.

»Dieser seltsame Zettel hilft uns auch nicht weiter«, sagte Gerads und schlug mit der Faust auf den Tisch. »Wir kennen nun seine ganze Vergangenheit. Seine Entführung, die verschiedenen Verstecke, die wahrscheinlichen Misshandlungen durch seinen Peiniger, die schließlich im ersten Mord endeten. Und weiter?«

Er sah in die Gesichter seiner Kollegen.

»Irgendwann war ihm die Rache an seinem direkten Entführer nicht mehr genug. Er kam, wie auch immer, auf den Gedanken, dass seine Kameraden von einst, Mitschuld an seiner Misere hatten. Er überlegt sich perfide Methoden, um sie umzubringen, beziehungsweise umbringen zu lassen. Wahrscheinlich wollte er erst kein Blut an den eigenen Händen haben. Dann überspringt er die Grenze, er beginnt selbst zu töten.«

Die anderen nickten.

»Soweit ist alles klar«, führte Gotthard den Gedanken weiter. »Und leider endet unser Wissen auch hier. Er wurde gequält, gibt anderen die Schuld und quält nun auch. Ein sadistisches Arschloch auf einem persönlichen Rachefeldzug.«

»Du hättest Profiler werden sollen«, meinte Hastenrath bissig.

»Besser hätte man unseren Täter nicht beschreiben können.« Für Sekunden wurde wieder geschwiegen.

»Das absolut Bittere ist, dass wir uns kaum etwas vorzuwerfen haben«, sagte Mick. »Unser Täter ist ein absolut Unbekannter. Laut den Ämtern gibt es ihn gar nicht. Er schlägt aus dem Untergrund zu, in einer aberwitzigen Geschwindigkeit, die uns die Luft zum Atmen nimmt und akribische Polizeiarbeit unmöglich macht. Und die wenigen Möglichkeiten, die sich uns boten, sind mehr als unglücklich gelaufen.«

»Unglücklich?«, regte sich Gerads auf. »Sag das mal Jerrys Frau.«

»Das hat Mick sicherlich nicht so gemeint«, schaltete sich Keller ein. Sie hatte bis jetzt nur stumm zugehört, sich ihre eigenen Gedanken zu dem Fall gemacht. Leider musste sie zugeben, dass ihr Team in allen Dingen recht hatte. Sie hatten nicht viel falsch gemacht und doch standen sie vor dem Nichts.

»Er ist verletzt«, meinte Hastenrath.

»Und die Nachfrage in Krankenhäusern und in den Arztpraxen hat absolut nichts ergeben. Wieder hat sich der Erdboden aufgetan und unseren Mann verschluckt.«

Gotthard lehnte sich in seinem Stuhl zurück. »Ach, Scheiße!«, sagte er dann frustriert. »Soll sich das BKA doch mit diesem Irren herumschlagen.« Er wollte noch etwas hinzufügen, doch der eisige Blick seiner Vorgesetzten brachte ihn zum Schweigen.

»Wir haben noch vier Tage«, sagte sie. »Aufgegeben wird nicht! Nicht, solange ich hier am Ruder stehe.«

»Wir haben immer noch sein letztes Begehr«, warf Hastenrath ein.

»Wir waren uns einmal einig, dass er erst Ruhe gibt, wenn er seinen Plan komplett in die Tat umgesetzt hat.«

»Und an Peter Haber kommt er nicht heran. Der befindet sich immer noch in unserem Gewahrsam.«

Peters nickte. »Ich fürchte, aber nicht mehr lange. Er beklagt sich von Stunde zu Stunde lauter. Und will unbedingt nach Hause.«

Gotthard nickte. »Dann sollten wir ihn endlich gehen lassen«, meinte er dann.

Hastenrath wollte protestieren, doch Keller fiel ihm ins Wort. »Du meinst...«

»... wir sollten sein potentielles letztes Opfer als Köder benutzen. Unser Killer ist geschwächt. Vielleicht schlägt er aufgrund seiner Verletzung unüberlegt zu. Und wenn er einen Fehler macht, dann schnappen wir ihn uns«, vollendete Mick.

Man hätte die berühmte Stecknadel fallen hören können.

»Eines ist euch hoffentlich klar«, sagte Dagmar Keller dann ruhig. »Wenn wir das vermasseln, dann können wir uns alle die Papiere holen.«

Dem hatte niemand etwas hinzuzufügen.

Richard erwachte. Es war unmöglich zu sagen, wie lange er geschlafen hatte. Es gab keine Fenster, die Rückschlüsse auf die Tageszeit zugelassen hätten.

Ich bin in einem Keller, dachte er. Wieder einmal.

Ein bedrückendes Gefühl schnürte ihm die Kehle zu. Er setzte sich im Bett auf und fühlte sich wesentlich erholter als nach seinem ersten Erwachen.

Maria war nirgendwo zu sehen, doch sie musste zwischendurch noch einmal hier gewesen sein. Auf dem Stuhl, auf dem sie gesessen hatte, lag frische Kleidung. Unterwäsche, Socken, ein Pullover, eine Jeans, Schuhe und eine Lederjacke.

Richard zog die Decke weg, ignorierte seine Nacktheit und begann vorsichtig damit sich anzuziehen.

Die Sachen passten. Seine Wohltäterin hatte ganze Arbeit geleistet.

Wohltäterin? Das Wort hallte in seinem Kopf wieder. Meinte sie es wirklich gut mit ihm? Oder hatte er sich selbst in eine Falle begeben?

Die seltsame Umschreibung ihres neuen Tätigkeitsfeldes brannte sich in sein Hirn.

Sie hatte sich eine neue Klientel erarbeitet. Wen meinte sie damit? Sicherlich keine unbescholtenen Bürger. Zu ihr würden Menschen mit Verletzungen kommen, die sie nirgendwo anders behandeln lassen konnten. Schussverletzungen zum Beispiel. Mehr Angst hatte ihm aber der letzte Satz gemacht. Sie versorgte nicht nur Verletzungen, sondern suchte nach Wahrheiten? Was hatte das zu bedeuten?

Richard blickte sich um und sah das medizinische Gerät, dass es überall im Raum gab. Skalpelle, Sägen, nicht nur Sachen zum Heilen, sondern Dinge, die verletzen konnten.

Er schauderte. Und spürte wieder Angst. Du musst hier raus, sagte er sich.

Langsam ging er auf die Treppe zu. Steinerne Stufen mit einem metallenen Handlauf.

Vorsichtig bewegte er seine Schulter. Beim Anziehen des Pullovers hatte er Mühe gehabt, doch nun stellte er fest, dass sie ihn nur noch wenig behinderte. Auch das Schwindelgefühl war verschwunden. Er war beinahe ganz der Alte. Jemand, der gefährlich war. Der nicht so einfach in einem Raum gefangen gehalten werden konnte wie ein kleiner Junge.

Er nahm Stufe um Stufe und bewegte sich auf die Tür zu. Langsam legte er eine Hand auf die Klinke.

War er wieder eingesperrt? Richard holte tief Luft und drückte die Klinke nach unten. Und die Tür schwang auf.

Er blickte in einen kleinen Flur, wollte sich orientieren, als er auch schon eine Stimme hörte.

»Ich bin im Wohnzimmer«, sagte Maria und Richard hatte keine Mühe sie zu finden.

Der Raum war modern eingerichtet. Viel Glas und Stahl. Ein riesiger Flatscreen hing an der Wand und eine Musiksendung lief.

»Viva« oder »MTV«, so genau konnte Richard es nicht einordnen. Er hatte nie einen eigenen Fernseher besessen.

Sein Blick fiel durch ein Fenster. Tiefe Dunkelheit hatte von der Umgebung Besitz ergriffen.

Er schien eine Nacht und einen ganzen Tag im Keller verbracht zu haben.

»Entschuldige die Spritze«, sagte Maria und prostete ihm mit einem Weinglas zu. »Ich wollte nur nicht, dass du gehst, bevor dein weiteres Vorgehen Aussicht auf Erfolg hat.« Er nickte nur.

»Was ist los?«, fragte sie. »Du siehst aus, als hättest du einen Geist gesehen.«

Richard schluckte. »Der Keller«, sagte er nur.

Maria lächelte freundlich. Ihr Raubtierlachen war verschwunden. »Du hast gedacht, ich halte dich gefangen?« Sie nahm einen tiefen Schluck. »Warum sollte ich das tun?«

Er zuckte nur die Schultern.

»Setz dich zu mir«, sagte die Frau, doch Richards Blick fiel wieder durch das Fenster. »Willst du gehen?« Er nickte.

»Besonders gesprächig bist du nicht.«

Richard bewegte sich langsam auf die Tür zu. »Danke für alles«, sagte er. »Auch für die Kleidung. Vielleicht kann ich es irgendwann wiedergutmachen.«

»Ich habe dir zu danken«, sagte sie. Maria bemerkte, dass ihr Patient nicht mehr zu halten war.

»Egal, was du als Nächstes machen solltest: Pass auf dich auf!«

Richard nickte. Er hatte den Kopf zwischen die Schultern gezogen und lächelte schüchtern. Für einen Augenblick war er wieder der kleine Junge aus dem Verlies.

Doch sie wusste, dass dem nicht so war. Sie hatte die Meldungen in den Zeitungen verfolgt und ahnte, dass das Monster in ihm nur schlummerte. Trotzdem bereute sie nicht, was sie getan hatte.

Er hatte Hilfe gebraucht, sie hatte sie ihm gegeben. Ihr Gewissen hatte sie schon vor Jahren verkauft.

»Vielleicht sehen wir uns eines Tages wieder«, flüsterte sie, als Richard die Tür öffnete und ohne ein weiteres Wort verschwand.

Sie wussten beide, dass es nicht passieren würde.

Kapitel 37

Mick ging in Kleinschmidts Büro hin und her. Auf das, was aus dem Richard von damals geworden war, konnte er sich keinen Reim machen. Die Morde waren geplant. Bisher waren sie sogar sehr gut durchgeplant gewesen.

Doch vom Hass angetrieben geriet Richard allmählich außer Kontrolle, er machte Fehler und dennoch hatten sie ihn nicht fassen können.

Mick wusste, dass er auf der Liste des Mörders stand. Nur er und Haber waren noch übrig, beide, aus Richards Sicht, mitschuldig an dem, was ihm widerfahren war und sein Leben ruiniert hatte. Was für eine Tragödie!

Niemand hatte gewollt, dass Richard in Gefangenschaft geriet. Jedes der Kinder hätte doch alles dafür gegeben ihn zu retten. Oder? Nun ja, vielleicht auch nicht. Aber sie waren doch nur Kinder gewesen. Sie hatten Angst gehabt. Und er selbst, Mick, war ja nicht einmal dabei gewesen, als das Schreckliche passierte. Er hatte damals nur das gewusst, was sein Bruder Mark ihm in der ersten Aufregung erzählt hatte. Später, als Mark die Albträume bekam, hatte Mick manchmal versucht mit ihm darüber zu sprechen, aber immer hatte Mark abgeblockt.

Kleinschmidt betrat sein Büro und riss Mick aus seinen Erinnerungen.

»Hallo Mick«, sagte der Glatzköpfige. »Was gibt's? Irgendetwas Neues von Belang?«

Mick schüttelte den Kopf.

»Nichts Bestimmtes. Mir geht der Brief nicht aus dem Kopf. Was treibt einen zu diesem Wahnsinn? Was macht einen normalen Jungen zu so einer Bestie?«

Walter Kleinschmidt zuckte mit den Schultern.

»Wenn man aus dem Brief Rückschlüsse zieht, dann hat der Junge einiges mitgemacht. Wahrscheinlich können wir uns gar nicht vorstellen wie er gelitten hat. Aus seiner Sicht sind seine ehemaligen Freunde die Schuldigen und möglicherweise war es all die Jahre lang nur der Gedanke an Rache, der ihn angetrieben hat, weiterzuleben. Jetzt ist er dabei diese Rache zu vollenden. Dummerweise hat er auch noch jede Menge Glück. Wir hatten ihn ja eigentlich schon. Unfassbar, dass er immer noch frei herumläuft. Apropos Laufen…«

Kleinschmidt griff hinter sich auf seinen Schreibtisch, hob ein Bündel Akten in die Höhe und streckte es in Richtung Mick Peters. »Uns läuft die Zeit davon. Wenn wir ihn nicht fassen, übernimmt das BKA.«

»Was ist mit den Leuten vom Sondereinsatzkommando?«, fragte Mick.

»Zwei von ihnen werden mit der Bewachung von Haber beginnen, sobald er uns verlässt. Ein unliebsamer Job, wenn du für ganz andere Sachen ausgebildet wurdest. Na ja, die Observierung gehört halt auch dazu. Trotzdem handelt es sich bei Haber nicht um einen Verdächtigen, sondern um ein wahrscheinliches Opfer, also ist es doch eher Opferschutz.« Kleinschmidt knallte die Papiere wieder auf den Schreibtisch. Peters hielt sich die Hand vor den Mund und wippte gedankenverloren mit dem Kopf.

Kleinschmidt ging einen Schritt auf Mick zu und packte seine Schulter.

»Junge, wenn das hier zu viel für dich wird, dann lassen wir das.«

»Nein!«, protestierte Mick. »Ich will, nein, ich muss diesen Fall lösen! Ich muss Richard aufhalten, auch wenn es für viele, die bei seinem Rachefeldzug ums Leben kamen, schon zu spät ist. Es ist schon viel zu viel Blut vergossen worden. Menschen mussten für die Genugtuung eines Einzelnen sterben. Das waren Leute, die gar nicht mehr wussten, dass Richard noch lebt. Keiner von denen, die gestorben sind, hat doch damit gerechnet, dass jemand hinter ihnen her ist. Es waren stinknormale Bürger, die sich trotz ihrer Vergangenheit als Waisenkinder ein normales, gutes Leben geschaffen hatten, das ihnen brutal genommen wurde.«

Kleinschmidt nickte. »Das hätte Richard vielleicht auch haben können, wäre das damals auf dem Ausflug nicht passiert.«

»Du ergreifst Partei für ihn?«

»Nein Mick, ich versuche nur mich in ihn hineinzuversetzen.«

»Das versuche ich schon die ganze Zeit«, sagte Mick.

»Das weiß ich«, Kleinschmidt schob einige Akten auf die Mitte seines Schreibtischs und setzte sich auf eine Ecke.

»Mick Peters, du warst und bist ein verdammt guter Polizist. Ich habe dich damals ungerne ziehen lassen. Du hattest immer ein Gespür dafür, das Richtige zu tun. In dir habe ich meinen Nachfolger gesehen, bevor es dich nach Düsseldorf gezogen hat.«

»Ich wollte damals mehr erreichen, wollte vorankommen. Die Welt da draußen hatte mehr zu bieten als Streife zu fahren oder Betrunkene in ein Röhrchen pusten zu lassen. Mitspielen im Konzert der Großen. Entscheidungen treffen, Anweisungen geben, die Dinge mitbestimmen, das war es, was ich wollte.« Er grinste schief. »Aber, wenn man hoch hinaus will, muss man offensichtlich erst mal fallen lernen.«

Kleinschmidt atmete tief ein und mit einem Seufzer wieder aus. Er dachte an den Fall mit Dagmar Keller zurück, an die Zeit danach, in der es Mick sehr schlecht gegangen war. In dieser Zeit hatte er keinen sehen und keine Hilfe annehmen wollen. Auch er, Kleinschmidt, sein Chef aus ehemaligen Zeiten bei der Mönchengladbacher Polizei, hatte ihm seine Hilfe angeboten, doch Mick hatte sich aufgegeben. Es war eine Schande gewesen. Nun hatte Mick wieder zu sich gefunden. Es war gut, ihn dabei zu haben. Er war ein wichtiger Eckstein in diesem Fall. Ein Teil des Puzzles, in dem nur noch wenig fehlte.

Kleinschmidt reckte sich, stand auf und drehte Peters zur Tür. Dann verpasste er ihm einen leichten Tritt in den Allerwertesten.

»Dann mal los, Junge. Geh da raus und hol uns dieses Arschloch!«

Vor der Tür fing ihn Dagmar Keller ab.

»Na«, sagte sie spöttisch, »Pfeife angemacht?«

»Ach was«, erwiderte Mick. »Ich würde eher sagen Papa Kleinschmidt.«

»Wie jetzt?«

»Ja«, erklärte Mick. »Er hat gerade seine väterliche Seite an mir ausgelebt.«

Beide begannen wie kleine Kinder zu kichern.

»Darf man denn fragen, worum es ging?«

Mick, der Dagmars Neugier nachvollziehen konnte, schaute auf den Boden und begann mit seinen Füßen Kreise zu ziehen. »Richard«, sagte er knapp. »Er schwirrt schon ziemlich in meinem Kopf herum und Kleinschmidt hat mir mehr oder weniger angeboten, jederzeit von dem Fall zurückzutreten, wenn es für mich zu viel wird.«

Protestierend schüttelte er den Kopf. »Aber das kommt nicht in Frage, das habe ich noch mal deutlich gemacht. Ich bin einer von denen, die auf der Liste stehen und ich kann nicht vor meinem Schicksal weglaufen oder mich vor ihm verstecken.«

»Das sollst du auch nicht«, antwortete Dagmar. »Wenn einer in diesem Fall etwas erreichen kann, dann du!«

Mick schaute seine neue alte Liebe nachdenklich an.

»Was haben wir eigentlich bisher erreicht? Alles, was ich mache oder was wir mit dem Team versuchen zu erarbeiten, verläuft im Sand. Wir haben immer noch nichts. Nichts, was uns Richard wirklich näherbringt. Eigentlich muss unsere Arbeit Außenstehenden lächerlich erscheinen.«

»Das ist doch blanker Unfug. Seit wann ertrinkst du in Selbstzweifeln?«

»Ich ertrinke nicht in Selbstzweifeln, ich bin Realist.«

Mick ging langsam in Richtung Ausgang. Leicht angestachelt folgte ihm die Kriminalhauptkommissarin.

»Du musst an dich glauben. Wo ist der Mick den ich damals kennengelernt habe?«

Mick öffnete die Ausgangstür zur Straße und wollte gerade etwas erwidern, als ihm auffiel, dass ein ärmlich gekleideter Mann die Mülleimer vor dem Revier durchstöberte. Er trug einen langen schwarzen Mantel, der ziemlich durchlöchert war. Der Hut auf seinem Kopf war ebenfalls schwarz und hatte keine eindeutige Form mehr. Eher glich er dem Hut einer Vogelscheuche, die man jahrelang in einem Feld vergessen hatte. Seine Jeans war mit braunen Flicken bestückt. Nur seine dicken schwarzen Schuhe schienen etwas neuer und robuster zu sein. Er war groß. Als Dagmar und Mick aus dem Revier kamen, blickte er von der Mülltonne auf und schaute Mick ins Gesicht.

»Richard«, hauchte Mick und blieb einen Augenblick wie eingefroren in der Tür stehen. Auch Dagmar Keller wirkte wie festgenagelt, sagte aber keinen Ton.

Entsetzt riss der Mann die Augen auf, ließ sein komplettes Leergut fallen und lief in Richtung Straße.

»Stehen bleiben!«

Dagmar Keller hatte als erste ihre Stimme wiedergefunden und rannte dem Mann hinterher.

Mick schüttelte sich kurz, so als wäre er aus einem Traum erwacht und sprang die kleinen Steinstufen vor dem Revier mit einem Satz herunter. Dann rannte er wie von Sinnen den beiden hinterher.

Kurz vor der Straße hielt der Mann an und legte sich auf den Boden. Dagmar Keller nahm seine Arme und band sie hinter dem Rücken mit einem Kabelbinder zusammen. Nun war auch Mick da. Kurz schaute er Dagmar an. Dann drehte er mit einem Ruck den Kopf des Penners herum.

Der Mann wirkte völlig verängstigt. Er hatte diesen Gesichtsausdruck den Mick nur zu gut kannte. Seine Augen schrien das Wort Unschuld.

»Ich, ich habe doch gar nichts getan«, stotterte der Mann.

»Ich sammle doch nur die Pfandflaschen. Mach ich doch schon ewig. Da!«

Er deutete mit dem Zeigefinger auf Flaschen, die nach und nach aus einer Tüte kullerten.

»Verdammt«, fluchte Dagmar und schnitt dem Kerl den Kabelbinder durch.

»Tut mir leid, Leute. Ich wusste nicht, dass das jetzt verboten ist. Hab's doch so lang schon gemacht, versteht ihr?«

Dagmar drehte sich weg. Der Typ hatte eine unfassbare Fahne und seine Klamotten stanken nach Urin und altem Schweiß. Im Hintergrund sah sie einige Polizisten aus dem Revier auf sie zu rennen. Einige blieben an der Eingangstür stehen und schauten auf die seltsame Szenerie. Dagmar schien es, als wäre das ganze Revier auf den Beinen, nur um ihr Missgeschick zu begutachten.

»Hey«, lachte einer der Beamten, die jetzt direkt neben Mick und Dagmar standen. »Hut ab, ihr habt den alten Jo gefangen. Das wurde auch Zeit. Auf Pfandflaschendiebstahl steht eine verdammt lange Haftstrafe.«

Drei andere Polizisten stimmten in das Gelächter ein.

Mick rieb sich die Stirn, drehte sich um und ging in Richtung Polizeiwagen ohne ein weiteres Wort zu sagen. Dagmar Keller folgte ihm.

»Arschloch!«, sagte sie im Vorbeigehen zu dem Polizisten, der den Spruch losgelassen hatte.

Inzwischen erschien auch Kleinschmidt an der Eingangstür und unterhielt sich mit einem Beamten, der den Vorfall beobachtet hatte.

Gerade als Mick die Wagentür öffnete, ertönte ein Pfiff. Kleinschmidt bat mit einer einzigen Handbewegung alle Beteiligten ins Revier, in dessen Räumlichkeiten er auch sofort verschwand.

»Scheiße!«, entfuhr es Dagmar Keller, die inzwischen wieder neben Mick stand.

»Dann gibt es jetzt wohl doch noch die Pfeife«, gab Mick zu bedenken. Er schmiss die Fahrertür wieder zu und ging zusammen mit seiner Partnerin ins Gebäude.

»Damit das klar ist: Keiner von euch hat was gesehen. Ich gehe mal davon aus, dass der alte Jo auf eine Anzeige verzichten wird.« Kleinschmidt stand im Flur des Mönchengladbacher Reviers, breitbeinig und die Arme vor dem Körper verschränkt. Seine Miene wirkte ungewöhnlich ernst.

Dann nickte der Chef kurz. »Alle gehen wieder zurück an ihre Arbeit. Ich brauche ja wohl keinem zu sagen, dass wir mächtig unter Zeitdruck stehen.« Er nickte noch einmal und sagte etwas sanfter: »Also los, alle zurück an ihre Arbeit.«

Die Beamten strömten schnurstracks in ihre Büros. Dagmar und Mick machten sich zum zweiten Mal auf den Weg in Richtung Ausgang.

»Peters und Keller, bitte in mein Büro!«, die beiden tauschten einen kurzen Blick aus und folgten Kleinschmidt in sein Büro.

Walter Kleinschmidt schaute Dagmar Keller ernst an. »Ich kann Ihnen nicht befehlen, was sie tun und lassen sollen«, sagte er in einem überraschend ruhigen Ton.

»Sie sind mir nicht unterstellt und Sie brauchen mir auch keine Rechenschaft über irgendwelche Dinge abzugeben, aber…«

»Sie konnte doch gar nichts…«, fiel ihm Mick ins Wort, verstummte jedoch direkt wieder, als Kleinschmidt seine Hand hob.

»Aber hier sind Sie in meinem Revier und hier bin ich der Chef. Und ich kann es nicht dulden, wenn hier auf dem Gelände zwei Beamte durchdrehen, weil ein Penner Leergut einsammelt. Seid ihr denn noch ganz bei Trost?«

Mit jedem Wort nahm die Lautstärke von Kleinschmidts Stimme zu. »Das kann doch nicht sein, dass hier ein Mann, der schon seit Jahren Flaschen einsammelt, um irgendwie über die Runden zu kommen, von zwei Polizisten überwältigt und auf den Boden gedrückt wird. Ihr könnt doch nicht mehr alle Latten am Zaun haben!«

»Das stimmt!«, sagte Dagmar kleinlaut und nahm somit dem wütenden Mann ein wenig Wind aus den Segeln. Kleinschmidt atmete tief durch und versuchte irgendwie die Contenance zu bewahren.

»Leute…«, begann er mit ruhiger Stimme. »Wir sind keine Cowboys, die irgendwo im Wilden Westen einen Saloon auseinandernehmen. Ich weiß, dass die Nerven blank liegen, nicht nur bei euch, sondern auch bei mir und einigen anderen. Mir sitzt das LKA und inzwischen auch das BKA im Nacken. Aber wir können jetzt nicht jeden, auf den die Beschreibung auch nur im Entferntesten passt, einfach überwältigen, weil wir glauben, es handelt sich dabei um unseren Täter.«

»Das ist klar«, schaltete sich Mick ein. »Ich bin da wohl etwas über das Ziel hinausgeschossen. Ich dachte im ersten Augenblick wirklich, dass es Richard ist. Es tut mir leid.«

Kleinschmidt schaute den beiden, die wie das Kaninchen vor der Schlange vor ihm standen, in die Augen. »Es versteht sich von selbst, dass so etwas nicht wieder vorkommt«, sagte er streng ohne jedoch wieder so laut zu werden.

Die Beamten nickten.

»Peter Wilms, einer unserer Jungs, die das Haus von Haber bewachen, hat mich darüber informiert, dass irgendetwas am Dach repariert werden soll. Hastenrath hat sich den Auftrag vom Vermieter an die zuständige Firma zufaxen lassen. Ihr wolltet doch so oder so dahin. Macht euch vor Ort ein Bild von der Lage und fragt Haber noch einmal, ob Richard ihm irgendetwas über Aufenthaltsorte oder Verstecke erzählt hat. Schließlich hat er ihn ja auch leben lassen, warum auch immer. Holt ihn euch hier hin. Ich gebe den Leuten vor Ort Bescheid und sage, dass ihr Peter Haber ins Revier mitnehmt.«

Dagmar nickte. Sie war es nicht mehr gewohnt Befehle anzunehmen. Befehle erteilte sie und sonst eigentlich keiner, aber in Anbetracht der Umstände hielt sie es für klüger, nicht noch mehr Öl ins Feuer zu gießen.

Kapitel 38

Dagmar Keller saß Peter Haber gegenüber. Es war ein Zimmer, in dem normalerweise Verhöre durchgeführt wurden. Heute lag der Fall jedoch anders.

Mick stand in einer Ecke und beobachtete die beiden. Immer wieder fiel dabei sein Blick auf den Labrador, der zu Habers Füßen hockte, die Schnauze auf dem Oberschenkel des Mannes.

Hunde machten Mick nervös. Als Kind hatte ihn ein Husky gebissen, seitdem stand er den Vierbeinern skeptisch gegenüber. Der Vorfall war ewig her, doch an Micks Misstrauen hatte sich nichts geändert. Auch wenn dieses Tier scheinbar eines der ganz ruhigen Art war. Musste es wohl auch, als Blindenbegleiter.

»Sie können heute noch nach Hause«, eröffnete Dagmar das Gespräch.

Haber fuhr sich mit der Hand durch das schüttere Haar.

»Das wurde auch Zeit! «, raunzte er. »Man hat mich die letzten Stunden hier wie einen Verbrecher behandelt, dabei bin ich ein Opfer.«

Der Mann war sichtlich verärgert und Mick hatte sogar Verständnis für seine Reaktion. Auch wenn man ihn eher wie einen Gast in einem Dreisternehotel behandelt hatte. Er hatte feinstes Essen serviert bekommen und seine Pritsche war zu einem richtigen Bett umgerüstet worden. Trotzdem hatte man ihn nicht gehen lassen und dieses Wissen, nicht gehen zu können, wenn man es selbst für richtig hielt, war Grund genug für seinen Groll.

»Wir haben sie hier nicht festgehalten, sondern beschützt«, sagte die Kommissarin ruhig. »Damit sie kein Opfer werden.«

»Und jetzt kann ich beruhigt nach Hause gehen, weil ihr den Killer geschnappt habt?« Ein bösartiges Lächeln entstand auf Habers hagerem Gesicht und Mick erkannte, dass nicht alle behinderten Menschen Mitleid verdient hatten. Unter ihnen befanden sich genauso viele Arschlöcher, wie unter Gesunden, und Peter Haber gehörte zweifellos dazu.

»Wir haben Richard nicht und das wissen Sie«, sagte Keller. »Aber wir sehen keine Möglichkeit mehr, Sie weiter hier festzuhalten. Alles, was jetzt noch käme, wäre Freiheitsberaubung.« Sie sah den Mann an und musste sich erst wieder ins Gedächtnis rufen, dass er auf Blicke nicht reagieren konnte. »Freiwillig wollen sie ja nicht mehr bleiben.«

Der Mann stöhnte auf. »Ich überlege jetzt schon, ob ich meinen Anwalt nicht prüfen lasse, ob mir hier Unrecht zuteilwurde.«

»Ihr Anwalt? Ja sicher.« Mick konnte sich nicht zurückhalten.

»Oh, der Herr Polizist meint wohl, ich könnte mir keinen Rechtsbeistand leisten? Wenn ich mit der Story, dass Sie mich hier gegen meinen Willen festgehalten haben, mich, einen armen blinden Mann, zur Zeitung gehe, dann werden die mir einen Rechtsanwalt geradezu aufdrängen.«

Mick schwieg. Im Wissen, dass Haber Recht hatte. Seltsamerweise gab es immer noch Reporter, die Spaß daran hatten, der Polizei eins auszuwischen.

»Wir wollen doch hier keinen Streit«, beschwichtigte Dagmar. »Wie Ich Ihnen bereits mitteilte: Sie können uns sofort verlassen. Ein Streifenwagen wird Sie und Ihren Hund augenblicklich nach Hause bringen.«

Haber grinste wieder. Mit seinem hageren Gesicht, den wenigen abstehenden Haaren und dem dürren Hals sah er aus wie ein Geier. »Alles, was Sie erzählt haben, ist Kacke«, sagte er dann. »Ihnen liegt nichts daran, dass ich nach Hause kann. Oder dass Sie mich nicht weiter hier festhalten können. Wenn Sie das nämlich wollten, würden sie sich irgendeinen Grund einfallen lassen.« Er schüttelte den Kopf. »Sie wollen Richard über mich bekommen«, sagte er dann mit heiserer Stimme. »Ich bin ein Köder für euch, mehr nicht.«

Dagmar schwieg. Sie wusste, dass es sinnlos war, dem Mann etwas anderes zu erzählen.

»Das könnt ihr vergessen!«, sagte Haber dann. »Richard wird mir nichts tun. Das hat er mir versprochen.«

»Klar. Und Sie glauben den Versprechungen eines kaltblütigen Killers.«

»Mehr als dem Geschwätz dahergelaufener Bullen. Und außerdem: Wenn Richard mich bekommen will, dann kriegt er mich. Dann könnt ihr Clowns ihn auch nicht davon abhalten.«

»Wenn das stimmt, dann sind sie bald tot«, sagte Mick. Es sollte den Mann zur Vernunft bringen, doch es misslang gründlich.

»Schauen Sie mich an!«, sagte der Blinde und das Grinsen war aus seinem Gesicht verschwunden. »Es gibt Schlimmeres als den Tod.«

Ja, Ihren Freund Richard, dachte Mick und die Bilder der Toten und Gefolterten erschienen in seinem Kopf, doch er schwieg.

»Kommen Sie«, sagte er zu Haber und wollte ihn am Arm vom Stuhl ziehen. Das Knurren des Hundes ließ ihn innehalten. Hab ich es doch gewusst, dachte er. Mick Peters und Hunde werden in diesem Leben keine Freunde mehr.

»Schon gut, Richard«, sagte Haber und strich dem Labrador im Aufstehen über den Kopf. »Der junge Mann ist nur unser Chauffeur und unser Beschützer.«

Das letzte Wort troff vor Spott. Er drehte sich in die Richtung, in der er Mick vermutete. »Hol schon mal den Wagen, Harry«, sagte er und ließ sich von Dagmar aus dem Zimmer führen.

Mick sah den beiden nach.

Der blinde Mann war ein zynischer Nörgler, aber ihre einzige Chance an den Täter heranzukommen. Peters würde alles tun, um das Leben des Mannes zu schützen. Und Richard hinter Gitter zu bringen.

Der Streifenwagen stoppte vor dem Dreifamilienhaus und spuckte Peter Haber und den Labrador aus. Dann nahm das Gefährt wieder Geschwindigkeit auf und verschwand um die nächste Ecke.

Mick stoppte den Porsche, parkte ein und beobachtete, wie Haber mit dem Hund im Haus verschwand.

»Wir hätten uns einen etwas unauffälligeren Wagen nehmen sollen«, bemerkte Dagmar, die auf dem Beifahrersitz saß.

»Den können wir immer noch tauschen«, meinte Mick. »Ich wollte mir erst einmal einen kleinen Überblick über die Gegebenheiten verschaffen.«

Neben dem Haus parkte ein LKW, der Dachfenster und Schindeln geladen hatte. Die Eingangstür des Gebäudes stand auf und vier Handwerker gingen ein und aus. Ein weiterer Wagen hatte ein Förderband geladen, mit dem man die Ersatzteile aufs Dach befördern konnte.

»Ganz toll«, sagte Mick. »Bei dem Gewusel muss man erst mal durchblicken.«

Dagmar holte eine Kladde aus ihrer Tasche. »Ich habe Bilder von den Handwerkern und von allen Bewohnern des Hauses«, sagte sie. »Manchmal erschrecke ich mich über unsere gläserne Welt. Hastenrath hat keine fünf Minuten gebraucht, um dieses Ding zusammenzustellen.«

»Trotzdem halte ich es für eine gefährliche Sache, wenn hier so viele Leute herumlaufen.«

Dagmar sah ihn an. »Du glaubst doch nicht im Ernst, dass Richard hier am helllichten Tag zuschlagen wird?«

Mick zuckte die Schultern. »Ich weiß so langsam nicht mehr, was ich glauben soll. Ich traue ihm mittlerweile alles zu. Doch wenn du mich fragst, ob er Haber überhaupt aus dem Weg räumen will: Keine Ahnung.«

»Und trotzdem sind wir hier.«

Peters verzog das Gesicht. »Weil es alles ist, auf das wir uns konzentrieren können.«

Dagmar wandte ihm ihr Gesicht zu. »Dieser Fall macht einen ganz schön mürbe«, gab sie zu.

Mick nickte. »Stimmt«, sagte er. »Die Leiterin der Ermittlungen müsste jetzt eigentlich in ihrem Büro sein und Anweisungen geben. Stattdessen sitzt sie hier neben mir und macht einen Observierungsjob, den eigentlich kleine Beamte übernehmen müssten.«

Dagmar schien gekränkt. »Ich wollte dich nicht angreifen«, beschwichtigte Mick. »Ich wollte nur aufzeigen, wie verfahren die Situation eigentlich ist. Es würde nichts bringen, noch einmal alle Details durchzugehen. Wir müssen den Fall ja schon lange nicht mehr lösen. Wir wissen, wer dieses Arschloch ist. Das Schlimme ist nur, dass wir seinen Aufenthaltsort nicht kennen. Also ist das, was wir hier tun, absolut vernünftig.«

Keller wusste, dass Mick recht hatte. Sie konnten Richard nicht suchen wie andere Verdächtige. Es gab keine Wohnung, keine bevorzugten Orte, die er besuchte, keine Sozialkontakte oder Freunde, die man überwachen konnte. Sie mussten warten, bis er sich wieder zeigte. Entweder hier oder der Hinweis kam aus der Öffentlichkeit. Richard konnte sich nicht ewig verstecken. Sie ließ sich im Sitz nach hinten sinken und beobachtete stumm die Straße.

Die Phantombildaktion in den Zeitungen und im Fernsehen hatte nichts gebracht. Das es mittlerweile zehntausend Euro Belohnung für einen Hinweis, der zum Ergreifen des Täters führte, gab, war auch kontraproduktiv. Zu viele Leute wollten sich das Geld verdienen. Sie hatten Anrufe von beinahe hundert Personen bekommen und ein Polizeiaufgebot war dem auch nachgegangen, doch es hatte nichts gebracht. Entweder wurden seltsame Nachbarn verdächtigt oder die Leute wurden für den Täter gehalten, weil sie einfach nur überdurchschnittlich groß waren.

Aber wer konnte das den Leuten verübeln. Schließlich war sie selbst so einem Irrtum aufgesessen. Dagmar schlug jetzt noch die Schamesröte ins Gesicht, wenn sie an den peinlichen Zwischenfall mit dem Flaschensammler dachte.

Doch auch dies war nur ein weiteres Indiz dafür, wie verzweifelt sie inzwischen waren.

»Glaubst du, wir haben nach diesem Fall eine Chance mal miteinander essen zu gehen?«, fragte Mick plötzlich.

Dagmar war so in Gedanken, dass sie zusammenzuckte.

»Oh, ist die Idee so schrecklich?«

Sie schlug Mick leicht auf den Oberarm. »Ich war im Moment einfach woanders.« Sie schwieg.

»Was ist denn jetzt? Ja oder ja?«

Dagmar lächelte. »Du bittest mich tatsächlich um ein Date?«

Mick nickte feierlich. »Mit allem Drum und Dran. Erst lecker essen und dann lecker... na ja, du weißt schon...«

»Reißen Sie sich mal zusammen, Kollege«, sagte die Kommissarin. »Wir sind hier auf einer Observierung.«

»Klar. Aber ich kann das Haus nicht beobachten. Meine Augen kleben nur an dir.«

»Dann werde ich dich gegen Hastenrath austauschen lassen.«

Mick lachte. »Genau. Dann kannst du in den Stunden, in denen du hier sitzt, mal dein bescheidenes Allgemeinwissen aufbessern. Ich glaube, es gibt nichts, was der Typ nicht weiß.«

Sie beugte sich zu Mick und hauchte ihm einen Kuss auf die Wange. »Kleiner Vorgeschmack«, sagte sie. »Aber jetzt bitte wieder den Blick auf die Straße.«

Mick stöhnte theatralisch. »Wenn es denn sein muss.«

Er nahm sein Handy von der Ablage und wählte eine Nummer.

Auf der anderen Seite des Hauses stand ein zweiter Wagen mit Zivilbeamten und Mick erkundigte sich kurz.

»Alles ruhig. Von unserem Täter keine Spur«, hörte er die Bassstimme von Willem Vanderbeeck. Ein Kollege, der immer einen Witz auf den Lippen hatte, dem aber jetzt die Anspannung anzumerken war.

»Okay. Hier vorne auch alles Roger.«

Mick legte auf. »Wie lange noch?«, quengelte er wie ein kleines Kind auf einer langen Autofahrt.

»Wir sind gerade mal eine halbe Stunde hier«, sagte Keller. »Noch fünf Stunden bis zur Ablösung.«

»Ich hasse meinen Job. Warum habe ich nichts Anständiges gelernt?«

»Weil du mich sonst nicht kennengelernt hättest«, sagte Dagmar. Und dir wäre viel Elend erspart geblieben, fügte sie in Gedanken hinzu.

Das Baby weinte. Wieder einmal.

Die Frau erhob sich aus ihrem Sessel, in dem sie kurz eingenickt war, und ging ins Kinderzimmer.

Sie musste Kevin ruhigstellen, sonst würde Gabby aufwachen und das wollte sie nicht riskieren. Sie nahm den vier Monate alten Säugling aus dem Bettchen und begann im Zimmer auf und ab zu gehen. Der kleine Junge beruhigte sich fast augenblicklich.

Ich kann dich doch nicht vierundzwanzig Stunden durch die Gegend schleppen, dachte sie. Irgendwann ist auch mein Akku alle.

Das war er eigentlich längst, doch darauf nahm das Baby keine Rücksicht.

Was hatte sie sich auch mit diesem Typen eingelassen. Wieder jemand, der ihr die große Liebe versprach und sie prompt sitzen ließ, als sie ihm eröffnete, dass sie schwanger war.

Wie kann man nur so dämlich sein, schalte sie sich selbst. Schließlich war diese Sache ein Déjà-vu. Sie hatte all dies schon einmal erlebt. Das Ergebnis ihrer vorherigen »Liebesbeziehung« hieß Justin und war im Moment im Kindergarten. Die beiden nahmen ihr ganzes Leben ein, fraßen sie beinahe mit Haut und Haaren und doch war sie froh, dass sie ihre Kinder hatte.

Denn sie hatten sie dazu veranlasst, das Leben auf der Straße aufzugeben. Weg von Alkohol und Drogen und hinein in ein, mehr oder weniger, spießbürgerliches Leben.

Gut, von Harz IV konnte man keine großen Sprünge machen, doch seitdem sie Gabrielle kennengelernt und bei ihr eingezogen war, reichte die Kohle ein wenig länger. Es war nicht mehr ganz so viel Monat übrig, wenn das Geld zur Neige ging. Sie schaukelte den Kleinen im Arm und warf einen Blick in das Schlafzimmer. Gabby lag auf dem großen Doppelbett und schlief den Schlaf der Gerechten.

Sie arbeitete nachts in einer Tabledance-Bar und brauchte die Ruhe bis zum Mittag. Dann erwachte sie und kümmerte sich rührend um ihre kleine Familie.

So sah sie ihre Freundin und deren Kinder inzwischen.

Vor zwei Monaten waren sie zusammengezogen und das war das Beste, was der zweifachen Mutter seit Langem passiert war. Gabby kam für die Miete auf und sorgte dafür, dass der Kühlschrank voll war. Und das einzige, was sie von ihrer Freundin verlangte, waren ein paar kleine Zärtlichkeiten.

Anfangs hatte sich Susanne dagegen gesträubt, doch nach und nach war ihre Mauer gebröckelt.

Ich bin nicht lesbisch, hatte sie schockiert gedacht, doch nun bereiteten ihr die gemeinsamen Stunden genau so viel Spaß wie Gabby. Sie hatte ein Dach über dem Kopf, den Kindern ging es gut und sie wurde geliebt. Wenn auch von einer Frau.

Eigentlich war sie recht zufrieden mit ihrem neuen Leben. »Wir sind beinahe wie die beiden Mädels in »Pretty Woman«, sagte Gabby gerne. »Nur, dass wir nicht auf unseren Traumprinzen warten müssen. Ist doch super, oder? «

Susanne schloss leise die Tür, machte einen Versuch den kleinen Kevin wieder ins Bett zu packen, doch als das Gequengel sofort wieder losging, nahm sie ihn mit ins Wohnzimmer. Sie setzte sich in den Sessel, den Kleinen auf der Brust, schaltete den Fernseher ein und zappte durch die Kanäle.

Das Programm war, wie jeden Morgen, eine Katastrophe. »Frauentausch«, »Familien im Brennpunkt« oder stupide Talkshows über Themen, die niemand interessierte.

Auf den dritten Programmen blieb sie an einer Nachrichtensendung hängen.

»Wir bitten die Bevölkerung noch einmal um Mithilfe«, sagte der gut frisierte Sprecher. Seine Haartolle sah aus wie in Beton gegossen. Doch das war es nicht, was die Frau zum Verweilen brachte, sondern das gezeichnete Bild, das der Fernseher in ihr Wohnzimmer transportierte.

»Hier noch einmal das nach Zeugenaussagen angefertigte Phantombild«, sagte der Mann. »Für Hinweise, die zum Ergreifen des Täters führen, ist eine Belohnung von zehntausend Euro ausgesetzt. Die Polizei warnt zu großer Vorsicht. Der Mann ist äußerst gefährlich. Bitte wenden Sie sich, wenn Sie den Mann irgendwo sehen oder seinen derzeitigen Aufenthaltsort kennen, unverzüglich an die Polizei. Vielen Dank.«

Den letzten Satz bekam die Frau gar nicht mehr mit. Sie war viel zu elektrisiert. Sie sprang aus dem Sessel, ignorierte Kevin, der sich lautstark über die abrupte Bewegung beschwerte und rannte ins Schlafzimmer.

»Sorry, Gabby«, sagte sie, als sie ihre Freundin an der Schulter wachrüttelte. »Du musst aufstehen und dich um Kevin kümmern. Und Justin nachher vom Kindergarten abholen.«

Die Frau schüttelte ihre zerzausten, schwarzen Locken und blinzelte Susanne verschlafen an.

»Was ist denn mit dir los?«, fragte sie. »Du bist ja völlig durch den Wind.«

»Ich muss dringend etwas erledigen!«, antwortete die Mutter. »Und mit ein bisschen Glück springt ein ordentlicher Batzen Geld dabei heraus.«

Sie wartete keine weitere Antwort ab, legte ihrer Freundin den Kleinen in den Arm und sprintete in den Flur. Sie griff Schlüssel und Jacke und war im gleichen Moment verschwunden.

»Deine Mama ist heute ein klein wenig seltsam«, sagte Gabby und Kevin lächelte sie an, als wolle er ihr Recht geben.

Mick ertappte sich immer wieder dabei, wie ihm die Augen zufielen. Jetzt, nach beinahe vier Stunden stupider Stiererei auf das Haus, wusste er wieder, warum er Observierungen immer gehasst hatte. Ein Blick auf Dagmar zeigte ihm, dass es ihr ähnlich ging. Als sie bemerkte, dass der Blick ihres Kollegen auf sie fiel, setzte sie sich gerade in den Sitz, konnte aber ein Gähnen nicht mehr unterdrücken.

»Müde?«, fragte Mick.

»Ich? Nie im Leben. Schließlich haben wir gerade einmal schlappen Nachmittag.« Sie sah auf ihre Uhr und stellte frustriert fest, dass die Sekunden nur äußerst zäh verliefen. Als müsse sich der Zeiger durch Sirup hindurchquälen.

»Ist nicht mehr lang«, sagte sie, um sich selbst ein wenig Mut zuzusprechen.

»Ist klar«, meinte Mick und gähnte nun ebenfalls herzhaft.

»Ich bin froh, wenn die Ablösung kommt.«

Dagmar lächelte schief. »Und dann?«, fragte sie. »Dann hängen wir im Büro herum und starren in die Berichte, gehen die Zeugenaussagen noch einmal durch und kommen doch nicht weiter.« Sie wischte sich über die Augen. »Vielleicht können wir auch einfach mal früh Feierabend machen und uns anderweitig ablenken.«

Ihr Freund grinste sie an. »Das meinst du nicht ernst, oder?«

»Nein. Aber es wäre verdammt angenehm.«

Sie schwiegen. In den letzten Stunden hatten sie alle Themen abgegrast, die ihnen in den Sinn kamen. Jetzt gab es nur noch Schweigen.

Bis die Stille von Micks Handy jäh unterbrochen wurde. Er zuckte zusammen, fingerte das Telefon von der Ablage und hielt es sich ans Ohr.

»Ja?«

»Gotthard hier«, meldete sich der Mann am anderen Ende. »Ihr solltet zurück ins Büro kommen«, sagte er nur. »Ich habe schon einen Wagen losgeschickt, der euch ablöst.«

Mick war froh, dass dieser Dienst ein vorzeitiges Ende nahm, doch die aufgeregte Stimme des Mannes ließ ihn aufhorchen. »Was gibt es denn so Wichtiges?«

»Das erzählt euch die Frau, die hier neben mir steht am besten selbst«, sagte er geheimnisvoll.

Mick wollte nicht abwarten.

»Gib sie mir«, sagte er nur und Sekunden später hörte er eine weibliche Stimme.

»Hallo. Mein Name ist Susanne Ulreich, aber bitte nennen Sie mich Sue.«

»Okay, Sue«, ging Mick auf ihren Wunsch ein. »Was können wir für Sie tun?«

Wenn Gotthard es für nötig hielt, sie zu informieren, dann musste es einen gewichtigen Grund geben. »Sie können nichts für mich tun, aber ich eventuell für Sie«, sagte die Frau ruhig.

»Und das wäre?«

»Vielleicht kann ich ihnen helfen Richard zu finden«, sagte sie dann knapp. »Ich weiß, wie er tickt. Wir waren mal ein Paar.« Mick wartete, bis der Wagen der Kollegen erschien, dann startete er den Porsche und gab Vollgas.

Kapitel 39

Richard staunte nicht schlecht, als der Porsche von Mick Peters wieder wegfuhr und einem anderen Fahrzeug, dieses Mal einem grauen Audi, Platz machte. Das Auto parkte direkt gegenüber vom Haus in dem Haber wohnte, halb auf der Straße, halb auf einem Fahrradweg. Ein vorbeikommender Radfahrer hob protestierend einen Arm vom Lenker in die Höhe und fluchte wild gestikulierend. Wie unauffällig, dachte Richard ironisch.

Er stand seit etwa einer Stunde hinter einem Busch, direkt neben Habers Haus und beobachtete die Szenerie. Von der Straße aus gab es keine Möglichkeit ihn zu sehen und die Dachdecker achteten nicht darauf, ob sich irgendjemand im Gebüsch versteckte.

Um zu Haber zu gelangen, musste er sich allerdings etwas einfallen lassen.

Die Männer der Dachdeckerfirma hatten für Richard den Vorteil, dass viele Menschen immer ein gewisses Durcheinander erzeugten. Andererseits wusste er nicht, inwieweit die Arbeiter in den Ablauf der Polizeiarbeit involviert waren.

Ein älterer Mann mit einer beigen Weste und einer abgenutzten blauen Kappe erteilte die Befehle. Lautstark schrie er immer von unten hoch, während zwei jüngere Mitarbeiter auf dem Dach, die trotz der Herbstluft ihre Oberkörper entblößt hatten, die Schindeln entgegennahmen, die auf einem Förderband nach oben transportiert wurden. Unten luden zwei weitere Männer Dachziegel von einem LKW auf eine kleine Karre und von der Karre auf das Förderband. Ab und an verschwand einer der Arbeiter im Haus, scheinbar um die Toilette eines Hausbewohners zu benutzen. Die Haustür stand also unentwegt offen.

Richard wartete auf eine Gelegenheit, unerkannt ins Haus zu gelangen. Dazu musste er die Beamten im Auto ablenken. Die Aufmerksamkeit der Polizisten galt ohne Zweifel den Arbeitern und dem Hauseingang. Solange die Situation sich nicht änderte, sah er keine

Möglichkeit, an Haber heranzukommen. Richard beobachte die Umgebung. Die Straße vor ihm war mit Birken bepflanzt, die sich in regelmäßigen Abständen, auf beiden Straßenseiten, bis hinter einen nicht mehr einsehbaren Knick fortsetzten. Auf der gegenüberliegenden Seite, auf der die Polizisten den Radweg blockierten, spielten Kinder auf einem Schulhof. Neben der Schule erstreckte sich ein Firmengelände. An einem schwarzen Eisengitter hing ein riesiges Schild mit der Aufschrift »Majewski, alles in Marmor«.

Richard blickte sich um. Seitlich vom dichten Gestrüpp, in dem er sich versteckte, begann eine Einfahrt, die zum Hintereingang eines Eckhauses führte, in dem eine Pizzeria beherbergt war. Der Haupteingang dieser Pizzeria befand sich auf einer anderen Straße. In der mit Kies bestreuten Einfahrt standen zwei ältere VW Polo mit der Aufschrift »Pizzeria Bologna«.

Richard hatte eine Idee. Allerdings war sein Vorhaben riskant und setzte voraus, dass ihn in der Pizzeria niemand erkannte. Er tappte vorsichtig aus dem Gebüsch und schaute sich um. Keiner hatte etwas bemerkt. Die Arbeiter waren mit den Dachziegeln beschäftigt und für die Polizisten im Auto war er nicht zu sehen. Mit eiligen Schritten ging er den Kiesweg entlang, bis er an den beiden VWs angelangt war. Hier hielt Richard inne und blickte sich erneut um. Die Männer, welche die Schindeln vom Wagen abluden, hatten nun freies Sichtfeld auf Richard, doch niemanden schien zu interessieren, was der Mann hinter der Pizzeria machte. Erleichtert setzte Richard seinen Weg fort, ging um das Eckhaus herum und betrat das Gebäude.

Vor einem Pizzaofen hievte ein dunkelhaariger, kleiner Mann, der ein paar Kilo zu viel auf den Rippen hatte, mit einer Pizzaschaufel eine Aluschale in den Ofen. Er hatte Richard noch nicht bemerkt. Der kleine Mann klappte den Ofen zu, drehte sich um und sah zu seinem riesigen Kunden hoch, wobei ihm vor lauter Verwunderung die Schaufel auf den Boden fiel. »Meine Gotte, hasse du mich erschreckte. Bisse rein gekomme wie Geist!«, schrie er und fing an zu lachen.

»Wasse kann ich für diche tun meine große Freund?«, fragte er mit einem unüberhörbar italienischen Akzent.

Richard konnte sich ein Grinsen nicht verkneifen. Dich lasse ich leben, dachte er.

Seine Augen wanderten vom italienischen Pizzabäcker zur Speisekarte, die schräg über dem Ofen hing.

»Liefern Sie auch?«, fragte er.

»Natürliche liefern wir auche.« Der Mann drehte sich um und brüllte in einen kleinen Durchgang »Alfredo«.

Prompt kam ein junger Kerl, mir einer falsch herum aufgezogenen Baseballkappe und einem schlabbrigen T-Shirt hinter die Theke.

»Was is´n, Marco?«, nuschelte er und fing sich sofort einen Schlag auf den Hinterkopf ein, so dass seine Kappe beinahe wegflog.

»Der Mann brauche der Liefereservice«, sagte Marco und zeigte auf den Riesen.

»Ja…«, wunderte sich Richard. »Also eigentlich wollte ich erst mal bestellen.«

»Ache sooo«, lachte Marco. »Iche tute mir e leid. Klar, meine Freunde, musse bestelle. Ich hab nur von die Schreck in die Kopfe gedachte.«

Richard grinste mit, ohne wirklich ein Wort von dem, was Marco sagte, verstanden zu haben. Dann holte er ein Bündel Zehneuroscheine aus seiner Hose und hielt sie in die Höhe.

»Ich gebe eine Großbestellung auf und lege noch ein paar Euro drauf, wenn ihr mir einen kleinen Gefallen tut.«

Marco und Alfredo staunten, als hätten sie noch nie Geldscheine gesehen.

Der Ältere betrachtete Richard nun etwas genauer.

»Was hasse du da in Tüte?«, fragte er.

»Klamotten für einen Freund«, antwortete Richard und log nicht einmal. Die Tüte, in der sich unter anderem Anziehsachen befanden, war Teil seines Plans. Ein Plan, der seinen alten Freund Peter Haber erlösen würde. Erlösen von seinem Leid. Haber war bereit seine gerechte Strafe zu empfangen. Wenn nur dieser dämliche Pizzabäcker endlich in die Hufe kommen würde, dachte Richard, dem die Art von Marco nun doch langsam auf den Keks ging.

Ruhig erklärte er Marco und Alfredo, was sie zu tun hatten.

Helmut Konrady schaute auf seine Armbanduhr. Dann rieb er sich mit beiden Händen die Augenbrauen und begann zu fluchen. »Verdammt, uns läuft die Zeit davon! Wir können es uns nicht leisten, den Fall ans BKA abzugeben. Wie stehen wir denn dann da?«

Kleinschmidt, der hinter seinem Schreibtisch saß, schaute zu Konrady auf und sagte: »Das Netz zieht sich immer enger. Er wird gefasst, das versichere ich Ihnen.«

»Pah, die Frage ist nur wann«, erwiderte Konrady. »Wenn er in zwei Wochen kaltgestellt wird, dann nützt uns das herzlich wenig. Man wird uns mit Häme und Spott überschütten.«

»Tut man das nicht jetzt schon?«, fragte Kleinschmidt.

»Klar«, Konradys Ton wurde lauter, »weil Ihre Männer nicht fähig sind, einen solchen Hampelmann einzufangen.«

»Sind das nicht Ihre Leute, die an dem Fall beteiligt sind?«, fragte Kleinschmidt und lehnte sich in seinen Stuhl zurück, ohne den Blickkontakt zu Konrady zu unterbrechen. Der LKA-Chef pustete seine Wangen auf und ließ die Luft langsam entweichen.

»So etwas brauche ich mir doch nicht sagen zu lassen!«, motzte er.

»Ich denke, wir bekleckern uns alle nicht mit Ruhm bei diesem Fall«, lenkte er zu Kleinschmidts Verwunderung urplötzlich ein. »Sie sagten eben, zwei von unseren Leuten bewachen das Haus in dem Haber wohnt?«

Konradys Frage kam für Walter Kleinschmidt etwas überraschend. Auf einmal sind es unsere Leute, dachte er.

»So ist es«, sagte der Mönchengladbacher Hauptkommissar und schaute einem LKA-Chef nach, der blitzschnell aus Kleinschmidts Büro verschwand.

Richard hatte sich wieder in sein Versteck begeben. Die Dachdecker hatten ihn erneut mit Missachtung gestraft, als er über den Kiesweg ging. Der dichte Busch war ein optimaler Ausgangspunkt, um seinen Plan durchzuführen. Nun musste er nur noch auf die passende Gelegenheit warten, für die Alfredo, der Junge aus der Pizzeria, gleich sorgen würde.

Ansgar Willbert und Frank Stops beobachteten von ihrem Auto aus den Hauseingang. Die Einteilung zur Observierung Habers gefiel ihnen nicht sonderlich und so machten sie ihrem Unmut Platz, indem sie lautstark über den Auftrag stritten.
Frank Stops räkelte sich im Beifahrersitz, um eine entspanntere Position zu finden, aber es gelang ihm nicht. Die nächsten Stunden würden schlimm werden, das wusste er, da die ständige Beobachtung bei ihm eine unsägliche Müdigkeit verursachte.
»Dieser Dreck. Ich steige gleich mal aus und schau nach dem Rechten. Ich frage mich sowieso, was der Blödsinn soll. Der Typ wird wohl nicht so doof sein und diesen Haber hier killen«, sagte er verbittert.
»Muss halt gemacht werden, was willst du denn daran ändern?«, fragte sein Kollege Willbert und zuckte gleichgültig mit den Schultern.
»Ach dieser Firlefanz. Ich hasse es. Mir ist schon klar, dass das gemacht werden muss. Aber warum ausgerechnet ich? Meine Frau hat heute die Kinder und weißt du auch warum?«
Wieder hob Ansgar Willbert die Schultern, sagte aber nichts. »Weil ich sie eigentlich heute gehabt hätte. Ist doch toll. Da siehst du deine Kinder einmal die Woche und dann darfst du dich hier vor so einer Bruchbude niederlassen und Löcher in die Mauern starren.«

Stops machte eine kurze Pause, dann drehte er sich zur Tür und sagte: »Ich habe die Schnauze voll, ich schau mal was da los ist. Die Typen, die hier rumlaufen, gefallen mir sowieso nicht.«

»Warte!«, versuchte ihn Willbert zu beschwichtigen. »Was soll denn das? Wir haben die Jungs doch eben in Augenschein genommen. Das reicht doch. Außerdem kannst du jetzt nicht unsere Tarnung auffliegen lassen. Was ist das denn für eine Scheiße?«

»Mir egal«, antwortete Stops schroff und öffnete ein Stück weit die Beifahrertür.

»Warte mal!«, sagte Willbert und hielt Stops zurück. »Schau mal!« Ansgar Willbert deutete auf einen Jungen, der mühsam Pizzakartons in Richtung Dachdecker balancierte.

»Was macht denn der da?«, fragte Stops, der sich wieder zurück in den Sitz fallen ließ.

»Keine Ahnung«, antwortete Willbert. »Wahrscheinlich haben sich die Jungs eine Pizza bestellt. Da hätte ich auch schwer Lust drauf.«

Willbert rieb sich über seinen Bauch und erntete ein Kopfschütteln seines Kollegen, der die Wampe des Polizisten betrachtete und frotzelte: »Na, hoffentlich kommt es nie zu einer Verfolgungsjagd zu Fuß, wenn ich mit dir unterwegs bin.«

Willbert wollte gerade protestieren, als es an der Scheibe klopfte. Der Junge mit den Pizzakartons stand vor ihrem Auto. Allerdings hatten sich die Kartons auf zwei reduziert. Willbert betrachtete den Jungen ungläubig. Er trug eine Baseballkappe falsch herum auf dem Kopf. Sein Hemd hing schlabbrig über einer Jeanshose, die dem Jungen augenscheinlich mindestens zwei Nummern zu groß war.

Willbert betätigte den elektrischen Fensterheber und ließ das Fenster ein Stück weit nach unten, dann flüsterte er verwundert, »Junge, was machst du hier?«

»Ja…hallo.«, antwortete der Junge schüchtern. »Das ist von den Herren da drüben, die sind für Sie.«

Er zeigte auf die Arbeiter, die sich inzwischen alle vor dem Haus versammelt hatten und auf den Schindeln Platz nahmen, um sich die Pizzen zu gönnen.

»Jetzt reicht es«, schrie Frank Stops und sprang aus dem Auto.

Hier ist doch irgendwas faul, dachte er, als plötzlich ein dicker BMW genau vor ihnen auf der Straße anhielt und den Pizzaboten fast zwischen sich und dem Audi von Willbert und Stops einklemmte.

Die getönte Scheibe der Beifahrerseite wurde heruntergelassen.

»Darf ich fragen, was hier los ist?«

Stops wünschte sich, dass sich der Boden auftun und ihn gnädiger Weise aufnehmen würde, doch er tat es nicht.

Ach du heilige Scheiße, dachte er. Konrady!

Richard schaute dem Pizzajungen hinterher. Er hatte ihn angewiesen erst die Arbeiter und dann die Leute in dem Wagen gegenüber mit Pizza zu versorgen. Er sollte den Männern von der Dachdeckerfirma sagen, dass dieses Essen von den Herren gegenüber im Auto gesponsert worden sei und den Insassen des Autos erklären, dass sie die Pizza den Männern von der Baustelle zu verdanken hätten.

Er macht das hervorragend, dachte Richard, der beobachtete, dass der junge Pizzabote vor dem klobigen Audi stand und versuchte, den Beamten das Essen anzudrehen.

Langsam stahl sich der Riese aus seinem Versteck. Die Dachdecker waren so mit ihrer Pizza beschäftigt, dass sie ihn nicht wirklich wahrnahmen und für den Moment schienen auch die Polizisten abgelenkt. Doch dann stieg plötzlich ein Mann aus der Beifahrertür des zivilen Polizeigefährts. Richard sah sich für den Moment mitten im Visier des Polizisten und hastete in sein Versteck zurück. Er atmete tief durch und schaute durch das dichte Gebüsch zum Auto. Ein großer Wagen fuhr die Straße entlang und hielt direkt vor dem Audi. Der Mann, welcher eben noch ausgestiegen war, setzte sich schnurstracks wieder in den Wagen zurück. Das war die Gelegenheit. Was für eine glückliche Fügung, dachte Richard, der vorsichtig in Richtung Haus schlich, die Wagen und die Arbeiter ständig im Auge. Es funktionierte! Der Trick mit der Pizza hatte die Polizisten scheinbar nicht ablenken können, aber wer auch immer ihm da mit seinem dicken Gefährt zur Hilfe kam, er hatte ganze Arbeit geleistet.

Unbemerkt verschwand Richard im Hauseingang.

»Ja, ja, ich komme ja schon!« Peter Haber ging missmutig zur Tür, weil wieder einmal jemand wie ein Verrückter anklopfte. Bestimmt die Polizisten oder einer von diesen Typen, die gerade das Dach, nach Jahren, endlich mal abdichteten, vermutete er.

Er öffnete die Tür einen Spalt. »Ja, was gibt's?«

»Hallo Peter, ich bin gekommen, um dich zu erlösen. Es ist Zeit.«

Peter Haber erkannte die Stimme sofort. Sie war ihm vertraut und doch so unheimlich, dass ihm der Schreck in die Glieder fuhr und er sich am Türrahmen abstützen musste.

»Richard«, flüsterte der Blinde. In seiner Stimme lag eine gehörige Portion Angst, gepaart mit der Gewissheit, dass die Zeit für ihn gekommen war. Sein Ende stand bevor. Nun also doch. Richard hatte sich dazu entschieden, ihn zu töten.

»Nun willst du es doch tun?«, fragte Peter.

»Ich muss es tun«, antwortete Richard emotionslos.

Für einen Augenblick dachte Peter Haber daran zu schreien. Laut herauszubrüllen, dass hier der Mörder war, den alle suchten. Der Verbrecher, der all diese bestialischen Morde begangen hatte. Doch der kranke Mann tat nichts dergleichen. Er erinnerte sich daran, wie es Richard in der Vergangenheit ergangen sein musste. Irgendetwas verband sie. Ein Band aus Leid und Hoffnungslosigkeit, was sich bei dem einen in Resignation und bei dem anderen in Hass und Rache manifestiert hatte.

»Wir müssen uns beeilen. Ich habe keine Zeit. Du musst meinen Anweisungen genau folgen, dann geht alles sehr schnell, hörst du?« Richard schrie fast. Er wirkte angespannt und gehetzt.

Haber hörte ein Rascheln. Dann fiel etwas auf den Boden, was Habers Hund zu einem leisen Knurren veranlasste.

»Hör zu Richard«, sagte Haber so einfühlsam wie es die Situation zuließ. »Mein Tod ist mir egal. Ich bin ja schon mehr tot als lebendig. Die letzten Jahre waren eine Odyssee. Ärzte, Operationen, Krankenhausaufenthalte, Selbstmordversuche... was übrigens gar nicht so einfach ist, wenn man kein Augenlicht mehr hat.« Der Blinde lachte heiser. »Das Einzige was mir auf dieser Welt noch wichtig erscheint, ist mein Hund. Mein Hund Richard.«

Dem Riesen kamen bei diesen Worten nicht gerade die Tränen. Eher war das Gegenteil der Fall. Habers Mitleidsgetue kotzte Richard an. Immer, wenn jemand über sein schlimmes Los klagte, dachte er daran wie es ihm ergangen war, dachte an seine verpfuschte Jugend, an die Peinigungen seines falschen Vaters, die Prügel und das unbeschreibliche Martyrium. Er hob die Waffe, die aus der Tüte gefallen war, vom Boden und zielte auf den Hund. Dann hielt er inne. Was würde Haber machen, wenn er auf den Hund schoss? Würde er alles ausführen, was man ihm sagte? Würde er dann nicht eher aus lauter Trauer und Verzweiflung umschwenken, Aufmerksamkeit erregen und lautstark die Polizei rufen?

Richard legte die Pistole auf ein kleines Holzschränkchen. »Für den Hund wird gesorgt, du hast mein Wort«, sagte Richard widerwillig.

»Aber jetzt ist es genug. Ich ziehe dir jetzt die Sachen an, die ich mitgebracht habe.«

Er entleerte die Tüte und ein langer schwarzer Mantel, ein künstlicher Bart, eine Sonnenbrille, ein schwarzer Hut und ein Paar Schuhe, das mit hohen Absätzen präpariert war, fielen zu Boden.

»Wenn du die Sachen gleich anhast, begleite ich dich noch bis zur Haustür, dann machst du folgendes...«

»Sie wollen mir jetzt nicht ernsthaft erzählen, dass Sie sich eine Pizza bestellt haben?«

Konrady konnte nicht fassen, was er da gerade sah und redete am Pizzaboten vorbei mit Willbert, der sichtlich geschockt erst einmal schwieg.

Stops, der inzwischen wieder ins Auto gestiegen war, antwortete für seinen verdutzten Kollegen.

»Nein. Die haben wir nicht bestellt. Angeblich haben uns die Jungs von der Dachdeckerfirma das kredenzt.«

»Das meinen Sie nicht wirklich?«, fragte Konrady und riss dabei die Augen auf, so als wollte er das alles nicht wahrhaben.

»Was hat denn das hier noch mit einer Observierung zu tun. Sind Sie denn noch ganz bei Trost?«

Es folgte ein langes Schweigen, weil keiner der Beamten so richtig erklären konnte, was vorgefallen war.

Alfredo war die ganze Konversation sehr unangenehm und er schaute ständig hin und her, bis er schließlich Willbert die Pizzakartons auf den Schoß fallen ließ und sich zwischen den beiden Wagen herauswand. Zügig ging er wieder zurück zur Pizzeria.

Willbert schaute dem Jungen hinterher, atmete tief ein und sagte an Konrady gerichtet, »Es tut uns leid, aber wir konnten nichts dafür. Kein Mensch konnte ahnen, dass die Arbeiter…« Der Polizist wurde jäh durch das Schreien von einigen Dachdeckern unterbrochen.

Konrady richtete seinen Blick zum Haus und auch Stops und Willbert versuchten, an Konradys BMW vorbei zu schauen.

»Was ist da?«, schrie Stops.

»Verdammt, da am Türeingang!«, brüllte Konrady und lehnte sich ängstlich in seinen Fahrersitz zurück.

Willbert hatte nun freien Blick auf das Haus, konnte aber nicht recht glauben, was er sah.

Ein großer Mann in einem schwarzen Mantel stand an der Türschwelle. Er war mit einem Hut und einer Sonnenbrille bekleidet.

Sein spitzer Bart und das hagere Gesicht ließen ihn aussehen wie der Tod selbst.

»Das ist er!« Konrady hatte sich inzwischen zum Handschuhfach vorgearbeitet. Geduckt fuchtelte er in dem Fach herum und brachte eine Handfeuerwaffe zum Vorschein, die er schnell entsicherte.

Stops öffnete die Beifahrertür des Audis rollte sich hinter die Motorhaube und zog seine Dienstwaffe.

Willbert öffnete etwas unbeholfen die Fahrertür, die mit einem Krachen gegen Konradys BMW schlug. Dann suchte er zwischen den Wagen Schutz.

Etwas unsicher ging Peter Haber durch die Haustür, die er schon Ewigkeiten nicht mehr ohne seinen Hund Richard durchschritten hatte. Die Schuhe waren viel zu groß, unbequem und zusätzlich noch extrem wackelig. Er kam sich vor, als würde er auf Stelzen gehen. Richard hatte ihn bis zur Türe begleitet, nachdem er sich von seinem Hund ein vermutlich letztes Mal verabschiedet hatte. Dann, als Peter schon einige Schritte ins Freie getreten war, hörte er die Stimme seines Freundes aus unbeschwerten Kindertagen, aus einer Zeit, die unendlich weit entfernt schien und nun so bedrohlich nah war.

»Jetzt!«

Peter Haber zog eine Pistole aus dem Mantel und hielt sie ausgestreckt vor sich.

Konrady kroch aus der Beifahrertür und setzte sich neben Willbert, der am Reifen vorbei zum Hauseingang schaute.

»Was macht er?«, schrie der LKA-Chef.

»Scheiße. Er zieht eine Waffe!«, antwortete Stops, mehr zu sich selbst als auf Konradys Frage.

Blitzschnell warf er sich neben den Wagen ins freie Schussfeld und feuerte mehrere Kugeln auf den Mann mit dem langen Mantel ab. Wie auf Befehl reckten sich auch Konrady und Willbert über den

BMW und feuerten auf den Großen, der von Kugeln durchsiebt wie ein nasser Sack zu Boden fiel.

Peter Haber wusste nicht, was er genau machen sollte. Richard hatte ihm nur gesagt, er solle auf Befehl die Waffe ziehen. Das tat er auch. Aber so sehr der Gedanke an sein verkorkstes Leben ihn auch Jahre beschäftigt hatte, abfeuern und andere Menschen möglicherweise verletzen, wollte er nicht.

Er hörte die Stimme eines Mannes, der schrie: »Scheiße. Er zieht eine Waffe!«

Dann folgten ein ohrenbetäubender Lärm und Schreie von Leuten, die nur ein paar Meter neben ihm zu sein schienen. Plötzlich spürte er Schmerzen, fühlte wie etwas in seinen Körper eindrang und ihm die Luft zum Atmen nahm. Immer lauter wurden die Schreie, immer unerträglicher der Schmerz. Er sackte zusammen und dachte noch: Ich habe vergessen, Richard Futter rauszustellen.

Auf einmal gab es nichts mehr, was er spürte, nichts mehr, was er dachte, nichts mehr, was ihn wieder krankmachen würde und nichts mehr, was sein Gewissen belastete. Peter Haber war tot.

Kapitel 40

»Was wird uns da drinnen jetzt erwarten?«

Mick parkte den Porsche vor der Polizeizentrale und stellte den Motor ab.

»Die richtige Frage lautet: Auf wen werden wir treffen?«, meinte Dagmar Keller.

»Wird es wirklich jemand sein, der uns weiterhilft oder will sich die Frau nur wichtigmachen?«

Peters stieg aus. »Gotthard klang so, als ob er ihr die Geschichte abgenommen hat.«

Keller war weniger optimistisch. »Wir werden sehen.« Sie betraten das Gebäude und eilten in ihr Büro.

Al war der einzige anwesende Beamte. Er saß an seinem Schreibtisch und ihm gegenüber hatte eine kleine, zierliche Frau Platz genommen. Als die beiden Kommissare in den Raum stürmten, erhob sie sich.

Sie strich sich ihre langen, blondierten Haare aus dem Gesicht und reichte ihnen die Hand.

»Ich bin Susanne Ulreich, aber bitte nennen sie mich Sue.« Der gleiche Satz, den Peters bereits am Telefon gehört hatte. Er wusste nicht, was an dem Namen Susanne so schlimm war, aber manchmal ist des Menschen Wille sein Himmelreich.

»Hallo Sue«, sagte er. »Ich bin Mick Peters und das ist Kriminalhauptkommissarin Dagmar Keller. Sie leitet die Ermittlungen.«

Sie schüttelten Hände, dann komplimentierte Mick die Frau an den großen Tisch in der Mitte des Zimmers und sie nahmen Platz.

»Erzählen sie uns Ihre Geschichte«, bat Peters Susanne Ulreich und die Blonde ließ sich nicht zweimal bitten.

Sie nahm die Beamten mit in die Vergangenheit. Erzählte ihnen von ihrer Zeit auf der Straße, ihrem Zusammentreffen mit Richard und ihrer Beziehung. Sie ließ nichts aus, schönte nichts und endete mit dem Streit und ihrem Weggang. Dagmar hatte einen Block hervorgeholt und machte sich Notizen. Trotz Smartphone und Laptop hatte sie ihre Stichpunkte noch immer am liebsten so vor sich liegen.

Als Susanne Ulreich schwieg, hätte man eine Stecknadel fallen hören können.

Sekundenlang sprach niemand.

»Was ist?«, versuchte die Blonde einen Scherz. »Überlegen Sie, ob Sie mich für meine Straftaten von damals noch verknacken können?« Sie war nicht nervös oder verschüchtert, wie es viele Personen waren, die in Kontakt mit der Polizei traten. Eher machte sie einen selbstsicheren Eindruck. Eine Frau, die wusste, was sie wollte. Vielleicht hatte das Leben auf der Straße sie so werden lassen. Dort war Zurückhaltung fehl am Platz.

»Und Sie haben seit dieser Zeit nichts mehr von Richard gehört?«

Sie schüttelte den Kopf. »Nichts gehört und nichts gesehen«, sagte sie und spürte plötzlich, worauf Peters hinauswollte.

»Wahrscheinlich erzählen Sie mir gleich, dass Ihnen meine Geschichte nicht wirklich weiterhilft. Dass ich nichts zur Ergreifung beigetragen und keinen Anspruch auf die Belohnung habe.«

Mick konnte nicht anders. Er musste lächeln. »Sie sind also wegen der Belohnung hier?«, fragte er.

»Natürlich. Schließlich habe ich Ihnen Tipps gegeben, wie der Killer tickt. Jetzt wird es einfacher ein Profil zu erstellen und ihn zu fassen.«

»Wir haben schon lange ein Täterprofil«, sagte Dagmar. »Und eigentlich haben Sie nichts Neues dazu beigetragen. Gut, wir kennen jetzt eine Geschichte mehr über ihn. Doch haben wir dadurch neue Erkenntnisse?« Sie schüttelte den Kopf. »Aber...«

Sue Ulreichs Selbstsicherheit bröckelte. »Ich habe Ihnen wahrscheinlich sein Motiv geliefert«, sagte sie. »Ich habe ihn an unserem letzten gemeinsamen Tag gefragt, wer ihn zu dieser Bestie gemacht hat. Und irgendwie, glaube ich, rächt er sich jetzt an diesen Typen. Warum auch immer. Ich habe ihn dazu gebracht, dass...« Sie unterbrach sich, als ihre geplapperten Worte in ihrem Hirn ankamen. »Ich habe…«, stotterte sie noch einmal. Dann: »Mein Gott. Ich bin schuld an diesem ganzen Schlamassel.« Sie verbarg ihr Gesicht in ihren Händen.

»So dürfen Sie das nicht sehen«, sagte Dagmar. Sie erhob sich von ihrem Stuhl, trat hinter die Frau und legte ihr ihre Hände auf die Schultern. »Richards Wahnsinn wäre so oder so zum Ausbruch gekommen«, tröstete sie die Frau. »Es gibt Ereignisse aus seiner Kindheit, die ausschlaggebend für sein Verhalten sind. Hat er darüber nicht mit Ihnen gesprochen?«

Sue schüttelte den Kopf. »Er war sehr verschlossen, was seine eigene Person anging.«

Mick und Dagmar tauschten einen Blick und auch Gotthard schüttelte leicht den Kopf.

Sie waren stillschweigend übereingekommen, dass ihnen diese Zeugin nicht weiterhelfen konnte. Die Ereignisse, über die sie berichtete, lagen zu lange in der Vergangenheit. Wenn sie 2005 das letzte Mal Kontakt zu Richard hatte, brachte das für die aktuellen Ermittlungen gar nichts.

Die Hoffnung, Richard etwas näher zu kommen, zerplatzte wie eine Seifenblase.

»Ich danke Ihnen, dass Sie sich die Zeit genommen haben.«, sagte Dagmar. »Dass sie uns ihre Geschichte erzählt haben.«

Susanne Ulreich blickte in die Runde. Die Worte der Kommissarin waren unmissverständlich.

»Heißt das, ich bin hier fertig?«, fragte sie und konnte ihre Enttäuschung nicht verbergen.

Dagmar nickte. »Lassen Sie uns bitte Ihre Adresse und Ihre Telefonnummer hier, damit wir uns bei Ihnen melden können, wenn wir noch Fragen haben.«

»Ich bin extra aus Düsseldorf angereist«, sagte sie. »Musste eine Freundin bitten, auf meine Kinder aufzupassen.« Sie redete sich in Rage. »Was ist denn nun mit der Belohnung?«

»Ich fürchte, Ihre Aussagen haben uns nicht weitergebracht.«, sagte Gotthard ruhig.

»Das bedeutet, dass ich nichts bekomme? Nicht mal die Hälfte oder so?«

Al schüttelte den Kopf. »Nein, ich fürchte nicht.«

»Aber ich habe zwei Kinder«, sagte sie und Tränen traten in ihre Augen.

Mick, der eben noch gelächelt hatte, empfand Mitleid mit der Blonden. Sie hatte wirklich geglaubt, sie würde heute das große Los ziehen. Eine halbe Stunde Bahnfahrt, ihre Geschichte erzählen und, mit einer großen Summe in der Tasche, ab nach Hause.

»Wenn Sie sich vorne am Empfang melden, dann werden wir Ihnen die Ausgaben für ihre Fahrt ersetzen«, sagte er. Auch das war nicht wirklich üblich, schließlich war die Frau nicht her zitiert worden, doch Mick würde sich dafür einsetzen und wenn er die Kohle aus der eigenen Tasche bezahlen musste.

Dagmar Keller sprang ihm zur Seite. »Ich werde das regeln«, sagte sie und begleitete eine niedergeschlagene Susanne Ulreich nach draußen.

»Schade«, sagte Gotthard. »Ich hatte gehofft, da wäre mehr drin. Und dafür habe ich euch extra kommen lassen.«

Mick lächelte seinen Kollegen an. »Dafür hast du noch etwas gut bei mir«, sagte er. »Du hast mir Stunden der Langeweile erspart.«

Doch sein Lächeln verschwand so schnell wie es gekommen war. Denn Richard lief immer noch frei herum und sie waren ihm wieder einmal keinen Schritt nähergekommen.

Tim Schrader bestellte sich einen Coffee to go an dem Kiosk unweit des Polizeipräsidiums. Er fingerte Kleingeld aus seiner Börse, ohne das Gebäude dabei aus den Augen zu lassen. Er musste über jeden Schritt der Beamten informiert bleiben. Das war er seinem Job schuldig.

Er arbeitete noch nicht lange bei der Tageszeitung mit den vier großen Buchstaben. Eigentlich war er noch gar nicht fest angestellt, mehr ein freier Mitarbeiter. Doch in diesem Fall, aus der Mönchengladbacher Provinz, sah er seinen großen Durchbruch.

Es waren auch ein paar etablierte Kollegen mit der Mordserie beschäftigt, doch sie taten Dienst nach Vorschrift. Sie versammelten sich bei den wenigen einberufenen Pressekonferenzen, ansonsten verballerten sie ihre Spesen in den Restaurants vor Ort oder schossen immer noch Fotos von den Tatorten. Es war jämmerlich wenig, was es an Neuigkeiten gab, ein Zeichen dafür, dass die Polizei auf der Stelle trat. Immer neue Tote, doch von den Ermittlern kamen nur die üblichen Floskeln.

»Wir gehen allen Spuren nach, wir haben den Täter eingekreist, bla bla bla …«

Schrader war noch nicht lange dabei. Er hatte sein Journalistik-Studium erst seit einem halben Jahr beendet und versuchte nun, Fuß zu fassen.

Erst hatte er sich als Paparazzo seine ersten Kröten verdient, doch Prominente gab es, selbst im nahgelegenen Düsseldorf, nicht wirklich viele. Für die Sportabteilung fehlte ihm der Enthusiasmus. Er konnte zweiundzwanzig Mann, die einer Lederkugel hinterherjagten, einfach nichts abgewinnen und die Formel Eins war ihm viel zu laut. Eiskunstlauf und Synchronschwimmen waren auch nicht der Bringer, also versuchte er es mit der Berichterstattung über kriminelle Machenschaften. Einbrüche, Autodiebstähle, alles schön und gut, doch damit landete man nicht auf der Titelseite.

Dann begann die Mordserie. Das Ungeheuer vom Niederrhein trieb sein Unwesen und endlich war seine Chance da. Dass er nicht in der vordersten Reihe stand, machte ihm nichts. Er ließ seinen älteren Kollegen gerne den Vortritt, wenn es um die Tatortberichterstattung ging oder um die Interviews mit den Zeugen (die auch nicht sehr zahlreich waren). Er hatte sich vor dem Präsidium breitgemacht und beobachtete die Eingangstür.

Irgendetwas sagte ihm, dass er hier auf seine Story warten musste. Wenn es ihm auch unmöglich war, auch nur im Entferntesten zu sagen, worauf er sein Augenmerk richten sollte. Er trank den Kaffee mit Todesverachtung. Er war bitter, hatte zu lange auf der Platte gestanden, doch das Koffein weckte seine Lebensgeister.

Langsam schlenderte er zu seinem Golf und lehnte sich gegen die Tür.

Zum Glück fror er sich nicht den Ast ab. Das Wetter war auf seiner Seite. Der Herbst war mild. Er holte sein Smartphone aus der Tasche und checkte seine E-Mails. Nichts Neues aus der Redaktion. Keine Aufträge, kein Abkommandieren zu einem anderen Fall. Er hatte auch nicht wirklich damit gerechnet. Wenn es etwas Interessanteres gab als diese Mordserie, dann würden als Erstes die Spitzenleute gehen und nicht die Greenhorns.

Schrader stellte den leeren Kaffeebecher aufs Autodach und wollte sich gerade eine Zigarette anzünden, als zwei Personen in der Tür des Präsidiums erschienen.

Die eine war eine zierliche Blonde, die Tim noch nie gesehen hatte, die andere war Dagmar Keller, die zwar attraktive, aber auch unnahbare und leicht arrogante Leiterin des Sonderkommandos.

Sie reichte der dünnen Frau die Hand und verschwand wieder im Inneren des Gebäudes. Die Blonde blieb alleine auf den Treppenstufen zurück.

Sie sah sich hilflos um, mit gesenktem Kopf, als wüsste sie nicht, was sie in den nächsten Minuten mit sich anfangen sollte.

Wenn Keller sie selbst verabschiedet hatte, dann war die Blonde irgendwie in diesen Fall verstrickt.

Schrader sah sich um und bemerkte zu seiner Zufriedenheit, dass keiner seiner Kollegen zu sehen war. Wohin die Reporter alle verschwunden waren, konnte er nicht sagen, wichtig war nur, dass ihm das Feld allein gehörte.

Er wartete, bis sich die kleine Frau die Stufen herunter bewegte, dann stieß er sich von seinem Auto ab und schlenderte auf sie zu.

»Hallo«, sagte er, als er bereits dicht vor der Blonden stand. Sie war so in sich gekehrt, dass sie ihn gar nicht bemerkt hatte und leicht zusammenzuckte.

Sie hob den Kopf und musterte den Reporter. »Kennen wir uns?«, fragte sie. Ihre Stimme war abweisend, leicht genervt, doch Schrader ließ sich von dieser anfänglichen Unfreundlichkeit nicht abweisen. Im Gegenteil. Die Frau schien über die Vorkommnisse in der Polizeistelle nicht erfreut und diesen Ärger konnte sich Tim zunutze machen. Vielleicht suchte sie nur jemanden, dem sie ihren Frust mitteilen konnte. Und bei Schrader würde sie auf offene Ohren treffen.

Und wenn die ganze Sache nichts mit der Mordserie zu tun hatte? Auch egal. Was hatte er schon zu verlieren außer einige Minuten seiner kostbaren Zeit.

»Entschuldigung«, sagte der Reporter. »Mein Name ist Tim Schrader und ich habe Sie gerade verärgert das Revier verlassen sehen. Hat man Sie dort nicht vernünftig behandelt?«

»Warum wollen Sie das wissen?« Ihre Stimme war immer noch kalt, doch sie hatte beschlossen, sich mit ihm zu unterhalten und Fische, die Schrader einmal am Haken hatte, ließ er so leicht nicht mehr entkommen.

»Ich bin Reporter«, sagte er. Es war ein Risiko. Es konnte passieren, dass die Frau jetzt dichtmachte, sich auf dem Absatz umdrehte und ihn stehen ließ. Doch die Frau tat nichts dergleichen. Sie entspannte sich etwas, schien mehr an Tim interessiert.

»Worüber schreiben Sie denn gerade?«

Schrader setzte alles auf eine Karte. Er hätte jetzt eine Geschichte erfinden können. Irgendetwas über das Verhältnis der Polizei zum Normalbürger, doch er hatte die Frau schließlich mit Keller gesehen. »Ich berichte über die Mordserie«, sagte er und die Blonde reichte ihm die Hand.

»Schön Sie kennenzulernen«, sagte sie. »Mein Name ist Sue Ulreich und ich glaube, wir können ins Geschäft kommen.«

»Ins Geschäft?« Das ging nun doch etwas zu schnell.

»Sind Sie an einer Story über den Killer interessiert?«, fragte die Blonde.

Natürlich war er das. Was für eine Frage.

»Ich kannte den Mann. War vor ein paar Jahren eng mit ihm befreundet. Ich kann ein wenig aus dem Nähkästchen plaudern.«

Tim Schrader spürte, wie seine Handflächen feucht wurden. Aufregung ergriff Besitz von ihm. Das war es, warum er tagelang hier herumgelungert hatte. Ein Bericht aus erster Hand. Er musterte die Frau, die ruhig vor ihm stand und eine Antwort erwartete.

Schrader rief sich noch einmal die genauen Worte der Frau ins Gedächtnis. »Eng befreundet«, hatte sie gesagt und er sah schon die Schlagzeile auf der ersten Seite: »Ich liebte das Monster vom Niederrhein.«

»Gehen Sie nicht weg«, sagte er. »Ich hole mir nur etwas zum Schreiben.«

Die Blonde schüttelte den Kopf. »Sprechen wir erst über mein Honorar«, sagte sie.

»Das hängt ein wenig von der Qualität der Geschichte ab«, bemerkte Schrader, wobei er seinen Kopf hin und her bewegte.

Sue Ulreich sah den zappelnden Mann vor sich. Sie wusste, dass sich ihre Story gut verkaufen würde. Vielleicht war der Trip nach Mönchengladbach doch nicht umsonst gewesen. Aber sie konnte auch erkennen, dass der Typ vor ihr nur ein kleines Licht bei der Zeitung war.

»Für welches Magazin schreiben sie eigentlich?«, fragte sie.

»Wenn Sie mir ihre Geschichte erzählen, dann können Sie sich morgen ein B-I-L-D davonmachen«, sagte Schrader und grinste. Er wusste genau, dass dieser Köder immer zog.

»Dann telefonieren Sie mit ihrem Chef. Für fünftausend Euro bekommt er Insiderwissen über den Mörder, das sonst niemand hat.«

Sie wusste nicht, ob sie mit dieser Summe zu hoch oder zu niedrig lag. Ihre Erfahrungen in dieser Richtung waren nur äußerst begrenzt.

Die Summe schien den Reporter jedenfalls nicht zu schocken. Er öffnete die Beifahrertür seines Wagens. »Wenn Sie schon einmal Platz nehmen möchten«, sagte er. »Ich kläre jetzt schnell etwas ab und dann fahre ich Sie in ein First-Class-Restaurant. Und dort, bei einem guten Essen und noch besserem Wein, erzählen Sie mir alles, was sie auf der Seele haben.«

Susanne nahm Platz und keine zwei Minuten später fuhren sie los. Einem Luxusessen und einem dicken Scheck entgegen.

Der junge Reporter war überaus höflich, das Drei-Gänge-Menü ausgezeichnet und Sue Ulrich lehnte sich vergnügt zurück, als Tim Schrader seine Notizen beendete.

»Ich danke Ihnen vielmals«, sagte er charmant. »Sie werden es nicht bereuen, dass Sie Ihre Geschichte ausgerechnet mir anvertraut haben.«

Ein Mann war während des Desserts erschienen und hatte den verabredeten Scheck vorbeigebracht. Man konnte über die von vielen geschätzte, von mancher gehassten Zeitung sagen, was man wollte. In Gelddingen schien sie äußerst korrekt zu sein. Sue starrte auf die Summe, streichelte das Papier beinahe zärtlich und steckte es vorsichtig, als könnten die Zahlen davon purzeln, in ihre Handtasche.

Tim Schrader hatte hektische rote Flecken auf den Wangen und auf seiner Stirn standen ein paar feine Schweißperlen. Er war tatsächlich aufgewühlt und in seiner Aufregung sah er beinahe süß aus. Er ist ein paar Jahre zu jung für dich, ermahnte sich Sue. Und außerdem kannst du einen Kerl in deinem Leben gar nicht brauchen. Trotzdem war es eine glückliche Fügung, dass sich ihre Wege gekreuzt hatten.

»Darf ich Sie um Ihre Telefonnummer bitten?«, fragte Tim und wurde gleich darauf rot. Was ihn noch sympathischer machte. »Falls ich noch weitere Fragen habe, meine ich«, stammelte er sofort.

Sue nahm den Stift und kritzelte ihre Handynummer auf eine Serviette. »Bitte!«

Der Reporter nahm sie entgegen, beinahe genauso ehrfürchtig wie Sue ihren Scheck, und steckte sie ein.

»Vielen Dank!«, sagte er und nippte verlegen an seinem Wasser.

Sue sah auf ihre Uhr. »Sind wir dann hier fertig?«, fragte sie. »Mein Zug geht in einer halben Stunde.«

»Ja, gut«, stotterte der junge Mann. »Wenn Sie wollen, kann ich Sie zum Bahnhof fahren.«

»Machen Sie sich keine Umstände«, sagte die Blonde. »Ich werde mir ein Taxi nehmen.«

Sie reichte dem Reporter die Hand.

»Ich schicke Ihnen per E-Mail eine erste Version der Geschichte«, rief er ihr hinterher. »Und ab morgen werden Sie dann alles in der Zeitung lesen.«

»Besten Dank! Ich weiß, dass Sie mich nicht dumm dastehen lassen. Da habe ich vollstes Vertrauen in Sie.«

Sue verließ das Restaurant und atmete tief durch.

Tim Schrader war ihr wirklich sehr sympathisch, doch der junge Reporter hatte einen großen Fehler begangen. Er hatte sie keinen Vertrag unterzeichnen lassen und sich nicht die Exklusivrechte gesichert.

Doch noch sehr grün hinter den Ohren, dachte Sue und lächelte.

Wenn eine große Zeitung so schnell viel Geld für ihre Geschichte bezahlte, dann könnte man die Story doch sicher auch im Fernsehen unterbringen.

Und Susanne hatte vor dem Polizeirevier einen Übertragungswagen gesehen.

Unbesetzt zwar, doch die Reporter würden irgendwann wieder-kommen. Und dann wäre sie da. Mit ihrer Story.

Susanne Ulreich griff zum Handy und bat Gabby, noch ein wenig länger auf ihre Kinder aufzupassen.

Selbst wenn sie ihre Schicht dafür ausfallen lassen musste. Gegen das, was Sue heute verdienen konnte, waren die paar Table-Dance-Kröten Peanuts.

»Ich werde ein Star«, flüsterte sie und gefiel sich in der Rolle. Sie hatte viel zu viel Zeit im Dunkel verbracht. Jetzt gehörte ihr das Rampenlicht.

Dagmar Keller ging zu Mick, der vor der Tafel stand und sich zum tausendsten Mal die Bilder der Opfer ansah.

Sein Bruder war der erste Tote gewesen. Mit diesem Mord hatte der ganze Wahnsinn begonnen.

Sein Blick glitt über die anderen Opfer. Karsten Altgott, Stefan König und Ulrich Lennartz, Menschen, die es im Leben nicht leicht gehabt hatten. Waisen, die es trotz der Schwierigkeiten, die ihr Schicksal für sie bereithielt, doch zu etwas gebracht hatten. Die verantwortungsbewusste Bürger geworden waren. Und nun waren sie alle tot. Dahingemetzelt von einem Irren, der ihnen die Schuld an seinem Leid gab.

Menschen, die zum Zeitpunkt des Ereignisses noch Kinder waren.

Mick rieb sich über die Augen. Er konnte immer noch nicht fassen, was sich in den letzten Tagen ereignet hatte.

Doch am Schlimmsten von allem war, dass sie Richard immer noch nicht dingfest gemacht hatten. Er war auf freiem Fuß und konnte jederzeit erneut zuschlagen.

Auch wenn man es ihm bei seinem letzten Opfer nicht leichtma-chen würde.

Aber wollte er Peter Haber überhaupt? Oder hatte der Blinde Recht und ihm drohte keine Gefahr?

Und was kam danach? Würde Richard einfach aufhören und wieder im Untergrund verschwinden? Unsichtbar werden wie die ganzen langen Jahre seines Erwachsenenlebens?

Auch das konnte Peters nicht fassen. Dass es der kleine Junge von einst geschafft hatte, unbeobachtet von der Gesellschaft, an ihrem Rande, weiter zu existieren, ohne jemandem aufzufallen.

Vielleicht ist er auch jetzt noch nicht am Ende, dachte Mick. Vielleicht ist er so dumm und wagt es, Haber zu attackieren. Oder noch besser: Er hatte Mick Peters selbst noch auf der Liste stehen.

Er sollte ruhig kommen. Das wäre sein letzter Schritt in Freiheit. So viel war für Mick klar.

Dagmar stellte sich hinter ihn, legte eine Hand auf seine Schulter und zog ihn zu sich herum.

Sie waren allein im Büro. Gotthard war gegangen. Wohin auch immer. So richtig wussten sie nicht, was sie noch tun sollten. Und diese Verzweiflung war allgegenwärtig zu spüren.

Dagmar stellte sich auf die Zehenspitzen und hauchte Mick einen Kuss auf die Lippen und für einen winzigen Moment vergaßen sie das Elend um sich herum.

Wenn die ganze Sache nur ein Fünkchen Gutes hatte, dann war es, dass sie beide sich ausgesprochen und wieder zueinander gefunden hatten.

Doch der Augenblick verflog, als die Tür des Büros aufgerissen wurde und Gotthard erschien.

Schon seinem Gesicht war anzusehen, dass eine neue Katastrophe auf sie wartete.

»Haber ist tot!«, überschlug sich seine Stimme.

»Richard?«, fragte Mick und Al schüttelte den Kopf.

»Die Kollegen haben ihn erschossen!«, sagte der junge Kommissar fassungslos und die Beamten spurteten zum Ausgang.

Der Wahnsinn ging weiter.

Kapitel 41

Habers Nachbarn liefen vor die Haustüre und betrachteten den Toten. Schockiert wandte eine jüngere Frau ihren Kopf zur Seite und übergab sich in ein Gebüsch. Ein älterer Mann, der es nicht mehr geschafft hatte, seine Schuhe anzuziehen, kniete barfuß und im Jogginganzug neben Haber und tätschelte mit seiner rechten Hand das Gesicht des Leichnams. Die Arbeiter der Dachdeckerfirma lugten vorsichtig hinter dem Schindelkarren vor, hinter dem sie während des Schusswechsels in Deckung gegangen waren.
Vorübergehend achtete niemand darauf, was auf der anderen Seite des Hauses passierte.
Die Türe des Hinterausgangs stand sperrangelweit offen und Habers Schlüsselbund baumelte noch im Schloss.
Richard verschwand.

Der Riese lief durch verschiedene Gärten, kletterte über Zäune und übersprang Mauern. Er stieß Leute um, warf Sachen zu Boden. Aufhalten konnte ihn sowieso keiner. Er war ein Raubtier auf der Flucht. Immer auf der Hut, unberechenbar, jederzeit in der Lage, sich geschickt zu verteidigen und, wenn möglich, lautlos abzutauchen. Richard hatte auf seiner Liste wieder einen Namen weniger. Peter Haber war Geschichte. Jetzt galt es, sich auf das nächste Opfer zu konzentrieren, eine Aufgabe, die wesentlich schwieriger sein würde. Er kletterte über einen Drahtzaun und stand vor einem kleinen asphaltierten Weg, dessen Breite gerade einmal einem Auto Platz ließ. Dahinter erstreckten sich Felder in scheinbar endlose Weiten. Bäume ließen erste Blätter fallen und überzogen die kleine Straße mit einem grüngelben Teppich. Richard schob mit dem Fuß eine kleine Laubansammlung zur Seite und legte einen Gullydeckel frei. Dann fingerte er aus seiner Jacke ein gebogenes Stück Metall und benutzte es, um den Deckel nach oben zu wuchten. Seine Schulter begann erneut zu schmerzen. Er biss auf die Zähne und kletterte ein Stück weit in die Kanalisation. Dann schob er den Kanaldeckel wieder zurück in seine Fassung. Es war stockduster, nur die Löcher im Deckel gewährten einigen Lichtstrahlen den Weg in den Untergrund. Richard hielt einen Moment inne, bis sich seine Augen an die Lichtverhältnisse gewöhnt hatten. Erst behutsam, dann immer sicherer und schneller setzte er seine Flucht fort. Er hatte die Wege hier unten regelrecht studiert, sich immer wieder Abzweigungen eingeprägt. Ungewöhnliche Vorsprünge und kurze Abschnitte, die nach ein paar Metern wieder in einen anderen, größeren Kanallauf mündeten, dienten ihm als Markierung. Erst stundenweise und später ganze Tage hatte er seine Zeit damit verbracht, sich jedes noch so kleine Detail genauestens einzuprägen. Jahre vergingen, während die gesamte Kanalisation Mönchengladbachs zu seinem Keller wurde. Ein Keller, in dem er dem Erdgeschoss des Daseins entfliehen konnte. Hier entfloh er einer Welt, die er verachtete, weil sie ihn verachtet hatte, weil sie aus ihm das gemacht hatte, was er war, ein Racheengel. Er fühlte sich stark, stärker als je zuvor, beseelt von dem Gedanken, bald sein Werk vollendet zu haben. Seine Schulter pochte, doch wieder waren seine Schmerzen nur eine kleine Randerscheinung. Etwas, das ihn menschlich machte, das ihn aber nicht weiter störte.

Das Monster lief weiter. Niemand sollte ihn finden können. Keiner hatte die Macht, ihn hier zu stellen und er hatte noch genug Verstecke, die es ihm möglich machten, unterzutauchen.

Was vermochten Spürhunde, wo es keine Spur gab? Was konnten Waffen ausrichten, wenn kein Gegner da war? Was konnten tausende von Katzen gegen eine Maus ausrichten, die sich in ein kleines Loch zwängt, durch das nur sie schlüpfen kann?

Richard lächelte siegesgewiss, während er flink über die schmierigen Steine lief.

Ich bin die Maus, dachte er. Das kleine Loch ist gleich hier. Hinter einem abgebrochenen Rohr bog er scharf links ab und blieb abrupt stehen.

Vor ihm stand jemand!

Vor lauter Schreck rutschte er fast auf dem glitschigen Boden aus, auf dem er sonst so traumhaft sicher wandelte.

»Hey Mann, haste mal `ne Kippe für mich?«

Richard begriff nicht, wie der Mann hier hingelangt sein konnte. Nur er, Richard, kannte dieses Versteck.

»Was machen Sie hier?«, fragte der Massenmörder in einem bedrohlichen Ton.

»Bin hier öfters. Irgendjemand hat hier Decken hingelegt und alles Mögliche an Zeugs. Halt alles, was man so brauchen kann.«

Der Mann lallte und roch nach Alkohol, so dass selbst der Fäkalgestank übertüncht wurde. Er zeigte auf eine verbeulte, rostende Eisentür.

»Da, da ist das alles. Bin hier immer mal wieder. Ist eine nette Bleibe«, er machte kurz Pause und lachte abgehackt, »wenn man den Gestank ertragen kann.«

Richard konnte es nicht fassen. Ein Penner benutzte sein Versteck. Einen Unterschlupf, den er selbst eingerichtet hatte, der kaum einzusehen war und überhaupt…

»Wie um alles in der Welt kommen Sie hier hin? Wir sind hier mitten in der Kanalisation.«

»Schon«, antwortete der Penner. »Aber vorne ist doch die Baustelle.«

»Was?«, schrie Richard.

»Na die Baustelle, hier auf der Straße. Die ist doch schon seit 'nem Monat da.«

Der lallende Mann deutete rechts von sich auf ein riesengroßes Loch in der Fahrbahndecke und erst jetzt fiel Richard auf, dass es hier ungewöhnlich hell war. Er rieb sich die Stirn, konnte nicht glauben, dass er beinahe einen bösen Fehler begangen hatte. Eigentlich musste er dem Besoffenen dankbar sein. Dieser Ort sollte als letztes Versteck dienen, nun war es ein gut zu findender Platz.

Man hätte ihm zusehen können, ihn einfach festnehmen, wegen einer Baustelle, die Richard übersehen hätte.

Seit über einem Monat hatte er diese Stelle nicht mehr betreten.

Vorsichtig ging er einen Schritt auf das Loch zu und schaute ins Freie.

»Ganz schön groß«, bemerkte der Mann, den Richard nun etwas genauer in Augenschein nahm.

Eigentlich, so dachte Richard, ein stinknormaler, sogar relativ gutaussehender Typ, sah man einmal von den fettigen Haaren und dem Dreitagebart ab.

»Wissen Sie denn auch, was die da oben machen, also was hier gearbeitet wird?«, fragte Richard.

Der Mann strich sich mit der Hand über das Kinn. Überlegen schien nicht seine Stärke zu sein, zumindest nicht in diesem Zustand.

»Na ja, die arbeiten halt hier«, vermutete er und schloss seinen Satz mit einem wirren Lachen.

Richard blickte wieder hoch zum Loch. Niemand schien momentan dort oben zu sein, aber hier war er nicht sicher, soviel war klar. Ihm fiel auf, dass sich unter dem Loch Steine und Sand von den Wänden gelöst hatten und dass es recht schwierig sein musste, durch die Öffnung nach unten zu gelangen.

Er betrachtete den Mann noch einmal. Etwas lief hier völlig falsch. Wie konnte so ein Typ, in diesem Stadium, hier herunterklettern?

Richards Menschenkenntnis verriet ihm, dass der Kerl eine Rolle spielte und er spielte sie gut. Sogar so gut, dass Richard beinahe darauf hereingefallen wäre.

»Ganz schön steil«, Richard nickte dem Mann anerkennend zu und spielte das Spiel mit.

»Ach woher, ganz easy.«

»Für einen Betrunkenen nicht.«

»Doch, ganz easy!«, wiederholte der Penner.

Richard erstaunte die Selbstsicherheit, mit der dieser Mann hier agierte. Entweder war er wirklich betrunken und seiner Sinne nicht mehr mächtig oder er war für den nächsten Oscar fällig. Richard setzte noch eins drauf.

»Hier runter, über das Geröll und den ganzen Sand, kommt man nur sehr schwer. Vor allem, wenn man so eine Fahne hat wie Sie.«

Der Betrunkene begann nun unruhig von einem Bein auf das andere zu tapsen. Er rieb die linke Hand an seiner Lederjacke und krallte sich daran fest. Verlegen schaute er zu Boden, beinahe wie ein kleines Kind, dem man gerade gesagt hatte, dass es etwas nicht tun darf.

Richard spürte die aufkommende Nervosität dieses Mannes. Er nahm an, dass dieser Kerl kurz vor Richards Eintreffen, eine Schnapsflasche über seine Kleidung gekippt hatte, um jetzt den Betrunkenen zu spielen. Womöglich hatte er Schritte gehört und Angst bekommen. In dem Versteck lagen haufenweise Rumflaschen, wusste sich Richard zu erinnern. Alle zum Zweck der Betäubung und Wundreinigung.

»Ganz ruhig«, schrie der Mann plötzlich, ohne jedes lallen, ohne den Anschein zu erwecken betrunken zu sein. Dann trat er einen Schritt zurück und griff in die Innentasche seiner Jacke.

Sofort sprintete Richard auf ihn zu, drückte die Hand auf die Jacke und klemmte den Arm des Mannes ein. Dieser fiel nach hinten und suchte Halt, doch da war nichts. Mit einem lauten Fluch landete er auf seinem Rücken und hatte Richard sofort über sich. Der Mann hob ängstlich die Arme und rief: »Bitte, bitte lassen Sie mich in Ruhe. Ich habe Frau und Kinder. Ich weiß, wer Sie sind und wollte doch nur das Geld.« Er begann zu weinen.

Richard, der immer noch über dem Mann hockte, zog aus dessen Jackentasche eine Pistole, hielt sie in die Höhe und flüsterte rau: »Und was soll das sein?«

Wütend warf Richard den Revolver in die Kanalisation. Er setzte den Mann vor sich, griff ihm in die schmierigen Haare und ließ sein rechtes Knie mit voller Wucht im Gesicht seines Opfers landen. Mit einem lauten Krachen brach etwas und der Kerl kippte nach hinten weg. Richard setzte nach und trat dem Mann vor den Kopf. Dann noch einmal. Wieder und wieder folgte Tritt auf Tritt gegen den Kopf des Wehrlosen. Sein Blutrausch schien unaufhörlich. Inzwischen war der Schädel dieses Menschen völlig deformiert. Blut quoll aus allen Öffnungen und es trat eine gräuliche Masse aus, dort wo man eigentlich seine Schläfe vermutete. Doch Richard hatte noch nicht genug und trat weiter. Er selbst schien nichts zu spüren. Angetrieben vom Adrenalin, das durch seinen Körper schoss.

Erst nach Minuten beendete er das grausame Treiben und merkte erst jetzt, dass seine Kleidung völlig durchgeschwitzt war. Er war plötzlich außer Atem.

Vor Richard lag ein lebloser Körper. Den Kopf konnte man nicht mehr erkennen, eher etwas wie Matsch, kaum zu unterscheiden von den Rückständen der Kanalisation.

Aus der Jacke des Mannes ragte ein Zettel, den Richard bis dato noch nicht bemerkt hatte. Er beugte sich zu dem Toten und nahm das Blatt an sich. Es war ein Zeitungsausschnitt mit seinem, Richards, Phantombild. Er betrachte das Bild genauer und fand sich überaus schlecht getroffen, dann las er, immer noch leicht außer Atem, den Text unter dem Bild.

Die Polizei musste verrückt sein. Einerseits warnte sie zwar vor dem Täter, auf der anderen Seite ließ sie aber auch verlauten, dass sich der Mörder überwiegend in der Kanalisation aufhielt und für sachdienliche Hinweise gab es…. Richard musste etwas genauer hinschauen, um glauben zu können, was da für eine Zahl stand. Er konnte einfach nicht glauben, dass man nur für einen Hinweis zu seiner Person zehntausend Euro erhalten sollte. Es erschien ihm lächerlich, völlig absurd. Der Zettel glitt ihm aus der Hand und segelte auf den Leichnam. Er betrachtete den Mann oder das, was von ihm übriggeblieben war, noch einmal.

Ein Sensationstourist. Wer weiß, wie viele von denen hier noch herumspuken?, fragte er sich, wunderte sich jedoch gleichzeitig darüber, wie man so viel Mut aufbringen konnte, um für zehntausend Euro sein Leben zu riskieren.

Hier war er nun auch nicht mehr sicher, nicht einmal hier. Nun gab es nur noch eine Stelle, die als letzter Unterschlupf dienen konnte. Hierhin war er schon einmal geflohen. Unter das alte Kabelwerk in Rheydt. Ein Raum, der in Vergessenheit geraten war. Richard rollte den Mann in das fließende Abwasser, wobei Teile seines Kopfes an Ort und Stelle liegen blieben. Der Mörder war außer Kontrolle geraten. Viele Unschuldige hatten sterben müssen. Es fiel dem Wahnsinnigen schwer, einen klaren Gedanken zu fassen. Seine Unterwelt war nicht mehr sicher. Doch ihm blieb nichts anderes, als hier unten zu bleiben und in sein letztes Domizil zu gelangen. Es war purer Zufall, dass man ihn in der Pizzeria nicht erkannt hatte. Auf der Straße würde man ihn normalerweise erkennen, dessen war er sich sicher. Ein Risiko, welches er abwägen musste, nun auch in der Kanalisation. Er mahnte sich zur Vorsicht und trat das, was vom Kopf noch übrig war, in den Kanal. Dann machte er sich auf den Weg zu seiner letzten Unterkunft, bereit für den finalen Showdown.

Kapitel 42

Mick Peters bremste den Wagen vor der Polizeiabsperrung, fuhr das Fenster herunter und präsentierte seinen Ausweis. Der junge Polizist trat zur Seite und winkte sie durch. Trotzdem kamen sie dem Tatort nur unwesentlich näher, denn überall standen wüst geparkte Fahrzeuge.

Dagmar sprang aus dem Porsche, sah sich um und schüttelte den Kopf. Das Bild, das sich vor ihren Augen ausbreitete, hatte so gar nichts mit vernünftiger Polizeiarbeit zu tun.

Neben dem Haus, in dem Habers Wohnung lag, standen Nachbarn und Schaulustige und konnten nur mit Mühe von Beamten im Zaum gehalten werden.

Andere Polizisten schirmten einen Toten vor den Blicken der Neugierigen ab, ohne großen Erfolg, denn selbst aus ihrem Blickwinkel konnte Dagmar die Leiche erkennen.

Die Spurensicherung war noch nicht vor Ort und die wenigen Polizisten konnten keine Ordnung in das Chaos bringen. Einige Kollegen hatten sich um einen Wagen geschart und beugten sich zu einem Mann herunter, der im Auto saß. Mick staunte nicht schlecht, als er diesen Mann als Konrady identifizierte.

»Na schau mal einer an. Wen haben wir denn da?«, sagte er und wies mit einem Kopfnicken auf den Chef des LKA. Keller versuchte immer noch, sich ein Bild von der Situation zu machen, als endlich die Spurensicherung und ein Krankenwagen mit heulender Sirene auftauchten.

»Die waren auch schon mal schneller«, murmelte sie, dann steuerte sie auf den Wagen mit Konrady zu. Mit vorgehaltenem Ausweis schaffte sie es in Sekundenschnelle, bis zu dem Dicken durchgelassen zu werden.

»Herr Konrady«, sagte sie und beugte sich durch die offene Tür. Die Beamten, die sich bis jetzt in der Nähe des Mannes aufgehalten hatten, ergriffen die Gelegenheit zu verschwinden. Konrady saß leichenblass auf dem Fahrersitz. Seine Hände klammerten sich um das Steuer und Mick erkannte, dass er so ein Zittern verbergen wollte. Sein Haar war schweißnass und klebte an seiner Stirn. Er starrte durch die Frontscheibe und reagierte auf Keller erst, als sie ihn ein zweites Mal ansprach. »Was für eine Scheiße«, murmelte Konrady. Speichelfäden erschienen auf seinen Lippen, doch er schien es nicht zu bemerken. »Was für eine gottverdammte Scheiße!«

»Können Sie mir erzählen, was genau hier vorgefallen ist?«, versuchte es die Kommissarin erneut. Doch der Dicke war mit der Situation überfordert. Er hatte die Geschehnisse noch nicht verarbeitet und konnte keine klare Aussage machen.

Ein dickes Häufchen Elend, dachte Mick. Das kommt also raus, wenn sich Sesselpupser in die harte Realität auf der Straße einmischen.

»Was ist passiert?«, fragte Dagmar erneut, doch Konrady starrte nur Löcher in die Luft.

»Ich konnte… wir konnten doch nicht ahnen …«, der Rest blieb unverständlich.

Mick zog Dagmar vom Wagen weg. »Den kannst du vergessen«, sagte er. »Lass uns jemanden suchen, der uns vernünftig schildern kann, was hier schiefgelaufen ist.«

Er hatte immer gehofft, Konrady einmal so fertig zu erleben, dass er einmal von seinem hohen Ross heruntergeholt würde, doch jetzt war der Zustand des Mannes einfach nur ärgerlich. Sie hatten Ermittlungsarbeit zu machen und der stammelnde Dicke war definitiv keine Hilfe.

Mick sah sich um und bemerkte einen Beamten, der etwas Abseits stand und in Rekordzeit eine Zigarette inhalierte. Er steuerte auf den Mann zu und als dieser ihn kommen sah, warf er den Glimmstängel zu Boden und trat ihn aus. Mick war sicher, dass er das Gesicht bereits gesehen hatte, konnte sich an den Namen des Beamten aber nicht mehr erinnern. Dagmar war besser informiert. Sie kannte auch die Kollegen aus Düsseldorf und wusste, dass Konrady selbst ein paar Leute für die Observation angeheuert hatte. Spezialisten. Damit die doofen Dorfbullen aus Gladbach keine Scheiße bauten. Ein Plan, der wundervoll aufgegangen war.

»Ansgar Willbert«, stellte Dagmar den Mann vor. Sie deutete auf Mick. »Und das ist…«

»Mick Peters«, sagte Willbert. »Ich weiß Bescheid. Konrady selbst hat uns vor diesem Job Informationen zukommen lassen. Wir sollten eigentlich nur auf diesen Haber aufpassen und euch den Rücken freihalten. Niemand hat damit gerechnet, dass dieses Monstrum hier auftaucht. Und jetzt das. Ich könnte kotzen.«

»Dann legen Sie mal los«, meinte Keller. »Und berichten Sie in allen Einzelheiten, was sich hier abgespielt hat.«

Willbert zögerte zunächst, als schien er zu überlegen, wie er diesen Einsatz möglichst gut verkaufen konnte. Dann zuckte er resigniert die Achseln. »Man kann es drehen und wenden, wie man will«, sagte er mit einem traurigen Lächeln. »Aber wir haben uns hier wirklich nicht mit Ruhm bekleckert.« Und dann redete er sich den ganzen Frust von der Seele. Angefangen mit der Beschattung, dem Eintreffen von Konrady, dem Pizzaboten, bis zum Öffnen der Tür und dem vermeintlichen Erscheinen Richards, der eine Waffe in der Hand hielt. »Dann haben wir das Feuer eröffnet«, sagte er. »Selbstschutz. Und natürlich Schutz der Handwerker und Anwohner. Wir konnten doch nicht ahnen, dass es Haber war. Dieser Mistkerl hat ihn verkleidet rausgeschickt.« Er fuhr sich durchs Haar. »Verdammt. Es ging alles so schnell.«

Peters wusste nicht, ob er Mitleid haben oder wütend sein sollte. Er fragte sich, ob er auf diese Scharade hereingefallen wäre, wusste aber gleichzeitig, dass man in solchen Situationen in Sekundenschnelle eine Entscheidung treffen musste. All dies würde sicherlich in einer internen Ermittlung noch aufgerollt werden. Er war froh, nicht in der Haut der Beteiligten zu stecken. Wenn erst einmal die Presse davon Wind bekommen würde, dann konnten sich die Beamten warm anziehen. Eigentlich alle, die an diesem Fall beteiligt waren. Die Ermittlungen kamen nicht voran und jetzt erschoss die Polizei einen Unschuldigen. Da würde das böse Wort vom Polizeistaat wieder die Runde machen.

»Was ist mit Richard?«, fragte Mick. »Hat ihn jemand gesehen? Oder wie kommen sie darauf, dass er Haber persönlich zu dieser Aktion gezwungen hat?«

Willbert deutete auf einen verschüchterten Jungen, der von einem Polizisten befragt wurde. »Der Pizzabote hat den Mann beschrieben, der die Lieferung in Auftrag gegeben hat. Er war es. Da besteht kein Zweifel.«

Peters konnte es nicht fassen. Da liefen Berichte im Fernsehen, überall gab es die Phantombilder und Beschreibungen ihres Täters und jetzt hatte er einfach so ein paar Pizzen bestellt und war damit durchgekommen. Wie dreist war dieser Typ eigentlich?

Oder wie verzweifelt, dachte Mick. Er musste in die Öffentlichkeit. Nur so konnte er weiter morden. Eigentlich hatten sie auf so eine Gelegenheit gewartet. Wollten ihn aus dem Loch locken, um dann zuzuschlagen. Jetzt hatte man genau diese Chance genial vor die Wand gefahren.

Ein klassisches Beispiel von »Denkste!«.

»Wie konnte Richard entkommen?«, fragte Dagmar. »Das Haus war doch von allen Seiten umstellt.«

»Theoretisch«, sagte Willbert und grinste wieder schief. Ihm war immer noch anzusehen, wie peinlich ihm die ganze Sache war. »Als die Schüsse fielen, haben die Kollegen hinter dem Haus ihre Position verlassen und sind uns vorne zur Hilfe gekommen.«

»Beide?« Dagmar konnte es nicht fassen. Willbert nickte nur zögernd.

»Und unser Täter hat sich dann durch die Hintertür unbemerkt vom Acker gemacht.«

»So muss es wohl gewesen sein.«

427

Peters ließ den Mann stehen und ging zur Eingangstür des Hauses. Die Spurensicherung kümmerte sich um den Tatort und mittlerweile hatte man es tatsächlich geschafft, die Leiche abzudecken. Mick bückte sich, hob die Plane ein wenig an und blickte in die leblosen Augen Peter Habers. Er stellte sich die letzten Momente des Blinden vor, wie er, Richard im Rücken, durch die Tür stolperte. Unfähig zu sehen, was ihn draußen erwartete.

Hatte er gewusst, dass er in den Tod ging?

Peters fröstelte. Die Kaltblütigkeit Richards ließ ihn erschauern.

»Was für eine Scheiße«, sagte er nur und Keller nickte.

Sie konnten jetzt nur noch das Chaos vor Ort in einigermaßen geregelte Bahnen lenken und retten, was noch zu retten war. Eine erneute Fahndung nach Richard auslösen, obwohl die Chance, dass er sich noch in der Nähe aufhielt, verschwindend gering war.

»Damit haben wir den nächsten Toten und sind genau so schlau wie vorher«, meinte Dagmar resignierend.

»Und wir haben keine Zeit, uns jetzt auch noch mit diesen Ermittlungen herumzuschlagen«, ergänzte Mick. »Wir müssen die Sache in andere Hände geben. Es ist eigentlich egal, wer Haber im Endeffekt erschossen hat. Wir müssen uns weiter auf Richard konzentrieren.«

Zwei Wagen mit Anhänger erschienen und am Gebell, das erklang, erkannte Mick, dass die Hundestaffel eingetroffen war. Sie wiesen die Kollegen ein und hofften, dank der guten Nasen der Vierbeiner, etwas über Richards Fluchtweg herauszubekommen. Aber auch den Hunden hatte der Mörder schon ein paar Mal ein Schnippchen geschlagen.

»Apropos Hunde. Was passiert eigentlich mit Habers Labrador?«, fragte Mick so laut, dass es jeder in der Nähe mitbekam. Wie zur Antwort erschien ein Polizist mit Richard an der Leine. Der Hund sprang sofort in ein Polizeiauto und düste mit dem Polizisten los.

»Ob sie ihn ins Tierheim bringen und...«, Mick stoppte mitten im Satz und deutete auf weitere eintreffende Fahrzeuge. »Lass uns verschwinden«, sagte er. »Die Presse naht.« Er wartete nicht auf Dagmars Antwort, sondern steuerte sofort den Porsche an.

»Soll sich Konrady mit denen herumschlagen.«

»Das werden tolle Interviews«, meinte Keller, doch ihr war nicht zum Lachen zu Mute.

Der Mörder hatte sich in ihrem Kopf festgesetzt und ließ keinen Raum für andere Dinge.

Was war sein nächster Schritt? Hatte er seine Liste beendet? Oder würde er sich wirklich noch Mick holen?

Noch vor kurzem hatte sie den Optimismus ihres Kollegen geteilt.

»Soll er doch kommen«, hatte Mick gesagt. »Dann wird es seine letzte Handlung außerhalb eines Gefängnisses.«

Doch jetzt war sie sich nicht mehr sicher, ob sie eine direkte Konfrontation mit diesem Irren wollte. Richard war zu allem fähig. Wie ein in die Enge getriebenes Raubtier.

Und sie wusste nicht, ob Mick dem standhalten konnte.

Zum ersten Mal seit langer Zeit verspürte sie Angst.

Richard saß mit geschlossenen Augen, den Rücken an die Kellerwand gelehnt da und horchte auf die Geräusche seiner Umgebung. Das Rumpeln der Maschinen in der Fabrikhalle, irgendwo über ihm. Das Trippeln kleiner Rattenfüße, Wassertropfen aus undichten Leitungen. Dies war sein Reich und er der König der Unterwelt. Er öffnete die Lider und warf einen Blick auf seinen Schulterverband. Die Wunde blutete erneut, die Bewegungen der letzten Stunden hatten der Verletzung nicht gutgetan. Ein dumpfer Schmerz zog sich bis hinab in seine Hüfte.

Er erhob sich aus der sitzenden Haltung und betrachtete seine Vorräte, die er in jedem seiner Verstecke angelegt hatte. Richard öffnete eine Dose Ravioli und schlang die pappigen Nudelkissen kalt herunter. Er spielte mit dem scharfkantigen Deckel und setzte sich das kalte Metall an den Unterarm. Langsam ritzte er sich die Haut und sah erste Tropfen Blut, die schließlich zu einem kleinen Rinnsal wurden und zu Boden perlten. Ein Geräusch, fast im Gleichklang mit dem Tropfen des Wassers.

Wieder lauschte er. Waren Menschen zu hören? Oder Hunde? Er lächelte und setzte sich wieder an die Wand. Nein, wenn sie ihm wirklich gefolgt wären, dann hätten sie ihn schon lange aufgespürt. Sie hatten, wie immer, seine Spur verloren.

Hier unten war ihm niemand gewachsen. Und die feinen Nasen der Hunde waren durch die strengen Gerüche in den Kanälen völlig überfordert. Noch dazu legte er viele Meter im kniehohen Wasser der Abflussrinnen zurück, was eine Verfolgung beinahe unmöglich machte.

Richard sah an sich herab und betrachtete seine nackten Füße. Er hatte die nassen Schuhe und Socken ausgezogen, doch auch seine Hosenbeine waren durchtränkt.

Es stank und er verspürte das dringende Bedürfnis, sich zu waschen.

Trockene Sachen gab es hier nicht. Er würde, wohl oder übel, in dieser Kleidung weitermachen müssen.

Weitermachen. Das Wort schoss ihm immer wieder durch den Kopf. Weitermachen.

Immer weiter.

Aber wollte er das? War seine Mission durch Peter Habers Tod nicht beendet? Er hatte dem Blinden erzählt, dass Mick Peters sein nächstes Opfer sein würde. Aber nur, um die Polizisten auf die falsche Fährte zu locken. Eigentlich hatte der kleine Bruder von Mark nie auf seiner Liste gestanden. Doch jetzt wurde ihm klar, dass er Peters aus dem Weg räumen musste. Der Boden in dieser Stadt wurde für ihn langsam zu heiß, wie seine Begegnung mit dem Mann in der Kanalisation gezeigt hatte. Er war sich immer klar darüber gewesen, dass er Mönchengladbach den Rücken kehren musste, wenn er sein Ziel erreicht hatte. Richard ahnte, dass der Rest der Polizei die Ermittlungen schnell einstellen würde, wenn er einfach verschwand. Doch Mick Peters war ein Problem. Es war sein Bruder gewesen, den Richard als Ersten getötet hatte, und er würde Richard jagen, wo immer er auch hingehen würde. Also musste er sterben. So einfach war das. Wenn er auch nur wenig mit Richards Martyrium zu tun hatte. War er am Tag in der Hütte auch nicht dabei gewesen, so hatten die letzten Tage gezeigt, dass er zu einer Bedrohung geworden war.

Es ist noch nicht vorbei, dachte Richard und erhob sich. Die Socken warf er in eine Ecke, die nassen Schuhe streifte er sich widerwillig über die Füße.

Er betrachtete seine Hände, an denen sich sein Blut und das Blut des Mannes befanden, den er getötet hatte.

Ich muss mich waschen, dachte er wieder und er wusste auch wo.

Langsam bewegte er sich durch halb verfallene Tunnel, um schließlich an der Ecke eines kleinen Parks aus einem Gullydeckel zu klettern. Er sah sich vorsichtig um. Die Dämmerung hatte eingesetzt und die kleinen Gassen rund um den Park waren menschenleer.

Er verschloss den Einstieg und ging los, den Kopf zwischen die Schultern gezogen, um seine Größe wenigstens etwas zu kaschieren.

Nicht weit von hier gab es eine öffentliche Toilette, eine der wenigen, die nachts geöffnet waren und für die man kein Eintrittsgeld benötigte. Sie war schon oft Anlaufstelle von Richard gewesen und er hoffte, dass sich in den letzten Tagen hier nichts geändert hatte.

Ein Mann mit einem Hund erschien auf der anderen Straßenseite.

Ein Rentner, von dem keine Gefahr für Richard ausgehen würde. Der Alte blickte nicht einmal herüber, sondern unterhielt sich murmelnd mit seinem Tier.

Wie bei so vielen alten Menschen schien auch hier der Hund der Einzige zu sein, der ihm noch zuhörte.

Und plötzlich überkam Richard überfallartig ein Gefühl der Einsamkeit.

Der Rentner hatte sein Tier. Und er? Wen hatte er?

Wohin würde er gehen, wenn er hier fertig war? Niemand wartete auf ihn. Er würde immer alleine sein.

Hör auf, dich zu bemitleiden, schalt er sich. Das bringt dich auch nicht weiter.

Er lief durch die schmalen Straßen und stieß plötzlich auf ein Relikt seiner Kindheit.

Bunte Farben erschienen vor ihm auf dem Bürgersteig und er hörte eine Unterhaltung.

Doch es waren keine Spaziergänger, die den Lärm verursachten, sondern Fernsehgeräte, die in einem Schaufenster standen und ihre Bilder und Töne auf die Straße warfen.

Dass es diesen Laden noch gibt, dachte Richard. Ein winziges Elektrogeschäft, das von der Glühbirne, über Haushaltsgeräte bis zu Fernsehern, alles verkaufte. Ein Tante-Emma-Laden im Vergleich zu den riesigen Elektronikmärkten, die überall aus dem Boden schossen.

Seine Gedanken wanderten in die Vergangenheit und er sah sich als Kind, zusammen mit anderen Waisen, wie sie sich vor dem Schaufenster versammelten, um Fußballspiele oder Kinderprogramm zu schauen. Die Fernsehzeiten im Waisenhaus waren streng begrenzt und so mussten sie hierher ausweichen, wenn sie etwas Bestimmtes sehen wollten.

Herr Reichel, der Besitzer des Ladens hatte nichts dagegen und er schaltete ihnen sogar die Programme ein, die sie sehen wollten.

Richard musste lächeln. Ob es den Alten noch gab? Er versuchte ein Schild zu erspähen, auf dem der Besitzer vermerkt war, als ihn ein Gesicht, das auf einem der Bildschirme erschien, davon abbrachte. Das Gerät war laut genug eingestellt, so dass er alles vernahm. Für einen winzigen Augenblick wurde ihm schwindelig. Die Reise in die Vergangenheit, die mit dem Anblick dieses Ladens begonnen hatte, ging rasend schnell weiter.

Eine Frau mit langen, blonden Haaren stand vor einem Reporter in einem schlechtsitzenden Anzug und beantwortete Fragen. Sie schien nervös zu sein, strich sich immer wieder Haare aus der Stirn, die gar nicht vorhanden waren.

»Erzählen sie uns von diesem Monster«, sagte der Mann und hielt der Frau das Mikrophon hin.

»Ich, also ich…«, stammelte die Frau. Dann ging ein Ruck durch ihre Gestalt und die Unsicherheit schien von ihr abzufallen.

»Er ist kein Monster«, sagte sie. »Im Gegenteil: Als wir uns kennenlernten, war er ein verschüchterter Mann, der keiner Fliege etwas zuleide tun konnte.«

»Und wo sind Sie aufeinandergetroffen?«

Wenn ihr die nächsten Worte schwerfielen, so ließ sie es sich nicht anmerken. »Ich habe früher auf der Straße gelebt«, sagte sie mit fester Stimme. »Meine Jugend war nicht wirklich erfreulich. Umso besser für mich, dass ich ihn traf und nicht mehr alleine war.«

»Und Sie sind sich nähergekommen?«

Sie nickte. »Wir waren ein paar Monate lang ein Paar.«

Der Reporter setzte nach. »Dann sind Sie mit dem Wissen von heute also froh, dass Sie noch leben. Dass Sie diesem Wahnsinnigen nicht zum Opfer gefallen sind.«

Man konnte erkennen, dass die Frau nun wirklich sauer wurde. »Ich sagte bereits: Er war ein hilfsbereiter, netter junger Mann, als ich mit ihm zusammen war.«

»Waren Sie damals wirklich in ihn verliebt? Es tut mir leid, wenn ich es so drastisch ausdrücken muss, aber es ist für den Normalbürger sehr schwer vorstellbar, dass man so etwas lieben kann.«

»Hören Sie: Eigentlich bin ich es leid, mich andauernd zu wiederholen, aber ja, ich habe ihn damals geliebt und vielleicht liebt ein Teil von mir ihn immer noch.«

»Aber…«

»Nichts aber«, unterbrach die Frau den Reporter rüde. »Haben Sie sich einmal Gedanken über unsere Welt gemacht? Es ist nicht alles schwarz oder weiß, da gibt es auch eine Menge grau. Glauben Sie mir. Ich weiß, wovon ich rede.«

Und damit drehte sie sich um und ließ den Fernsehmann stehen.

»Sue Ulreich, meine Damen und Herren. Eine starke Frau. Jemand, der uns vielleicht bald weitere Einblicke in das Leben des Mörders geben kann, der Mönchengladbach in Angst und Schrecken versetzt. Und damit gebe ich zurück in die Zentrale.«

Richard fühlte sich wie erschlagen. Sue war hier. Seine Sue. Und sie liebte ihn immer noch.

Die Einsamkeit, die ihn gerade noch in ihren Rachen ziehen und verschlingen wollte, fiel von ihm ab. Bilder erschienen in seinem Kopf, von glücklichen Stunden zu zweit.

Vielleicht konnte es noch einmal so werden wie früher. Es waren Livebilder gewesen, von einem Gladbacher Lokalsender. Das heißt sie befand sich hier in der Stadt. Nur wo? Wie konnte er zu ihr gelangen und sie erneut von seiner Liebe überzeugen?

Dann verschwand das Bild von Sue Ulreich und machte dem von Mick Peters Platz.

Der Mann, der einer glücklichen Zukunft im Wege stehen würde.

Das Hindernis, das es aus dem Weg zu räumen galt.

Ein Plan machte sich in seinem Kopf breit. Eine Idee, die ihn aus der Dunkelheit ansprang wie ein Raubtier.

Vielleicht gab es die Möglichkeit zwei Fliegen mit einer Klappe zu schlagen.

Man würde ihm Mick Peters und Sue Ulreich auf einem Silbertablett servieren.

Alles, was er brauchte, war ein Pfand, das er eintauschen konnte.

Jemand, der Peters sehr am Herzen lag.

Wenn er diese Person in seinen Gewahrsam bringen würde, dann konnte er Mick Peters überall hinlocken. Und der Polizist würde Sue zu ihrem kleinen Rendezvous mitbringen. So würde der Deal aussehen.

Richard vergaß die Toilette und den Wunsch, sich zu waschen. Das Blut an seinen Händen störte ihn nicht mehr. Bald würde Neues dazukommen.

Er drehte auf dem Absatz um und ging davon. Seine Schritte wurden immer schneller. Schon bald rannte er durch die Nacht. Das Ende war nahe. Er würde es bald geschafft haben. So oder so.

Kapitel 43

Mick Peters und Dagmar Keller saßen in der Polizeikantine und starrten auf den großen Bildschirm an der Wand. Konradys Interview war grausam. Ein leichenblasser, durchgeschwitzter LKA-Chef stammelte etwas von Unschuldigen, die beschützt werden müssen, von einem bedauerlichen Vorfall und von dem unglaublichen Einsatz seiner Männer Tag für Tag.

Keller verzog das Gesicht und flüsterte Mick ins Ohr: »Man hätte ihm wenigstens ein paar frische Klamotten geben sollen.«

»Das hätte auch nichts gebracht. Den Unsinn, den er da erzählt, nimmt ihm doch inzwischen keiner mehr ab«, sagte Mick, ohne den Blick vom Fernseher zu nehmen.

»Sicher, aber schau ihn dir doch einmal an! Das soll der Chef vom Landeskriminalamt sein? Sorry, aber er wirkt wie seine eigene Karikatur.«

Mick betrachtete den Mann im Fernsehen genauer. Seltsamerweise tat Konrady ihm ein wenig leid. Der Mann mochte sein wie er wollte, aber die Situation, die er gerade zu überstehen hatte, war alles andere als einfach. Reporter aller möglichen Rundfunkstationen löcherten ihn mit Fragen und hielten ihm zig Mikrofone vor die Nase. Außerdem war er vor einer Stunde noch mit einer Ausnahmesituation konfrontiert gewesen.

»Okay, aber ich bin froh, dass ich nicht bei der Schießerei dabei war. Ehrlich gesagt, ich habe keine Ahnung, ob ich nicht auch abgedrückt hätte«, sagte Mick und wandte den Blick vom Fernseher. »Wir sind alle keine Maschinen, selbst Konrady nicht.«

»Der erst recht nicht«, erwiderte Keller. »Der Typ ist ein Weichei und lebt sein Chefdasein wegen des Einflusses anderer. Alleine hätte er sich niemals so weit nach oben geboxt.«

Verdutzt schaute Mick Peters seine Kollegin an. Er überlegte kurz, ob er sich eine schnippische Bemerkung verkneifen sollte, legte dann aber los. »Es gibt halt Leute, die tun wirklich alles dafür, um nach oben zu kommen, da steht Kohlrabi, ich meine natürlich Konrady, nicht alleine.«

Dagmar hatte den Seitenhieb sofort verstanden. Eingeschnappt runzelte sie die Stirn und stemmte ihre Hände in die Hüften.

»Was bitte soll denn das heißen?«, fragte sie mit gespielter Unwissenheit.

Mick merkte, dass er einen Schritt zu weit gegangen war, daran konnte auch das kleine Wortspiel bezüglich Konrady und Kohlrabi nichts ändern. Zum Lachen würde er Dagmar jetzt wohl nicht mehr bringen.

»Entschuldige, das war doof von mir«, lenkte er ein, doch es war zu spät. Dagmar Keller kam langsam in Fahrt.

»Toll, ich war der Meinung wir hätten die Vergangenheit abgehakt. Ich glaube, du wirst mir das immer vorhalten. Eigentlich klar. Logisch, ich hätte es ja wissen müssen.«

»Hey, komm mal runter«, versuchte Mick erneut einzulenken, um die Situation nicht vollends eskalieren zu lassen.

»Ich soll runterkommen?«, entgegnete Dagmar, wobei ihre Gestik einer übertriebenen Schauspieleinlage glich und sie ihren Worten mit weit ausladenden Armbewegungen Gewicht verlieh.

Mick war die Auseinandersetzung peinlich. Er schaute sich um. Zum Glück befanden sie sich alleine in der Kantine. Nicht auszudenken, wenn sie hier auch noch Publikum gehabt hätten.

»Ich soll runterkommen?«, wiederholte die Beamtin. »Du bist dir schon im Klaren darüber, dass du nur wegen mir hier bist? Was habe ich alles auf mich genommen, um dich wieder hier rein zu kriegen? Was soll ich denn jetzt denken?« Sie begann mit ihren Fingerkuppen ihre Schläfen zu massieren. Dann lachte sie gespielt.

»Vielleicht, dass du nur noch mal einen guten Fick wolltest, weil es ja damals so toll war?«

Die Situation überforderte Mick sichtlich. Dagmar hatte sich in Rage geredet. Alles was er nun sagen würde, hätte keinen Wert mehr. Mit jedem Wort, welches er dieser Diskussion hinzufügte, würde er die Sache noch mehr aufbauschen.

»Ich werde jetzt gehen, damit du über das, was du mir gerade gesagt hast, mal nachdenken kannst. Ich habe mich entschuldigt, mehr kann ich nicht machen.«

Mit diesen Worten verschwand Mick Peters aus der Kantine. Keller schaute ihm nach. Langsam beruhigte sie sich wieder, überlegte sogar, ihm nachzulaufen und ihm zu sagen, dass ihr alles nur so rausgerutscht war und sie es nicht so meinte, wie sie es gerade gesagt hatte. Dass sie mit ihren Nerven am Ende war.

Doch dann hielt ihr Stolz sie fest. Wie festgetackert verharrte sie an Ort und Stelle, bis ihr Eispanzer schließlich brach und sich in ein Meer hilfloser Tränen ergoss.

Als Mick seinen Wagen vor dem Haus seines Bruders parkte, schossen ihm tausende von Gedanken durch den Kopf. Das hier war keine heile Welt und die Vergangenheit konnte man nicht einfach wie ein Bild an einem Rechner so retuschieren, dass alles wieder schön und ebenmäßig aussah.

Die Wahrheit liegt in der Gegenwart, dachte er. Dann stieg er aus und sah durch das große Fenster seine Schwägerin in der Küche sitzen.

Sarah lebte in der Vergangenheit, immer noch, und vielleicht würde sie diese nie ausradieren oder sie zumindest so verarbeiten können, dass ihr irgendwann mal wieder ein neues, lebenswertes Leben möglich war. Alles, was sie zurzeit tat, geschah aus einer Art Benommenheit, aus einem Zustand innerer Leere heraus. Auch jetzt, wie sie am Küchentisch saß, mit irgendeiner Hausarbeit beschäftigt, schien ihr Blick ins Leere zu starren. Mit ihren Gedanken war sie immer noch bei seinem Bruder Mark. Vergangenheit! Irgendwann musste man sie hinter sich lassen.

Mick schüttelte den Kopf. Wie blöd er gewesen war. Sollte er Dagmar jetzt wieder verlieren, wo sie sich gerade wiedergefunden hatten? Das durfte nicht passieren. Er musste um sie kämpfen. Scheiß auf alles andere, fluchte er innerlich. Er spürte das unbändige Verlangen ihrer Nähe, wollte ihr sagen, dass ein Neuanfang immer mit Schwierigkeiten verbunden war und er ihr längst all das, was geschehen war, verziehen hatte. Doch nun war er hier. Hier vor diesem Haus, welches nicht seins war, sondern das seines Bruders und seiner Schwägerin, die ihm bereitwillig alles zur Verfügung stellte.

Mick stieg wieder in den Wagen und ließ den Motor aufheulen. Sein Ziel war die Polizeiwache oder vielmehr Dagmar Keller, die Frau, die er um keinen Preis der Welt wieder hergeben wollte.

Als Mick die Kantine betrat war sie leer. Keine Dagmar Keller und auch sonst kein Polizist, der ihm vielleicht hätte sagen können, wo sich seine Geliebte befand. Nur der Fernseher flimmerte noch und zeigte gerade die Spätnachrichten.

Er klopfte an verschiedene Bürotüren, doch scheinbar war auch hier niemand mehr zugegen. In der Zentrale saß eine junge Frau, Mick schätzte sie auf Mitte zwanzig. Gelangweilt spielte sie mit ihren langen blonden Haaren.

»Hallo«, sagte Mick und lächelte sie an.

»Hallo Herr Peters«, antwortete die Blondine freundlich und war wahrscheinlich froh, dass sie endlich mal etwas zu tun bekam.

Mick wunderte sich, woher das junge Ding seinen Namen kannte. Er hatte sie noch nie hier gesehen oder hatte sie bisher einfach noch nicht bemerkt.

»Ja...«, begann er zu reden, »ich habe eben noch mit Kriminalhauptkommissarin Keller gesprochen. Leider ist sie nicht mehr da. Wissen Sie vielleicht wo sie ist?«

»Ich habe Sie vor ein paar Minuten hier vorbeigehen sehen. Sie hat sich nicht mal verabschiedet.« Die junge Frau machte eine kurze Pause. »Die ist einfach weg, keine Ahnung wohin.«

In der Stimme des Mädchens lag ein gewisser Vorwurf, was Mick gut nachvollziehen konnte. Schließlich war Dagmar seinetwegen in

Rage geraten. Kein Wunder, dass sie jeglichen Anstand über Bord gehen ließ.

Mick schaute sich um.

»Was ist denn hier los? Sie sind ja mit Sicherheit nicht alleine hier.«

»Nee«, antwortete die blonde Frau. »Ein paar sind noch in der Rumpelkammer.«

Die Rumpelkammer war der Schießstand, wusste Mick. »Ich habe noch gar nicht nach Ihrem Namen gefragt. Entschuldigung, dass ich so unhöflich war.«

»Ich heiße Bianca, Bianca Arndt.«

Mit einem breiten Lächeln stand Bianca von ihrem Stuhl auf und reichte Mick durch ein Loch in der Plexiglasscheibe die Hand.

Mick schüttelte sie und entgegnete ihr ebenso freundlich, »Mick, Mick Peters.«

»Weiß ich doch.«

»Ach ja, klar.«

»Fragen Sie doch mal drinnen nach.« Sie drehte sich um und zeigte auf eine verschlossene Türe, den Eingang zur »Rumpelkammer«.

»Okay, das ist eine gute Idee«.

Mick ging zur Türe und betrat den schallisolierten Raum. Auf einem der Schießstände entdeckte er Gotthard, der sich gerade seiner Waffe entledigte und Mick bemerkte. Mick winkte ihm zu und ging in die Richtung seines Kollegen.

»Hallo Al.«

»Mick, was machst du denn hier? Ich dachte du wärst mit Keller weg.«

»Nein, ich war vor ein paar Minuten noch mit ihr in der Kantine und bin dann gefahren. Danach bin ich wieder hier hin, weil ich etwas vergessen habe«, log Mick.

Al reichte Mick den Gehörschutz, der neben ihm, auf einem kleinen Tisch, zusammen mit der Waffe lag.

»Baller auch mal ein paar Patronen aufs Ziel, das lenkt ab.«

440

Mick überlegte kurz. Eigentlich war er nur hier, um mit Dagmar zu reden und nicht, um irgendwelche Schießübungen durchzuführen.

»Nein danke!« Mick hielt sich die Ohren zu, weil auf dem letzten Stand jemand anfing wie wild loszuschießen.

»Ich bin mal wieder weg. Du weißt ja auch nicht, wo Keller sich aufhält«, schrie er Gotthard an, der als Antwort mit den Schultern zuckte und sich den Gehörschutz aufsetzte. Mick verließ die Polizeiwache mit einem unguten Gefühl. Er holte sein Handy aus der Jackentasche und starrte auf das Display.

Sie anzurufen war falsch. Stur wie sie war, würde sie mit Sicherheit nicht ans Telefon gehen. Doch er konnte nicht anders und rief sie an. Erfolglos.

»Verdammt!«, fluchte er, steckte das Handy wieder in seine Tasche und fuhr zum Hotel, in dem sich die Kriminalhauptkommissarin einquartiert hatte.

Als er den Porsche vor dem Gebäude abstellte, überkamen ihn leise Zweifel. Die Entscheidung, ihr jetzt nachzulaufen war entweder völlig falsch oder genau das richtige Mittel, um mit ihr wieder ins Reine zu kommen.

Mick klopfte wie wild gegen die Türe des Appartements, so dass aus dem Nachbarzimmer ein Mann hinausstürmte.

»Bei Ihnen alles okay?«, fragte der Mann ironisch, während er mit nacktem Oberkörper und nur mit einem Badetuch um die Taille vor Mick stand.

»Bei mir schon, aber gehen Sie mal lieber wieder rein, bevor Sie sich noch eine Erkältung holen.«

Der Mann starrte Mick ungläubig an.

»Ich finde es schon seltsam, wenn jemand um neun Uhr abends so gegen eine Zimmertür donnert, dass ich fast aus der Dusche kippe.«

Mick sah ein, dass der Mann im Recht war. Es hätte auch gereicht ein oder vielleicht zweimal gegen die Türe zu klopfen, um festzustellen, dass niemand da war oder da sein wollte.

»Sorry, Sie haben natürlich Recht«, sagte Mick Peters einsichtig. »Aber das mit der Erkältung meinte ich auch ernst.«

Der Mann schüttelte den Kopf und verzog sich wieder in sein Zimmer. Nun stand Mick alleine auf dem Flur der zweiten Etage. Hier hatte ein Neuanfang in ihrer Beziehung begonnen. Hier, in diesem Hotel. Und nun war Dagmar nicht da oder wollte einfach nicht mit ihm reden. Am liebsten hätte er sich für seine dämliche Bemerkung selbst geohrfeigt.

Er liebte sie, dessen war er sich so sicher, dass er dafür alles aufgegeben, ja sogar sein Leben für ihres eingetauscht hätte. Er konnte nicht ahnen, wie bald er dazu die Gelegenheit bekommen sollte.

Kapitel 44

Dagmar Keller lag auf dem Bett ihres Hotelzimmers und starrte an die Decke.

Es war keine zwanzig Minuten her, dass Mick an ihre Tür gehämmert hatte. Sie konnte durch die dünnen Wände dem Gespräch ihres Kollegen mit ihrem Nachbarn folgen. Doch sie hatte sich nicht aufraffen können, ihm zu öffnen. Sie wusste, dass sie sich aufführte wie ein Teenie. Eine wirklich erwachsene Frau hätte sich der Situation gestellt und den Streit in einem vernünftigen Gespräch aus der Welt geschafft.

Aber sie fühlte sich dazu nicht in der Lage. Vielleicht, weil sie Angst hatte, dass nach der Diskussion ihre kurze Liaison wieder ein Ende hatte.

Dagmar war sich darüber im Klaren, dass sie überreagierte. Was hatte sie denn geglaubt? Dass ihr damaliger Verrat an ihrem Freund und Kollegen nie wieder zur Sprache kommen würde? War es nicht schon Wahnsinn, dass Mick überhaupt in der Lage war, zu verzeihen? Jetzt hatte sie einen Spruch über Konrady rausgehauen, er hatte ihn gekontert und Dagmar hatte diese Sache sofort auf sich bezogen. Ob es ein Schuss in ihre Richtung hatte sein sollen, konnte sie nicht einmal mit Sicherheit sagen, doch ihr Verhalten hatte diesen einfachen Zwist eskalieren lassen.

Jetzt war die Frage, ob sie das kleine, zarte Pflänzchen Liebe, das zwischen ihnen wieder gewachsen war, damit zertreten hatte. Diesmal vielleicht zum endgültig letzten Mal.

Was hatte Mick gewollt? Mit ihr reden, um das Missverständnis aus dem Weg zu räumen, oder war er hier aufgetaucht, um ihr erst die Meinung zu geigen und danach Schluss zu machen? Die Angst davor hatte ihre Beine gelähmt und sie daran gehindert, an die Türe zu gehen.

Doch sie konnte sich hier nicht ewig verstecken, soviel war klar. Schließlich hatten sie nicht nur eine Beziehung, die jetzt auf wackligen Beinen stand, sondern sie waren auch Partner in diesem dämlichen Fall. Eine Ermittlung, die nicht warten konnte. Die ihr keine Möglichkeit bot, Mick in den nächsten Wochen nicht über den Weg zu laufen.

Du bist eine Idiotin, schalte sie sich. Und ein Weichei. Verdammt, so kenne ich dich gar nicht! Sich hinter verschlossenen Türen verstecken, anstatt der Auseinandersetzung tapfer entgegenzutreten.

Sie raffte sich auf, betrachtete ihr Äußeres im Spiegel und kam zu dem Schluss, dass ihre zerknitterte Kleidung den chaotischen Gedanken in ihrem Inneren in nichts nachstand. Sie ordnete die Sachen so gut es ging, warf sich ein paar Spritzer Wasser ins Gesicht und reparierte ihre dezente Schminke, die in den letzten Minuten Schaden genommen hatte.

Ein erneuter Blick in den Spiegel zeigte ihr, dass sie immer noch nicht wie das blühende Leben aussah, aber niemand konnte ihr mehr ansehen, dass sie geweint hatte und das musste fürs Erste reichen.

Vor der Tür, die Klinke bereits in der Hand, atmete sie noch einmal tief durch. Sie würde sich den Stürmen stellen, die das Leben draußen für sie bereithielt.

Und versuchen, nicht darin unterzugehen.

Frank Benke saß, entspannt zurückgelehnt, im Polizeiwagen und warf ab und zu einen Blick auf das Haus, das im Schein der Laternen nur als Schatten wahrzunehmen war.

In zwei Räumen brannte Licht, doch keine Silhouette tauchte darin auf.

Sarah Peters Bewegungsradius war äußerst begrenzt. Das wusste Benke, seitdem sie vor zwei Nächten die Überwachung übernommen hatten.

Kleinschmidt selbst hatte die Beamten für diesen Einsatz eingeteilt, doch der eigentliche Wunsch, diese Frau zu beschützen, war von ihrem Schwager Mick ausgegangen, das war in der Polizeizentrale ein offenes Geheimnis.

Frank rieb über den Verband an seiner linken Hand, unter dem sich der Rattenbiss befand. Er hatte ein paar Spritzen bekommen und eine gewaltige Dosis Antibiotika. Dazu die Anweisung des Polizeiarztes ein paar Tage zu Hause zu bleiben. Doch Benke hatte sich widersetzt. Ein kleiner Biss warf ihn nicht um und er wollte weiter an diesem Fall dranbleiben. Endlich passierte mal etwas im lauschigen Mönchengladbach, da konnte er doch nicht tatenlos zu Hause bleiben.

Er dachte über Mick Peters nach, der vor ein paar Jahren vom Dienst suspendiert und nun, fast in Ehren, wiederaufgenommen worden war. Diese Dagmar Keller hatte da ihre Finger im Spiel, soviel war klar. Schließlich kannten alle die Geschichte.

Seltsam war nur, dass Peters sich wieder mit ihr einließ. Als Partner oder sogar mehr... Auch darüber munkelte man bereits.

Frank warf einen Blick auf den Beifahrersitz, wo sein Kollege, Heiko Müller, den Schlaf des Gerechten schlief. Ihn schien die ganze Situation nicht aufzuregen. Er betrachtete sich auch nicht als Mitglied des Ermittlerteams wie es Frank gerne tat... besonders, wenn er mit Frauen ins Gespräch kam. Das machte verdammt Eindruck, wenn man es nur mal kurz einwarf. Ich hoffe nur, die finden den Kerl bald, dachte Benke. Denn so langsam war die Geduld der Bevölkerung erschöpft und in zwei, spätestens drei Tagen würde man wahrscheinlich nur noch mit Hohn und Spott überschüttet werden, wenn man fallen ließ, dass man Mitglied dieser erfolglosen Truppe war.

Benke hatte läuten hören, dass man den Fall sowieso bald entzogen bekäme. Dass sich das BKA persönlich darum kümmern wollte.

Warum kommen die nicht weiter, dachte er. Vielleicht waren Peters und Keller durch ihren privaten Zwist oder durch ihre Liebelei, je nachdem, einfach zu abgelenkt. Man sollte mal ein paar andere Leute auf den Fall ansetzen.

Mich zum Beispiel, träumte Benke und musste grinsen. Er war, als Polizeianwärter bei der Schutzpolizei, so weit von den Mordfällen weg wie eine Kuh vom Eierlegen.

Doch die Fähigkeiten diesen Fall aufzuklären, besaß er ... in seinen Augen.

Er sah sich, den Mörder im Schlepptau, im Blitzlichtgewitter und sein Grinsen wurde breiter.

»Träumst du wieder davon, ein großer Held zu sein?«

Heiko war aufgewacht und wuchtete seinen massigen Körper in eine aufrechte Position.

Benke verzog das Gesicht. Er hasste es, dass er so einfach zu durchschauen war.

»Glaubst du nicht manchmal, dass du die Dinge genauso gut oder vielleicht sogar besser hinbekommen würdest als die Typen vom LKA?«

Müllers Gesicht wurde ernst. »Hast du unseren Fund in der Villa schon vergessen?«, fragte er.

Als reagierte Franks Rattenbiss auf die Bemerkung seines Kollegen, begann er unter dem Verband zu jucken. Bilder von Königs zerstörtem Körper waren urplötzlich wieder in seinem Kopf und das Lächeln auf seinem Gesicht verschwand.

»Siehst du«, sagte Heiko, der wie in einem offenen Buch in seinem Partner las. »Ich möchte mich nicht tagein, tagaus mit Psychopathen beschäftigen. Da sind kleine Einbrecher und besoffene Verkehrsteilnehmer doch wesentlich angenehmere Patienten.«

Er wartete nicht auf Benkes Antwort, sondern warf einen Blick auf die grünen Ziffern der Digitaluhr.

»Zeit für meinen abendlichen Snack«, sagte er und sein laut knurrender Magen unterstützte seine Aussage.

Es war zum verrückt werden. Heiko Müller war ein ruhiger, ausgeglichener Mensch. Die Ruhe in Person und ein Partner wie man ihn sich wünschen konnte. Nur seine unkontrollierten Fressattacken machten Frank zu schaffen.

Man konnte es ihm aber auch nicht ausreden. Denn mit Hunger im Gepäck mutierte er von Dr. Jekyll zu Mr. Hyde. Dann wurde aus dem netten Heiko Müller ein quengeliges Arschloch.

»Wenn du mich für einen winzigen Augenblick entschuldigst«, sagte der Stämmige. »Ich werde mir eben in der Pommesbude um die Ecke ein wenig Verpflegung holen.«

Er öffnete die Beifahrertür und stieg aus. »Soll ich dir was mitbringen?«

Frank, der sich eben noch aufgeregt hatte, verspürte nun plötzlich selbst ein Hungergefühl. »Pommes-Currywurst«, sagte er. »Wie gestern.«

In der letzten Nacht hatten sie sich bereits einen Snack gegönnt und die Currysoße war ausgesprochen lecker gewesen.

»Dein Wunsch sei mir Befehl«, scherzte Heiko.

Er war bereits ein paar Schritte weg, als er sich noch einmal umdrehte. »Und lass dich nicht klauen«, meinte er gut gelaunt. Es war die Vorfreude auf das Essen. »Obwohl ... dann kann ich deine Portion auch aufessen.« Er lachte laut und setzte seinen Weg fort.

Frank blieb alleine zurück. »Lass dich nicht klauen«, flüsterte er. Es war ein Scherz seines Kollegen gewesen, aber irgendwie war Frank plötzlich nicht mehr zum Lachen zumute.

Es ist keine verdeckte Ermittlung, dachte er. Du sitzt hier in einem gut erkennbaren Polizeiauto. Niemand ist so blöd, sich dem bewachten Haus zu nähern.

Doch der Verrückte war schon im Krankenhaus aufgetaucht und hatte Königs, den Benke fast gerettet hatte, den Garaus gemacht und er hatte den schwer bewachten Haber umgebracht. Diesem Typen war alles zuzutrauen.

Benke bemerkte frustriert, dass er nervös wurde. Er hoffte, dass Heiko bald wiederkommen würde.

»Mach dich nicht verrückt«, versuchte er sich zu beruhigen. »Die Frau, die wir bewachen, interessiert den Mörder gar nicht. Sie war nur zufällig die Frau des ersten Opfers.«

Doch das schlechte Gefühl, das sich einmal eingestellt hatte, konnte er auch durch Selbstgespräche nicht vertreiben. Dabei hatte er die dunkle Gestalt, die sich von hinten dem Auto näherte, noch gar nicht bemerkt.

Der Riese lag auf der Lauer. Wieder einmal war das Raubtier auf Beutezug. Nur, dass es dieses Mal nicht töten wollte. Es war kein Objekt seiner Rache, sondern ein Pfand, das Richard in seine Hände bekommen musste.

Das Einzige, das zwischen ihm und seinem Opfer stand, war dieser Polizeiwagen und die Beamten, die sich darin befanden. Richard schlich ein bisschen näher. Schob sich im Dunkel, zwischen den Büschen am Straßenrand, immer näher an das Auto heran.

Plötzlich wurde eine Tür des Wagens aufgerissen und der ältere der beiden Polizisten stieg aus.

»Lass dich nicht klauen«, rief er dem Mann im Auto zu, dann steuerte er eine Ecke der Straße an.

Richard grinste. Er wusste, was das Ziel des Beamten war.

Er hatte Hunger und er ging schnurstracks auf den Imbiss zu. Wenn er für sich und seinen Kollegen etwas zu Essen bestellte und darauf wartete, dann blieb Richard sicherlich ein Zeitfenster von fünf Minuten, in denen er es nur mit einer Bewachung zu tun hatte.

Wieder würde ihm der Appetit der Menschen helfen. Ob Pizza oder Pommes, das Ergebnis war das Gleiche. Die Beamten waren abgelenkt.

Jetzt oder nie, dachte er und schlich sich von hinten an den Wagen heran.

Als er die Deckung der Büsche verließ, ging er auf alle Viere herunter und hielt sich im toten Winkel des Fahrzeugs. Den letzten Meter, auf dem der Polizist ihn im Seitenspiegel erkennen konnte, erledigte er im Sprung.

Das Messer in einer Hand, riss er die Fahrertür auf.

Der junge Beamte reagierte zu langsam.

Er schien nicht ernsthaft mit einer Attacke gerechnet zu haben. Er hob einen Arm, um sich zu schützen, doch Richard schlug ihn, wie eine lästige Fliege, zur Seite.

Erst da schien der Mann auf die Idee zu kommen, um Hilfe zu rufen. Doch Richard hatte das Ziel längst ausgemacht und stieß gnadenlos zu. Die Klinge bohrte sich in die Gurgel des Mannes und statt eines Schreis entfuhr der Kehle des Polizisten nur ein dumpfes Blubbern. Blut schoss aus der Wunde und überzog die Windschutzscheibe mit flüssigem Rot.

Rosa Bläschen bildeten sich auf den Lippen des jungen Beamten. Er neigte tatsächlich noch einmal den Kopf, um zu sehen, was sich in seinem Hals befand. Sein Kinn stützte sich auf dem Heft des Messers ab, dann wurden seine Augen glasig. Er war tot.

Richard zog die Waffe aus dem Hals seines Opfers und ließ den leblosen Körper auf das Steuerrad sinken.

Für einen Moment hatte er Angst, dass nun die Hupe losgehen würde, doch nichts dergleichen geschah.

Er zog seinen Oberkörper aus dem Wagen und richtete sich zu seiner vollen Größe auf. Niemand hatte seine Aktion beobachtet. Auch von dem zweiten Polizisten war nichts zu sehen. Die ganze Sache hatte nicht länger als eine Minute gedauert, also blieben ihm noch vier, um ins Haus einzudringen, Sarah zu überwältigen und wieder zu verschwinden.

Nicht viel, aber völlig ausreichend.

Richard zog eine Spritze aus der Tasche und machte sich auf den Weg.

Seinem Tauschobjekt entgegen.

Sarah Peters saß in dem Sessel, der in den letzten Tagen zu ihrer Zuflucht geworden war.

Der Fernseher sendete ein buntes Bild und leise Töne in ihr Wohnzimmer, doch sie nahm nichts davon wirklich wahr. Sie hatte sich tief in ihr Inneres zurückgezogen. An einen Ort an dem es nur Trauer und Verzweiflung gab.

Der einzige Mensch, zu dem sie noch Kontakt hatte, war Mick, der sich aber immer seltener sehen ließ. Er steckte in den Ermittlungen fest. Versuchte den Mann unschädlich zu machen, der an ihrer Situation schuld war. Die Bestie, die Mark, ihren Lebensmittelpunkt, so plötzlich aus dem Leben gerissen hatte. Sarahs Blick fiel auf den Beistelltisch, wo eine Tasse Tee und ein Scheibe Brot darauf warteten, verzehrt zu werden. Doch sie empfand keinen Hunger. Es war ihr bereits schwergefallen, den Sessel zu verlassen und in die Küche zu gehen. »Du musst etwas essen«, hatte sie sich selbst angefeuert. Aber nun lag ihr Abendessen vor ihr und sie rührte es nicht an.

Selbst dazu fehlte ihr die Kraft.

Alles hatte seinen Sinn verloren. Wenn sie sich zu etwas aufraffen wollte, fiel ihr immer ein, dass sie es früher zu zweit getan hatten. Ob es Einkäufe waren, ein gepflegtes Essen oder auch nur die Stunden vor dem Fernseher, um sich von stressigen Arbeitstagen zu erholen.

Jetzt war sie, bei allem, was sie tat, allein. Und diese Einsamkeit nagte an ihr wie ein kleines, unbarmherziges Tier.

Es kann so nicht weitergehen, dachte sie. Du musst dich zusammenreißen. Wieder am Leben teilnehmen.

Doch sie konnte es nicht.

Sarah hatte seit Tagen das Haus nicht mehr verlassen. Die Welt da draußen hatte ihren Reiz für sie verloren.

Wie oft hatte sie Marks Dasein als selbstverständlich hingenommen. Jetzt hatte ihr das Schicksal brutal vor Augen geführt, dass nichts selbstverständlich war.

Hätte sie ihr Leben anders gelebt, wenn sie gewusst hätte, dass ihnen nur so wenig Zeit blieb?

Sicherlich. Ihr fiel dieser dämliche Spruch ein: Lebe dein Leben, als wäre jeder Tag dein letzter. Oder dieser alte Countrysong »Live like you were dying«.

Sie hatten viel zu viel Zeit sinnlos vergeudet und nun ließ sich nichts mehr ändern. Es war vorbei. Mark war tot.

Der Tod! Tot sein! Was für hässliche Wörter. Diese Endgültigkeit, die darin mitschwang.

»Du lebst«, sagte sie sich wieder. »Und Mark hätte nicht gewollt, dass du dich so verkriechst.«

Aber stimmte das? Die Wahrheit war, dass sie es nicht wusste und ihn nicht mehr fragen konnte. Nie wieder würde sie seine samtweiche Stimme hören.

Die Verzweiflung überfiel sie erneut, hüllte sie ein wie eine nachtschwarze Decke, die alles Licht von ihrem Leben fernhielt.

Vielleicht wäre es besser, wenn sie Mark einfach folgen würde. Die Welt von ihrer jammervollen Erscheinung erlösen und niemandem mehr zur Last fallen.

Es war nicht das erste Mal, dass ihr diese Selbstmordgedanken kamen, aber noch war sie zu feige dazu. Oder noch zu stark. Wie man es nahm.

Ihre Hand griff nach dem Tee und sie schaffte es, die Hälfte des lauwarmen Getränks herunterzuwürgen.

Als es an der Haustür klingelte, setzte sie die Tasse so schnell ab, dass die Untertasse zerbrach.

»Scheiße!«, fluchte sie und fragte sich gleich, wer ihr so spät noch einen Besuch abstattete.

Mick hatte einen eigenen Schlüssel, er konnte es nicht sein. Oder hatte er ihn verloren?

Sie dachte an die Polizisten, die vor ihrem Haus Stellung bezogen hatten. Vielleicht musste einer von ihnen einfach mal auf die Toilette.

Der Gedanke an ihre Bewacher beruhigte sie. Sicherlich würden sie niemanden an ihre Türe lassen, der ihnen suspekt vorkam.

Doch alles Überlegen führte zu nichts. Sie würde sich bewegen müssen.

Mühsam erhob sie sich aus dem Sessel und schlich zur Tür. Gebeugt, schlurfend wie eine Frau, die dreimal so alt war wie sie.

Sie hätte sich einen Türspion gewünscht, doch bis jetzt hatten sie nie Verwendung dafür gehabt. Ihr Haus war nur von Freunden besucht worden. Oder höchstens einmal von Zeugen Jehovas.

Sarah öffnete die Tür und ihr Blick fiel auf den Polizeiwagen. Gut, dachte sie noch. Ich werde immer noch beschützt. Dann schnellte eine große Gestalt aus dem Schatten neben der Tür. Sie sah ihn nur in Sekundenbruchteilen, doch sie wusste sofort, mit wem sie es zu tun hatte.

Nun holt er auch mich, ging ihr durch den Kopf und sie war überrascht, wie wenig sie der Gedanke ängstigte.

Dann spürte sie den Stich in ihrem Arm und Augenblicke später versank die Welt in Dunkelheit.

Richard warf sich die ohnmächtige Frau über die Schulter. Dann verschwand er aus dem Haus, zog die Tür zu und hastete in das Dunkel der Büsche.

Jetzt musste er nur noch Mick Peters eine Nachricht zukommen lassen. Sein letztes Opfer würde sich ihm auf dem Silbertablett servieren und ganz nebenbei Richards große Liebe mitbringen. Er würde seine Forderungen klar formulieren. Als er einen letzten Blick zurückwarf, sah er, dass der zweite Polizist auf dem Weg zum Auto war.

In der Hand eine weiße Papiertüte.

Jetzt kannst du doch beide Portionen haben, dachte Richard lächelnd.

Aber schmecken würden sie ihm sicherlich nicht mehr.

Kapitel 45

Richard zog mit einer Hand seinen selbst gebastelten Kanaldeckelheber aus der Tasche, während er mit der anderen den schlaffen Körper von Sarah Peters fest auf seine Schulter drückte. Der Polizist mit der Tüte Pommes war nicht mehr in seinem Blickfeld. Etwa zwei Meter vor Richard befand sich das Ziel seiner kurzen Reise. Er verließ seine Deckung, beugte sich zur Straßenoberfläche und legte sein Opfer neben dem Kanaldeckel ab. Als er den Heber ansetzte, bemerkte er aus dem Augenwinkel eine Person. Er drehte den Kopf leicht nach rechts und konnte kaum glauben, was er da sah. Ein Junge mit dunkler Hautfarbe, vielleicht noch ein Teenie, hielt ein Handy vor sich und filmte Richard. Der Junge war schlank und groß und als er merkte, dass Richard ihn gesehen hatte, ging er langsam rückwärts in Richtung Bürgersteig, hielt aber sein Handy weiter auf den Riesen gerichtet.

Im ersten Moment war Richard so perplex, dass er nicht wusste, was er nun unternehmen sollte. Dann entschloss er sich dazu den Heber fallen zu lassen und auf den Jungen zuzugehen. Immer noch filmte der Knabe weiter. Der Abstand zwischen ihm und Richard betrug vielleicht noch zehn Meter, verringerte sich jedoch mit jedem von Richards raumgreifenden Schritten.

»Hilfe, Hilfe!«, winselte der Teenie, weiter vorsichtig rückwärts schleichend, unfähig die Kamera vom Geschehen zu wenden.

Richard hielt kurz inne.

Um den Bengel zu bekommen, würde er rennen müssen und wichtige Zeit verlieren. Außerdem würde er die ohnmächtige Frau zurücklassen müssen.

Hatte dieser Typ etwa alles aufgenommen? Vielleicht sogar den Mord an dem Polizisten im Auto? Wieso hatte er ihn nicht bemerkt?

»Hilfe, Hilfe!«, aus dem Flüstern war inzwischen ein ausuferndes lärmendes Brüllen geworden und kurz ärgerte sich Richard darüber, dass er dem Kerl nicht einfach den Garaus gemacht hatte.

Fenster öffneten sich, Türen wurden aufgerissen und Köpfe lugten aus sämtlichen Öffnungen hervor. Urplötzlich war aus der ruhigen verschlafenen Anwohnerstraße ein Schauplatz geworden, den Richard schleunigst verlassen musste. Er ging einige Schritte zurück zum Gully und wollte gerade den Haken wieder ansetzen, als er Sirenen aufheulen hörte. Hinter ihm schrie jemand: »Fassen Sie das nicht an und drehen sie sich langsam zu mir um!«

Richard musste nicht lange überlegen, um zu merken, dass der Polizist, dessen Kollegen er vor einer Minute umgebracht hatte, mit vorgehaltener Waffe hinter ihm stand. Er drehte sich langsam um. Der Mann stand etwa fünfzehn Meter von ihm entfernt, die Dienstwaffe auf Richard gerichtet.

Richard hob die Hände in die Höhe und blickte sich um, wusste aber nicht, wonach er genau suchen sollte.

Irgendeine Möglichkeit musste es doch geben! Bisher hatte er immer eine Lösung gefunden. Zwei Meter seitlich von ihm befand sich ein Busch. Auf der anderen Seite hatte sich der Junge inzwischen in einen Hauseingang verkrochen, filmte aber immer noch fleißig weiter. Hinter dem Polizisten befand sich das Haus von Sarah Peters, deren Körper immer noch reglos hinter ihm lag. Verdeckt, kaum einzusehen, weil eine kleine scharfe Biegung die Sicht erschwerte, stand das Polizeiauto, mit dem toten Beamten darin. Etwa vier Meter hinter Richard, halb auf dem Gehweg, halb auf der Straße hatte ein Bauwagen geparkt. Richard bemerkte, dass auf der Ladefläche des kleinen Transporters eine Plane lose herumflatterte. Vielleicht war das die Möglichkeit, nach der er gesucht hatte.

»Machen Sie jetzt keinen Ärger und kommen Sie mir langsam entgegen, Schritt für Schritt.«

Die Stimme des Beamten klang zögerlich und brüchig. Richard war sich sicher, dass dieser Kerl noch nie in seinem Leben auf einen Menschen geschossen hatte.

Mit Schwung rollte sich Richard nach hinten weg, über den Körper von Sarah Peters, den er als Schutzschild plötzlich vor sich hatte. Verblüfft hielt der Polizist die Waffe weiter im Anschlag, ohne allerdings einen Schuss abzugeben. Es war einfach nicht mehr möglich, denn Sarah Peters lag vor Richard. Eine Kugel wäre einfach zu riskant gewesen und hätte höchstwahrscheinlich das zu schützende Opfer getroffen.

Scheinbar hatte sich nun alles gegen Richard verschworen. Er blickte hinter sich und sah zwei Streifenwagen mit Blaulicht in die Nebenstraße einbiegen. Richard hievte Sarahs Körper hoch. Als sein Schutzschild schleppte er sie zum Bauwagen, riss die Plane ab und ließ das dreckige Plastik über sich und sein Opfer fallen.

Für den Moment war es stockduster. Die Sirenen der Polizeiwagen waren verstummt. Wahrscheinlich standen die Polizisten nun auch mit vorgehaltener Waffe vor ihren Fahrzeugen und richteten ihre Pistolen in Richtung Plane. Nun war er eingekesselt. Mehrere Beamte richteten von vorne und von hinten Waffen auf ihn.

Richard überlegte. Er musste irgendwo hin, musste sich so verschanzen, dass es für die Polizisten unmöglich war ihn zu treffen. Was mit seinem Opfer passieren würde, war ihm mittlerweile egal, Hauptsache er erhielt die Möglichkeit Mick Peters zur Strecke zu bringen, den letzten Verbliebenen auf seiner Liste. Ein kurzer Gedanke an Sue blitzte in seinem Unterbewusstsein auf. Er würde sie nie wiedersehen, dessen war er sich nun sicher.

Vielleicht war es doch besser, sich mit Plane und Frau in die Richtung zu begeben, wo er den Kanaldeckel vermutete. Das Problem bestand nur darin, dass er den Weg wieder zurücklaufen müsste, mit Sarah im Schlepptau, und dann irgendwie versuchen musste, den Deckel hochzuhieven.

Dieser Plan war verrückt, außerdem kam bestimmt einer der Beamten bald auf die Idee, einfach die Plane wegzureißen. Vielleicht war einer mutig genug.

Plötzlich gab es einen fürchterlichen Knall. Ein Geschoss? Jemand hatte geschossen!

Richard konnte es nicht fassen. Waren die Beamten inzwischen so genervt, dass sie den Tod einer Unbeteiligten einfach so in Kauf nahmen?

»Geben Sie auf und schmeißen Sie die Plane weg!«

Eine tiefe, drohende Männerstimme drang, gedämpft durch die Plane, an Richards Ohr. Und es klang wahrlich nicht so, als würde der Mann nicht direkt noch einmal schießen. Seine Stimme hatte durchaus etwas Bedrohliches.

Richard hakte mit seinem Kanaldeckelheber ein kleines unförmiges Loch in die Plane. Nun konnte er den Jungen im Hauseingang sehen, nicht jedoch die Polizisten. Es nutzte alles nichts, er musste handeln. Jedes weitere Zaudern würde seine Situation nicht verbessern. Er steckte den Heber wieder in seine Tasche, schulterte Sarah Peters und positionierte das Loch in der Plane so, dass er den Hauseingang, in dem der Junge mit dem Handy stand, anvisierte. Dann lief er, die Plane wie einen Schleier hinter sich herziehend zum Hauseingang.

Endlich steckte der Junge sein Handy in die Tasche und lief davon. Kein weiterer Schuss fiel. Richard sah durch sein Guckloch ein Klingelschild. »Wester«. Er drückte den Klingelknopf und ein schrilles, durchdringendes Läuten ertönte, so dass Sarah Peters erste leichte Regungen zu erkennen gab.

Nun lässt auch noch die Wirkung der Betäubung nach, dachte Richard.

Er klingelte erneut. Nichts geschah.

Plötzlich hörte er Schritte hinter sich. Die Polizisten liefen in seine Richtung, zum Hauseingang. Gleich war alles vorbei, der Traum von seiner endgültigen Rache geplatzt. Er wartete nur noch darauf, dass einer der Beamten ihm die Plane vom Kopf riss.

Doch so durfte es nicht enden, es durfte einfach nicht! Er stemmte sich gegen die Türe drückte auf den Klingelknopf, hämmerte gegen das Holz und plumpste auf einmal nach vorne... Jemand hatte die Türe geöffnet!

Gedankenschnell riss Richard sich die Plane vom Leib, ließ Sarah fallen und trat mit Wucht die Tür wieder ins Schloss. Sarah Peters stöhnte auf, während Richard sich gegen die Eingangstür lehnte.

Erst jetzt bemerkte er, wer ihm da die Tür geöffnet hatte. Vor ihm stand ein junges blondes Mädchen, klein, mit hellen blauen Augen. Vielleicht war sie gerade einmal zwölf Jahre alt, vermutete Richard. »Bist du alleine hier?«, fragte der Große laut und das Mädchen nickte schüchtern.

Die Kleine hatte den Irrsinn, der draußen passiert war, scheinbar gar nicht mitbekommen oder war mit anderen Sachen beschäftigt gewesen, so dass sie den Krach ignoriert hatte. Umso besser, dachte Richard. Nun war er hier. Das war zumindest etwas. Er hatte wieder einmal Glück gehabt. Das Rad des Schicksals schien sich immer noch für ihn zu drehen.

»Ich muss da rein, verdammte Scheiße! Ich muss da rein!« Mick Peters schrie sich die Seele aus dem Leib. Mehrere Kollegen hielten ihn fest, auch Kleinschmidt.

»Nicht jetzt Mick, hörst du, nicht jetzt. Wir werden das Schwein bekommen. Das ist so sicher wie das Amen in der Kirche.«

Mick biss die Zähne zusammen. Tränen der Wut liefen über seine Wangen. Richard hatte Sarah in seine Gewalt gebracht und sich nun in einem Nachbarhaus verschanzt. So musste es nach Lage der Indizien wohl gewesen sein, denn Sarah war nicht mehr da, ihr Haus war verwaist. Ein Polizist, der für die Observierung seiner Schwägerin verantwortlich gewesen war, war getötet worden. Sein

Kollege, der nur kurz den Wagen verlassen hatte, um etwas zu essen zu holen, hatte sofort Verstärkung geordert.

Nun stand eine komplette Armada an Polizisten sämtlichen Ranges hier vor diesem Haus, das weiträumig abgesperrt war. Vor der Absperrung hatten sich Reporter und Schaulustige breitgemacht. Die beschauliche kleine Seitenstraße glich der Kulisse eines Hollywoodstreifens.

Mick kam langsam wieder zu sich und bemühte sich, einen klaren Gedanken zu fassen. Er blickte sich um und sah den Pulk von Menschen, der ihm eben noch gar nicht so bewusstgeworden war.

»Verdammt, warum« ist hier so ein Auflauf?«, fragte Mick. Dies war an diesem Ort und in dieser kurzen Zeit höchst merkwürdig, auch wenn sich ein Mord und eine Geiselnahme schnell herumsprachen.

»Vielleicht erklärt das deine Frage, Mick.«

Hastenrath hielt seinem Kollegen ein Handy vor die Nase.

»Gibt's auf YouTube. Ist im Moment der Renner. Dreitausend Klicks allein in den letzten zwanzig Minuten.«

Ungläubig starrte Peters auf Hastenraths Handy. Jemand hatte die Geiselnahme gefilmt, scheinbar sogar aus nächster Nähe. Mick blickte stumm auf das Display. Er erkannte Sarah und diesen riesigen Typen, der einst sein Freund gewesen war.

»Und den Mord?«

Mick flüsterte seine Frage so, als hätte man sie hoffentlich überhört. Wie schockierend und pervers musste es sein, einen echten Mord ins Netz zu stellen.

»Nein, der ist nicht zu sehen«, antwortete Hastenrath zu Micks Erleichterung.

»Wer wohnt in diesem Haus?«

Mick schaute zu Hastenrath. Bei seinem jungen Kollegen wusste er, dass dieser immer bestens informiert war.

»Angelika Wester und ihre Tochter Annelie Wester. Wir haben den Ehemann schon verständigt. Thomas Wester. Sie leben in Trennung. Der Mann ist nach Venlo gezogen. Er arbeitet in Holland, wie er am Telefon sagte, und ist auf dem Weg hierher. Die Frau geht nicht ans Handy. Wahrscheinlich sind Sie und die Tochter die Geiseln.«

»Meine Schwägerin Sarah nicht zu vergessen«, vervollständigte Mick. Hastenrath nickte.

Kleinschmidt erteilte irgendwelche Anweisungen und schaute dabei auf einen Plan als Dagmar Keller auftauchte. Sie hob das Absperrband nach oben. Sofort war ein Polizist zur Stelle und forderte sie auf, den Bereich zu verlassen. Dagmar hielt ihm ihre Marke unter die Nase und der Polizist machte eine übertrieben einladende Geste. Eine weitere Frau drängte sich hinter Dagmar durch die Absperrung. Die Kommissarin nickte dem Beamten zu, der erneut die Geste vollführte. Dann ging sie mit der Frau im Schlepptau in Richtung Kleinschmidt.

Auch Mick und Hastenrath begaben sich zu ihrem Chef.

»Das ist Angelika Wester«, sagte Dagmar Keller bestimmt.

Überrascht schaute Kleinschmidt von seinem Plan auf.

Die Frau weinte. Strähnen ihrer langen blonden Haare fielen ihr über das Gesicht. Dauernd strich sie mit der Hand über ihre Stirn. Ihre Schminke lief tränenverschmiert über ihre Wangen.

»Erzählen Sie!«, forderte Dagmar Keller die Frau in einem völlig unpassend aggressiven Ton auf. »Ja also…«, fing die Frau stotternd an.

»Ich wollte nur kurz einkaufen fahren. Annelie kommt doch für ein paar Minuten alleine zurecht. Sie ist doch schon zwölf und…«

Angelika Wester brach erneut in Tränen aus, weinte ihre Angst und ihr Entsetzen laut heraus.

Kleinschmidt nahm die junge Frau sofort in den Arm. Mick ging auf Dagmar zu.

»Was hast du ihr erzählt?«

»Die Wahrheit«, sagte Dagmar Keller kühl.

459

Hatte sich Mick so in seiner Liebe getäuscht? War das, was Dagmar da gerade abzog, nur ein Spiel oder war sie wirklich so kalt und unnahbar?

Mick schüttelte den Kopf. Er war sich sicher, dass dies hier nicht die Dagmar Keller war, die er kannte und lieben gelernt hatte. Sie trug eine Maske aus Trotz und Wut, die ihr nicht stand.

»Komm mal eben mit.«

Mick zog Dagmar von den übrigen Beamten weg, an eine freie Stelle innerhalb der Absperrung.

»So bist du doch nicht. Was ist denn los? Es ist wegen des blöden Vorwurfs, oder?«

Dagmar schaute Mick starr in die Augen. Kein Blinzeln. Ihr Gesicht wirkte wie eingefroren, ein weiteres Zeichen ihres Zorns.

»Hör zu!«

Mick versuchte, sich zu konzentrieren, was ihm in Anbetracht der Tatsache, dass Dagmar hier gerade ein Schauspiel abzog, sichtlich schwerfiel.

»Meine Schwägerin ist mit dem Verrückten in diesem Haus.« Er deutete auf das Gebäude der Westers. »Er hat auch noch ein kleines Mädchen in seiner Gewalt. Die Mutter ist verständlicherweise völlig daneben. Ich bitte dich…« Mick machte eine kurze bedeutungsschwangere Pause. »Sei wieder du. Und auch wenn du mich im Augenblick hasst, dann verhalte dich trotzdem professionell! Du bist eine gute Polizistin. All das, was hier gerade abläuft, haben wir irgendwo mit zu verantworten. Ich kann mich nur noch mal entschuldigen, mehr geht nicht.«

Für einen Augenblick schwiegen sich beide an.

Dann tat Dagmar Keller einen tiefen Atemzug und etwas von der Kälte verschwand aus ihrem Gesicht. Für den Moment erschien es Mick so, als würde jemand aus einem Traum erwachen.

»Ja«, sagte Dagmar bestimmt, aber nicht mehr aggressiv. »Ja«, wiederholte sie und nickte dabei. »Du hast Recht. Vielleicht sogar mit allem, aber darüber sollten wir später reden. Lass uns dem Ganzen hier ein Ende setzen.«

Kapitel 46

Richard stand am Fenster und starrte durch die Gardinen vorsichtig nach draußen.

Er wusste, wenn er nur einmal deutlich sein Gesicht zeigen würde, wäre er ein toter Mann.

Sicherlich wimmelte es auf den Dächern der umliegenden Häuser bereits vor Scharfschützen. Wie hatte die Sache nur so schieflaufen können, dachte er.

Bis zur Entführung war alles nach Plan gelaufen. Und dann kam dieser Junge mit seinem Handy und hatte ihn völlig aus dem Konzept gebracht.

Wenn er einfach in den Kanälen verschwunden wäre, dann könnte er jetzt weitere Schritte einleiten. Aber jetzt saß er hier wie eine Maus in der Falle. Doch stimmte das? Hatte er nicht noch ein paar Trümpfe in der Hand?

Er drehte sich vom Fenster weg und betrachtete seine Geiseln. Aus einer waren zwei geworden. Darunter ein hilfloses Kind. Die Polizei würde sich dreimal überlegen, ob sie das Haus stürmen würde.

Als er die Tür zugetreten hatte, hatte das Mädchen die Frau auf seiner Schulter entdeckt und gemerkt, dass etwas nicht stimmte. Doch sie war nicht durchgedreht, wie er anfangs befürchtete, sondern hatte ihn nur mit großen Augen angestarrt und alle Befehle mechanisch ausgeführt, die er ihr aufgetragen hatte.

Sie hatte breites Isolierband besorgt und Richard hatte erst das Mädchen und dann, die immer noch sehr benommene, Sarah auf Küchenstühle gesetzt und sie kunstvoll daran gefesselt. Erst hatte er über Knebel nachgedacht, doch das Mädchen war immer noch in seiner Schockstarre gefangen und die Frau schien nur langsam wieder einen klaren Gedanken fassen zu können.

»Es ist aus«, sagte sie jetzt leise und sah ihm dabei ins Gesicht. »Sehen Sie das doch ein. Alles, was Sie jetzt noch tun, wird Ihre Lage nur verschlimmern.«

Natürlich hatte sie die zuckenden Blaulichter vor dem Haus bemerkt und eins und eins zusammengezählt.

»Gar nichts ist aus!«, sagte er und versuchte überzeugend zu klingen. »Im Gegenteil: Der letzte Akt in meinem kleinen Stück fehlt noch.«

»Sie wollen sich also auch noch an Mick rächen?«, fragte die Frau.

»Es reicht Ihnen nicht, dass Sie seinen Bruder bereits auf dem Gewissen haben? Ich glaube nicht, dass es irgendetwas auf der Welt gibt, dass so viel Hass rechtfertigt.«

Richard ging schnellen Schrittes auf die Frau zu und baute sich drohend über ihr auf. »Halt dein Maul!«, herrschte er sie an. »Du weißt gar nichts.«

Sarah Peters zuckte nicht einmal. »Du wirst mir nichts tun!«, sagte sie und ihre Stimme zitterte nur leicht. »Du brauchst mich.«

Richard grinste und sein Gesicht verzerrte sich zu einer Grimasse. »Ich habe noch das Kind«, sagte er. »Sei dir nicht zu sicher.«

Die Blonde, schien nicht beeindruckt und Richard wunderte sich über ihren Mut. »Lass das Mädchen frei!«, sagte sie. »Du willst Mick und da bin ich das wesentlich bessere Druckmittel.«

Der Große wendete sich von ihr ab, ging ein paar Schritte und lehnte sich an die Arbeitsplatte. Sein Blick fiel auf einen Messerblock und er zog langsam die größte der Klingen heraus. Aus den Augenwinkeln beobachtete er die Frau und sah nun doch Angst in ihren Augen auflodern. So cool, wie sie sich gab, war sie gar nicht. Gut zu wissen. Auch wenn er wirklich noch nicht vorhatte, ihr etwas zu tun. Noch nicht … Die Gedanken in seinem Kopf überschlugen sich. Fieberhaft suchte er nach einem Ausweg.

Eigentlich gab es nur die Möglichkeit, das Haus auf dem Weg wieder zu verlassen, auf dem er es betreten hatte. Doch dafür mussten die Polizisten davor verschwinden.

Richard wusste auch schon wie.

»Hast du ein Handy?«, fragte er die Kleine.

Sie reagierte zuerst nicht, doch als sich Richard ihrem Stuhl näherte, liefen ihr Tränen übers Gesicht.

»Tun Sie mir nichts!«, flehte sie.

Der Große bemerkte, dass er das Messer noch in der Hand hatte und legte es zurück auf den Tisch.

»Wenn du mir dein Handy gibst, wird dir nichts geschehen«, sagte er.

Das Mädchen schluchzte, nickte dann aber Richtung Korridor. »Es liegt… es liegt auf dem Schrank neben der Garderobe.«

Richard warf einen Blick auf Sarah und beschloss, dass er seine Opfer einen Moment alleine lassen konnte. Das Klebeband würde beide an ihrem Platz halten.

Keine zwanzig Sekunden später war er wieder im Raum. Die Kleine hatte ein Handy mit Touchscreen und Richard hielt es ihr vors Gesicht. »Wie funktioniert dieser Mist?«

»Über den Bildschirm wischen«, sagte Sarah. »Ich habe das gleiche Modell. Komm hier rüber und ich erkläre dir, was du tun musst. Lass das Mädchen in Ruhe.«

Richard warf das Handy auf den Tisch, griff nach dem Messer, trat mit schnellen Schritten hinter das Kind und hielt ihm die Klinge an die Kehle.

»Befiehl mir nie wieder etwas!«, sagte er. Sein Blick war gehetzt, seine Stimme nur noch ein Zischen. »Wenn es mir gefällt, dann werde ich das Gesicht der Kleinen für immer verunstalten und du wirst zusehen. Oder ich werde sie einfach in Stücke schneiden und die Einzelteile aus dem Fenster werfen.« Der Kopf des Mädchens ruckte hin und her und in ihrer Panik hätte sie sich fast selbst in das Messer gestürzt.

Sarah war geschockt. Dies war das wahre Gesicht des Killers. Jetzt konnte sie sich vorstellen, wie viel Spaß er daran gehabt hatte, seine Opfer zu quälen.

Er hat dir Mark genommen, dachte sie. Doch ihr war sofort klar, dass ihr blinder Hass nicht helfen würde. Weder ihr, noch dem

Kind, welches nun wieder ruhig dasaß und sich seinem Schicksal ergab. Ihm liefen zwar noch Tränen übers Gesicht, doch sein Blick war leer, als hätte es sich ganz in sich selbst zurückgezogen. Als könne es die Realität, so wie sie war, nicht länger ertragen.

»Es tut mir leid«, sagte Sarah. »Ich wollte Ihnen keine Vorschriften machen.«

Sie fiel vom vertrauten »Du« wieder ins distanzierte »Sie«, um dem Mann zu verdeutlichen, dass er der Chef im Ring war. Richard ließ von dem Kind ab und kam auf Sarah zu, das Messer immer noch in der Hand. Die Klinge zitterte leicht und für einen winzigen Augenblick hatte die Frau das Gefühl, das ihr Leben hier und jetzt enden würde. Dann schüttelte sich der Riese einmal und legte die gefährliche Waffe zurück auf den Tisch. Er nahm das Handy auf, das in seinen großen Pranken beinahe verschwand und hielt es Sarah vors Gesicht.

»Über den Bildschirm wischen, um es zu entsperren«, sagte sie und der Mann kam ihrer Aufforderung nach. Wieder hielt er ihr das Telefon vor die Augen.

»Unten links«, gab sie weitere Anweisungen. »Dieser grüne Knopf mit dem weißen Hörer drauf. Den antippen, das Tastenfeld wählen und dann können Sie die Nummer eingeben.«

Der Große befolgte ihre Anweisungen und tippte nur drei Ziffern auf dem Touchscreen. Sekundenlang war nur das Tuten zu hören, dann meldete sich eine Stimme.

»Notruf der Polizei«, sagte sie. Laut genug, dass auch Sarah sie hören konnte. »Was kann ich für Sie tun?«

»Ich bin Richard«, antwortete der Riese nur, als wäre sein Name so bekannt wie der von Lady Gaga.

»Richard. Gut«, sagte die Stimme. »Und weiter?«

Das Gesicht des Riesen verzog sich und Sarah sah das Handy schon durch die Gegend fliegen und an der Küchenwand zerschellen. Doch der Große bekam sich wieder in den Griff. »Wissen Sie

465

Bescheid über die Entführung von Sarah Peters und den anschließenden Polizeieinsatz?«

Jetzt hatte Richard die volle Aufmerksamkeit seines Gesprächspartners.

»Ich gebe Ihnen jetzt eine Telefonnummer. Sorgen Sie dafür, dass der Einsatzleiter sie bekommt. Wenn er sich nicht in drei Minuten bei mir meldet, werde ich die erste Geisel in Stücke schneiden.«

»Geben Sie mir die Nummer«, sagte der Mann am anderen Ende der Leitung schnell.

Richard blickte das Mädchen an. »Deine Nummer!«, befahl er. Keine Reaktion.

»Ich brauche deine verfickte Handynummer!«, schrie er und weckte das Mädchen aus seinem Dämmerzustand. Mit zitternder Stimme gab das Kind die Zahlen preis und Richard wiederholte sie laut.

»Drei Minuten!«, sagte er dann noch einmal, unterbrach die Verbindung, legte das Handy zurück auf den Tisch. Er nahm das Messer wieder in seine Pranken.

»Hofft, dass der Typ weiß, was er tut«, sagte er. »Sonst könnt ihr schon mal ausdiskutieren, wer zuerst leiden möchte.«

Das Mädchen weinte wieder und diesmal fiel auch Sarah kein Spruch mehr ein. Sie betete, dass der Mann am Hörer den Anrufer ernst nahm und die Nummer schnell genug weiterleitete.

Sie hatten ihren Gedanken noch nicht zu Ende gebracht, als Aviciis »Wake me up« erklang.

Mick Peters wanderte hinter den geparkten Polizeiwagen hin und her wie ein Panther im Käfig. Erst als Dagmar Keller auf ihn zuging, verlangsamte er seine Schritte und lehnte sich gegen eine Litfaßsäule. Das Gebäude, in dem sich Richard mit Sarah befand, ließ er nicht aus den Augen.

»Kleinschmidt und Konrady beraten, wie es weitergehen soll«, sagte sie und steckte sich eine Zigarette an. »Und es wird nicht mehr lange dauern, bis das Sondereinsatzkommando vom BKA anrückt. Dann haben wir hier sowieso nichts mehr zu melden.«

»Und das willst du? Dich zurücklehnen und völlig Unbekannten das Schicksal meiner Schwägerin in die Hand geben?«

Dagmar schüttelte den Kopf. »Natürlich nicht«, sagte sie. Seit ihrer Aussprache hatte sich ihr Verhältnis wieder einigermaßen normalisiert. Anfangs hatte Mick sich Gedanken gemacht, wie sich alles »danach« entwickeln würde. Wie es mit ihnen weitergehen sollte. Jetzt hatte er das Gefühl, dass es ein »Danach« gar nicht geben würde. Viel zu lange hetzten sie diesem Albtraum schon hinterher und ein Ende war nicht abzusehen. Selbst wenn sich Richard in eine Situation gebracht hatte, die ein Entkommen schier unmöglich machte. Trotzdem hatte Mick das Gefühl, dass es hier und jetzt nicht enden würde. »Das Haus ist umstellt, die anliegenden Bewohner sind evakuiert und jede Fensterscheibe wird von einem Scharfschützen im Visier gehalten. Wenn er einmal seinen Kopf zeigt, ist es vorbei.«

Sie wollte aufmunternd klingen, war aber nicht überrascht, als Mick den Kopf schüttelte.

»Irgendwas geht doch immer schief«, gab er zu bedenken und hoffte, dass sie nicht eine oder beide Geiseln verlieren würden. Auch bei König hatten sie sich sicher gefühlt, auch Haber hatte Polizeischutz gehabt, ebenso wie Sarah. Und was hatte es gebracht? Richard hatte sie mit seiner Kaltblütigkeit und Gerissenheit überrascht und überrannt. Mick hatte es noch nie mit einem Täter zu tun gehabt, der so wenig Rücksicht auf sein eigenes Leben nahm. Und trotzdem hatten sie ihn bis jetzt nicht erwischt.

»Wer hat denn hier und jetzt die Fäden in der Hand?«, wollte Mick wissen. Dagmar war die Einsatzleiterin des Falls, doch, wenn Kleinschmidt und Konrady anwesend waren, würde Dagmar Keller nicht die gesamte Leitung an sich reißen können.

»Konrady wollte seine Krallen in den Fall schlagen. Offenbar war er der Meinung, dass er aus dieser Situation als strahlender Sieger hervorgehen kann. Doch Kleinschmidt hat ihm in nur drei Sätzen erklärt, was noch alles schiefgehen kann und da hat der Dicke schnell den Schwanz eingezogen. Also denke ich, dass Kleinschmidt koordiniert, bis die ganz großen Jungs anrücken.«

Peters gefiel der Gedanke nicht, den Fall nun noch aus den Händen zu geben. Obwohl der Schatten des BKA schon lange auf die Ermittlungen fiel, hatte Mick doch noch gehofft, sie könnten Richard vorher zu Fall bringen. Ein Irrtum, wie sich jetzt herausstellte.

Er ließ den Blick über die Einsatztruppe schweifen, die sich vor und hinter dem Reihenhaus versammelt hatte. Dazu kamen die Scharfschützen auf den Dächern der gegenüberliegenden Häuser. Er war nun schon ewig bei der Polizei, doch so ein riesiges Aufgebot war auch für ihn neu. Und er war beinahe froh, dass er nicht der verantwortliche Direktor in diesem Zirkus war. Alle Kräfte zentralisieren und kontrollieren und wenn es denn so weit war, den Befehl zum Losschlagen geben. Nicht zuletzt die Verantwortung für alles tragen, was anschließend geschah. Wenn hier wieder etwas schieflief, dann würde sich Kleinschmidt wahrscheinlich als Dorfpolizist in einer lauschigen Hundert-Seelen-Gemeinde wiederfinden.

Konrady würde es nach der Aktion mit Haber jetzt schon schwer haben, auf seinem Sitz in Düsseldorf kleben zu bleiben. Und was ist mit mir und Dagmar, fragte er sich. Er würde weiterleben wie vor dem Fall. Er war auch ohne Polizeiarbeit klargekommen. Mehr oder weniger jedenfalls. Und seine Freundin? Sie hatte alles getan, um in der Hierarchie dieser Männergesellschaft aufzusteigen und nun würde ein Fall alles zunichtemachen.

Vielleicht hatte sie diesen Sturz sogar verdient, dachte eine böse Stimme in Micks Kopf, doch er schaffte es, sie schnell zum Verstummen zu bringen. Niemand hatte es verdient, mit so einer Niederlage weiterzuleben. Schon jetzt machten sie sich genug Vorwürfe, dass sie zu wenig getan hatten, um den Fall schneller zu lösen.

In Gedanken ließ Mick noch einmal jeden Einsatz Revue passieren. Angefangen bei Mark und seinem seltsamen Tod bis zu der Blamage vor Habers Wohnung. Doch so sehr er sich auch malträtierte, er wusste nicht, was sie hätten besser machen können. Nicht in der Kürze der Zeit und der wahnwitzigen Geschwindigkeit in der Richard zugeschlagen hatte.

Sein Plan war minutiös durchdacht und jahrelang vorbereitet gewesen. Er hatte ihnen keine Chance gelassen.

Plötzlich hörte Mick laute Rufe. Kleinschmidt und Konrady, die sich bis eben noch ruhig unterhalten hatten, waren nun ganz aufgeregt und winkten ihnen zu.

»Peters!«, rief der Chef der Mönchengladbacher Polizei. »Wir brauchen Sie hier. Sofort!« Der Ton seiner Stimme ließ unschwer erkennen, dass Eile geboten war.

Als Mick seinen Chef erreichte, konnte er den gehetzten Blick des Mannes erkennen und sah Schweißtropfen auf seiner Glatze. Er hielt ein Handy in der Hand, das er jetzt sofort an Peters weiterreichte.

»Es ist Richard«, sagte er. »Und er will nur mit Ihnen verhandeln.« In Anwesenheit von Konrady benutzte Kleinschmidt immer das »Sie«, egal mit wem er sprach. Wahrscheinlich hätte er sogar in Anwesenheit eines Vorgesetzten seiner Frau das »Du« entzogen.

Peters sah Dagmar an, die mit ihm gekommen war. Die Frau zuckte nur die Schultern und deutete mit einem Kopfnicken auf das Telefon.

Mick nahm das Handy und hielt es ans Ohr. »Hier ist Mick Peters«, sprach er, so ruhig es die Aktion zuließ.

»Hallo Mick. Hier spricht Richard.«

Es war eine seltsame Situation, beinahe surreal. Der Mann, den sie seit Tagen jagten, das Phantom, das sich ihnen so lange entzogen hatte, sprach nun mit ihm wie mit einem lang vermissten Freund.

»Hallo Richard«, sagte Peters. »Es ist lange her.«

»Oh ja«, entgegnete der Mann. »Es sind Jahre vergangen. Jahre, in denen du dir ein schönes Leben gemacht hast. Jahrzehnte voller Schmerzen für mich. Mein Leben ist völlig aus dem Ruder gelaufen, nachdem ihr, du und deine Freunde, mich damals im Stich gelassen habt.«

Peters fielen hundert Antworten ein. Gedanken liefen im Zeitraffer in seinem Kopf ab. Wir haben dich nicht alleingelassen, ich schon gar nicht, wollte er antworten. Oder ein Einfaches: Wir waren doch Kinder, was hätten wir tun sollen? Auch ein: Mein Leben war auch kein Ponyhof, lief hinter seiner Stirn ab, doch er wusste, dass er mit diesen Argumenten auf taube Ohren treffen würde.

Er musste die Situation unter Kontrolle halten. Musste ruhig bleiben und mit diesem Psychopathen verhandeln. Menschenleben standen auf dem Spiel.

»Lass uns über alles in Ruhe reden«, versuchte er, doch er erntete nur ein höhnisches Lachen.

»Wir werden reden«, bestimmte Richard. »Aber nicht hier und jetzt. Den Ort und den Zeitpunkt bestimme ich.«

Mick platzte der Kragen. »Ich denke nicht, dass du dich in der Situation befindest, Forderungen zu stellen und Pläne zu schmieden«, sagte er. »Wenn wir wollen, dann wirst du dieses Haus nicht lebend verlassen und dann mit niemandem mehr reden.«

»Ich werde aber nicht alleine sterben und das weißt du. Wenn dir das Leben deiner Schwägerin und das Leben eines unschuldigen Kindes allerdings egal sind, dann mach nur so weiter.«

Mick atmete tief durch. Nach seinen letzten Worten hatte er in die besorgten Gesichter der Umstehenden geblickt.

»Was willst du, Richard?«, fragte er ruhig.

»Was glaubst du wohl?«

Kleinschmidt hatte den Lautsprecher des Telefons eingeschaltet und sie konnten alle die Worte des Killers hören. Dagmars Gesicht verfinsterte sich.

»Du willst mich«, sagte Peters. »Also werde ich zu dir reinkommen, sobald du die Geiseln herausgeschickt hast.«

Wieder ein schrilles, beinahe hysterisches Lachen Richards. »Netter Versuch, Peters«, sagte er nur. »Aber so wird es nicht laufen.«

»Und wie hast du es dir vorgestellt?«

Sekundenlang hing Schweigen in der Leitung. Dann antwortete der Riese endlich.

»Ich will einen Fluchtwagen«, sagte er. »Mit getönten Scheiben. Und ich will, dass du unbewaffnet am Steuer sitzt. Fahr den Wagen durch die Vorgärten bis genau vor die Tür. Dann werden wir einsteigen und eine kleine Rundreise beginnen.«

Wieder Stille.

»Natürlich hat sämtliche Polizei vor dem Haus zu verschwinden«, sagte er. »Wenn ich nur eine Nase sehe, die irgendwie nach Bulle aussieht, dann wird eine der Geiseln dran glauben müssen. Und vertraue mir, es wird nicht schnell gehen. Bevor ich mit ihr fertig bin, wird sie vorher tausend Tode sterben.«

Micks Gehirn rotierte.

»Gleiches gilt natürlich für die Scharfschützen. Weg, alle weg. Und wenn wir im Auto sitzen und ich sehe Wagen, die uns verfolgen, oder höre die Rotoren irgendwelcher Hubschrauber, dann gilt dasselbe. Dann werden Schwägerin oder Kind einen unangenehmen Tod sterben.«

»Lass mich einen Augenblick nachdenken«, sagte Mick. Er musste Zeit schinden, soviel war klar. »Außerdem muss ich das mit ein paar Leuten besprechen. Ich bin hier nicht der Chef, das weißt du ganz genau.«

»Du hast zehn Minuten«, sagte Richard. »Danach werde ich anfangen in jeder Minute, die du länger brauchst, einen Finger abzuschneiden. Es liegt also ganz bei dir.«

Konrady wandte sich ab. Von ihm war keine Hilfe zu erwarten. Die Situation eskalierte und er würde sehen, dass er damit so wenig wie

471

möglich zu tun hatte. Nur Kleinschmidt und Keller blieben als Verbündete.

»Der Wagen«, flüsterte der Chef der Polizei. »Getönte Scheiben. Woher?«

Peters verstand den Einwand. »Wir brauchen mehr Zeit«, versuchte er es noch einmal. »Ein Auto mit getönten Scheiben ist nicht so einfach aufzutreiben.«

»Zehn Minuten, Peters und keine Sekunde länger oder du wirst schuld an einem kleinen Massaker sein.«

Dann war die Verbindung unterbrochen.

Die Polizisten sahen sich ungläubig an.

»Und jetzt?«, wollte Mick wissen. Doch er blickte in ratlose Gesichter.

Kapitel 47

Annelie Wester starrte Richard ängstlich an. Der Mann sah unge-
pflegt aus. Seine stoppeligen Wangen, seine fettigen dunklen Haare
und vor allen Dingen sein Gestank erinnerten Annelie an einen
Penner und selbst dieser Gedanke kam ihr wie eine Beleidigung für
jeden Penner vor. Die Augen des Mannes funkelten. Er schien
dauernd auf der Hut zu sein, wirkte konzentriert und zu allem bereit. Annelie betrachtete das Klebeband, mit dem sie an einem Stuhl
festgebunden war. Sie würde sich nicht von selbst befreien können,
das war ihr klar und der stinkende Riese würde mit Sicherheit einen
Teufel tun und sie aus der jetzigen Situation befreien.

»Ich muss mal«, flüsterte sie beschämt.

Richard, der gerade noch hinter der Gardine einen Blick auf die
Straße riskiert hatte, drehte sich um.

»Dann piss in die Hose!«, schrie er.

Wütend auf das Mädchen und auf die ganze Situation. Alles lief aus
dem Ruder und nicht mehr nach Plan. Er wollte Peters und eigentlich auch Sue, seine große Liebe, die er bei seinen Forderungen
völlig vergessen hatte. Stattdessen hatte er ein heulendes Kind am
Hals.

Annelie begann erneut zu weinen.

»Lass das Mädchen in Ruhe«, mischte sich Sarah ein. Richard ging
vom Fenster weg und schaute Sarah ausdruckslos an. Dann ließ er
seine Faust mit brachialer Gewalt mitten in ihr Gesicht sausen.

Sarahs Kopf begann augenblicklich zu dröhnen und obwohl sie
gefesselt auf einem Stuhl saß, hatte sie das Gefühl sofort umkippen
zu müssen. In ihrem Mund sammelte sich Blut. Sie spuckte. In
einem Mischmasch aus Blut und Speichel fiel ein Zahn auf den
Laminatboden.

»Verdammtes Schwein!«, lispelte sie und spürte, dass Richard sie
mit seinem Faustschlag um einen Schneidezahn gebracht hatte.

473

»Halt dein elendes Maul, sonst kill ich das Gör!« Richard deutete mit dem Kopf in Richtung Annelie, deren Weinen zu einem verzweifelten Jappsen geworden war.

Als Fünfjährige hatte Annelie Wester ein traumatisches Erlebnis gehabt, als ihr Opa auf offener Straße von zwei Jugendlichen überfallen wurde. Sie schlugen den Alten, er fiel unglücklich. Und Annelie stand wie unbeteiligt direkt neben ihm und musste hilflos zusehen, wie er starb. Die Bilder waren inzwischen aus ihren Träumen verschwunden, doch nun schien die schreckliche Vergangenheit einer bedrohlichen Gegenwart Platz zu machen. Plötzlich waren die Szenen von einst wieder präsent und vermischten sich mit den jetzigen.

»Jetzt hör endlich auf zu heulen, du dummes, kleines Ding!« Richard zog Annelie an den Haaren und blickte sie wütend an. Annelies Heulanfall erstarb sofort. Sie nickte eingeschüchtert und schaute ihren Peiniger mit weit aufgerissenen Augen an.

»Okay, die Limousine ist unterwegs.« Gotthard blickte auf seine Armbanduhr. Keller, Peters, Konrady und er hatten sich, nach einigem Hin und Her, darauf geeinigt, ein Fahrzeug mit getönten Scheiben zu organisieren. Konrady hatte sich erst strikt dagegen gewehrt, Richard ziehen zu lassen, war dann aber zähneknirschend umgeschwenkt.

»Die Limousine ist mit einem Peilsender ausgestattet, außerdem jagt das ganze Land den Typen. Kann mir mal jemand sagen, was der ganze Unsinn soll? Was will der Kerl denn jetzt noch erreichen? Es ist vorbei!«

Helmut Konradys Worte hallten wie Donnerschläge in Micks Kopf. Er wusste, dass es noch nicht vorbei war. Er, Mick Peters, stand noch auf der Liste des Killers und so wie er Richard einschätzte, würde dieser sich nicht ergeben, bevor sein Werk vollendet war.

Richards Auftrag! Mick musste unweigerlich an Sarah und das Mädchen denken, die in der Gewalt dieses Irren waren. Was hatte der Mörder vor? Was sollte der Unsinn mit der Limousine?

Micks Gedanken rasten. Er versuchte, sich in Richard hineinzuversetzen, versuchte zu begreifen, welche Schritte er als nächstes ausführen würde. Was für eine Überraschung hatte das Monster als Nächstes parat?

»Da kommt sie!«

Gotthards Bemerkung riss Mick aus seinen Träumen.

»Was ist das?«, fragte Mick.

»Ein 525-BMW mit getönten Scheiben«, antwortete Gotthard.

»Das sehe ich. Ging es nicht noch etwas sportlicher?«, bemerkte Mick ironisch.

Gotthard schüttelte den Kopf. »Auf die Schnelle nicht.«

Kleinschmidt und ein uniformierter Beamter gingen auf Mick zu. Der Beamte, den Mick noch nie vorhergesehen hatte, hielt einen Sender in die Höhe, der kleiner als eine Ein-Euro-Münze war.

»Den klebe ich Ihnen jetzt auf die Brust«, sagte der Mann, knöpfte sofort Micks Hemd auf, rasierte eine Stelle um den Solarplexus frei, drückte den Knopf auf diese Stelle und befestigte den Sender mit Hautklebestreifen. Dann steckte er Mick einen winzig kleinen Knopf ins Ohr.

»Fällt der nicht raus?«, wollte Mick wissen.

»Den müssen wir Ihnen wieder raus operieren«, bemerkte der Beamte grinsend und reckte seine Hand in die Höhe.

»Hallo, hallo Mick, hörst du mich?«

Es war die Stimme von Kleinschmidt, die höllisch laut in Micks Ohren dröhnte.

»Ja, wenn auch eher wie einen Panzer, der durch meinen Kopf rast«, antwortete Mick.

Nach einer kurzen Pause fragte Kleinschmidt: » So besser?« Mick empfand die Lautstärke angenehmer.

»Okay, so lassen wir es.«

Die Limousine stand direkt vor Mick, halb auf dem Bürgersteig, halb auf der Straße.

»Ich steige jetzt ein und fahre durch die Einfahrt bis vor die Garage, die etwas versetzt hinter dem Haus am Ende des Grundstücks steht.«

»Mick, pass auf dich auf.« Dagmar Kellers Stimme drang durch das kleine Knöpfchen in Micks Ohr. Es war eine Warnung, eine eigentümlich schöne Warnung, die eine für die Situation beinahe surreale Wärme durch Micks Körper strömen ließ.

»Keine Angst, das werde ich tun.«

Mick beobachtete, wie sich die Scharfschützen von den benachbarten Gebäuden verzogen, wie Männer in Zivil hinter ihm in einen Kleinwagen einstiegen, wie sich das Netz, das die Polizei um ihn herum gespannt hatte, immer weiter zuzog. Er wusste, dass alles getan wurde, um ihn und die Geiseln sicher aus dieser Situation zu holen, mehr war in diesem Moment nicht möglich. Etwas zu riskieren und dabei Unschuldige zu opfern, war einfach ein zu hoher Preis, auch wenn Konrady das anders sah.

Annelies Handy spielte die Melodie von Aviciis Nummer-Eins-Hit ab. Richard nahm das Gespräch an.

»Ja!«, brüllte er in das Gerät.

»Richard, es ist alles so, wie du es haben wolltest. Ich stehe mit einem Wagen mit getönten Scheiben direkt vor der Garage, seitlich vom Grundstück. Die Schützen sind abgezogen und niemand wird uns folgen«, log Mick.

Vorsichtig schob Richard den Vorhang zur Seite. Keiner war auf den Häusern und in den Fenstern zu erkennen, der eine Waffe auf ihn richtete. Das komplette Polizeiaufgebot hatte sich innerhalb der letzten Minuten verzogen und stand nun am anderen Ende der Straße, circa zweihundert Meter vom Geschehen entfernt.

»Gut, wir kommen jetzt runter.« Richard machte eine kurze Pause und betrachtete seine Geiseln, die immer noch gefesselt auf den Stühlen saßen.

»In ein paar Minuten sind wir bei dir.«

Richard beendete das Gespräch und schaute sich im Zimmer um. Er musste wieder die Plane benutzen, anders ging es nicht. Irgendwo hat die Polizei definitiv Scharfschützen platziert und sobald sie auch nur für eine Sekunde freies Schussfeld haben, durchsieben die meinen Kopf, dachte er.

Die Plane war schwer und dreckig. Er legte sie neben die Stühle, schnitt Annelie los und befahl ihr unter die Plane zu schlüpfen. Annelie kroch sofort unter das Plastik. Dann schnitt Richard das Klebeband, mit dem er Sarah am Stuhl gefesselt hatte, los und hielt ihr unvermittelt das Messer an die Kehle. »Denk daran, du kleine Schlampe, eine falsche Bewegung und die Kleine stirbt zuerst. Ist das klar?«

Sarah nickte, ohne einen Ton von sich zu geben. Dieser Typ hatte jegliches Benehmen, jeden Skrupel und jedes Gefühl für Ehre verloren. Richard war wirklich das Monster, für das ihn alle hielten, jederzeit bereit ohne Zögern einen weiteren Mord zu begehen.

»Bleib da sitzen!«, befahl Richard und Sarah tat wie ihr geheißen. Er hob die Plane hoch und schaute das junge Mädchen an.

»Los raus da oder wolltest du hier übernachten?«

Vorsichtig kroch Annelie wieder unter der Plane hervor, doch kaum stand sie, spürte sie auch schon Richards Messer an ihrem Hals.

»Mitkommen!«, schrie Richard und deutete auf die dunkle riesige Plane. Dann sagte er an Sarah gewandt: »Du nimmst die Plane mit und wag ja nicht, irgendeinen Unsinn zu machen, sonst ist die Kleine hier tot.«

»Ich habe verstanden«. Sarah zweifelte nicht an Richards Worten. Sie faltete das riesige Stück Plastik zusammen, hob es mühsam auf und drückte es an ihre Brust, um die Last erträglicher zu gestalten.

»Wie kommen wir vor die Garage, ohne aus der Vordertür raus zu müssen?«

Richard hoffte, dass Annelie etwas Nützliches hervorbrachte, doch das Mädchen schwieg, starr vor Angst.

Er drückte das Messer etwas fester gegen ihren Hals. Ein Tropfen Blut rann aus einer kleinen Wunde über die Klinge. »Lass das, du Monster!«, wütete Sarah.

Richard ließ kurz von Annelie ab und trat einen Schritt auf Sarah zu, doch dann packte er das Mädchen fester und drückte das Messer wieder gegen ihren Hals.

»Mach schon, oder soll ich tiefer schneiden?« Sarah spürte augenblicklich wieder den Schmerz und den Blutgeschmack im Mund. Irgendwie schien sie die Schmerzen in den letzten Minuten vergessen zu haben. Ihre Lethargie war verflogen und einem Mutterinstinkt gewichen. Es galt nun, das Kind zu beschützen, notfalls auch mit ihrem Leben, aber sie musste umsichtig agieren und durfte sich zu keinen weiteren Ausbrüchen hinreißen lassen.

»Wir können doch durch den Flur direkt in die Garage.« Es war nur ein leises Flüstern, ein Wimmern und doch waren Annelies Worte das, was Richard hören wollte.

»Gut«, sagte Richard, nun mit etwas gedämpfterer Stimme.

»Welche Tür?«

»Hier.« Annelie drehte sich langsam zur Seite.

»Halt!«, rief Richard. »Nicht so schnell. Hier bestimme immer noch ich, was gemacht wird und wer wo hinrennt.«

Dann sagte er an Annelie gewandt: »Du sagst der Frau jetzt, wo sie langgehen muss. Wir folgen ihr dann unauffällig.«

Annelie brachte ein schüchternes Nicken zustande. »Hier«, flüstere sie und zeigte mit der Hand in die dunkle Diele. Richard deutete mit dem Kopf in diese Richtung, den Blick auf Sarah gewandt. Mit der einen Hand hielt er das Mädchen fest, während die andere ihr das Messer an den Hals hielt.

Sarah ging, die Plane vor dem Körper, an Richard und Annelie vorbei. Mühsam verlagerte sie das Gewicht der Plastikhaube auf ihren linken Arm und tastete mit der rechten Hand nach dem Lichtschalter.

Der Raum erhellte sich. Richard erblickte einen Schuhschrank, einen Spiegel und einen Aufhänger für Kleidung, der die Form eines überdimensionalen Katzenkopfs hatte. Jacken, Mützen und ein beiger langer Mantel ragten ungeordnet ins Zimmer hinein. Am anderen Ende der Diele lag eine weitere Tür. Sarah stöhnte unter der Last der großen, unhandlichen Plane. »Die heile Welt der Westers, was für eine Ironie«, schoss es Sarah durch den Kopf.

»Na los weiter!«, befahl Richard.

Die Türlinke zum nächsten Raum ließ sich nur schwer bewegen. Sarah nahm ihre letzte Kraft zusammen, stemmte ihr Gewicht mitsamt der Plane auf die Klinke, fiel in den nächsten Raum und landete mit einem Scheppern zwischen Fahrrädern, Luftpumpen und Autoreifen.

Richard folgte ihr, Annelie wie eine Aufziehpuppe vor sich herschiebend. Aus einem Reflex heraus streckte das Mädchen die Hand nach rechts und schaltete das Licht ein.

»Oh, Entschuldigung«, bat sie.

Richard erwiderte nichts.

Sarah berappelte sich wieder. Dieses Mal war sie glimpflich davongekommen und hatte den unfreiwilligen Sturz ohne Blessuren überstanden.

»Nimm die Plane und breite sie aus!«, forderte Richard.

Sogleich faltete Sarah die Plane auseinander.

»Wie bekommt man das Tor auf?«, fragte Richard und schaute Annelie über die Schulter an, das Messer weiterhin an ihrem Hals.

Annelie versuchte, einen Schritt nach vorn zu gehen, doch Richard riss sie grob zurück.

»Was soll der Blödsinn, bleib hier!«

»Ich… ich wollte doch nur auf den Knopf drücken«, stammelte die Zwölfjährige.

Etwa einen Meter vor sich entdeckte Richard einen dicken roten Knopf, der einem Notausschalter glich. Für einen kurzen Moment dachte er daran, dass es großes Glück war, dass er Annelie zurückgehalten hatte. Hätte sie den Knopf gedrückt und das Garagentor wäre aufgegangen, dann hätte er schutzlos dagestanden, in dem sicheren Wissen, dass irgendwo jemand auf ihn wartete, der nichts Besseres zu tun hatte, als ihm ein Loch in den Kopf zu schießen.

»Damit geht die Tür auf«, fügte Annelie hinzu.

Inzwischen hatte Sarah die Plane ausgebreitet, die jetzt auf Fahrrädern, Reifen und einem Mülleimer lag.

»Fein«, sagte Richard und wandte sich an Sarah.

»Jetzt nimm die Plane hoch und lege sie über uns, aber achte darauf, dass das Loch so vor unseren Köpfen ist, dass ich etwas sehen kann!«

Erst jetzt bemerkte Sarah das Loch mitten in der Plane. Mit größter Mühe wuchtete sie den dunklen, zum Umhang umfunktionierten, Plastiksack über Richard und Annelie, duckte sich und verschwand ebenfalls darunter. Das Plastiktuch bedeckte nun alle drei und fiel an allen Seiten auf den Boden. Das Loch, von dem Richard gesprochen hatte, befand sich etwas zu weit vorne und war zu tief um durchzuschauen.

»Das Loch so, dass ich durchgucken kann«, beschwerte sich Richard.

Sarah tat ihr Bestes und hievte die Plane soweit über ihre Köpfe zurück, dass Richard den Blick auf das Garagentor frei hatte. »Und jetzt mach das Tor auf und komm sofort wieder hier drunter.«

Angestrengt atmete Sarah aus, befolgte aber Richards Anweisungen, trat unter der Plane hervor, drückte den roten Knopf und stellte sich wieder unter das schwere Tuch. Das Tor öffnete sich elektrisch und Richard sah, was er sehen wollte. Vor ihm stand ein großer Wagen mit getönten Scheiben.

»Los!«, befahl er.

Mit ganz kleinen Schritten gingen die drei in Richtung Fahrzeug.

Das Auto hatte fünf Türen.

»Heb die Plane an, öffne die Hintertür, steig ein und rutsch ganz durch!«

Sarah befolgte Richards Befehl. Sie öffnete die Hintertür der Beifahrerseite und schlüpfte in das geräumige Fahrzeug. Kurz dachte sie daran, zu fliehen, aber im nächsten Moment verwarf sie den Gedanken wieder. Sie konnte die Kleine auf keinen Fall im Stich lassen.

Annelie und Richard folgten ihr, wobei Richard mit einer Hand die Plane hochhielt und mit der anderen das Messer und demzufolge Annelie kontrollierte. Als beide Platz genommen hatten, ließ er die Plane fallen und schlug die Tür zu.

Kapitel 48

»Hallo Richard!«

Mick spürte, wie sich Schweiß in seinen Handflächen bildete. Er hielt das Lenkrad so fest umklammert, dass die Fingerknöchel weiß hervortraten. Seine Nerven waren zum Zerreißen gespannt, die Situation völlig irre. Das Monster, das so viele Menschen auf dem Gewissen hatte, der Killer, der sie die letzten Tage in jeder Sekunde beschäftigt hatte, saß nun keine dreißig Zentimeter von ihm entfernt.

Für Mick war es beinahe unmöglich, seine Wut zu beherrschen. Er wollte dem Mörder seines Bruders an den Kragen, wollte ihn überwältigen und musste doch Ruhe bewahren. Ein Blick in den Rückspiegel zeigte ihm, dass Richard das Mädchen auf seinen Schoß gezogen hatte und ihm eine lange Klinge an die Kehle hielt. Ein falsches Wort, eine unüberlegte Bewegung und Mick wäre schuld am Tod des Kindes.

Sarah, seine Schwägerin, saß neben den beiden. Regungslos, mit versteinerter Miene. Es war an ihrem Blick nicht abzulesen, ob sie Mick in dieser Notsituation eine Hilfe sein konnte.

»Hallo Michael«, sagte Richard.

Michael. So hatte ihn schon lange niemand mehr genannt. Mick ließ den Rückspiegel nicht aus den Augen. Er versuchte, im Gesicht des Mannes auf der Rückbank ein wenig von dem Kind zu erkennen, das der Mörder einst gewesen war. Doch seine Miene war wutverzerrt, seine Augen blitzten und es war unmöglich, den kleinen Richard von einst wiederzufinden. Gleichzeitig wurde Mick klar, dass er nicht an den Verstand des Mannes zu appellieren brauchte. Das letzte Bisschen davon hatte sich spätestens in den letzten Minuten verflüchtigt. Er wollte sein Werk vollenden. Wollte Micks Tod und ihm schien völlig egal zu sein, was danach kam. Wenn es denn überhaupt ein »Danach« geben würde.

»Raus aus dem Wagen!«, fuhr er Mick an, was den Polizisten nun doch überraschte. Wollte der Killer selbst fahren? Dann müsste er die Geisel loslassen.

Doch so dumm war Richard nicht. Im Gegenteil. Die nächsten Sekunden zeigten wieder einmal, dass er alles andere als dämlich war.

»Raus und ausziehen!«, herrschte er Mick an. »Bis auf die Unterhose.«

Der Polizist drehte den Kopf, wollte Richard in ein Gespräch verstricken, doch der Mörder duldete keinen Aufschub. Die Klinge wurde tiefer gedrückt und eine feine rote Linie entstand am Hals des Mädchens.

»Tu, was ich dir sage!«, meinte er nur. »Sonst….«

Mick stieg aus und begann, sich zu entkleiden. Er stand im Halbdunkel der Garage, wusste, dass seine Einheit ihn beobachtete. Doch genau so klar war, dass sie nicht eingreifen konnten. Richard und die Geiseln wurden durch die getönten Scheiben geschützt.

Als er sein Hemd über den Kopf zog, versuchte er dabei unauffällig das Mikro verschwinden zu lassen, doch es war zu gut verklebt. Richard grinste.

»Verkabelt«, sagte er. »Schnallt ihr Bullen eigentlich gar nichts? Könnt ihr die einfachsten Befehle nicht ausführen? Ihr solltet mich doch langsam ernst nehmen!«

Das Messer verschwand von der Kehle des Mädchens und die Spitze erreichte das linke Auge des Kindes.

»Hast du noch mehr Technik am Körper?«, wollte er wissen. »Wenn ja, dann lass sie verschwinden. Ein Auge wird das Mädchen durch deine Dummheit jetzt schon verlieren. Wir wollen doch beide nicht, dass es ganz erblindet, oder?«

Annelie schluchzte.

»Lass sie in Ruhe«, Mick versuchte den Täter zu beruhigen. »Sie hat dir nichts getan.«

»Zur falschen Zeit am falschen Ort«, sagte Richard und grinste zynisch. »Kommt dir das irgendwie bekannt vor?« Sein Gesicht wurde noch mehr zu einer Maske aus Hass. »Ich habe damals auch niemandem etwas getan. Doch das war meinem Peiniger egal.«

Mick kletterte aus seiner Hose. »Und du willst dich jetzt mit ihm auf eine Stufe stellen und auch das Leben eines Kindes zerstören?«

Für einen kurzen Moment kam Richard aus der Fassung. Er schien tatsächlich über Micks Worte nachzudenken.

»Okay«, sagte er schließlich. »Dann überlasse ich dir die Entscheidung. Entweder ich steche ihr ein Auge aus oder dir.« Sekundenlang hingen seine Worte in der Luft.

Dann nickte der Polizist. »Lass sie in Ruhe«, sagte er noch einmal. »Wenn du deine Rache vollenden willst, dann bitte an mir.«

Er hoffte, dass Richard das Mädchen loslassen würde.

Um ihm ein Auge zu nehmen, musste er seine Geiseln im Auto zurücklassen und mit dem Messer auf Mick zukommen. Das war die Situation, in der es eins gegen eins stand. Und, unbewaffnet oder nicht, dann rechnete sich der Polizist wenigstens eine kleine Chance aus.

Doch Richard hatte sich wieder im Griff.

»Unsere Zeit der Spielchen kommt noch«, sagte er. »Und du wirst mehr verlieren als dein Augenlicht, glaube mir. Und jetzt komm wieder in den Wagen. Damit wir unsere Reise beenden können.«

Mick überlegte für einen Augenblick, ob er den Sender im Ohr behalten sollte, doch, wenn Richard ihn von der Rückbank aus sehen würde, wäre das Mädchen ein zweites Mal sicherlich nicht zu retten. Er stand in Unterhosen vor dem BMW und fingerte das kleine Teil aus seinem Ohr. Achtlos ließ er es zu Boden fallen.

»Du hättest deinen Kumpels ruhig noch Adieu sagen können«, meinte er. »Es wären deine letzten Worte an sie gewesen.«

»Kann ich wenigstens meine Schuhe wieder anziehen?«, fragte Mick. »Dann fahre ich sicherer. Du willst doch nicht, dass ich uns im Straßenverkehr umbringe, oder?«

Richard nickte nur und Mick schlüpfte in seine Chucks.

»Und jetzt los.«

Der Polizist beeilte sich, der Aufforderung nachzukommen. Das Messer befand sich wieder an der Kehle des Mädchens. Er sah im Rückspiegel ihre angstvoll aufgerissenen Augen und schwor sich, wenigstens ihr Leben zu retten. Und das von Sarah, die die ganze Szene nur stumm und reglos verfolgt hatte.

Mick startete den Wagen und fuhr auf die menschenleere Straße. Er wusste, dass seine Kollegen hier irgendwo waren, doch sie hatten sich gut verborgen.

Sicher! Sie hatten eine Möglichkeit, den Wagen zu verfolgen, auch wenn er den Sender nicht mehr trug. Aber für den Augenblick war er auf sich gestellt.

»Rechts«, gab Richard die Richtung vor und Mick lenkte das Auto auf die Straße.

Er musste an das Gladbecker Geiseldrama denken, wo es die beiden Irren auch geschafft hatten, ein Eingreifen der Polizei immer wieder zu verhindern. Damals waren unschuldige Menschen gestorben. Mick hoffte, dass dieses Ding einen besseren Ausgang haben würde. Auch wenn ihm noch nicht klar war, wie er es anstellen sollte.

Immer wieder fiel sein Blick in den Rückspiegel. Er bemühte sich, Augenkontakt mit Sarah und ein Gefühl dafür zu bekommen, in welcher Verfassung sie sich befand.

Sie konnte dem Irren nicht das Messer entwinden, das würde ein Blutbad auslösen, aber vielleicht gab es bald eine Situation, wo Mick ihre Hilfe brauchen konnte. Dann wäre es wichtig zu wissen, ob die Frau dazu in der Lage war.

Doch Sarahs Gesichtsausdruck war unverändert. Sie saß lethargisch auf ihrem Sitz und schien ihre Umwelt gar nicht mehr wahrzunehmen. Mick löste den Blick von seiner Schwägerin und suchte die Straße hinter sich ab. Seine Kollegen würden folgen, soviel war klar, aber der Abstand musste groß genug sein, um nicht aufzufallen.

Beim kleinsten Verdacht, dass die Beamten hinter ihnen her waren, würde Richard toben. Was ist, wenn er es jetzt schon tut, schoss es Mick durch den Kopf. Wenn er der Kleinen und Sarah einfach die Kehle durchschneidet und dann nach vorne langt. Das wäre eine Aktion von Sekunden. Würde Mick reagieren können?

Der Polizist verwarf den Gedanken. Ein einfacher Tod war Richard nicht gut genug. Er wollte das Ende seines letzten Opfers zelebrieren. Wie die ersten Morde.

Mick schauderte. Er wollte nicht qualvoll sterben. Eigentlich hatte er vor in absehbarer Zeit überhaupt nicht zu sterben.

»Links!«, schrie Richard ihn an und Mick lenkte die schwere Limousine durch den Verkehr. Er überholte Autos, Menschen, die nicht ahnten, was neben ihnen in dem dunklen Wagen los war. Wie nahe sich hier Menschen am Rande einer Katastrophe befanden.

Es war Abend. Der Feierabendverkehr hatte sich gelegt und sie kamen gut voran.

»Wieder links!«, bellte Richard und Mick wusste, dass sie Richtung Rheydt unterwegs waren.

Er will in eines seiner Verstecke, dachte der Polizist.

Plötzlich entstand Dagmars Bild in Micks Kopf.

Würde er sie je wiedersehen? Und würden sie eine Beziehung auf die Reihe bekommen?

Er verdrängte den Gedanken. Vielleicht bestand seine Zukunft nur noch aus wenigen Minuten. Bedrückt dachte er daran, dass er sich nicht einmal richtig von ihr verabschiedet hatte. Als die Limousine aufgetaucht war, war alles viel zu schnell gegangen. Der Zeitdruck unter den Richard sie gesetzt hatte, hatte sein Übriges getan. Er hatte sich zwar noch einmal umgeschaut, bevor er in den Wagen gestiegen war, doch von Dagmar hatte er nichts mehr gesehen.

Es hätte funktionieren können, dachte er. Eine Frau, eine Familie. Sein Blick fiel auf Annelie, die stumm und mittlerweile teilnahmslos in den Fängen des Irren hing. Konnte man Kindern eine solche Welt zumuten? Würde er als Vater überhaupt taugen?

Mick bekam die nächste Richtungsänderung angesagt und gehorchte wie eine Maschine. Er drängte alle Gedanken aus seinem Kopf und versuchte, sich auf die nächsten Minuten zu konzentrieren. Auf die Sekunden, wenn sie das Auto verließen. Erst dann würde die Zeit kommen, um zuzuschlagen. Hoffentlich!

Die Straßen wurden schmaler, die Laternen schummriger. Mick kannte die Gegend. Noch zwei Ecken, dann befanden sie sich direkt neben dem kleinen Friedhof, der zwischen Innenstadt und Industriegebiet lag.

Früher hatte es in Rheydt viele große Firmen mit tausenden von Mitarbeitern gegeben. Allein im Kabelwerk hatten fast dreitausend Leute einen Job gefunden. Nun waren von den Firmen nur noch Bruchstücke übrig - wenn überhaupt. Und die Arbeitslosigkeit wuchs.

Seltsam, was ihm selbst in dieser Situation alles durch den Kopf ging. Das menschliche Gehirn war schon eine seltsame Sache.

Wieder kam die Aufforderung abzubiegen und Mick sah zu seiner Linken die dunkle, bemooste Friedhofsmauer.

»Friedhofstraße«, flüsterte Mick. Wie passend.

Sie sahen links das große Steintor, welches auf das Gelände führte. »Deine Toten werden leben«, stand als Inschrift darüber. Mick konnte sich ein zynisches Lächeln nicht verkneifen. Er glaubte nicht an Wiedergeburt und ein Leben im Paradies. Für ihn endete das Sein nach dem Tod. In einem feuchten, dunklen Loch in der Erde.

Aber noch nicht heute, schwor er sich.

»Langsamer!«, kam der Befehl von hinten.

Sie hatten nun ein Stück Mauer erreicht, vor dem eine große Hecke wuchs.

»Anhalten und raus. Du zuerst.«

Mick brachte den Wagen zum Stehen und stieg langsam aus. Vorsichtig sah er sich um. Ein kühler Wind fuhr durch die Blätter der

Hecke und ließ ihn frösteln. Es war zwar ein milder Herbst, aber trotzdem kein Wetter, um nur in Unterwäsche herumzulaufen.

Die Straße war menschenleer. Keine Spaziergänger, keine Besucher des Friedhofs und die kleine Gärtnerei schräg gegenüber hatte schon lange geschlossen.

»Durch die Hecke!«, sagte Richard nur. Sarah war ausgestiegen und stand auf dem Bürgersteig. Ohne Regung, die Bewegungen roboterhaft. Richard selbst hatte Annelie aus dem Auto gezogen, das Messer nach wie vor bedrohlich an ihrer Kehle. Ein letzter hektischer Blick nach eventueller Verstärkung, dann schlüpfte Mick durch einen kleinen Spalt im Blätterwerk.

Zwischen Mauer und Hecke waren circa eineinhalb Meter Platz und der Polizist bemerkte sofort die beiden Platten, die in die Erde eingelassen waren.

»Aufmachen«, befahl Richard und Mick bückte sich. Langsam wischte er Laub von dem Einstieg und tat, als hätte er den Ring, der zum Öffnen diente, noch gar nicht gesehen. Er wollte Zeit schinden. Richard nicht die Gelegenheit geben, mit ihnen in seine Unterwelt zu entwischen. Dort unten hätte er alle Trümpfe in der Hand. Dort würde eine Verfolgung beinahe unmöglich werden.

Wenn dort eine Leiter ist, muss er Annelie loslassen, dachte Mick. Das wäre der Moment, der ein Zuschlagen möglich machen würde.

»Los. Mach schon!«, herrschte Richard den Polizisten an, kurz davor, die Geduld zu verlieren.

Mick krallte seine linke Hand in den Ring und zog mit aller Macht. Der Deckel ließ sich erstaunlich gut öffnen. Als würde dieser Einstieg regelmäßig benutzt.

Die Klappe war zweigeteilt und auch das andere Stück ließ sich leicht anheben und aufklappen. Mit einem dumpfen Laut fiel auch die andere Seite des Deckels ins Laub.

»Runter mit euch!«, zischte Richard und als Mick das entstandene Loch näher betrachtete, bemerkte er, dass dort unten eine schummrige Notbeleuchtung brannte und dass eine Steintreppe in die Katakomben führte.

Versorgungsschächte der Stadt, dachte Mick. Strom, Gasleitungen, irgend so etwas. Und für eventuelle Wartungsarbeiten sogar einigermaßen beleuchtet. Vielleicht hatte Richard aber auch die Lampen in Gang gesetzt. Dies war einer seiner Gänge, ein Weg in eines seiner zahlreichen Verstecke. Höhlen, die es der Polizei unmöglich gemacht hatten, ihm zu folgen und ihn zu erwischen.

»Runter jetzt!«, bellte Richard heiser und Mick setzte den ersten Fuß auf die steinerne Stufe. Sarah folgte und als letztes kamen Richard und Annelie.

Als Mick das Ende des Abstieges erreicht hatte, schnellte er herum, doch Richard hatte das Mädchen nach wie vor fest im Griff.

»Versuch es nicht einmal«, sagte der Große mit einem kalten Lachen im Gesicht. »Geh einfach weiter. Es ist nicht weit, dann hast du das Ende deines Weges erreicht.«

Langsam setzte sich Mick in Bewegung. Und die Hoffnung noch einmal das Tageslicht zu sehen, schwand mit jedem weiteren Schritt.

Dagmar wartete in völliger Dunkelheit. Sie verhielt sich weiterhin ruhig, auch nachdem die Stimmen leiser wurden und schließlich ganz verstummten.

Dann erst wagte sie es, laut Luft zu holen. Auf der ganzen Fahrt hierher hatte sie nur flach und unhörbar geatmet. In ständiger Gefahr doch noch entdeckt zu werden.

Noch einmal ließ sie eine gefühlte Minute vergehen, auch wenn ihr die Zeit auf den Nägeln brannte.

Dann spannte sie ihren Körper an und trat mit beiden Beinen vor die Rückbank. Die Federn gaben nach und sie konnte den Innenraum des Autos erkennen.

Der Kofferraum, in dem sie sich versteckt hatte, war von innen nicht zu öffnen und so blieb ihr nur dieser Weg.

Langsam und vorsichtig kletterte sie in das Fahrzeug und lugte durch die getönten Scheiben. Jetzt war es auch für sie von Vorteil, dass sie von draußen nicht zu sehen war.

Doch ihre Vorsicht war nicht von Nöten. Von Mick, Richard und den Geiseln war nichts zu sehen.

Dagmar zog ihre Pistole, öffnete eine Wagentür und ließ sich auf die Straße gleiten. Schnelle Blicke zeigten ihr, dass sich niemand in ihrer Nähe befand. Rheydt schien ausgestorben.

Dann bemerkte sie die Öffnung in der Hecke und schlich darauf zu, um gleich darauf den Abstieg in die Tiefe zu erkennen. Vorsichtig kniete sie sich hin und linste in den Kellereingang. Niemand war zu sehen oder zu hören. Sie sprang wieder auf die Beine und griff nach ihrem Handy.

»Kleinschmidt? Hier ist Keller.«

»Keller? Wo zum Teufel sind Sie?«

»Ich habe die Flüchtenden begleitet«, sagte sie. »Im Kofferraum.« Sie hatte ihren Vorgesetzten nicht eingeweiht, aus Angst, er hätte ihr das Unterfangen verboten.

»Sie wissen, wo sich der Wagen befindet?«

»Natürlich. Wir haben das GPS-Signal.«

»Hinter der Hecke der Friedhofsmauer befindet sich ein Einstieg in einen Tunnel«, erklärte sie. »Richard und seine Geiseln sind dort unten.«

»Bleiben Sie, wo Sie sind!«, hörte Dagmar die Stimme des Mönchengladbacher Polizeichefs. »Wir sind in zwei Minuten bei Ihnen.«

»Das ist zu spät«, sagte sie nur. »Ich mache mich an die Verfolgung.«

»Aber...«, wollte Kleinschmidt ihr seine Bedenken mitteilen, doch Keller schaltete das Handy aus und auf lautlos. Dort, wo sie jetzt hinging, war Schweigen gefragt.

Noch einmal sah sie sich um, holte tief Luft und begann mit dem Abstieg.

Heute würde die Sache enden. Das spürte sie. Doch niemand garantierte ihr, dass sie ein gutes Ende nehmen würde.

Kapitel 49

Das Licht wurde immer schummriger, je weiter sie den Gang entlanggingen. Einige der ohnehin nur schwach leuchtenden Lampen flackerten unaufhörlich. Mick dachte an ein Horrorvideospiel, nur, dass dies hier die Realität war. An einigen Stellen hatten sich mächtige Wurzeln im Laufe der Jahre durch das Mauerwerk gefressen und erschwerten zusätzlich das Gehen auf diesem Terrain.

Richard lachte, während er dem Mädchen weiterhin das Messer an die Kehle drückte. Dann schrie er: »Hey kleiner Mick. Es ist nicht weit, dann hast du das Ende deines Weges erreicht.«

Mick dachte über Richards Worte nach. Diesen Weg meinte er auf jeden Fall nicht, denn sie waren nun schon etwa fünf Minuten unterwegs. Der Gang schlängelte sich nicht, nahm keine Biegung, keine Kurve, sondern schien ein direktes Ziel zu haben. Mick spürte, dass sie auf einer Ebene blieben. Er hatte nicht das Gefühl hoch oder runter zu gehen. Nach einer weiteren Minute vernahm er Maschinengeräusche, die immer lauter wurden. Die Leuchtkörper hatten inzwischen fast alle ihren Geist aufgegeben. Hier und da flackerte noch mal eine Lampe und warf ihr durch Schmutz verdunkeltes Licht in den Gang.

»Stopp!«

Obwohl Richard schrie, klang sein Wort leise und gedämpft und wurde vom Krach über ihnen beinahe übertönt.

Hier, wo sie nun standen, kreuzte ein anderer Gang ihren Weg. Weiter geradeaus war es stockduster. Links von ihnen warf eine flackernde Lampe ihr Licht in einen weiteren Gang. Rechts versperrte eine grün angestrichene Stahltür den Weg. Mick biss sich auf die Unterlippe. Für einen Moment hatte er daran gedacht, alle Sicherheit in den Wind zu schießen und auf Richard loszurennen, doch das Mädchen war ihm wichtiger. Sein eigenes Leben war ihm relativ egal, obwohl es durch die Beziehung zu Dagmar wieder einen Sinn bekommen hatte.

Wichtig war, dass Sarah und Annelie überlebten.

»Los, zieh die Tür auf!«

Mick tat, was Richard ihm befahl und zog an der grünen Stahltür. Überrascht stellte der Polizist fest, dass er die Tür kaum bewegen konnte.

»Du warst noch nie der Stärkste«, feixte Richard und begann heiser zu lachen.

Mick nahm alle Kraft zusammen und zog mit einem Ruck erneut an der Türe, so dass diese weit aufschwang und krachend gegen die Betonwand donnerte.

Sichtlich überrascht schwiegen alle, selbst Annelie hörte auf zu weinen.

Richard räusperte sich. »Also gut, da rein!«

Der Riese deutete mit seinem Messer in den Raum. Sarah und Mick schlichen in einen hell erleuchteten Bereich. Sie hielten sich zum Schutz die Hände vor die Augen. Dann erkannte Mick, wo sie sich befanden. Dies schien einmal ein Umkleideraum gewesen zu sein. Die Länge dieser Kammer schätze Mick auf circa acht Meter, die Breite auf vier. Spinde standen an beiden Seiten. Der Lack an den Türen war größtenteils komplett abgeblättert. Viele der Spinde waren verbogen, einige verrostet und wieder andere waren so ramponiert, dass die Tür nur noch an einer Angel befestigt war und jeden Augenblick runterzufallen drohte. In der Mitte dieser Umkleide thronte ein riesiger massiver Stahltisch, dessen Größe beinahe grotesk war, da zwischen den Spinden und dem Tisch kaum Platz war. An der Kopfseite des Raumes befand sich eine weitere Stahltür, die mit einer dicken verrosteten Kette verschlossen war, an deren Gliedern ein Vorhängeschloss baumelte. Die Maschinengeräusche waren hier etwas leiser, was Mick verwunderte, da er hinter der verschlossenen Tür den Weg in eine Fabrik vermutete. Wahrscheinlich das alte Kabelwerk. Er war sich nicht mehr sicher wie die Firma jetzt hieß. In den vergangenen Jahrzehnten hatten viele Investoren ihr Glück hier versucht, doch irgendwie krebste das Unternehmen immer am Rande des Bankrotts.

Richard hielt Annelie immer noch das Messer an den Hals. Sein Blick war vollkommen irre. »Ihr werdet schön hierbleiben, bis ich euch wieder holen komme, habt ihr verstanden?«

Mick fragte sich kurz, was daran nicht zu verstehen war und schaute Sarah an, deren Blick starr auf Annelie gerichtet war. Als Antwort nickte er nur.

»Ach noch was, bevor ich euch die kleine Heulsuse entgegen werfe… Wenn ich schon jemanden als blinden Passagier in den Kofferraum schmuggle, dann mach ich das so, dass es keiner mitbekommt. Lautlos, ihr dämlichen Idioten.«

Mit diesen Worten warf Richard Annelie gegen den Tisch. Das Licht im Raum erlosch. Richard schmiss die Stahltür mit voller Wucht zu und verließ drei völlig verblüffte Personen.

Für ihn war es egal, was nun auf ihn zukam. Entweder die eine Person, die er im Kofferraum des Wagens bemerkt hatte oder eine ganze Armada von Polizisten, die den Gang entlangliefen. Er war unbesiegbar, unverwundbar. Niemand würde ihm etwas anhaben können. Nicht hier unten, in seinem Königreich. Er ging in den Gang, gegenüber der Stahltür und drehte die flackernde Glühbirne aus der Fassung. Wie eine Katze wartete er darauf, dass sein Opfer unaufmerksam in die Falle tappte, um dann zum entscheidenden Sprung anzusetzen. Dann vernahm er Schritte. Seine Vermutung täuschte ihn nicht. Nur eine Person näherte sich, vorsichtig zwar, aber trotzdem unwissend, was sie erwarten würde.

Kapitel 50

Dagmar Keller tastete sich den Gang entlang. Ihre Kleidung klebte an ihrem Körper. Schweiß lief ihr in Bahnen über den Rücken. Die Temperaturen und die stickige Luft im Kofferraum waren kaum auszuhalten gewesen, doch die abgestandene Atmosphäre in diesem verlassenen Kellergang war nur unwesentlich angenehmer.

Sie versuchte ihre Umwelt im Dämmerlicht zu erkennen, wich Steinen und Wurzeln aus, die Stolperfallen gleich aus dem Boden ragten.

Immer weiter führte sie der Gang in die Dunkelheit.

Wieder tastete sie nach ihrer Waffe, versicherte sich, dass sie die Pistole nach wie vor bei sich trug. Eine innere Stimme sagte ihr, dass sie heute noch zum Einsatz kommen würde, auch wenn sie hoffte, dass dem nicht so war.

Sie erwartete überraschende Wendungen, Abzweigungen, doch der Weg führte steil geradeaus. Nur das Wummern wurde mit jedem Schritt lauter. Geräusche aus der Firma über ihr. Mächtige Maschinen, die sich Tag und Nacht drehten, um Kabel für den Weltmarkt zu produzieren.

Die Lichtverhältnisse wurden immer schlechter und Dagmar verfluchte sich, dass sie keine Taschenlampe eingesteckt hatte. Nur die Tatsache, dass es keine Möglichkeit für einen Hinterhalt gab, beruhigte sie ein wenig.

Die Wände blieben glatt, der Weg schnurgerade.

Plötzlich veränderte sich das Geräusch. Zwischen dem Brummen der Maschinen erklang ein neuer, leiserer Ton.

Dagmar verharrte und lauschte. Schreie! Es waren unzweifelhaft menschliche Schreie, die an ihr Ohr drangen. Leise zwar, aber in höchster Not ausgestoßen.

Die hohe Stimme eines kleinen Mädchens. Annelie!

Dagmar ließ jede weitere Vorsicht außer Acht und bewegte sich so schnell durch den Tunnelgang, wie es der unebene Boden zuließ.

Die Schreie des Mädchens wurden mit jedem Schritt lauter und endlich erreichte Dagmar eine Stahltür. Schemenhaft erkannte sie Kratzspuren auf dem Boden, die bewiesen, dass die Tür vor Kurzem geöffnet worden war. Sie kam ihrem Ziel näher. Dagmar spähte in die Dunkelheit. Vor ihr verlief der Gang immer noch geradeaus weiter, zu ihrer linken tat sich ein weiterer Gang auf, der jedoch in völliger Finsternis lag.

Die Kommissarin streckte die Hand nach der Tür aus und bemerkte, dass sie zitterte.

In den nächsten Minuten würde sich alles entscheiden. Sieg oder Niederlage. Leben oder Tod.

Sie atmete tief durch und zog ihre Pistole.

Zu gespannt, was hinter der Tür auf sie warten würde, ließ sie für einen winzigen Moment ihr Umfeld aus den Augen. Als sie den Luftzug spürte, war es bereits zu spät.

Ein dumpfer Schlag, ein betäubender Schmerz.

Als ihre Beine nachgaben, erhaschte sie im Fallen einen Blick auf ihren Angreifer und bevor es endgültig dunkel wurde, sah sie in Richards lächelndes Gesicht.

»Hilfe! Warum hilft uns denn niemand?«, Annelie schrie ihre Panik in die Dunkelheit.

Seit Richard die Tür hinter sich geschlossen hatte, umfing sie völlige Nacht.

Mick versuchte den Standort des Mädchens ausfindig zu machen, ging zu ihr und versuchte sie zu beruhigen.

»Alles wird gut«, flüsterte er, auch um sich selbst davon zu überzeugen. In Wirklichkeit drehten sich sämtliche Rädchen in seinem Kopf und versuchten einen Ausweg aus dieser mörderischen Situation zu finden. Eigentlich hielt Richard alle Trümpfe in der Hand und doch hatte Mick das Wort »Aufgeben« aus seinem Repertoire gestrichen.

Sarah hatte sich an einer Wand niedergekauert. Von der zweiten Erwachsenen im Raum war keine Hilfe zu erwarten.

»Was passiert jetzt mit uns?«, wollte das Mädchen wissen. »Was hat er mit uns vor?«

»Er wird uns töten«, wäre die richtige Antwort, doch Mick zuckte nur mit den Schultern.

»Ich weiß es nicht«, log er. »Aber ich werde alles dafür tun, dass wir hier rauskommen.«

Das Mädchen schien sich ein wenig zu beruhigen und Mick ging zurück zur Tür.

Wieder malte er sich Richards Rückkehr aus. Wenn der Große den Raum erneut betrat, dann hatte er keine Geisel in seiner Gewalt. Dann müsste es eine Möglichkeit geben, ihn zu überwältigen.

Außerdem lief ihm die Zeit davon, denn die Polizei würde nicht mehr lange auf sich warten lassen.

Mick blieb keine Sekunde mehr einen Plan zu erarbeiten, denn vor der Tür waren Geräusche zu vernehmen. Richard kam zurück.

Was hat er überhaupt draußen getrieben?, fragte sich Mick, als er hinter der Tür Aufstellung nahm.

Es sollte keinen Augenblick dauern, bis er eine Antwort darauf erhielt.

Die Tür wurde nach innen gedrückt und im schummrigen Licht, das von draußen hereindrang, konnte Mick die große Gestalt des Psychopathen erkennen.

Er wollte sich gerade abdrücken und den Riesen anspringen, als er die leblose Gestalt bemerkte, die in den Fängen des Killers hing. Micks Herz setzte einen Schlag aus.

Er verlangsamte seine Schritte. Das Bild, das sich ihm bot, machte ein Reagieren unmöglich.

Und ehe er sich versah, war die Chance vertan und die Tür fiel ins Schloss.

Richard hielt mit dem rechten Arm die reglose Frau und fingerte mit der Linken nach einem Lichtschalter, der sich ungewöhnlich weit von der Tür weg, beinahe hinter einem der Spinde, befand.

Mick ärgerte sich kurz, dass er den Schalter nicht gefunden hatte.

Halogenlampen blitzten auf und entfalteten ein gelbliches, verstaubtes Licht.

Mick hätte die neue Geisel des Mörders auch im Dunkeln erkannt. Unter Tausenden wäre ihm der Körper dieser Frau vertraut gewesen.

»Dagmar.«

Es war nur ein heiseres Flüstern, doch es lockte ein Grinsen auf das Gesicht des Irren.

Richard schleuderte den ohnmächtigen Körper der Frau in die Mitte des Raumes und baute sich neben der Tür auf. Die Chance, ihn zu attackieren, war für immer vertan.

Mick setzte sich in Bewegung und kniete sich neben seine verletzte Freundin. Er bettete ihren blutenden Kopf in seinen Schoß und warf dem Angreifer einen wütenden Blick zu. Richards Lächeln wurde breiter und Mick bemerkte verzweifelt, dass er einen Fehler begangen hatte. Bis gerade war dem Mörder nicht klar, dass Dagmar und er ein Paar waren. Doch Micks Fürsorge hatte den Killer eines Besseren belehrt. Er hätte sich ohrfeigen können, doch er konnte seine Gefühle nicht verbergen und die Situation ungeschehen machen. Er streichelte über Dagmars Haar und bemerkte zum Glück, dass ihr Puls regelmäßig ging.

Ihre Lider flatterten und Sekunden später schlug sie mit einem Stöhnen die Augen auf.

»Hat nicht geklappt mit der Rettung«, sagte sie und grinste schief.

»Kein Problem«, flüsterte Mick. »Hauptsache wir sind zusammen.«

Richard verdrehte die Augen. »Wie romantisch«, höhnte er. Sein Blick fiel auf seine Geiseln. Sein Augenpaar richtete sich von einem zum anderen.

»Wir haben nicht viel Zeit«, sagte er dann. »Also: Wer von euch will als Erster sterben?«

Annelie begann wieder zu weinen.

Mick wandte den Blick für einen kurzen Moment von Dagmar ab und schaute Richard hasserfüllt in die Augen.

Der ruhige Junge, den Mick aus seiner Kindheit kannte, war verschwunden. Für immer in einem Kellerloch geblieben. Herausgekommen war ein wahnsinniger Racheengel. Richards Blick wirkte entschlossen, bereit jederzeit einen weiteren sinnlosen Mord zu begehen.

Mick hatte in seiner Karriere, bevor sie wegen der Sache mit Dagmar Keller endete, viele Verrückte und Skrupellose gesehen, doch an einen solchen Blick, einen solchen Hass, erinnerte er sich nicht. Jedes Wort, das er sagen, jede Frage, die er Richard stellen würde, wäre vergebene Mühe. Diesem Typen war nicht mehr zu helfen. Kein Psychologe auf der Welt würde die Chance haben irgendetwas in diesem kranken Hirn umzupolen.

Die einzige Möglichkeit, die Mick sah, um aus diesem Schlamassel herauszukommen, war, Zeit zu gewinnen. Zeit, welche die Polizei brauchen würde, um sie hier zu finden und aus den Fängen dieses Mörders zu befreien.

»Richard, du willst doch nur mich, mich allein. Was also soll der ganze Aufstand? Nimm mich als dein letztes Opfer und lass die Anderen gehen. Bitte!«

Mick versuchte Richard einzulullen. Mit der Bitte in seiner Formulierung wusste der Irre, dass er der Herr im Haus war. Er war der Chef im Ring, der König in diesem Spiel und er hielt alle Trümpfe in der Hand.

Mick beobachtete, wie Richard seinen Kopf unkontrolliert hin und her bewegte, so als würde sein Nacken schmerzen. Dann zog das Monster eine Waffe aus seiner Hosentasche. Dagmars Dienstwaffe!

»Das reicht mir aber nicht«, zischte der Große. »Ist es nicht viel besser, wir spielen ein Spiel?«

Annelie schrie auf, als sie die Waffe sah und lief zu Dagmar und Mick. Mick nahm das Mädchen in den Arm und streichelte über seinen Kopf. Dagmar war immer noch zu benommen, um eine entscheidende Handlung vornehmen zu können und Sarah wirkte trotz dieser prekären Lage völlig teilnahmslos, so als würde sie von der ganzen Situation keine Kenntnis nehmen. Mick hielt dem Blick des Verrückten stand. Dann hob Richard die Waffe.

»Kommen wir zurück zu meiner Frage von eben«, sagte er und grinste diabolisch. »Wer von euch will als Erster sterben? Ihr seid mir eine Antwort schuldig.«

Dagmar stöhnte, Annelies Schreie waren in ein Jammern übergegangen, doch von alldem durfte sich Mick nicht beeinflussen lassen. Er war der Einzige, der die Situation retten konnte, er wusste nur nicht wie. Fieberhaft arbeitete sein Gehirn auf der Suche nach dem einen, rettenden Plan, doch es wollte ihm nichts einfallen.

Selbst die Polizei, seine Kollegen, Kleinschmidt und seine Mannen, würden nicht eingreifen können. Sie wussten sicherlich längst, wo die Geiseln und der Irre sich aufhielten, doch sie konnten das Risiko nicht eingehen, diesen Keller zu stürmen. Das würde unweigerlich zum Tod der Gefangenen führen.

Mick ertappte sich dabei, dass ihm sein Tod nicht viel ausmachen würde, nicht, wenn er Richard mitnehmen könnte. Doch Dagmar und Sarah und vor allem die kleine, völlig unschuldige Annelie durften in diesem Drecksloch nicht umkommen.

Mick bewegte sich ein wenig, versuchte den Kopf Dagmars anders zu lagern, bemühte sich seine Muskeln anzuspannen. Zum Glück war es hier unten nicht kalt, irgendwo schienen Heizungsrohre zu verlaufen, sodass Mick selbst in Unterhose nicht fror.

Doch egal, wie fit er war, er würde nie im Leben schneller sein als eine Kugel.

»Warum so stumm?«, höhnte Richard. »Will denn keiner der Erste sein? Ich mache euch die Entscheidung ein wenig einfacher: Wer sich freiwillig meldet, bekommt einen schnellen Tod. Der Rest wird leiden.«

Mick sah dem Riesen ins Gesicht. »Die Polizei wird gleich hier sein«, versuchte er es erneut.

»Du hast recht«, meinte Richard. »Wir müssen uns beeilen. Und deshalb bekommt deine Freundin jetzt in jeder Minute eine Kugel ab, bis ihr mir den Namen desjenigen sagt, der zuerst sterben will.«

Mick hörte die Worte und hatte sie noch nicht ganz verarbeitet, als Richard die Pistole hob und abdrückte. Der Krach war ohrenbetäubend, Annelie weinte und presste sich die Hände auf die Ohren.

Dagmar schrie auf, als die Kugel ihre rechte Wade durchschlug und pfeifend den Boden aufpflügte. Blut sickerte aus der Wunde und färbte den Beton rot.

»Du Arschloch!«, schrie Mick und wollte aufspringen, doch er blickte sofort in die noch rauchende Mündung der Waffe und verharrte in der Bewegung.

Mick blickte in das schmerzverzerrte Gesicht seiner Freundin. »Alles okay?«, flüsterte er und kam sich gleich darauf ziemlich dämlich vor. Dagmar lag angeschossen vor ihm, eine Platzwunde am Kopf, in den Händen eines Irren, der sie töten würde und er fragte, ob alles okay war.

»Schon gut«, stöhnte Dagmar. »Alles ist gut.«

Richard lachte wild auf. »Alles ist gut«, zischte er und Speichel sprühte von seinen Lippen. »Genau das ist es: Alles ist gut und in den nächsten Minuten wird es sogar noch besser.«

Er fuchtelte mit der Pistole hin und her. »Wer soll es also sein? Wer ist der Erste?«

Annelie wimmerte nur noch leise. Sie versuchte mit ihren kleinen Händen Augen und Ohren gleichzeitig zu bedecken.

»Lass das Mädchen gehen«, sagte Mick. »Und ich werde dir die Reihenfolge nennen, in der du uns töten kannst.«

Richard schüttelte den Kopf. »Sie soll zusehen und lernen, wie gefährlich und grausam die Welt ist. Vielleicht lasse ich sie dann sogar leben. Wenn sie sich gut hält.«

»Damit sie so wird wie du?«, wollte Mick wissen.

Richard verzog das Gesicht. Doch es war keine Wut, die in seinen Zügen erschien, sondern Verwirrung.

Ich habe einen wunden Punkt getroffen, dachte Mick. Etwas, dass uns Zeit verschaffen kann.

»Fing es bei dir nicht genauso an? Ein Kellerverlies?«

Richard kam bedrohlich näher. »Halt die Fresse!«, rief er aufgebracht, doch Peters ließ sich nicht beirren.

»Willst du, dass das kleine Mädchen den gleichen Weg geht wie du? Du willst mich töten, weil ich Schuld an deinem Schicksal habe und nun willst du die gleiche Schuld auf dich laden?«

»Hör mit dem Gelaber auf«, sagte der Riese, doch seine Stimme klang nicht mehr so scharf und er presste eine Hand an die Schläfe. Sekundenlang war es ruhig, nur die lauten Atemzüge Dagmars waren zu hören. Sie hatte starke Schmerzen, doch noch hielt sie sich gut.

Mick wollte bereits weiterreden, als Richard nickte. »Okay«, sagte er. »Die Kleine kann gehen.«

Annelie sah den Großen ungläubig an. Sie hatte der Unterredung gelauscht, obwohl sie sich Mühe gegeben hatte, ihre Umwelt auszuschließen.

»Los, steh auf, bevor ich es mir anders überlege!«, blaffte Richard sie an und das Mädchen kam torkelnd auf die Beine. Erst vorsichtig, dann mit immer größeren Schritten, lief sie auf die Tür zu. Den Riesen ließ sie dabei nicht aus dem Blick, ihre Angst geweiteten Augen waren auf die Waffe gerichtet. Mit beiden Händen umfasste sie den Griff der Stahltür und zog daran. Einmal, zweimal, doch sie ließ sich nicht öffnen.

»Ich krieg sie nicht auf«, sagte sie leise. Verzweiflung sprach aus ihr, so als hätte sie in diesem Moment ihr Ticket in die Freiheit verspielt.

»Du musst ihr helfen«, sagte Mick. Es war ein verzweifelter Versuch den Mann von ihm abzulenken.

»Keine Zeit«, sagte der Irre nur. »Ich brauche die nächsten Sekunden, um euch sehr, sehr weh zu tun.«

Annelie weinte nicht mehr, sie winselte wie ein kleiner Hund. Ihr letztes bisschen Selbstbeherrschung war aufgebraucht.

»Du!«, sagte Richard und deutete auf Sarah, die immer noch teilnahmslos in einer Ecke saß. Sie schien von dem mörderischen Drumherum nichts mitzubekommen, hatte sich in ein Schneckenhaus zurückgezogen. Als der Irre sie nun ansprach, zuckte sie wie unter einem Peitschenhieb zusammen. »Hilf ihr!«, wies Richard sie an.

»Dann lass sie direkt mitgehen«, versuchte Mick sein Glück. »Auch sie hat dir nichts getan.«

»Sie bleibt!«, schrie Richard. »Und wenn du so weiterlaberst, dann bleibt das Mädchen auch.«

Er wandte sich an Sarah, die nur langsam und wacklig auf die Beine kam. »Beeile dich. Wenn ich die Nerven verliere, dann jage ich die nächste Kugel in zartes Fleisch.«

Die Blonde zitterte so stark, dass Mick Angst hatte, dass sie hinfiel. Den Kopf gesenkt, die Augen auf den Boden gerichtet, schlich sie zur Tür.

»Wenn du versuchst, durch die offene Tür abzuhauen, dann erschieße ich auch die Kleine!«, verdeutlichte ihr Richard noch einmal. Sarah wagte es nicht, den Irren auch nur anzusehen. Sie hatte die Tür erreicht und legte ihre Hände auf den Griff. Gemeinsam zogen sie, legten ihr beider Gewicht in die Waagschale. Und das Eisen bewegte sich. Zentimeter für Zentimeter, bis der Spalt groß genug war, dass sich Annelie hindurchdrücken konnte.

»Noch ein schönes Leben, meine Kleine!«, schrie ihr Richard hinterher. »Und jetzt die Tür wieder zu, aber zackig.«

Sarah stemmte sich gegen das Eisen und nach und nach fiel der Eingang zur Hölle ins Schloss.

»Dann kann unsere kleine Feier ja weitergehen.« Die Stimme des Irren troff vor Zynismus. Er wandte sich wieder Mick und Dagmar zu. »Wohin soll die nächste Kugel gehen? Oder soll ich mit dem Messer weitermachen?« Er deutete auf die lange Klinge, die in seinem Gürtel steckte.

Dann griff er in seine Manteltasche und beförderte Kabelbinder zum Vorschein. Selbst die Polizei benutzte sie als Handschellenersatz.

»Leg sie deinem Freund an«, sagte er und warf sie Dagmar vor die Füße. »Wir wollen doch nicht, dass er unsere Party zu sehr stört.«

Dagmar blickte Mick an. Mit schmerzverzerrtem Gesicht griff sie nach den Rappbändern.

Die beiden sahen sich in die Augen und wussten, wenn Mick einmal damit gefesselt war, dann hatten sie verloren.

»Mach schon!«, herrschte Richard sie an. Er kam einen Schritt näher und Mick konnte plötzlich einen Blick auf Sarah werfen. Sie zitterte nicht mehr, hatte sich aus ihrer Duckmäuser-Stellung erhoben und stand angriffsbereit da. Langsam nickte sie ihrem Schwager zu.

Sie hat alle getäuscht, dachte Mick. Hat auf verängstigt gemacht, damit Richard nicht mehr auf sie achtet. Um genau in so einem Moment zuzuschlagen.

Trotzdem war es Wahnsinn. Richard war größer, kräftiger, ein Monster.

Doch es war ihre einzige Chance und Mick hatte keine Zeit mehr.

Einmal gefesselt, ist alles vorbei, dachte er.

Sarah nahm Anlauf und sprang.

Annelie lief so schnell sie konnte den Gang zurück, den sie hergekommen waren. Sie traute sich nicht einmal mehr sich umzuschauen. Die stickige Luft und den unebenen Boden beachtete sie nicht mehr. Wie ein Zug auf Gleisen donnerte sie durch das Gewölbe.

Auf einmal vernahm sie Stimmen. Die Umgebung wurde deutlich heller und die Geräusche lauter.

»Hilfe, Hilfe, bitte helfen Sie mir!«

Annelie schrie mit der letzten Kraft, die ihr noch blieb, bis sie bei einem großen älteren Mann mit Schnauzbart und Glatze angekommen war und ihm in die Arme fiel. Erst jetzt bemerkte sie, dass sie am Eingang des Tunnels angekommen war. Ihre Anspannung ließ nach, als der große Mann ihr behutsam über den Kopf strich.

»Hey Kleines, es ist alles in Ordnung, du bist in Sicherheit.«

Walter Kleinschmidt versuchte Annelie zu beruhigen, gleichzeitig musste er aber unbedingt erfahren, wo sich die anderen befanden.

»Ruhig, ganz ruhig.« Er merkte, dass das Mädchen am ganzen Leib zitterte. Eigentlich war es ihm nicht recht, doch er musste ihr nun Fragen stellen.

Kleinschmidt schob das Mädchen von sich und fasste behutsam ihre Schultern. Dann schaute er sie eindringlich an. »Annelie, wo sind die anderen? Kannst du uns sagen, wo sie sind?«

Annelie begann zu weinen und schaute auf den Boden. Kleinschmidt drückte kurz ihre Schultern, sodass er wieder Blickkontakt hatte.

»Annelie, bitte!«

»Sie sind hier den Gang entlang«, sagte Annelie schluchzend und deutete mit ausgestrecktem Arm ins Halbdunkel. »Hinter einer Stahltür. Sie sind alle da, auch dieser große Mann.«

Mit einem Nicken deutete Kleinschmidt den Männern, die hinter ihm standen an, den Gang entlangzulaufen.

»Ich werde dich jetzt nach oben bringen, dort wird man sich um dich kümmern. Hab keine Angst mehr.«

Kapitel 51

Tim Schrader saß in einem kleinen Bistro und rührte gedankenverloren in seinem Milchkaffee. Vor wenigen Minuten hatte ihn sein Chef angerufen. Eigentlich eine tolle Sache, jetzt wusste der Mann wenigstens, dass es ihn, einen kleinen unbedeutenden Reporter, überhaupt gab. Doch das Telefonat hatte sich recht schnell zu einer wüsten Beschimpfung entwickelt. »Wir haben wahnsinnig viel Kohle rausgeschmissen, damit diese Frau Ihnen ein Interview gibt und Sie vergessen sich die Exklusivrechte zu sichern?«, schrie der Chef in den Apparat. »Die Ausgabe mit unserer tollen Story ist noch nicht gedruckt und jetzt sehe ich diese Dame im Fernsehen, wo sie den gleichen Senf erzählt. Was haben sie sich dabei gedacht, zum Teufel?«

»Ich...«, stammelte Schrader, doch der Mann am anderen Ende der Leitung war noch nicht fertig.

»Lassen Sie die Frau noch einmal antanzen«, schrie er weiter. »Machen sie ein zweites Interview. Und diesmal will ich eine Weltsensation. Ziehen Sie ihr irgendwas aus der Nase, das die investierte Kohle rechtfertigt oder ich ziehe ihnen das rausgeschmissene Geld von ihrem beschissenen Gehalt ab.« Dann hatte er einfach aufgelegt.

Gut. Mit zwei Dingen hatte der große Boss recht: Sich die Exklusivrechte nicht zu sichern war ein Anfängerfehler und die Bezahlung für diesen Job war wirklich beschissen. Doch Tim hatte nicht gezögert und Sue Ulreich direkt danach angerufen. Er hatte sie am Bahnhof erwischt, sie war noch nicht auf dem Heimweg. Und als er ihr mehr Geld in Aussicht stellte, eine Notlüge natürlich, hatte sie schnell eingewilligt, sich noch einmal mit ihm zu treffen.

Schrader war so in Gedanken, dass er gar nicht mitbekam, wie sich die Tür des Bistros öffnete.

Erst als die Frau direkt vor seinem Tisch stand, hob er den Blick.

»Sie wollten mich noch einmal sprechen?«, begann die Blonde ohne Umschweife.

Tim deutete auf den leeren Platz am Tisch und Sue Ulreich ließ sich auf dem Stuhl nieder.

»Sie haben mich in eine dumme Lage gebracht«, spielte der Reporter mit offenen Karten. »Meine Zeitung hat Ihnen viel Geld für das Interview gezahlt und nur Minuten später erzählen sie das Gleiche im Fernsehen.«

»Und bekomme noch einmal Geld dafür«, vollendete die Frau. »Ich muss auch sehen, wo ich bleibe. Ich habe zwei Kinder und außerdem haben Sie es mir nicht untersagt, mit jemand anderem zu reden.«

Tim nickte. »Auch einen Kaffee?«, fragte er. Er wollte seine Interviewpartnerin etwas herunterfahren. Die Situation wühlte sie sehr auf.

Sue nickte. »Schwarz«, sagte sie schon ein wenig ruhiger und der Reporter orderte das Getränk.

»Ich habe schlicht vergessen, Sie um die Exklusivrechte zu bitten«, sagte er. »Es ist meine erste wirklich große Story und ich war sehr nervös.« Er hatte beschlossen, ehrlich zu sein und als er das Lächeln der Frau registrierte, wusste er, dass dies die richtige Taktik war.

»Und jetzt macht Ihnen Ihr Chef die Hölle heiß«, vermutete die Blonde und Tim nickte niedergeschlagen.

»Und wie kann ich Ihnen jetzt noch weiterhelfen?«

Der Kaffee kam und Tim gab ihr die Möglichkeit einen Schluck zu nehmen.

»Ich brauche mehr Informationen über den Mörder. Etwas, dass Sie bis jetzt noch nicht erzählt haben.«

Sue nickte. »Und je effektvoller und blutrünstiger mein Bericht wird, umso besser«, sagte sie dann.

Tim grinste. Die Frau hatte ihn verstanden, dachte er jedenfalls. Bis er frustriert feststellte, dass Sue Ulreich den Kopf schüttelte.

»Tut mir leid«, sagte sie. »Da gibt es nichts zu erzählen. Als ich mit ihm zusammen war, hatte er das Monster wohl noch weggesperrt.«

Der Reporter konnte seine Enttäuschung nicht verbergen. »Irgendwas«, sagte er beinahe flehend. »Da muss es doch irgendeine Geschichte geben.«

Die sekundenlange Stille, die entstand, wurde jäh durch ein Handyklingeln unterbrochen.

Das ist der Chef, dachte Schrader, als er das Smartphone aus der Tasche holte. Und ich muss ihm erzählen, dass ich mit leeren Händen dastehe.

Doch es war nicht die Nummer der Redaktion, die im Display aufleuchtete, sondern die Zahlenfolge seines Cousins.

»Hallo Max«, sagte Schrader kurz angebunden. »Ist grad ganz schlecht. Kann ich dich später zurückrufen?«

Doch der Mann am anderen Ende der Leitung ließ sich nicht abwimmeln.

»Du hast mich mal darum gebeten Augen und Ohren offenzuhalten, wenn ich etwas Ungewöhnliches sehe«, sagte er.

»Und?«

»Ich schau grade aus dem Fenster meiner Wohnung und sehe das größte Polizeiaufgebot, das mir je untergekommen ist. Mit schwarz vermummten Sondereinsatzkräften und allem, was dazugehört. Ich komm mir vor wie im Kino.«

Schrader war elektrisiert. »Wo?«

»Auf der Friedhofstraße. Direkt bei mir gegenüber. Das sagte ich doch bereits.«

Tim bedankte sich nicht. Er legte einfach auf. Das war ein Wink des Schicksals. Er würde seine Riesen-Story doch noch bekommen. Er warf einen Geldschein auf den Tisch und sprang auf.

»Kommen Sie!«, befahl er aufgeregt. »Wir machen eine kleine Spritztour. Wenn alles so läuft, wie ich es mir vorstelle, dann wird meine Zeitung Sie mit Geld überschütten.« Er grinste.

»Aber diesmal bitte exklusiv.«

Schrader hastete aus dem Bistro und Sue Ulreich folgte verstört.

Der Reporter brauchte für die kurze Strecke keine fünf Minuten. Er achtete nicht auf Geschwindigkeitsbeschränkungen und wusste, dass die Polizei heute andere Dinge zu tun hatte als Blitzer aufzustellen.

Als er an einer Straßensperrung ankam, bremste er, ließ den Wagen mitten auf der Fahrbahn stehen und lief auf den Beamten zu, der vor dem Flatterband Dienst hatte.

»Ich muss den Einsatzleiter sprechen!«, schrie er. »Wir können hier helfen«. Er deutet auf Sue, die aus dem Wagen kletterte. Die Augen des Polizisten wurden groß. Offenbar erkannte er die Frau aus dem Fernsehen. Er drehte sich bereits um und wollte etwas rufen, als ein schlaksiger Mann im Mantel erschien.

»Lassen Sie die beiden passieren«, sagte er.

Er ging auf Sue Ulreich zu. »Mein Name ist Gotthard«, fuhr er fort. »Und ich weiß, wer Sie sind. Ich habe ihr Interview gesehen. Normalerwcise haben Zivilpersonen an einem Tatort nichts verloren, doch ungewöhnliche Fälle erfordern ungewöhnliche Maßnahmen. Kommen Sie. Ich bringe Sie zum Einsatzleiter.«

Auch Schrader wollte sich am Flatterband vorbeidrängen, doch Gotthard schüttelte den Kopf und der Beamte hielt den Reporter auf.

»Denken Sie an mich, wenn alles vorbei ist!«, rief er der Frau hinterher. Dann zückte er sein Smartphone und machte Notizen und Fotos.

Fassungslos beobachtete Mick Peters, wie Sarah Anlauf nahm und absprang. Sie prallte Richard in den Rücken und schlang ihre Arme um seinen Hals. Doch der große Mann taumelte nicht einmal. Er griff mit einer Hand nach hinten und versuchte die Haare der Frau zu packen. Sarah wand sich, schrie wie eine Furie und biss dem Mörder in den Hals.

Meine Chance, dachte Mick und sprang auf die Füße. Doch er hatte nicht mit Richards Kraft und Schnelligkeit gerechnet. Der Killer hatte Sarahs Haarschopf zu packen bekommen, riss daran, drehte sich schnell, packte die Frau mit einer Hand am Hals und warf sie wie eine Gliederpuppe von sich.

Sarah flog unkontrolliert durch die Luft, prallte vor einen Spind und rutschte daran herab. Der schmale Schrank fiel um, Farbeimer und Kanister knallten auf den Boden oder begruben Sarah unter sich.

Mick war nur noch einen Schritt von Richard entfernt, als der ganze Spuk auch schon vorbei war. Sofort war die Pistole wieder auf ihn gerichtet.

»Netter Versuch«, höhnte er. Er betastete mit der freien Hand die Bisswunde an seinem Hals aus der Blut lief, das seinen Pullover benetzte. Es schien ihn nicht weiter zu stören.

»Jetzt zurück an die Wand«, sagte er ruhig, als wäre nichts geschehen. »Und nimm deine kleine Freundin mit. Auf dass der Spaß jetzt so richtig beginnen kann.«

Mick bückte sich und schaffte es Dagmar auf die Beine zu ziehen.

Aus den Augenwinkeln versuchte er zu erkennen wie es Sarah ging. Sie lag zwischen den Kanistern. Überbleibsel von Renovierungsarbeiten oder einfach Dinge, die man hier versteckt hatte, um die Entsorgungskosten zu sparen.

Farbeimer waren aufgeplatzt und verteilten ein strahlendes Weiß auf dem Boden. Verdünnung lief gluckernd aus einem Kanister und verpestete die Luft mit beißendem Gestank.

Richard schien von alledem nichts mitzubekommen. Sein Blickfeld galt nur Mick und Dagmar, die stöhnend auf die Beine kam.

»Immer noch keine Antwort auf meine Frage, wer zuerst sterben möchte«, bemerkte der Große ruhig. Er schaute auf eine imaginäre Uhr. »Schade«, meinte er mit gespieltem Bedauern. »Aber ich glaube, es ist Zeit, für die nächste Kugel.« Lächelnd hob er die Waffe.

Ich muss etwas tun, ratterte es hinter Micks Stirn. Irgendetwas. Er würde Richard entgegenspringen, würde die Kugel zur Not mit seinem Körper abfangen. Es war ein kleines Kaliber, die Gefahr tödlich getroffen zu werden trotzdem groß. Aber dieses Abwarten und alle Trümpfe dem Killer überlassen, hatte ihn in den letzten Minuten zermürbt. Wenn es keine logische Handlung mehr gab, musste die Verzweiflung ihn steuern. Er spannte seinen Körper an, ließ Dagmar los, in der Hoffnung, dass sie nicht erneut stürzen würde. Ein letzter Blick auf ihr schmerzverzerrtes Gesicht, dann machte er sich bereit. In der Hoffnung, seine Partnerin nicht zum letzten Mal gesehen zu haben.

Richard zielte auf Dagmar, Mick war bereit zum Angriff, als etwas geschah, das alle Pläne über den Haufen warf.

»Richard?« Eine Frauenstimme von jenseits der Tür. »Richard, bist du da drin?«

Fassungslosigkeit machte sich auf dem Gesicht des Irren breit. Überraschung und sogar so etwas wie Freude stahlen den Hass aus seinem Blick.

»Sue?« Er erkannte die Stimme. Konnte das Gesicht in seinen Gedanken erfassen.

»Richard. Ich bin es. Können wir miteinander reden?«

Der Kopf des Mörders ruckte zwischen seinen Gefangenen und der Tür hin und her. Dann trat er einen Schritt von den Geiseln weg. Näher auf den Eingang zu.

»Was willst du?«

»Dich, Richard. Ich liebe dich. Mach diesem grausamen Spiel ein Ende. Ich schwöre dir, ich werde für dich da sein. Egal, was passiert.«

Die Stimme der Frau erreichte das, was Mick nie für möglich gehalten hätte. Das Gesicht des Mörders, eben noch eine hasserfüllte Fratze, nahm wieder menschliche Züge an.

»Das geht nicht«, sagte er ruhig. »Wenn ich mich ergebe, dann komme ich ins Gefängnis. «

»Aber du wirst leben«, sagte Sue. »Und ich werde bei dir sein. Und dich besuchen, so oft ich kann.«

Er machte einen weiteren Schritt auf die Tür zu. Sein Blick haftete mehr auf dem Eisen als auf seinen Gefangenen. Mick spürte, dass er eine bessere Chance nicht mehr bekommen würde.

Doch dann lachte Richard auf.

»Das haben dir doch alles die Bullen eingetrichtert, die draußen mit dir auf mich warten«, sagte er und der Moment der Überraschung verflog. »Nein, mein Schatz. Ich muss hier erst etwas zu Ende bringen. Vielleicht sehen wir uns in einem anderen Leben.«

»Richard. Nein!« Die Stimme der Frau wurde lauter, flehender. Und der Große war immer noch hin und her gerissen. Auch wenn seine Worte etwas anderes ausdrückten.

Er stand jetzt unmittelbar vor der Tür und wieder schätzte Mick seine Chancen ein.

Doch er brauchte nicht einzugreifen.

Er hatte den Mörder so im Blick, dass er Sarah aus den Augen gelassen hatte.

Sie hatte sich aus dem Gewirr von Eimern und Kanistern befreit und saß nun auf dem Boden.

Ihr rechter Fuß stand in einem ungesunden Winkel ab. Mick drehte sich zu ihr um und stellte verwirrt fest, dass sie lächelte. Mit einem Kopfnicken deutete sie ihrem Schwager an, nach unten zu sehen.

Und Peters bemerkte, dass Richard in einer Pfütze aus Verdünnung stand, die von den zerstörten Kanistern, in denen Sarah saß, bis vor die Tür reichte.

Plötzlich hielt Sarah ein Feuerzeug in der Hand. Ein goldenes Zippo, das Mick nur zu gut kannte. Er selbst hatte es Mark zum Geburtstag geschenkt, damals, als die Welt noch in Ordnung war. Mick meinte sogar die Initialen darauf erkennen zu können, doch das war sicherlich seinem angespannten Verstand geschuldet.

Was hatte Sarah vor? Wollte sie das Zippo entzünden und in die Pfütze werfen? Mit etwas Glück würden Richards Schuhe brennen und Mick die Gelegenheit zum Angriff geben. Dann bemerkte er frustriert, dass die Kleidung seiner Schwägerin über und über mit Verdünnung getränkt war. Sie blickte ihn traurig an und formte leise zwei Worte.

»Für Mark«, flüsterte sie und ehe Mick reagieren konnte, hörte er überlaut das Klicken des Feuerzeugs.

»Nein!«, schrie Mick auf, doch es war bereits zu spät. Eine helle Stichflamme schoss durch den Keller und Sarah stand augenblicklich in Flammen. Richard wirbelte herum, doch er konnte nicht mehr verhindern, dass die Frau sich vom Boden hoch katapultierte und dem Killer wie ein Footballer in die Knie sprang. Diesmal schaffte es Richard nicht auf den Beinen zu bleiben. Er fiel wie ein gefällter Baum in die Verdünnung und Sarah warf sich auf ihn.

Noch eine Stichflamme, ein Schuss löste sich, doch die Kugel schlug über ihnen in der Decke ein.

Richard schrie auf, als die Flammen über seine Kleidung leckten, ob vor Wut oder vor Schmerz war nicht zu unterscheiden. Verzweifelt versuchte er die menschliche Fackel von sich herab zu rollen.

Beißender Gestank erfüllte den Raum, die Temperaturen stiegen in Sekundenschnelle.

Richard warf die Pistole weg und griff mit beiden Händen nach Sarahs brennendem Körper. Sein Mantel brannte lichterloh, seine Haare fingen Feuer. Mit jeder Bewegung, mit jedem auf- und abrollen, um die Frau abzuschütteln, nahm er mehr Verdünnung vom Boden auf.

»Sarah!«

Micks verzweifelte Stimme überschlug sich, doch er wusste, dass für seine Schwägerin jede Hilfe zu spät kam.

Noch einmal drehte sie den Kopf, Brandblasen bedeckten ihr Gesicht, ihre Haare waren von den Flammen verzehrt und doch kam es Mick so vor, als wäre da noch immer ein Lächeln auf ihrem Gesicht. Dann bewegte sie sich nicht mehr. Der eiserne Griff, mit dem sie Richard umklammert hatte, erschlaffte.

Mick hörte, dass Dagmar sich an dem großen Tisch entlang hangelte. Weg von den Flammen und der Hitze, in die hintere Ecke des Raumes, in dem es noch etwas Sauerstoff gab. Dort wo Peters stand, war die Luft erfüllt von dem Gestank brennenden Fleisches und angereichert mit schwarzem, klebrigem Rauch.

Mick konnte die Augen nicht von dem Knäuel glimmender Körper nehmen und es war gut so, denn es war noch nicht vorbei.

Ein Stöhnen erklang, dann bemerkte der Polizist, dass Richard Sarahs lebloses Körper von sich rollte.

Fassungslos beobachtete Mick, wie der Killer wieder auf die Füße kam.

Sein Mantel war verbrannt, sein Pullover zerfetzt, ebenso seine Hose. Rotes, rohes Fleisch, übersät mit Brandblasen kam darunter zum Vorschein. Doch am schlimmsten zugerichtet war sein Kopf. Die langen, strähnigen Haare waren verbrannt, die Kopfhaut eine einzige Wunde. Ein Auge war zugeschwollen, doch das andere funkelte den Polizisten an. Die Flammen auf der Kleidung und am Boden waren nicht mehr hellgelb, nur noch vereinzelt glommen blaue Fackeln.

Brandblasen platzten auf den Wangen, als Richard grinste und sich zu seiner vollen Größe aufrichtete.

»Keine Schmerzen!«, schrie er und verzog das Gesicht zu einem lippenlosen Lächeln. »Ich fühle keine Schmerzen mehr. Wusstest du das?«

Die ersten beiden Schritte wankte er, dann wurde sein Gang normal. Er ging auf Mick Peters zu, ein Monster aus einer anderen Welt.

Doch der Polizist wich nicht zurück. Es musste enden. Hier und jetzt.

Nur zehn Zentimeter vor Mick blieb Richard stehen. Der Gestank und die Hitze, die von dem Mann ausgingen, raubten Peters beinahe den Atem. Es war ein Wunder, dass der Killer sich noch auf den Beinen halten konnte.

»Ich werde meine Rache vollenden!«, knurrte der Riese und hob die Arme, doch Peters wich nicht zurück.

»Wirst du nicht«, sagte er ruhig und hob ein wenig den Kopf, um Richard in das zerstörte Gesicht zu sehen. »Du hast schon zu viel Leid über die Menschen gebracht.«

Dann griff er in den Gürtel des Monsters und zog das Messer heraus. Die Klinge war glühend heiß, doch Peters bemerkte es nicht.

»Für Mark«, flüsterte er heiser und wiederholte die letzten Worte der tapferen Sarah.

Er setzte die Klinge an und trieb sie Richard bis zum Heft in die Brust.

Der Killer blickte auf den Griff des Messers, das aus seinen Rippen ragte und für einen kurzen, irren Moment dachte Mick, dass dies immer noch nicht genug war.

Dann knickten Richards Knie ein, ein Gurgeln verließ seine Kehle, und als er zur Seite kippte, hauchte die Bestie ihren letzten Atemzug aus.

Sekundenlang war es ruhig.

Dann begann Dagmar haltlos zu schluchzen und gleichzeitig ertönte ein Poltern an der Tür.

Mick warf einen Blick auf seine Freundin, doch die winkte ihm nur zu. Mühsam klammerte sie sich an den Tisch. In der Hoffnung auf medizinische Versorgung.

Peters lief über den schwelenden Kellerboden und brauchte ein paar Sekunden, bis er die Verriegelung der Tür öffnen konnte.

Als er das Blech zur Seite schob, blickte er in das Gesicht Kleinschmidts.

»Alles klar?«, fragte der Chef und Mick kannte keine Antwort darauf.

Er dachte an all die Toten, seinen Bruder und nicht zuletzt Sarah, die sich geopfert hatte.

Es würde Zeit brauchen, diesen Wahnsinn zu verarbeiten.

Doch »alles klar« würde es nie mehr werden.

Mick drückte sich von der Wand ab und begleitete die Sanitäter zu Dagmar.

Er nahm sie in die Arme und als sie ihm ein kleines Lächeln schenkte, wusste er, dass nicht alles wieder gut werden konnte, aber sicherlich vieles. Mit dieser Erkenntnis verließ er den Keller des Wahnsinns.

Kapitel 52

Mick Peters stand vor der großen Fensterscheibe und blickte hinaus in den Garten. Seinen Garten.

Es war nun drei Wochen her, dass er seinen Bruder und seine Schwägerin beerdigt hatte.

Tage, die wie ein unwirklicher Traum an ihm vorbeigezogen waren.

Das Seltsamste war immer noch, dass Mark ihn als Alleinerbe eingesetzt hatte. Das riesige Haus, die Autos und die Konten gehörten nun ihm. Als er das erste Mal die Summen gesehen hatte, die ihm nun zur Verfügung standen, war er wie unter einem Schlag zusammengezuckt. Er hatte gewusst, dass es seinem Bruder nicht schlecht ging, aber diese Beträge hatte er nicht vermutet.

Anfänglich war er wie ein Fremder durch die Zimmer gestreift. Weil er es nun einmal auch war. Ein Eindringling im Leben seines Bruders. Oder in das, was einmal Marks Leben gewesen war.

Verkauf es, wenn du dich nicht wohl fühlst, hatte man ihm geraten, aber das wäre ihm wie Verrat vorgekommen. Und außerdem gab es jemanden, der das Anwesen schon als sein neues zu Hause betrachtete und der nicht gerne fortgegangen wäre.

Mick spürte eine Berührung am Oberschenkel, bückte sich und streichelte dem Hund über den Kopf. Es war Peter Habers Mitbewohner. Mick hatte ihn aus dem Tierheim adoptiert. Er konnte nicht einmal sagen, warum. Er fühlte nur, dass es richtig war. Schließlich hatten sie beide den Wahnsinn überlebt.

Nur an einen neuen Namen hatte sich das Tier gewöhnen müssen, aber es schien ihm nichts auszumachen. Wenn es einen warmen Schlafplatz, Bewegung, Futter und Streicheleinheiten bekam, war die Welt in Ordnung.

Hund müsste man sein, dachte Mick.

Das Klingeln an der Haustür riss ihn aus seinen Überlegungen. Er schlurfte durch den Flur und öffnete.

»Na, Tarzan, wie geht's?« fragte Dagmar Keller und streichelte den Kopf des Hundes.

»Hey. Ich bin auch noch da«, sagte Mick gespielt beleidigt.

»Ich weiß. Aber man muss Prioritäten setzen.«

Sie lächelte, stellte sich auf die Zehenspitzen und drückte Mick einen Kuss auf die Wange.

»Davon könnte ich mehr vertragen«, sagte er und gab die Tür frei.

Dagmar humpelte an ihm vorbei ins Wohnzimmer. Sie benutzte immer noch eine Krücke und war erst vor einer Woche aus dem Krankenhaus entlassen worden. Die Kugel hatte ihr Schienbein zerschmettert und der Knochen war bei einer komplizierten Operation wieder zusammengeflickt worden. Die Ärzte meinten, dass außer einem kleinen Hinken nichts zurückbleiben würde, doch wie Mick seine Freundin kannte, würde sie sich auch damit nicht zufriedengeben.

»Du weißt, warum ich hier bin?«, fragte sie, als sie sich in einen Sessel fallen ließ. Tarzan hatte seinen Kopf in ihren Schoß gelegt und ließ sich kraulen.

»Weil du bei mir den besten Kaffee der Stadt bekommst«, sagte er.

»Das natürlich auch, aber ...«

»Weil du dich nach mir verzehrst und nicht mehr ohne mich sein kannst?«, versuchte es Mick erneut.

Dagmars Gesichtsausdruck zeigte an, dass er genug gescherzt hatte.

»Hast du über Kleinschmidts Angebot nachgedacht?«, fragte sie.

Der Chef der Mönchengladbacher Polizei war mit Lob überschüttet worden und hatte die Stelle Konradys angenommen, der in einem unauffälligen Hinterhofbüro verschwunden war. Kleinschmidt wollte Mick unbedingt wieder in Düsseldorf beim LKA sehen.

Peters holte zwei Tassen Kaffee aus der Küche und stellte sie auf den Tisch.

»Ehrlich gesagt bin ich mir darüber immer noch nicht im Klaren«, sagte er. »Vielleicht habe ich in diesem Leben genug Elend gesehen.« Er rieb über die Brandnarbe auf seiner Handfläche. Ein Andenken an den glühenden Messergriff. Dann machte er eine weit ausholende Handbewegung. »Und ich habe jetzt andere Möglichkeiten. Ich könnte reisen, Kunst sammeln oder mein Defizit an Kultur etwas aufarbeiten.«

Dagmar lachte laut auf. »Könntest du«, sagte sie. »Aber das wäre nicht der Mick Peters, den ich kennen- und lieben gelernt habe.«

Mick lächelte. »Könntest du das noch einmal wiederholen?«

»Den ganzen Satz?«

»Nein, nur die Stelle mit der Liebe. Ich hör das immer wieder gerne.«

»Du bist ein Blödmann.«

Er nickte. »Ja aber ein liebenswerter Blödmann.«

»Ich dachte immer, dieser Job wäre dein Leben«, versuchte Dagmar auf das eigentliche Thema zurückzukommen. »Denk an die Zeit, in der du nicht als Polizist gearbeitet hast. Ich glaube, dir ist es da nicht sonderlich gut gegangen.«

Mick antwortete nicht. Vielleicht dachte er darüber nach, wem er die damalige Auszeit zu verdanken hatte. Sie hatten sich zwar wieder zusammengerauft, doch das schlechte Gewissen seitens Dagmar blieb.

»Jedenfalls gibt Kleinschmidt dir noch vierzehn Tage Bedenkzeit«, bemerkte sie um die Stille zu durchbrechen. »Bis dahin solltest du dich entschieden haben.«

Peters unterbrach seine Gedanken und seine Freundin war froh, dass wieder ein schelmisches Lachen seine Lippen eroberte.

»Das ist eine lange Zeit«, sagte er. »Und ich wüsste schon, wie ich sie am liebsten verbringen würde.«

Er zog Dagmar aus dem Sessel, was ihm ein Brummen Tarzans einbrachte, nahm sie in seine Arme und küsste sie.

»Ich hoffe, du hast Zeit mitgebracht.« Er hob sie hoch und trug sie Richtung Schlafzimmer.

Mick Peters hatte gelernt im Hier und Jetzt zu leben. Die Zukunft war so weit entfernt.

»Wie wäre es, wenn du deinen Job hinschmeißt und als meine persönliche Assistentin arbeitest«, schlug er vor und grinste.

»Ist mir auf Dauer zu anstrengend«, gab sie zurück, schmiegte sich aber trotzdem an seine Brust.

Sie genoss die Ruhe nach dem Sturm, freute sich auf das große Bett und das noch größere Abenteuer. Und auf den Schlaf danach. In schützenden Armen.

Wohl wissend, dass sich das nächste Unwetter schon zusammenbraute.

Denn das Böse schläft nie...

Inka Behringer, Eva Ohlms, Gerrit Niggemann und Katharina Bodewein...
Vielen Dank für eure Hilfe, die für uns von unschätzbarem Wert war!

ISBN 978-3-7467-6830-4

9 783746 768304

www.epubli.de